Namo Tassa Bhagavato Arahato Sammāsambuddhassa.

도다가 마을

편역자 | 강종미
96년 미얀마로 건너가 마하시 선원, 쉐우밍 센타, 때인구 센타 등
명상센타에서 수행한 뒤 Mahashi Mahagandayon과
만달레이 Pariyatti Sāsana University에서 빨리와 삼장에 관해 배웠다.
한글로 옮긴 경전으로 앙굿따라니까야 1, 11가 있다.

ABHIDHAMMATTHADĪPANĪ II
편역자. 강종미
펴낸곳. 도서출판 도다가 마을
초판발행. 2009년 11월 10일
초판인쇄. 2009년 11월 10일
출판등록. 제126-25-98454호
등록일. 2009년 9월 29일
주소. 경기도 광주시 퇴촌면 광동리 100-4번지 402호 회화마을
메일. dadagamaeul@naver.com
Tel. 050-2200-7000
계좌번호. 농협 356-0169-5651-03[예금주-도다가마을]

아비담마해설서 11

ABHIDHAMMATTHADĪPANĪ

아비담맛타상가하, 상가하바사띠까 역해

강종미 편역

■ 일러두기

- 서문은 앗타살리니의 서문[nidānakathā]을 번역하였다. 그중 일부는 제외하거나 의역하기도 했고, 다른 주석서의 내용으로 보충한 경우도 있다.
- 자나까비왐사 큰스님의 『상가하바사띠까』를 주 원본으로 삼아 그중 일부는 제외하거나 의역하기도 했고, 다른 아비담맛타상가하 해설서들을 참조하여 내용을 보충한 경우도 있다.
- 최대한 직역에 가까운 문체를 사용하려 했지만 경우에 따라 말의 매끄러움을 위해 추가적 인용을 삽입하거나 직역에서 벗어난 경우 역시 있다.
- 빨리에서 지식대명사로 암시한 문장에서 그 지시대명사를 삭제하고 의미만을 취하여 번역한 경우도 있다.
- 빨리 한글 발음표기에서 기존의 문제였던 V(바)가 현재 V(와)로 널리 쓰이는 점을 감안하여 V(와)로 표기하였다.
- 빨리 속어 풀이는 최대한 주석서에 근거하였으나 일부 한문 표기와 한글로 정형화된 표기를 인용한 구절도 있다. 또한 『아비담마 길라잡이』가 아비담마 용어로 한국에 자리잡고 있는 점을 감안하여 그분들의 한글 용어를 수용하였다.
- 수동태 문장은 가능한 능동태로 번역하였다.
- 2004년 초판 발행된 내용 중 해설서에 해당되는 『아비담맛타상가하』는 『아비담마해설서』란 제목으로 현재 출판되며, 원전에 해당되는 『담마상가니』경과 『앗타살리니』는 『아비담마』란 제목으로 출판될 것이다. 이는 원전과 해설서로 각각 구분하여 아비담마의 내용을 총괄적으로 담아 출판해 나갈 예정이다.

목차

제4장 ◎ 인식과정

위티상가하 ‖ VīthiSaṅgaha

본삼매 속행의 차례 29

선정인식과정, 도道 인식과정 29

기초작업(parikamma) 32
근접(upacāra) 32
수순(anuloma) 33
6번째, 7번째에서 본삼매 속행은 일어날 수 없다. 34
본삼매 속행이 3번째에도 일어날 수 없다. 34
앞뒤 숫자를 비교함 35

욕계속행 뒤의 본삼매 속행 36

'범부의 욕계선善 속행 뒤에 본삼매속행' 37
'수다원의 욕계 선마음 뒤의 본삼매' 38
'사다함의 욕계 선마음 뒤의 본삼매' 38
'아나함의 욕계 선마음 뒤의 본삼매' 39
'아라한의 욕계 작용만 하는 마음 뒤의 본삼매' 39
'두 종류 수행자' 40
'32가지 본삼매 속행은 일어난다' 42
'12가지 본삼매 속행이 일어난다.' 43
'8가지 본삼매 속행은 일어난다.' 43
'6가지 본삼매 속행은 일어난다.' 43
'세 종류의 성자에게' 44
'14가지 본삼매'란? 44

등록의 법칙 45

과보마음의 올바름, 속행의 전도 45

'원하는 대상(iṭṭha), 원치 않는 대상(aniṭṭha)' 45
'존자들의 견해' 46
'실재 대상과 분별된 대상의 구별' 47
과보마음의 올바름 48
'속행의 전도' 49
'불선과 선의 과보가 뒤섞인 모습' 49

과보마음의 올바름, 속행 또한 올바름 50

'아라한 마음에서의 등록하는 마음' 50
『빠라맛타디빠니』의 견해 51
『빠라맛타사루빠베다니』의 해설 52
'작용만 하는 마음 속행 뒤에 등록을 원치 않는 『물라띠까』' 53
'『아누띠까』, 『마하띠까』, 『빠라맛타사루빠』의 견해' 54

손님 바왕가 55

그 다음에 곧바로 즐거움을 수반한 바왕가에만 빠진다. 56
'스승들은 말씀하신다.' 57
등록하는 마음에 빠질 수 없는 차례 4종류 57
중립적 느낌의 조사하는 마음이 바왕가 작용을 수행하는 모습 59
'손님바왕가라 부르는 이유' 59
'이때 어떤 하나의 과거에 익혀진 욕계대상을 대상으로 한' 59
전향마음 없이 대상을 취하는 모습 61
손님 바왕가에 떨어지는 인식과정 64

등록의 법칙 65

'조건이 갖추어져야 등록이 일어난다' 65
'욕계 중생의 마음에서만 등록하는 마음은 기대된다.' 66

종자 없이 일부 과보가 일어나는 모습 66
'욕계의 법(대상)에서만 등록은 기대된다' 67
예외 사항 68

속행의 법칙 70

욕계 속행 70

'욕계속행들은 7차례 혹은 6차례만' 70
'임종시와 같은 느리고 약하게 일어나는 과정에서는 5차례만' 70
'느리고 약하게 일어나는' 71
일부 견해와 바사띠까 견해 72
물불 한 쌍을 일으키는 쌍신변雙神變신통 72
'물불 한 쌍이 뿜어 나오는 모습' 73

본삼매 속행 74

'신통지 속행 또한 언제나 한 차례만 강한 여세로 일어난다' 75
'도道 속행, 과果 속행' 75
✪ 첫 본삼매 인식과정 79
✪ 신통력 인식과정 80
✪ 수다원 도道 인식과정 80
✪ 상위의 사다함, 아나함, 아라한 도道 인식과정 81
✪ 멸진정滅盡定 인식과정 81
✪ 본삼매 인식과정 82
✪ 과果 선정 인식과정 82

존재에 따른 분류 83

두 가지 뿌리 사람, 뿌리 없는 사람 83
작용만 하는 마음속행, 본삼매 속행은 일어나지 못한다. 84
세 가지 뿌리 사람 89
'아라한에게 선善, 불선不善속행은 일어나지 않는다' 89
'유학에게 56가지 인식과정이 적절하게 일어날 수 있다.' 95

영역에 따른 분류 96

세상에서 얻을 수 있는 인식과정 101

제5장 ◎ 인식과정에서 벗어난 마음

위티뭇따상가하 ‖ VīthimuttaSaṅgaha

서시 105

네 가지 요지 105

네 가지 영역 106

욕계 11천 106

악처 4천 106

욕계 선처 7천 106

색계 16천 107

정거천淨居天 5천 107

무색계 4천 108

영역으로 존재를 구분함 108

악처 108
지옥 109
야마왕 110
지옥사자 110

야마왕의 심문 111
등활等活지옥 112
흑승黑繩지옥 112
중합衆合지옥 112
규환叫喚지옥 113
대규환大叫喚지옥 113
초열蕉熱지옥 113
대초열大焦熱지옥 113
무간無間지옥 114
소小지옥 114
축생계 116
아귀계 117
아수라계 118
아수라의 구분 118
욕계선처 120
인간계 120
사천왕천四天王天 121
지신地神 등 121
나찰 122
삼십삼천계三十三天界 122
야마천夜摩天 123
도솔천兜率天 123
화락천化樂天 123
타화자재천他化自在天 124
천상의 부귀 124
아나함, 아라한 126
천상에서 바라밀이 증진되지 못한다. 126
기대할 점 127
수담마법당 127
색계, 무색계 129
범중천梵衆天 129
범보천梵輔天 129

대범천大梵天 130
초선 색계 130
하위 계층이 상위 계층을 볼 수 없다. 131
소광천小光天 132
무량광천無量光天 132
광음천光音天 132
소정천少淨天 133
무량정천無量淨天 133
변정천變淨天 133
광과천廣果天 134
무상유정無想有情 134
다섯 정거천淨居天 135
무번천無煩天 135
무열천無熱天 135
선현천善現天 136
선견천善見天 136
색구경천色究竟天 136
범천의 부귀 136
무색계 천 137

네 가지 재생연결 138

욕계 재생연결 10가지 138

악처의 재생연결 138

9가지 욕계 선처의 재생연결 138

선천적 맹인 139
귀머거리 140
선천적 후각장애자 141
선천적 벙어리 141
선천적 지능장애자 141
선천적 정신착란자 141

양성 141
무성 142
말더듬이 142
파멸된 아수라 142
작은 천인들 142

욕계 존재들의 수명 143

수겁壽劫의 증가와 줄어 듦 144
수겁壽劫의 감소 상태 144

타화자재천인의 수명 147

지옥의 수명 148

6가지 색계의 재생연결 149

색계의 수명 151

무색계 재생연결 4가지 152

무색계의 수명 152

겁劫의 다양함 153
중겁中劫 154
아승지겁 4겁 154
괴겁壞劫 세 종류 155
파괴되는 모습 155
괴겁壞劫, 공겁空劫 159
물로 인하여 우주가 파괴되는 모습 159
바람으로 인하여 우주가 파괴되는 모습 160
주겁住劫 166

한 생에서 항상 동일한 법 3가지 167

또한 동일한 대상을 가진다' 167

다양한 형상과 다양한 지각을 지닌 중생 168
다양한 형상과 하나의 지각을 지닌 중생 169
하나의 형상과 다양한 지각을 지닌 중생 169
하나의 형상, 하나의 지각 169
7가지 마음의 모습 170
9가지 중생들의 영역 170

네 가지 업의 모임 171

네 가지 작용 171

과보를 낳는 업(자나까깜마) 172
지지하는 업(우빳탐바까깜마) 173
방해하는 업(우빠삘라까깜마) 175
파괴하는 업(우빠가따까깜마) 176

네 가지 과보를 주는 차례 179

무거운 업(가루까깜마) 179
불변하는 업 혹은 무간업(아난따리야깜마) 180
모친, 부친 살해 업 180
아라한을 살해한 업 181
부처님의 몸에 피가 엉기게 한 업 181
승단 분열의 업 181
죽음 직전의 업(아산나깜마) 183
습관이 된 업(아찐나깜마) 183
소의 비유 185
행한 업(까땃따깜마) 185
과보를 주는 차례로서의 네 가지 업 186

네 가지 과보를 주는 시간 187

네 가지 과보를 주는 장소 187

금생에서 과보를 주는 업 189

선善의 과보 189
불선의 과보 190
금생에서 과보를 주는 업의 과보는 크지 않다. 190
지지를 받아야 금생에서 과보를 주는 업의 결과를 준다. 191
보시의 금생에서 과보를 주는 업 이익 192
과보를 낳는 업, 지지하는 업과 일반적 금생에서 과보를 주는 업의 이익 192
내생에서 과보를 줄 193
『위바위니띠까』의 견해 194
세 번째 생부터 과보를 줄 수 있는 업 196
apara(다른)의 탈격 196
재생연결식의 의도 197
이 업의 힘이 다하는 시간 199
효력을 잃은 업 200

욕계 선, 불선업 20가지 203

불선업 3가지 203

신업身業 세 가지 203

구업口業 네 가지 203

의업意業 204

살생 204
실행payoga의 조건 205
죄의 크기 205
6가지 실행(빠요가) 206
자신 손으로 행한 실행 206
사주한 실행 206
쏘아 타격을 준 실행 206
영구적 실행 206
비법에 의한 실행 207

업의 힘에 의한 실행 207
도둑질 207
음행 208
몸의 암시라 불리는 몸의 문에서 209
구업 4가지 210
거짓말 210
업의 길에 도달, 도달하지 못함 210
중상모략 211
거친 말 211
쓸모없는 말 212
의업意業 214
탐욕(아빗자) 214
악의(브야빠다) 214
사견(밋차딧티) 215
허무주의적 견해(낫티까딧티) 216
원인을 부정하는 사견(아헤뚜까딧티) 217
행위를 부정하는 사견(아끼리야딧티) 217
결정사견(니야따밋차딧티) 218
불변하는 사견[밋찻따니야따] 219
'암시 없이도 의문意門에서 주로 일어나기 때문에' 219
'암시(윈냣띠) 없이도' 220

업의 근원 221

탐욕뿌리 222

'나머지 4가지는 두 가지 뿌리 때문에' 223

'일어나는 마음으로써 불선업은 모두 12가지이다' 224

욕계 선업 3가지와 8가지 224

세 가지 공덕의 토대 224

10가지 공덕의 토대 225

신업 3가지 225
구업 4가지 225
의업 3가지 225
신업 등으로 불리는 이유 226
진짜 신업, 구업이 일어나는 모습 227
'일어나는 마음으로서 업은 8가지이다' 227
공덕의 토대 10가지 227
'보시, 지계, 수행으로 그와 같이 3가지가 있다' 228
'일어나는 마음으로서 이 업은 8가지이다' 228
보시 229
보시의 구분 230
계율 231
사미계 231
일반 재가신자계 232
포살날 받아 지니는 계율 233
행하여야 할 계, 금계禁戒 233
수행 233
공경 234
봉사 234
회향 235
회향을 기쁘게 받아들임 235
특별히 겨냥한 회향 237
법문을 경청함 238
설법 238
견해를 굳게 세움 238

5가지 색계 선업 240

4가지 무색계 선업 240

욕계 업이 과보를 주는 영역 241

들뜸(웃닷짜) 의도 241

수승한 마음 등으로 분류함 245

수승한 선업과 열등한 선업 247

3가지 뿌리의 열등 선업, 2가지 뿌리의 수승한 선업 248

일부 스승의 견해 249

색계 업이 과보를 주는 영역 251

무색계 업이 과보를 주는 영역 253

'작게, 중간, 훌륭히 닦은 선정의 분류' 253
'아나함들은 정거천淨居天에 탄생한다' 256
'여자는 대범천이 될 수 없다' 256
신통지와 재생연결식의 과보 257
'선정을 처음 획득한 사람의 인식과정)' 258
신통지 속행에서 생각해볼 점 259
미세한 갈애 260

죽음과 재생연결식의 업 262

4가지 죽음 262

수명이 다함 262
업이 다함 263
수명과 업이 다함 263
파괴시키는 업 때문에 죽음 264
세 가지가 결합하여 생긴 병 265
관리하지 못해 생긴 병, 타인의 소멸시키는 노력 265

죽음직전 대상 266

죽음 직전 대상이 나타나는 모습 266

'적절하게' 267
'업의 힘에 의해 육문 중 하나의 문에 나타난다' 272

죽음직전 마음 273

'과보를 줄 업에 따라 청정하거나 오염된' 274
'탄생할 생에 따라 그 생으로 기우는 것처럼' 277
'마음의 연속은 일반적으로 끊임없이 일어난다' 277

다른 식으로 업의 대상이 나타나는 모습 278

죽음직전 인식과정 279

두 가지 인식과정을 얻는 곳 280
네 가지 인식과정을 얻는 곳 280

재생연결식이 일어나는 모습 281

'이 죽음의식이 멸하자마자 바로 뒤에' 281
'그와같이 죽음 직전 속행이 취한 대상을 대상으로 하여' 282
'의지처인 심장이 있기도 하고 혹은 없기도 하며' 282
불선 상카라 283
죽음직전 상카라를 취하는 방법 284
'무명과 갈애의 상카라는 ‖중략‖ 재생연결식을 내던진다' 285
사견 288

욕계 재생연결식의 대상 289

죽음직전인식과정이 일어나는 모습 290
'현재의 업의 표상(깜마니밋따)' 291
업의 표상(깜마니밋따) 모조 292
'소리 등은' 293
'그 때 재생연결식과 바왕가 역시 현재의 대상을 취한다' 294
'이를 근거하여 욕계 재생연결식의 경우 ‖중략‖ 얻는다' 296

색계 재생연결식 대상 298

무색계 재생연결식 대상 299

죽음과 재생연결식 300

바왕가와 죽음 301

윤회의 바퀴가 도는 모습 301

윤회의 바퀴가 소멸되는 모습 302

'욕계 3가지 선善뿌리 재생연결식' 303

제6장 ◎ 물질

루빠상가하 ‖ RūpaSaṅgaha

서약 309

서약 309

물질의 열거 310

사대四大와 사대에서 파생된 물질 310

사대四大 310

'사대에서 파생된 물질이라 부르지 않는 이유' 311
땅의 요소 312
단단한 특징 313
'작용, 지혜에 나타나는 모습, 가까운 원인' 313
물의 요소 313
특징, 작용, 지혜에 나타나는 모습 314
불의 요소 314

열기의 특징 315
작용, 지혜에 나타나는 모습 315
4가지의 불 315
바람의 요소 316
지지하는 특징 317

24가지 사대에서 파생된 물질 318

5가지 감각물질 318

감각물질(빠사다루빠) 318
눈(짝쿠) 318
시각물질이 머무는 장소 319
귀(소따) 320
코(가나) 320
혀(지화) 321
몸(까야) 321
'형상 등에서 끌어당기는 작용이 있다' 323

대상의 물질 7가지 324

형상[루빠] 324
소리[삿다] 325
냄새[간다] 325
맛[라사] 326
'물水요소가 제외된 삼대三大라 불리는 감촉' 326
일부 오류 327
대상의 물질 329

성性물질 2가지 330

모양(liṅga) 331
징표(nimitta) 331
행동(kutta) 331
행동거지(ākappa) 332

심장토대물질 1가지 332

구체적인 물질에서 의지할 곳을 찾아라. 333
시각 기능眼根을 의지하지 않는다 334
생명기능命根과 성性물질을 의지하지 않는다. 335
『담마상가니』 경에서 설하시지 않은 이유 335
심장 안에 머무는 이유 337

생명물질 1가지 338

자양분물질 339

자양분 340
자양분의 특징 340
'작용, 지혜에 나타나는 모습, 가까운 원인' 341
고유물질(사바와루빠) 342
비고유물질(아사바와루빠) 342
일반적 특징물질(사락카나루빠)과 무특징물질(아락카나루빠) 343
구체적인 물질(닙판나루빠) 344
변화의 물질(루빠루빠) 344
숙고할 수 있는 물질(삼마사나루빠) 345

분할하는 물질 1가지 345

엉키지 않은 허공 346
사물로 분할된 공간 346
까시나를 제거한 뒤 얻어지는 허공이란 개념 346
두 물질을 분할시키는 틈 346

암시물질 2가지 347

몸의 암시 347
말의 암시 349

특별하게 만드는 물질 5가지 351

가벼움(라후따) 351
부드러움(무두따) 351
순응성(깜만냐따) 352

특징물질 4가지 354

생성(우빠짜야) 355
증장(산따띠) 355
성숙(자라따), 소멸(아닛짜따) 356

물질의 분류 359

뿌리없음 359
원인을 가짐, 유루有漏의 대상 360
조건지어진 법, 세상의 법 360
욕계의 법, 대상을 취할 수 없는 법 361
제거하지 못하는 법 361
'이같이 하나의 몫이 있지만' 361

내부물질, 외부물질 362

외부물질 363
내부물질, 외부물질의 성품 363

토대물질, 토대가 아닌 물질 364

문門물질, 문이 아닌 물질 365

기능根물질, 기능이 아닌 물질 366

성性물질(바와루빠) 366
생명물질(지위따루빠) 367

거친 물질, 섬세한 물질 367

가까운 물질, 멀리 있는 물질 368

부딪치는 물질, 부딪치지 않는 물질 368

업의 결과 물질, 다른 원인에 기인한 물질 369

볼 수 있는 물질, 볼 수 없는 물질 370

대상을 취하는 물질, 대상을 취하지 못하는 물질 371

코 등의 세 가지는 도달한 대상을 취하는 능력으로써 372

분리할 수 없는 물질, 분리할 수 있는 물질 373

분리할 수 있는 물질 374

물질이 일어나는 원인 375

4가지 물질을 일으키는 원인의 법 375

업(깜마) 375

마음(찟따) 376

기온(우뚜) 376

자양분(아하라) 377

업이 물질을 일으키는 모습 377

계속적인 연속선상의 머묾 379

마음의 소멸(방가)에서의 물질 381

마음이 물질을 일으키는 모습 382

오식五識은 물질을 일으키지 못한다. 383

재생연결식이 물질을 일으키지 못하는 모습 384

아라한의 죽음의식은 물질을 일으키지 못한다. 387

행주좌와行住坐臥를 지탱하는 모습 387

암시를 일으키는 모습 389

미소를 일으키는 모습 390

진심으로 미소짓지 않는다. 392

기온이 물질을 일으키는 모습 392

'머묾(티띠)순간에 도달해야만' 392

자양분이 물질을 일으키는 모습 394

업으로 생긴 물질 등의 특질 397

업으로 생긴 물질 397

마음으로 생긴 물질 398

두 가지 원인에 기인하는 물질 398

세 가지 원인에 기인하는 물질 400

네 가지 원인에 기인하는 물질 400

어떠한 원인도 없는 물질 401

깔라빠(물질다발) 405

깔라빠의 특징 405

9가지 업에 기인한 깔라빠 408

눈의 십원소 409

생명물질구원소 409

6가지 마음으로 생긴 물질 411

4가지 기온에서 생긴 깔라빠 411

2가지 자양분에서 생긴 깔라빠 411

8가지 마음으로 생긴 물질 412

9가지 업에서 생긴 깔라빠 413
6가지 혹은 8가지 마음에서 생긴 깔라빠 414
4가지 기온에서 생긴 깔라빠와 2가지 자양분에서 생긴 깔라빠 415

내부, 외부의 깔라빠의 구분 415

그 외 나머지 모든 깔라빠는 내부에서 얻어진다. 416
특별하게 만드는 물질들이 깔라빠 속에 포함되는 모습 417

물질이 일어나는 일련의 연속 418

욕계에서 물질이 일어나는 일련의 모습 418

재생연결식 419
습생濕生 420
화생化生 420
'7가지 십원소는 나타난다' 420
3가지 재생연결식에 드는 원인 422

4가지 물질이 처음 일어나는 모습 427

'자양분이 퍼질 때부터 자양분으로 생긴 물질' 428

4가지 물질이 마지막 소멸되는 모습 429

업으로 생긴 물질 431
마음으로 생긴 물질 431
자양분으로 생긴 물질 431
기온으로 생긴 물질 432
마음으로 생긴 물질의 소멸시간 432
맨 마지막 일어나는 업으로 생긴 물질 434
네 가지 물질이 처음 일어나는 모습과 마지막 소멸하는 모습 435

색계에서 물질이 일어나는 모습 436

생명 육원소, 눈의 칠원소 설說 437

무상유정(無想有情) 범천 439
'색계에서 23가지 물질이 일어난다' 441

열반 442

4가지 궁극적 실재의 결론 443

네 가지 도道 지혜로 현증할 수 있고' 443
'와나(꿰매는 법) 444
갈애가 꿰매는 모습 444
'이 열반은 본성으로 하나이지만' 445
유여열반有餘涅槃 445
무여열반無餘涅槃 447
공함(순냐따) 447
형상 없음(아니밋따) 447
갈구함 없음(압빠니히따) 448

색인 451

찾아보기 469

제4장

인식과정

위티상가하 ‖ VīthiSaṅgaha

4장 인식과정

본삼매 속행의 차례

선정인식과정, 도道 인식과정

appanājavanavāre pana vibhūtāvibhūtabhedo natthi.
tathā tadārammaṇuppādo ca.

본삼매속행 차례에서는 선명한 대상, 희미한 대상의 구분은 없다. 등록의 일어남도 그와 같다[등록의 일어남은 없다].

해설

『담마상가니』에서 본삼매(appanā)를 'appanā(압빠나; 연관된 대상에 부동하게 들어가 머무는 선정, 도道, 과果인 본삼매), takka(따까; 대상을 마음에 끌어당기는 성질), vitakka(위딱까; 특별하게 대상을 마음에 끌어당기는 성질), saṅkappa(상깝빠; 잘 생각하는 성질), appanā(압빠나; 마음을 대상에 도착하게 하는 성질), byappanā(브얍빠나; 마음을 대상에 특별하게 도착하게 하는 성질) 라고 일으킨 생각[위딱까]의 동의어로써 다양하게 설하셨다.

'cittaṁ āramaṇe appeti abhiniropetīti appanā - 결합한 마음을 대상에 맡긴다. 대상에 보낸다. 그러므로 일으킨 생각을 본삼매라 한다'

주석서에 따르면, 일으킨 생각의 대상에게로 보내는 작용 때문에 세간, 출세간의 초선마음은 자신의 수행대상에 확고부동하게 입정하는데, 이 마음은 본삼매라 불리는 일으킨 생각[vitakka] 마음부수와 결합하기 때문에 '압빠나(본삼매)'라 부른다고 한다. 번뇌에서 멀어져 자신의 대상에 확고히 입정하는 초선과 비슷하기에, 제2선 등도 sadisūpacāra(비슷한 사물에 은유함)로써 본삼매라 부른다. 선정을 본삼매라 부르는 것은 주석서의 방법이다.

선정을 얻기 위해 땅 까시나(地觀) 등의 수행에서 대상이 적당히 나타나는 정도로는 선정을 획득할 수 없다. 매우 선명히 나타나야 선정이라는 본삼매 속행이 일어날 수 있다. 도道, 과果에서 본삼매의 대상 또한 너무나 분명한 열반의 법이다. 그러므로 '대상이 분명해야 본삼매 선정이 일어날 수 있으므로, 선명한 대상(위부따람마나), 희미한 대상(아위부따람마나)의 구별은 없다' 라고 『위바위니띠까』에서 해설하고 있다.

tattha hi ñāṇasampayuttakāmāvacarajavanānamaṭṭhannaṁ aññtarasmiṁ parikammopacārānulomagotrabhunāmena catukkhattuṁ tikkhattumeva vā yathākkamaṁ uppajjitvā niruddhānantarameva yathārahaṁ catutthaṁ vā pañcamaṁ vā chabbīsatimahaggatalokuttarajavanesu yathābhinīhāravasena yaṁkiñcijavanaṁ appanāvīthimotarati. tato paraṁ appanāvasāne bhavaṅgapātova hoti.

본삼매 속행 차례에서 8가지 지혜와 결합한 욕계마음 중 어떤 하나의 속행이 기초작업, 근접, 수순, 종성이라는 이름으로 순서대로 4차례 혹은 3차례 일어났다가 소멸한다. 그 뒤 '영민한 사람(tikkha)', '둔한 사람(manda)' 에 따라 4번째 혹은 5번째에 26가지 고귀한 마음[선정마음] 혹은 출세간 속행 중 어느 하나가 자신이 지향하는 수행에 따라 본삼매의 인식과정에 오른다. 그 다음 본삼매 속행을 끝으로 바왕가에 빠진다.

해설

본삼매 속행에서의 대상은 물질이 아니다. 열반, 까시나, 개념 등이 대상이기에, 지나간 바왕가를 둘 필요가 없다. 일반적으로 진동하는 바왕가 ➠ 끊어내는 바왕가 ➠ 의문전향이 일어난 뒤 욕계속행이 일어난다. 욕계 속행이 강한 기세로 일어날 때는 선정, 도道, 과果에 앞서서 일어나기에 지혜와 결합한 8가지 마음 중 하나가 **기초작업(빠리깜마) ➠ 근접(우빠짜라) ➠ 수순(아누로마) ➠ 종성(고뜨라부)**라는 이름으로 4차례 혹은 3차례 강한 기세로 일어난다.

선정이나 도道를 성취한 이가 둔한 지혜(mandapañña)를 지닌 사람이라면 그로 인해 '둔한 지혜의 사람(dandhābhiñña)'이라 한다. 그 사람에게는 이 속행들이 4차례 연속해 일어나야만 일이 완성되어,[1] 선정, 도道, 과果를 얻는다. 영민한 지혜, 즉 날카롭고 빠른 지혜를 지닌 사람이라면 그로 인해 '빠른 지혜사람(khippābhiñña)'이라 한다. 이 사람에게는 속행이 3차례 일어나면 일이 완성된다. 3차례 강한 기세로 일어날 때 기초작업은 제외된다. 이 욕계 속행들은 본삼매 직전에 일어나 집중의 힘이 강하기에 '근행정-속행(upacarasamādhijavana)'라 부른다.

이같이 근행정-속행이 3차례 강한 여세로 일어나면 선정, 도道, 과果인 본삼매-속행은 4번째에 일어난다. 근행정-속행이 4차례 강한 여세로 일어났다면 본삼매-속행은 5번째에 일어날 것이다. 26가지 본삼매-속행 중에서 하나가 일어날 때 "yathābhinīhāra- '자신이 지향하는 수행에 따라' 혹은 '사마타 혹은 위빳사나 수행을 지향하는 힘으로'" 강한 기세로 일어난다. 선정을 성취하려 분투하는 자는 사마타 명상을 통해 선정으로 향한다. 초선을 얻고자 분투하는 사람은 사마타 명상을 초선으로 향하게 한다. 제2선 등을 얻으려는 사람 또한 자신의 사마타 명상을 제2선으로 향하게 한다. 도道, 과果를 성취하기 위해 노력하는 사람도 명상을 도道, 과果로 향하게 한다.

1. '빠리깜마, 우빠짜라, 아누로마, 고뜨라부' 4가지 모두가 연속하여 일어나야만 본삼매에 입정하는 일이 완성된다.

'그 다음 본삼매-속행을 끝으로 바왕가에 빠진다'

'appanāvasāne - 본삼매-속행을 끝으로'란 구절을 빼고 'tato paraṁ bhavaṅgapātova - '이 본삼매 인식과정에 들어선 뒤 바왕가에 빠진다'로 말하면 '4번째, 5번째에 본삼매-속행 1차례가 일어난 뒤 바왕가에 빠진다'라고 잘못 이해할 수도 있다. 그래서 'appanāvasāne - 본삼매 속행을 끝으로'란 구절을 포함시켰다. 4번째, 5번째에 본삼매-속행이 강한 힘으로 일어난다. 본삼매-속행은 어떤 경우에는 한 차례, 어떤 경우에는 2차례, 3차례부터 밤낮으로, 며칠 동안, 긴 날을 연속하여 일어나기 때문에 '본삼매-속행이 일어날 만큼 충분히 일어난 뒤에야 바왕가에 빠진다'라는 의미이다.

빠리깜마(parikamma) - 기초 작업이 되는 욕계 명상작업, 기초 작업

parikaroti appanaṁ abhisaṅkharotīti parikammaṁ - 본삼매를 만드는 마음을 기초 작업(빠리깜마)이라 부른다.

'본삼매가 일어나도록 만드는 마음' 이 같은 뜻이다.

우빠짜라(upacāra) - 근접

samīpe caratīti upacāro - 본삼매 가까이서 일어나기에 근접(우빠짜라)이라 부른다.

집 근처(우빠짜라), 사원 근처는 집과 사원이 하나로 연결된 공간이 아니다. '집과 사원이 가까이 있다'는 것처럼 본삼매와 하나로 연결되어 있는 종성[고뜨라부]을 근접[우빠짜라]이라 불러서는 안 된다. 본삼매-속행의 근처[고뜨라부 앞] 마음들만을 '근접(우빠짜라)' 이라 불러야한다.

아누로마(anuloma) - 수순

앞의 기초 작업(빠리깜마)들이 수행한 일을 계속해서 행한다. 이 작용을 통해 본삼매를 일어나게 하고, 앞의 기초 작업(빠리깜마)과 뒤의 본삼매에 순응하기에 'pubbāparānaṁ anulometi - 앞의 기초 작업과 뒤의 본삼매에 수순하며 일어난다' 라는 뜻풀이에 따라 '수순(anuloma)' 이라 부른다. 앞의 기초 작업(빠리깜마)이란 본삼매-인식과정[압빠나위티]안에 포함된 기초 작업을 말하는 것이 아니다. 본삼매-인식과정에 도달하기 전 인식과정에서 일어났던 모든 속행 또한 본삼매가 일어나도록 준비시키기에 기초 작업이라 부른다. 그러므로 『청정도론』에서 'ito pubbe parikammānaṁ upari appanāya ca anulomato anulomānīti vuccanti - 이 수순 앞의 기초 작업, 뒤의 본삼매에 수순하여 일어나기에 수순(anuloma)이라 부른다' 라고 설명한 뒤, 마하띠까에서 ito pubbe parikammānaṁti nānāvajjanavīthiyaṁ parikammānaṁ - 이 수순의 지혜가 일어나기 전 기초 작업이란 다양한 전향[아왓자나]이 일어난 인식과정들 속에 포함된 기초 작업들에게,,,,,,,' 라고 해설하고 있다. [고뜨라부는 9장 깜맛타나 장章에서 설명할 것이다.]

appanābhisaṅkhārattā, samīpacārabhāvato
pubbāparānulomattā, kāmagottādibhībhavā
parikammopacārānu-lomagotrabhunāmakā
본삼매가 일어나도록 하고
본삼매 근처(우빠짜)이며
앞의 기초작업, 뒤의 본삼매-속행에 순응하고
욕계와 범부의 종성種姓을 넘어서기에
기초작업, 근접, 수순, 종성이라 이름한다.

4가지 마음 중 첫 번째 마음을 기초 작업이라 할 수도 있고, 근접이라 부를 수도 있으며, 수순이라 할 수도 있다. 즉 세 가지 모두로 부를 수 있다. 두 번째, 세 번째 마음 또한 세 가지 이름 모두 쓸 수 있다. 그러나 서로 이름이 섞이지 않도록 사용한 이름을 다시 쓰지 않고자 첫 번째 마음을 기초 작업(빠리깜마), 두 번째 마음을 근접(우빠짜라), 세 번째 마음을 수순(아누로마)이라 불렀다. 네 번째 마음은 종성(고뜨라부) 하나로만 부른다. 이 종성을 'vodāna [워다나]' 라 부르는 경우도 있다. 인식과정 자리에서 보게 될 것이다.

6번째, 7번째에서 본삼매 속행은 일어날 수 없다.

절벽을 향해 전력 질주한 남자는 절벽 끝에 이르러 멈추고 싶어도 멈추지 못하듯 강한 힘[기세]으로 일어났던 속행도 6번째, 7번째쯤에는 근접한 바왕가의 절벽으로 떨어져야 할 것이다. 본삼매-속행에서 멈추어 서는 것이 불가능하다. 따라서 6번째, 7번째에는 본삼매-속행이 일어나지 못하고 4번째, 5번째에서 일어난다. 『앗타살리니』에서는 다르게 언급하고 있다.

본삼매 속행이 3번째에도 일어날 수 없다.

6번째, 7번째 자리에서 바왕가와 근접해서 일어날 수 없다면 그렇다고 치자. 왜 3번째 자리에서 본삼매-속행이 일어날 수 없는가? 본삼매-속행이라 부르는 선정, 도道, 과果는 종성[아누로마]의 작용이 끝나야만 일어날 수 있다. 종성 앞의 수순이 아세와나빳짜야(연속성의 연기법, 數數修習緣)[2]로써 지원하지 않는다면, 힘이 약해 종성이 일어날 수 없다. 그러면 수순, 종성, 본삼매로 3번째 자리에 본삼매-속행[선정]이 일어날 수 없는 것이다.

앞뒤 숫자의 비교

근행정-속행[upacārasamādhijavana] 때에는 '4차례, 3차례' 등으로 큰 숫자를 앞에, 작은 숫자를 뒤에 두었으면서, 왜 본삼매-속행에서는 '4번째 혹은 5번째' 라며 작은 숫자를 앞에 큰 숫자를 뒤에 두었는가? 차라리 앞뒤가 같게 '4차례, 3차례/5번째, 4번째' 혹은 '3번째, 4차례/4번째, 5번째' 의 순서가 적합하지 않은가?

'parikammopacārānulomagotrabhunāmena - 기초작업, 근접, 수순, 종성이라는 이름으로' 라고 4가지로 보였듯이, 4가지 이름으로 속행 차례를 먼저 보이려고 '4차례' 라는 큰 숫자를 앞에 두었다. 기초작업이 제외된 근접, 수순, 종성이 일어나는 본삼매를 위해 3차례를 뒤에 두었다. 그러나 본삼매-속행은 이렇게 할 필요가 없다. 앞에서 4번 일어나면 뒤의 본삼매-속행이 5번째, 기초작업이 제외된 속행에서는 앞에 3번 일어난 뒤, 본삼매-속행이 4번째 일어나야 하므로 '4번째, 5번째' 라는 순서에 맞게 5번째를 뒤에 보인 것이다.

---

2. āasevanapaccaya(아세와나빳짜야) - 반복, 연속성의 연기법, 자신 바로 뒤에 일어나는 법을 자신과 같은 성질의 상태에 이르도록 은혜를 베푸는 일을 아세와나빳짜야라 부른다.

욕계속행 뒤의 본삼매-속행

tattha somanassasahagata javanānantaraṁ appanāpi somanass asahagatāva pāṭikaṅkhitabbā. upekkhā sahagata javanānanta raṁ upakkhāsahagatāva.
tatthāpi kusalajavanānantaraṁ kusalajavanañceva heṭṭhimañ ca phalattaya mappeti. kiriyajavanānantaraṁ kiriyajavana ṁ, arahatta phalañcāti.

즐거움을 수반한 속행 바로 다음에는 본삼매-속행 또한 즐거움을 수반한 것만이 기대된다. 중립적 느낌을 수반한 속행 바로 다음에는 중립적 느낌을 수반한 것만이 기대된다.

여기서 욕계선善-속행 바로 다음에는 선善-속행과 3단계의 하위 과果는 본삼매로 일어난다. 작용만 하는 마음[욕계]-속행 바로 다음에는 작용만 하는 마음-속행, 아라한 과果-속행이 본삼매로써 일어난다.

해설

'즐거움을 수반한 속행 바로 다음에는 본삼매-속행 또한'

속행이란 아세와나빳짜야(연속성의 연기법, 數數修習緣)에 적용되어야 하는 마음들이다. 아세와나를 미얀마어로 '훈습, 습성'이라 부른다. 비유하면, 향기를 배게 할 때 같거나 비슷한 향이 스며들게 하면 본래 향기는 사라지지 않고 보다 더 나은 향기를 내게 된다. 전혀 다른 냄새라면 서로 배어들지 못하고 오히려 본래 향마저 혼탁시켜 퇴색케 한다. 그처럼 아세와나빳짜야의 영향을 받은 속행들은 선善은 선, 불선不善은 불선으로 동일하게 일어나 앞은 욕계속행, 뒤는 고귀한 마음속행으로 영역이 구별되더라도 닮은꼴로 일어나기에 아세와나[훈습]가 소멸되지 않는다. 앞이 즐거운 느낌[소마낫사], 뒤가 좋지도 싫지도 않은 느낌(중립적 느낌) 혹은 앞이 좋지도 싫지도 않은 느낌, 뒤가 즐거운 느낌으로써 느낌이 서로 달라진다면 아마 아세와나가 소멸될 것이다. 마음의 성품으로 볼 때 '속행의 연속선상에서 앞의 속행은 즐거움, 뒤의 속행이 중립적 느낌, 그 뒤의 속행이 즐거움' 등으로 급격하게 변할 수는 없다. 그러므로 '즐거움을 수반한 속행 바로 다음에는 본삼매속행 또한 즐거움을 수반한 것만이 기대된다' 라고 한 것이다.

'범부凡夫의 욕계선善 속행 뒤에 본삼매 속행'

3가지 선의 뿌리[tihetuka][3]를 지닌 범부는, 9가지 고귀한 선善마음을 모두 일으킬 수 있고, 5가지 수다원 도道를 성취할 수 있다. 그러므로 3가지 선의 뿌리를 지닌 범부의 '지혜와 결합한 욕계선 4가지' 중 하나가 속행으로 일어나면, 9가지 고귀한 마음의 속행, 5가지 수다원 도道속행으로 모두 14가지 본삼매-속행들이 일어날 수 있다. 즐거운 느낌, 중립적 느낌으로 구별한다면 3가지 선의 뿌리를 지닌 범부에게 '2가지 즐거움을 수반한 지혜와 결합한 욕계 선善마음 속행' 중 하나 뒤에 초선, 제2선, 제3선, 제4선인 4가지 색계 선善 선정마음, 4가지 수다원 도道로 모두 8가지 본삼매-속행이 일어날 수 있다. '2가지 중립적 느낌을 수반한 지혜와 결합한 욕계 선善 속행' 중 하나 뒤에는 색계 제5선 선善 1가지, 무색계 선善 4가지, 수다원 도道의 제5선 1가지 등 모두 6가지 본삼매-속행들이 일어날 수 있다. [범부의 마음으로 수다원 과果를 일으킬 수는 없다. 먼저 수다원 도道를 얻은 뒤에야 수다원 과果를 얻을 수 있다]

---

3. tihetuka(띠헤뚜까) - 탐욕없음, 진심없음, 어리석음 없음인 3가지 선善 뿌리로 재생연결식을 취한 사람

'수다원의 욕계 선善마음 뒤의 본삼매'

수다원 과果에 머무는 사람은 9가지 고귀한 선善마음을 획득할 수 있다. 과果 선정에 입정할 때 5가지 수다원 과果속행이[4] 일어날 수 있다. 더 분투한다면 상위의 5가지 사다함 도道 속행을 획득할 수 있다. [사다함 과果속행을 수다원에서 얻을 수 없다. 사다함 도道에 머무는 사람이어야 과를 얻는다.] 그러므로 수다원 과果 사람의 '4가지 지혜와 결합한 욕계 선善마음' 중 하나 뒤에 19가지 본삼매-속행이 일어날 수 있다. '2가지 즐거움을 수반한 지혜와 결합한 속행' 뒤에 4가지 즐거움을 수반한 하위 색계 선, 4가지 수다원 과果, 4가지 사다함 도道로 모두 12가지의 본삼매-속행이 일어날 수 있다. '2가지 중립적 느낌을 수반한 지혜와 결합한 욕계 선善속행' 뒤에 색계 선善의 제5선, 4가지 무색계 선善, 수다원 과果의 제5선, 사다함 도道의 제5선으로 모두 7가지 본삼매-속행이 일어날 수 있다.

'사다함의 욕계 선善마음 뒤의 본삼매'

사다함 과果에 머무는 사람에게 '지혜와 결합한 욕계 선善 속행' 뒤에 고귀한 마음 선善 9가지, 과果 선정에 입정할 때 사다함 과果 속행 5가지, 상위의 도道를 얻을 때 아나함 도道 속행 5가지로써 모두 19가지가 일어날 수 있다. 느낌으로도 구별할 수 있다.

---

4. 5가지 수다원 과果속행 란 - 초선에서 제5선까지의 수다원 과果마음을 말한다. 5가지 사다함 도道 속행 또한 위와 마찬가지로 초선에서 제5선까지를 말한다.

‘아나함의 욕계 선善마음 뒤의 본삼매’

아나함 과果에 머무는 사람의 ‘지혜와 결합한 욕계 선善 속행’ 뒤에도 고귀한 선마음 9가지, 과果 선정에 입정할 때 사다함 과果 속행 5가지, 상위 도道를 획득할 때 아나함 도道 속행 5가지로써 모두 19가지가 일어날 수 있다.

‘아라한의 욕계 작용만 하는 마음 뒤의 본삼매’

아라한에게는 9가지 고귀한[색계, 무색계선정의] 작용만 하는 마음이 일어날 수 있다. 과果에 입정할 때 아라한 과果 속행 5가지 중 적합한 하나가 일어난다. 이보다 상위 도道는 없다. 자신이 성취한 단 한차례의 도道로써 행하여야 할 모든 작용을 완성시켰기에, 다시 일어날 필요가 없다. 그러므로 아라한의 ‘4가지 지혜와 결합한 욕계의 작용만 하는 마음’ 중 하나 뒤에 9가지 고귀한[색계, 무색계선정의] 작용만 하는 마음, 5가지 아라한 과果 속행으로 모두 14가지 마음이 일어날 수 있다. 느낌으로 구분한다면 ‘2가지 즐거움을 수반한 지혜와 결합한 욕계 작용만 하는 마음’ 중 하나 뒤 4가지 색계작용만 하는 마음, 4가지 아라한 과果마음으로 모두 8가지가 일어날 수 있다. 중립적 느낌을 수반한 지혜와 결합한 마음 뒤에는 색계의 작용만 하는 제5선 마음 1가지, 무색계의 작용만 하는 마음 4가지, 아라한 과果의 제5선 마음 1가지로 모두 6가지 본삼매-속행들이 일어날 수 있다.

요약

본삼매-속행 차례에서는 ‘선명한 대상(위부따람마나), 희미한 대상

(아위부따람마나)' 의 구별이 없다. 선명한 대상만 있기 때문이다. 등록하는 마음 또한 일어나지 않는다.

본삼매-속행에서 [진동하는 바왕가, 끊어내는 바왕가, 의문전향마음 뒤에] 4가지 지혜와 결합한 욕계 선과 작용만 하는 마음으로 모두 8가지 중 하나는 '기초 작업, 근접, 수순, 종성이라는 이름으로 4차례 혹은 기초 작업이 포함되지 않은 경우 3차례 연속적으로 일어나 소멸한다. 그 뒤 영민한 사람이라면 4번째에 둔한 지혜의 사람이라면 5번째에 본삼매의 연속에 오른다[26가지 고귀한 마음 혹은 출세간 도道, 과果 중 하나의 본삼매 속행에 오른다]. 본삼매 끝에는 바왕가에 빠진다.

선정 혹은 도道를 획득하기 직전, 과果에 입정하기 전 일어나는 욕계의 선善과 욕계의 작용만 하는 마음들은 '지혜와 결합한 마음' 으로만 일어날 수 있다. 그러므로 의문전향마음 뒤에 지혜와 결합한 욕계의 선善, 지혜와 결합한 욕계의 작용만 하는 마음으로 8가지 중 하나만 일어날 수 있다. 이 속행들을 근행정-속행(upacārasamādhijavana)라 부른다.

'두 종류 수행자'

1. 만다빤냐mandapañña - 둔한 지혜를 지닌 사람
2. 띡카빤냐tikkhapañña - 영민한 지혜를 지닌 사람

지혜가 둔한 사람은, 근행정-속행이 4차례 일어나야 일이 완성된다. 그 뒤 5번째에서 본삼매-속행이 일어난다. 영민한 지혜를 지닌 사람은 근행정-속행이 3차례 일어나도 일을 완성시킬 수 있다. 그 뒤 4번째에 본삼매-속행이 일어난다. 이것이 사람에 따라 속행이 일어나는 모습이다.

본삼매에 입정하려 분투하는 사람은 마음이 선정에 도달하도록 지향한다. 도道를 얻고자 분투하는 사람 또한 자신의 위빳사나 마음을 도道, 과果에 도달하도록 지향시킨다.

이래도 본삼매-속행이 일어나는 모습을 확실히 이해하기 어려울 것이기에 뒤의 '속행의 법칙' 장에서 상세히 설명할 것이다. 선정인식과정도 마찬가지이다. 여기서 '둔한 지혜, 빠른 지혜를 지닌 사람'이 처음 획득한 선정 인식과정을 예로 들겠다. 이 본삼매-속행에서 나타난 대상은 까시나와 열반이기 때문에 지나간 바왕가를 둘 필요는 없다.

둔한 지혜(만다빤냐) bha na da ma pa u nu go 선정 bha bha
빠른 지혜(떡카빤냐) bha na da ma u nu go 선정 bha bha

bha = 바왕가
na = 바왕가짤라나 - 진동하는 바왕가
da = 바왕구빳체다 - 끊어내는 바왕가
ma = 마노드와라왓자나 - 의문전향마음
pa = 빠리깜마 - 기초 작업이 되는 명상작업. 반복적으로 대상을 관함
u = 우빠짜라 - 근접
nu = 아누로마 - 선정에 순응하는 마음, 수순
go = 고뜨라부 - 욕계의 종성을 끊고 열반 혹은 선정으로 향하는 마음, 종성
선정 = 압빠나 - 본삼매

요약

dvattiṁsa sukhapuññamhā. dvādasopekkhakā paraṁ.
sukhitakriyato aṭṭha. cha sambhonti upekkhakā.
puthujjanānasekkhānaṁ. kāmapuññatihetuto.
tihetukāmakriyato. vītarāgāna mappanā.

ayamettha manodvāre vīthicittappavattinayo.

즐거움을 수반한 지혜와 결합한 욕계 선善속행 뒤에 32가지 본삼매-속행은 일어난다.

중립적 느낌을 수반한 지혜와 결합한 욕계 선善속행 뒤에 12가지 본삼매-속행은 일어난다.

즐거움을 수반한 지혜와 결합한 욕계 작용만 하는 마음 속행 뒤에 8가지 본삼매-속행은 일어난다.

중립적 느낌을 수반한 지혜와 결합한 욕계 작용만 하는 마음 속행 뒤에 6가지 본삼매-속행은 일어난다.

3가지 선善 뿌리(띠헤뚜까)로 재생연결식을 취한 범부와 유학有學들에게 3가지 선善 뿌리의 욕계의 선[지혜와 결합한 선善] 뒤에 44가지 본삼매-속행이 일어난다.

아라한 사람에게는 3가지 선善 뿌리의 욕계 작용만 하는 마음(지혜와 결합한 욕계 작용만 하는 마음) 뒤에 14가지 본삼매가 일어난다.

이것이 인식과정의 장에서 의문意門을 통해 인식과정이 일어나는 방법이다.

해설

이 요약은 **'이 본삼매속행에서 즐거움을 수반한 속행 뒤의 ‖중략‖ 아라한 과果 속행이 본삼매로 일어난다'** 라고 한 '욕계 속행 뒤에 본삼매 속행이 일어나는 모습' 을 요약한 글이다.

'즐거움을 수반한 지혜와 결합한 욕계 선善속행 뒤에 32가지 본삼매-속행은 일어난다'

2가지 즐거움을 수반한 지혜와 결합한 욕계 선善 뒤에는 4가지 즐거움을 수반한 고귀한 마음, 16가지 즐거움을 수반한 도道, 즐거움을 수반한 하위 과果 12가지 등 모두 32가지 마음이 속행으로 일어날 수 있다.

'12가지 본삼매-속행이 일어난다.'

2가지 중립적 느낌을 수반한 지혜와 결합한 욕계 선善의 속행 뒤에 5가지 중립적 느낌을 수반한 고귀한 마음, 4가지 중립적 느낌을 수반한 도道, 3가지 중립적 느낌을 수반한 하위 과果로 모두 12가지 마음이 속행으로 일어날 수 있다.

'8가지 본삼매 속행은 일어난다.'

4가지 즐거움을 수반한 욕계의 작용만 하는 마음, 4가지 즐거움을 수반한 아라한 과果로 모두 8가지이다.

'6가지 본삼매-속행은 일어난다.'

2가지 중립적 느낌을 수반한 지혜와 결합한 욕계 작용만 하는 마음 속행 뒤에 5가지 중립적 느낌을 수반한 작용만 하는 마음, 제5선의 아라한 과果 1가지로써 모두 6가지마음이 속행으로 일어날 수 있다.

주의

성자의 지위에 도달하지 못한 범부와 유학의 마음에는 선善 마음만 일어나기 때문에, 욕계 선善속행 뒤에 고귀한 선마음과 도道 마음, 하위 과果 마음들이 일어난다. 아라한의 마음은 선善, 불선不善의 과보를 받지 않고 단지 행함만이 있는 작용만 하는 마음이 일어나기 때문에 작용만 하는 마음 속행들과 아라한 과果 속행만 일어날 수 있다.

'3가지 선善 뿌리(띠헤뚜까)로 재생연결식을 취한 범부와 유학有學들에게'

3가지 선의 뿌리로 탄생한 범부와 하위 과果에 머무는 사람들의 마음에는 4가지 지혜와 결합한 욕계 선마음이 기초작업, 근접, 수순, 종성이 근행정近行定-속행으로 강한 기세로 일어날 수 있다. 작용만 하는 마음 속행이 일어날 기회는 없다. 아라한에게 4가지 지혜와 결합한 작용만 하는 마음만이 근행정近行定-속행으로 일어날 수 있다. 선善 속행이 일어날 수는 없다.

'14가지 본삼매'란?

4가지 지혜와 결합한 욕계 작용만 하는 마음속행 뒤에 9가지 고귀한 작용만 하는 마음[색계, 무색계 끼리야마음], 5가지 아라한 과果마음으로 모두 14가지마음이 속행으로 일어날 수 있다. [5가지 아라한 과果마음이란? 초선부터 제5선까지의 아라한 과果를 말한다.]

등록의 법칙

과보마음의 올바름, 속행의 전도

sabbatthāpi panettha aniṭṭe ārammaṇe akusala vipākāneva pa ñcaviññāṇa sampaṭicchana santīraṇa tadārammaṇāni.

iṭṭe kusalavipākāni.

atiiṭṭepana somanassasahagatāneva santīraṇa tadārammaṇāni.

인식과정에서 모든 오문五門, 의문意門(마노드와라)을 통해 '원치 않는 대상(aniṭṭha)' 이 나타나는 경우, 오직 불선의 과보인 오식五識과 받아들이는 마음, 조사하는 마음, 등록하는 마음들이 일어난다.

'원하는 대상(iṭṭha)' 일 경우, 오직 선의 과보인 오식五識, 받아들이는 마음, 조사하는 마음, 등록하는 마음들이 일어난다.

'아주 원하는 대상(atiiṭṭha)에서는 즐거움만을 수반한 조사하는 마음, 등록하는 마음들이 일어난다.

해설

'원하는 대상(iṭṭha), 원치 않는 대상(aniṭṭha)'

오식五識부터 등록하는 마음까지의 과보마음들에서 선의 과보, 불선의 과보, 즐거움을 수반, 중립적 느낌을 수반하는 것은 '원하는 대상, 아주 원하는 대상, 원치 않는 대상' 들과 연관된다. 마주치는 모든 대상을 원하는 대상, 원치 않는 대상으로 구분할 수 있어야 한다. 어떤 기준으로 구분하는가? '중류층 사람들의 기준으로 분류된다' 라고 『칸다위방가』 주석서에서 언급하고 있다. '국왕 등 상류층 사람이나 천인들은 보통의 밥, 음식, 의복 등을 좋아하지 않는다. 이들에게는 일반적 기준의 '원하는 대상(iṭṭha)' 이 적용되지 않는다. 혹은 매우 저급한 하층민이나 짐승들은 상한 밥, 썩은 음식을 일반적 기준으로는 원치 않는 대상

(aniṭṭha)인데도 원하는 대상(iṭṭha)으로 간주한다. 그러므로 '원하는 대상, 원하지 않는 대상'은 중류층의 보통 사람들이 원함을 기준으로 구분되어야 한다.'

중류층 사람들의 성향에 따라 좋은 형상色, 소리 등은 '원하는 대상(iṭṭha)'이다. 부처님 옥체와 음성, 아름다운 남녀, 음성, 소리 등은 원하는 대상이다. 대변, 소변, 죽은 시체, 나쁜 냄새, 소리, 맛, 접촉 등은 원치 않는 대상이다.

'존자들의 견해'

'원하는 대상, 원치 않는 대상'의 구별은 주석서의 일반적 견해이다. 삼장법사이신 쫄라바야 존자께서는 '원하는 대상, 원하지 않는 대상은 과보로써만 구분할 수 있다고 하셨다.

원하는 대상, 원하지 않는 대상은 과보마음으로 구별해야 할 것이다. 원하는 대상과 마주친다면 [속행에서는 즐거움, 중립적 느낌, 괴로운 느낌 중 하나가 일어날 수 있다] 오식五識 등 과보마음에서는 확실히 선善 과보마음만 일어난다. 원치 않는 대상과 마주하면 불선 과보마음만 일어난다. 외도들은 부처님, 법, 승단, 탑 등을 보거나 들으면 눈과 귀를 막고 화를 낸다. 그렇지만 '아주 원하는 대상(atiiṭṭha)'인 부처님을 뵙거나 듣게 되는 것은 과거의 선업 덕분이기에 선善의 과보마음들이 일어난다. 견해가 왜곡되고 전도되면, 선善의 과보로 나타나는 아주 원하는 대상에서도 원치 않는 대상으로 착각하여 진심속행을 일으킬 수 있다.

시골 돼지들은 똥냄새를 맡고 매우 기뻐한다. 그렇지만 돼지들이 똥을 누고 냄새 맡고, 먹고, 마주하는 것 등은 불선不善의 과보 때문이다. 큰 불선업이 만든 환영으로 원치 않는 불결한 대상에서도 원하는 대상으로 착각하고 만족하며 즐거움을 수반한 속행들이 일어날 수 있는 것이다. 훌륭한 침대 위에 매어둔 큰 돼지는 마음이 편치 않아 울부짖는다. 그러나 훌륭한 잠자리에 놓인 것은 오직 선善의 과보이다. 종자에 따라 불선업의 힘 때문에 지각이 전도되어 괴로운 느낌을 수반하는 진심속행이 일어나 울부짖는 것이다. 이처럼 '원하는 대상, 원하지 않는 대상을 과보마음으로 구분되어야 할 것이다. 속행으로 구분되어서는 안 된다'라고 하신 과거 존자들의 견해를 주석서 스승들이 지지하고 있다.

그 외 문과 연관된 원하는 대상, 원하지 않는 대상을 구분할 수 있다. 물컹하고 부드러운 감촉의 좋은 똥은 감촉의 문에서는 원하는 대상이나 눈의 문, 코의 문에서는 원하지 않는 대상이 된다. 루비가 머리에 부딪치거나 루비를 보게 되면 시각의 문에서는 원하는 대상이나 부딪친 몸의 감촉의 문에서는 원치 않는 대상이 된다. 어떤 대상들은 시간에 따라 원하는 대상, 원치 않는 대상으로 바뀌기도 한다. 불은 조리할 때와 추운 겨울에는 원하는 대상이고 여름철에는 원하지 않는 대상이 된다. 물은 마시고자 할 때와 여름철에는 원하는 대상이지만 겨울철에는 원치 않는 대상이 된다. 어떤 꽃의 모양은 원하는 대상이나 냄새는 원하지 않는 대상일 수 있다. 이렇게 원하는 대상, 원치 않는 대상의 기준은 중류층 사람, 과보마음, 문, 시간, 모양과 냄새 등으로 다양하게 구분될 수 있다.

'실재 대상과 분별된 대상의 구별'

원하는 대상과 원치 않는 대상을 '실재 대상과 분별된 대상'

의 둘로 구분할 수 있다. 중류층 사람 기준으로 과보, 문, 시간 등으로 구분된 대상은 실재 원하는 대상, 실재 원치 않는 대상이다. 상류층 사람과 가래, 담즙, 피, 바람이 소멸된 병자, 정신이상자 등의 사람들은 보통의 사람이 원하는 대상을 원치 않는다. 훌륭한 음식이라도 병자 등은 원치 않는 대상으로 생각한다. 이런 사람들이 원하는 대상은 그들이 궁리하여 분별한 원치 않는 대상이다. 까마귀, 독수리 등과 지금 말한 병자, 정신병자 등은 똥, 개의 죽은 시체, 나쁜 음식, 찢어진 옷 등 원치 않는 대상을 원하는 대상으로 잘못 생각한다. 이처럼 왜곡된 원치 않는 대상들을 '분별된 원치 않는 대상'이라 부른다. 천상의 여인 등은 아주 원하는 대상이지만, 업이 약한 사람들에게는 혼미하여 정신을 잃게 하고, 부처님 등 매우 원하는 고귀한 대상도, 견해가 전도된 외도에게는 원치 않는 대상이라 간주되는 것 또한 분별된 원치 않는 대상이다.

과보마음의 올바름

과보마음들이 대상에 따라 즐거움, 중립적 느낌을 수반하는 모습이 변하지 않음을 '과보마음의 올바름'이라 한다. 속행이 느낌과 결합된 모습이 대상에 따라 변함을 '속행의 전도'라 한다. 실재의 원하는 대상, 아주 원하는 대상들은 과거의 선업으로 마주하게 되므로, 실제 원하는 대상과 마주하게 될 때 선善의 과보인 중립적 느낌을 수반한 조사하는 마음, 등록하는 마음들이 일어난다. '실재의 아주 원하는 대상과 마주할 될 때 선의 과보인 행복감을 수반한 조사하는 마음, 등록하는 마음들이 일어난다. 실제 원치 않는 대상과 마주할 때 불선 과보마음인 중립적 느낌을 수반한 조사하는 마음, 등록하는 마음들이 일어난다. [오식五識, 받아들이는 마음들은 느낌으로 구분됨이 없다.] 이처럼 대상에 합당하게 선, 불선의 과보로 일어난 마음들의 수반한 느낌이 올바르다면 '과보마음의 올바름'이라 한다.

'속행의 전도'

중생들이 실제를 보지 못하고 전도 망상하는 것은 마음이 전도(cittavipallāsa), 지각의 전도(saññāvipallāsa), 견해의 전도(diṭṭhivipallāsa) 때문이다. 범부는 이 셋 모두에서 벗어나지 못하고, 유학有學은 견해의 전도에서는 벗어났으나, 앞의 두 가지 전도로부터는 벗어나지 못했다. 이들에게 일어나는 선善, 불선不善 속행들은 간혹 대상에 따라 '아주 원하는 대상'에게서 즐거움을 수반한 속행, '원하는 중간의 대상'에게서는 중간느낌을 수반한 속행, '원치 않는 대상'에게서는 진심 속행들이 일어난다. 간혹 이 전도(vipallāsa) 혹은 불선업 때문에 부처님 등 아주 원하는 대상에게서 외도들이 진심 속행을 일으킨다. 들개, 독수리 등은 똥, 개의 썩은 시체 등 원치 않는 대상들을 보고 즐거움을 수반한 속행이 일어난다. 이처럼 과보로 나타난 대상의 성품을 일반적 기준으로 따르지 못하고 속행들이 느낌을 수반하는 모습이 모순 됨을 가리켜 '속행의 전도'라고 한다.

'불선과 선의 과보가 뒤섞인 모습'

하나의 사물에 원하는 대상과 원치 않는 대상이 뒤섞여 있을 수 있다. 이처럼 뒤섞인 자리에서는 명백한 대상만을 대상으로 삼을 뿐이다. 비유하면 전설 속의 신령스러운 코끼리, 말 등에서 재생연결식은 뿌리 없는 마음(아헤뚜까)이기에 근본 몸은 분명 원치 않는 짐승의 몸이지만 삶의 과정(빠왓띠)에서 선업으로 인하여 매우 아름다운 피부와 색상, 소리 등을 얻는다. 따라서 재생연결식은 원치 않는 짐승이란 불선의 업을 받았지만, 삶의 과정에서는 선의 과보로 아름다움과 풍요로움을 제공받는다. 가는 대나무로 만든 소똥을 칠한 인형을 실크, 명주, 우단 등 원하는 형상으로 채색하듯, 원하는 대상과 원치 않는 대상이 뒤섞인 곳에서 아름다운 외형을 대상으로 하여 선의 과보가 일어난다. 재생연결식은 선의 과보로 사람의 몸으로 태어났지만 삶의 과정에서 염병, 나병이 들러붙어 원치 않는 대상이 되는 모습 또한 이와 같다.

과보마음의 올바름, 속행 또한 올바름

tatthāpi somaṇassasahagata kiriya javanāvasāne somanassa sahagatāneva tadārammaṇāni bhavanti.

upekkhāsahagatakiriyajavanāvasāne ca upekkhāsahagatāneva honti.

이 등록 중에서도 즐거움을 수반한 작용만 하는 마음 속행 끝에 즐거움만을 수반한 등록하는 마음들이 일어난다.

중립적 느낌을 수반한 작용만 하는 마음의 속행 끝에서도 중립적 느낌만을 수반한 등록하는 마음들이 일어난다.

해설

'아라한 마음에서의 등록하는 마음'

'즐거움을 수반한 작용만 하는 마음 속행 끝에 ‖중략‖ 일어난다' 는 『아비담맛타상가하』에 따르면 작용만 하는 마음 속행들은 세 가지의 전도(위빨라사)에서 벗어난 아라한에게서만 일어난다. 과보마음처럼 '아주 원하는 대상' 과 마주하면 즐거움을 수반한 작용만 하는 마음의 속행이 일어난 다음 바로, 즐거움을 수반한 등록에 빠진다. 조금 원하는 정도의 대상, 원치 않는 대상들과 마주하면 중립적 느낌을 수반한 작용만 하는 마음이 속행으로 일어나고, 그 뒤 중립적 느낌의 등록하는 마음들이 일어난다. 이같이 작용만 하는 마음의 속행도 과보마음처럼 대상에 따라 즐거움, 중립적 느낌을 수반하는 것이 올바르기에 '과보마음의 올바름, 속행 또한 올바름' 이라고 언급한 것이다.

『빠라맛타디빠니』의 견해

작용만 하는 마음의 속행이 대상에 따라 즐거움이나 중립적 느낌을 수반하는 모습은 여기서만 아니라 『앗타살리니』에서도 언급하고 있다. 이에 대한 『빠라맛타디빠니』의 견해는 다음과 같다.

작용만 하는 마음 속행이 대상에 따라 일어나는 모습은 일반적인 경우와 같다. 그러나 아라한들은 자신의 마음을 다스릴 수 있기에 대상에 영향 받지 않고 자신의 의지대로 속행이 일어날 수 있다. 부처님께서 작은 돼지를 보고 미소 지으심과 목갈라나 존자가 깃자꾸띠 산의 아귀들을 보고 미소 지음이 적절한 예이다. 작은 돼지와 아귀들은 원치 않는 대상들이고, 미소는 즐거움을 수반한 작용만 하는 마음의 속행이다. 이밖에도 "빅쿠들이여! 이 교단에서 빅쿠가 만약 혐오스러운 대상에서 혐오스럽지 않다는 지각을 가지고자 한다면, 이 대상에서 혐오 없는 지각으로 머물 수 있다" 등으로 '아라한들은 비록 혐오스러운 대상이 있다할지라도 혐오 없이 보고자한다면 얼마든지 가능하다' 라고 경장에서 설하셨다. 이에 근거하면 아라한의 작용만 하는 마음의 속행 또한 대상에 따른 느낌을 따르지 않고, 자신의 의도대로 감정을 일으킬 수 있음이 명백하다. 그러므로 『아비담맛타상가하』와 아비담마 주석서들에서 특별히 마음을 조절하지 않고, 그 성품대로 일어난 속행을 겨냥하여 '작용만 하는 마음의 속행들은 대상에 따라 즐거움, 중립적 느낌을 수반한다' 라고 한 것이다. 마음을 조절하여 대상을 보고 생각하면 경장에 부합되게, 원치 않는 대상을 만나도 즐거움을 수반한 속행이 일어난다. 아주 원하는 대상과 부딪쳐도 중립적 느낌의 작용만 하는 마음의 속행들이 일어날 수 있다고 『빠라맛타디빠니』에서 언급한다.

『빠라맛타사루빠베다니』의 해설

목갈라나 존자와 부처님께서 작은 돼지와 아귀를 보시고 미소 지음은 보는 대상과 미소 지음의 대상으로 구별될 수 있다. 원치 않는 대상인 작은 돼지와 아귀를 보시고 원치 않는 대상에 따른 중립적 느낌을 수반한 작용만 하는 마음의 속행이 인식과정으로 일어났을 때에는 미소 짓지 않으셨다. 그 뒤에 고귀하신 존자들께는 없는 존재계의 불선법의 인과와 당신들의 충만한 공적을 생각하시고 즐거움을 수반한 작용만 하는 마음의 속행이 의문意門인식과정으로 일어날 것이다. 이 마음의 연속됨이 너무 빨라서 작은 돼지, 아귀를 보는 순간 미소 지으신 것처럼 보인 것이다.

이 외에도 "빅쿠들이여! 이 교단에서 빅쿠가 만약 혐오스러운 대상에서 혐오스럽지 않다는 지각을 가지고자 한다면" 등의 경장말씀에 따라 혐오스럽고 원치 않는 대상을 아주 원하는 대상이 되도록 한다. 혐오스러운 대상을 처음 볼 때는 원치 않는 대상이므로 중립적 느낌의 작용만 하는 마음의 속행이 먼저 일어난다.

그러나 원치 않는 대상을 자애 명상으로 응시하면, 그 대상은 원하거나 또는 아주 원하는 대상으로 바뀔 것이다. 이 때 아주 원하는 대상이라면 즐거움을 수반한 작용만 하는 마음 속행들이 일어날 수 있는 것이다.

똑같은 대상을 두고도 대상으로 취하는 각 사람의 마음가짐에 따라 '원하는 대상, 아주 원하는 대상, 원치 않는 대상'의 상태로 취할 수 있다. 매우 아름다운 '아주 원하는 대상'의 여인을 부정관로 사유하면 혐오스럽고 원치 않는 대상으로 비친다. 아주 못생긴 '원치 않는 대상'이 될 어린 아이를 사랑으로 바라보는 어머니에게는 사랑스럽고 원하는 대상이다. 이처럼 범부에게서도 마음을 경이롭게 변화시킬 수 있다면, 마음의 주인이 되신 아라한들께는 의심할 여지가 없을 것이다. 물길에 능숙한 뱃사공이 힘 있게 노 저어 원하는 물길로 나설 수 있듯, 바람에 능숙한 봉황이 날개와 꼬리를 펼쳐 바람을 타고 능숙하게 날 수 있듯, 스스로의 마음을 넘어서신 아라한들께서는 마주하는 각각의 대상에서 마음을 바꾸어 깊이 숙고할 수 있기에, 자신들이 변화시킨 원하는 대상(잇타람마나), 원치 않는 대상(아닛타람마나), 아주 원하는 대상(아띠잇타람마나)에 따라 중립적 느낌, 즐거움을 수반한 작용만 하는 마음 속행을 일으킬 수 있으시다.

'작용만 하는 마음 속행 뒤에 등록하는 마음을 원치 않는 『물라띠까』'

'즐거움을 수반한 작용만 하는 마음의 속행 끝에 즐거움만을 수반한 등록하는 마음들이 일어난다' 등으로 작용만 하는 마음의 속행 뒤에 등록하는 마음을 두는 것을 주석서와 『상가하』에서 말씀하고 있지만, 『물라띠까』에서는 작용만 하는 마음 속행 뒤에 등록하는 마음이 일어나지 않는다고 주장한다. 띠까가 의도하는 바를 보이면, 강을 거슬러 오르는 배의 뒤를 잠시 거슬러 따라가는 물길처럼 등록하는 마음은 배의 여세로 뒤따르는 물살의 비유처럼 흔들려서 고요하지 못한 선善, 불선不善의 속행만을 뒤따른다는 것이다. 물 위에 고요히 떠 있는 나뭇잎에는 물살이 뒤따르지 않는 것처럼, 이와 같이 물 위에 떠다니는 나뭇잎의 비유처럼 매우 고요한 작용만 하는 마음의 속행 뒤를 등록하는 마음이 따르지 않는다고 보는 것이다. 빳타나(24연기론)경에서도 선, 불선의 속행 뒤에만 등록하는 마음을 설하셨고, 작용만 하는 마음의 속행 뒤에는 설하신 경우가 없다고 언급하신다.

'『아누띠까』, 『마하띠까』, 『빠라맛타사루빠』의 견해'

일부 『아누띠까』와 『마하띠까』의 견해로는 '작용만 하는 마음속행들은 몸의 암시(까야윈냣띠)와 말의 암시(와찌윈냣띠)를 일으킬 수 있으므로 고요히 떠다니는 나뭇잎과 같을 수가 없다. 오히려 흔들리는 성질이 있다는 것이 더 적합하다. 빳타나 경經에서 그같이 설하시지 않은 것은 부처님의 또 다른 의도하심의 방편일 뿐이다.' 라고 반박하고 있다. 『빠라맛타사루빠』에서는 **'kusalaṁ vuṭṭhānassa, akusalaṁ vuṭṭhānassa - 선善은 웃타낫사(속행의 연속에서 일어서는 등록하는 마음)에게, 불선도 웃타낫사에게'** 아난따라 연기법(無間緣)5의 영향을 받는다고 설하신 것처럼 **'abyākataṁ vuṭṭhānassa - 무기법無記法(작용만 하는 마음은)는 웃타낫사에게'** 에서도 아난따라 연기법을 설하셨다. vuṭṭhāna(웃타나)를 정의하면, 선, 불선, 작용만 하는 마음 속행으로부터 일어서는[stand up] 등록하는 마음, 바왕가,

---

5. kusalaṁ(선은) vuṭṭhānassa(속행 마음의 연속에서 일어서는 등록하는 마음)에게, akusalaṁ(불선은) vuṭṭhānassa(속행 마음의 연속에서 일어서는 등록하는 마음)에게 anantara(아난따라; 자신의 바로 뒤에서 연관된 마음, 마음부수들이 일어나도록 영향을 주는 법, 無間緣)의 영향을 준다.

죽음의식 모두를 취했다. 이처럼 작용만 하는 마음 속행 뒤에 등록하는 마음을 집어넣어서 '웃타낫사' 라고 설하신 곳이 많음을 들어 '작용만 하는 마음 속행 뒤에 등록하는 마음을 설하지 않으셨다' 는 말을 부정하셨다.

손님 바왕가

domanassasahagatajavanāvasāne ca pana tadārammaṇāni ceva bhavaṅgāni ca upekkhāsahagatāneva bhavanti.

tasmā yadi somanassapaṭisandhikassa domanassa sahagata javanāvasāne tadārammaṇasambhavo natthi. tadā yaṁkiñci paricitapubbaṁ parittārammaṇa mārabbha upekkhā sahagatasantīraṇaṁ uppajjati. ta manantaritvā bhavaṅgapātova hotīti vadanti ācariyā.

괴로운 느낌을 수반한 속행 뒤의 등록, 바왕가는 중립적 느낌을 수반한 마음으로만 일어난다.

그러므로 '즐거움을 수반한 재생연결식을 지닌 사람' 에게 괴로운 느낌을 수반한 속행 뒤에 적합한 등록이 일어날 수 없다면, 이때 이전에 익숙한 어떤 욕계대상을 의지하여 중립적 느낌을 수반한 조사하는 마음[산띠라나]이 일어난다. 그 다음에 곧 바로 즐거움을 수반한 바왕가에 빠진다고 스승들은 말씀하신다.

해설

괴로운 느낌(도마낫사)은 즐겁지 않은 기분으로 대상을 체험한다. 즐거운 느낌(소마낫사)은 즐거운 기분으로 대상을 체험한다. 괴로운 느낌과 즐거운 느낌은 앞뒤로 서로 섞일 수 없다. 좋지도 싫지도 않은 느낌(중립적 느낌)은 대상을 적절히 체험하기에 괴로운 느낌과 즐거운 느낌 2가지 모두와 적당하게 섞일 수 있다. 그러므로 괴로운 느낌을 수반한 속행 뒤에는 등록하는 마음이 일어나건 바왕가가 일어나건 중립적 느낌을 수반한 마음만 일어난다.

그러므로 '즐거움을 ‖중략‖ 등록이 일어날 수 없다면,

'그러므로~' 란 구절을 '중립적 느낌을 수반한 조사하는 마음[산띠라나]이 일어난다' 에 연결시켜라. **'즐거움을 ‖중략‖ 등록이 일어날 수 없다면'** 은 가정한 말이다. '즐거움을 수반한 욕계 과보 마음으로 재생연결식에 든 사람에게 어떤 원인으로 등록[따다람마나]이 일어나지 못한다면' 이라고 가정하고 있다.

이때 ‖중략‖ 중립적 느낌을 수반한 조사하는 마음이 일어난다.

비록 등록은 일어나지 못하지만, 보통의 경우라면 진심 속행 뒤에 바왕가에 빠질 것이다. 바왕가에 빠지더라도 [한 생에서 재생연결식, 바왕가, 죽음의식이 동일하기에] 즐거움을 수반한 재생연결식을 지닌 사람이면 즐거운 느낌의 바왕가에 빠질 것이고, 이 바왕가는 진심 속행과 뒤섞이지 않는다. 이 경우 진심의 속행과 즐거움을 수반한 바왕가를 연결시키려면 중립적 느낌을 수반한 조사하는 마음[산띠라나]가 일어나야 하는 것이다.

그 다음에 곧 바로 즐거움을 수반한 바왕가에 빠진다.

중립적 느낌을 수반한 조사하는 마음 뒤에는 대개의 경우 자신의 근본 재생연결식인 즐거운 바왕가에 빠져야 한다. 그러므로 tamanantaritvā(taṁ + anantaritvā; 그 다음에 곧 바로)에서 'anantara' 란 단어는 '곧 바로' 란 의미이다. 여기에 '√kara(행함)' 란 어근의 접미사가 붙어 anantaritvā(곧 바로 행하여)라는 의미이다. 즐거운 재생연결식으로 모태에 든 사람에게 괴로운 느낌을 수반한 속행 뒤에 손님바왕가(아간뚜까바왕가)라 불리는 중립적 느낌을 수반하는 조사하는 마음이 등록 작용에 적용되어 일어난다. 그런 후 그 사람의 원래의 재생연결식인 즐거움을 수반한 바왕가에 바로 빠진다.

'스승들은 말씀하신다'

스승들께서 어떤 결정에서 근거를 제시하지 못하면 '과거의 말씀이라는 큰 바위로 누른다' 하시듯 확고한 결정이 되도록 스승의 견해란 큰 바위로 누르고 있다. 이 견해는『아비담맛타상가하』뿐 아니라 『앗타살리니』 무기법無記法을 해설한 자리에서도 "즐거움을 수반한 재생연결식을 지닌 사람이, 그 생에 선정을 성취한 뒤에 스스로 방일하였기에 선정을 잃어버렸다. 그가 '나의 고귀한 법이 소멸되었다' 라고 편치 못한 마음으로 괴로운 느낌은 일어난다. 그때 ‖중략‖ 선의 과보인 중립적 느낌을 수반하는 뿌리 없는 조사하는 마음[산띠라나]이 일어난다" 라고 언급하고 있다.

등록에 빠질 수 없는 차례 4종류

1. 즐거움을 수반한 재생연결식으로 탄생한 사견에 빠진 사람에게 '부처님 등 아주 원하는 대상(atiiṭṭha)을 매우 큰 대상(아띠마한따람마나) 혹은 선명한 대상(위부따람마나)' 으로 삼아 진심 속행이 일어났다. 혹은 '천녀 등 아주 원하는 대상을 매우 큰 대상, 선명한 대상으로 두려워하는 진심 속행이 일어났기에 등록에 빠질 수 없

다. 무엇 때문인가? 등록이 일어나려면 '아주 원하는 대상(atiiṭṭha)' 이라서 즐거움을 수반하는 등록하는 마음이 일어나야 한다. 그러나 즐거움을 수반한 등록하는 마음은 진심 속행 뒤에 일어날 수 없다. '아주 원하는 대상(atiiṭṭha)에서는 즐거움을 수반하는 등록하는 마음만' 일어나므로, 중립적 느낌을 수반하는 등록하는 마음이 일어나려면 '아주 원하는 대상' 과는 적합하지 않다.

2. 즐거움을 수반한 마음으로 재생연결식에 든 사람에게 큰 대상(마한따람마나) 이나 희미한 대상(아위부따람마나)이 일어나서['아주 원하는 대상' 으로 결정할 필요는 없다. 어떤 대상이든 욕계 대상을 대상으로 하여] 진심 속행이 일어났다면, 그 뒤에 등록이 일어날 수 없다.

3. 즐거움의 재생연결식을 지닌 사람이, 선정을 성취한 뒤 선정을 잃어버리고 그 선정을 대상으로 하여 '나의 고귀하고 높은 법이 소멸되었다' 라며 진심 속행을 일으킬 때 고귀한 마음[색계, 무색계]의 선정이 대상이기에 등록이 일어날 수 없다.

4. 즐거움의 재생연결식을 지닌 사람이 어떤 개념을 대상으로 진심 속행이 일어났다면, 그 개념을 대상으로 한 등록이 일어날 수 없다. [등록은 욕계 법만을 대상으로 한다]

이처럼 등록이 일어날 수 없는 4가지의 속행 차례에서 진심 속행 뒤에 일어나 재생연결식과 동일한 즐거움을 수반한 근본 바왕가(mūlabhavaṅga)에도 빠질 수 없다. 이처럼 등록에도 빠지지 않고 바왕가에도 빠지지 않는 어려움에 봉착하자, 진심 속행과 즐거움을 수반한 바왕가 사이를 연결시키기 위해 손님바왕가(agantukabhavaṅga) 일을 수행하는 중립적 느낌을 수반한 조사하는 마음[산띠라나]이 생겨난 것이다.

중립적 느낌의 조사하는 마음이 바왕가 작용을 수행하는 모습

'**작용으로 결집함**[kiccasaṅgaha]' 자리에서 'dve upekkhāsahagatasan tīraṇacittāni paṭisandhi bhavaṅga cuti tadārammaṇa santīraṇa vasena pa ñcakiccāni nāma. - 중립적 느낌을 수반한 2가지 조사하는 마음은 재생연결식, 바왕가, 죽음, 등록, 조사로 5가지 작용을 하는 마음이다' 라고 5가지 작용에서 재생연결식 순간이나 죽음 순간도 아니고, 진심 속행의 대상을 따라 등록[따다라마나]이 일어나는 때도 아니다. 받아들임[삼빠띳차나] 뒤에 빈틈없이 따라오는 조사[산띠라나]도 아니다. 그러므로 재생연결식, 죽음, 등록, 조사의 작용에 적용되어 일어날 수 없다. 진심 속행 뒤에 조사하는 마음[산띠라나]이 일어나지 않으면 마음의 연속이 끊어져 생이 끝나므로, '생의 연속체' 라는 뜻에 따라 삶이 끊어지지 않도록 중립적 느낌을 수반한 조사하는 마음이 바왕가 일을 수행하며 일어난 것이다.

'손님 바왕가라 부르는 이유'

재생연결식으로 취했던 바왕가들은 일생을 통해 재생연결식과 동일하다. 생이라는 오온五蘊의 집체가 생겨나서부터 포함되어 있는 것이 바왕가이기에 이들을 '집주인 바왕가(āvasikabhavaṅga)' 라 부른다. 지금 여기서 언급하는 중립적 느낌을 수반한 조사하는 마음[산띠라나]은 지금처럼 어려움에 봉착할 때 간혹 일어나기에 손님바왕가라 부른다.

'이때 어떤 하나의 과거에 익혀진 욕계대상을 대상으로 한'

손님바왕가는 욕계에서 일찍이 많이 익숙했던 것을 대상으로 삼는다. '**대상으로 결집함**' 자리에서 설명했던 욕계 과보마음의 경우대로 욕계 법만을 대상으로 삼아야 하기에, 이 대상은 욕계에 해당되는 대상이어야 한다. 이처럼 많이 익혔던 욕계 대상이 원하는 대상이라면 선善 과보의 조사하는 마음이 일어난다. 원치 않는 대상이라면 불선不善 과보의 조사하는 마음이 일어난다.

주의

아주 원하는 대상이라면 'atiiṭṭepana somanassasahagatāneva santīraṇa tadārammaṇāni. '아주 원하는 대상(atiiṭṭha)에게서 즐거움만을 수반한 조사하는 마음, 등록하는 마음들이 일어난다'에 부합되지 않으므로 선善의 과보인 중립적 느낌을 수반한 조사하는 마음만 일어난다. 등록의 법칙['어떤 속행의 뒤에 어떤 등록하는 마음이 일어난다'는 등록의 법칙]에서 언급된 내용은 인식과정(위티)을 위한 것이므로 인식과정에서 벗어난 마음(위티뭇따)인 재생연결식, 바왕가, 죽음의식에는 적합지 않다.

『빠라맛타디빠니』

평상시 욕계 선善의 과보인 중립적 느낌을 수반한 마음이 많이 일어난다면, 이 마음이 손님 바왕가 일을 수행할 수 있을 것이다. 주석서에서 '선善의 속행 뒤에 뿌리를 지닌[사헤뚜까] 등록하는 마음이 평소 자주 일어난다면, 선善 속행 사이사이에 불선 속행이 일어나더라도, 이 불선 속행 뒤에는 뿌리를 지닌[사헤뚜까] 등록하는 마음만 일어난다'라고 언급하고 있다. 주석서의 의도대로 불선不善 속행 뒤에 뿌리를 지닌 등록하는 마음이 일어날 수 있다면, 등록하는 마음을 대신해 일어나는 손님바왕가 또한 뿌리를 지닌[사헤뚜까] 욕계 선善의 과보마음인 바왕가로 일어나야 한다. 그러므로 손님바왕가로 중립적 느낌을 수반한 욕계 선善의 과보마음 4가지, 조사하는 마음 2가지 등 6가지 마음들이 일어날 수 있다'고 『빠라맛타디빠니』에서 언급되어 있다.

전향마음(아왓자나) 없이 대상을 취하는 모습

손님바왕가는 앞에서 주의를 전향시키는 전향마음 없이[아왓자나가 취했던 대상이 아닌] 평소 자주 습득한[관심을 가졌던] 대상을 취한다. 과거 스승들께서는 이처럼 전향마음(아왓자나) 없이 새로운 대상을 취할 수 있다고 말씀하신 적이 없지 않는가? 일반적으로 전향마음(아왓자나)이 가장 먼저 주의를 전향한 뒤 새로운 대상을 취할 수 있다. 그러나 '전향마음이 포함되지 않았다면 새로운 대상을 취할 수 없다'고 과거스승들이 못 박은 것도 아니다. '멸진정滅盡定 장章'에서 선정에서 출정出定한 뒤 전향마음 없이 아나함 과果 혹은 아라한 과果 마음이 열반을 대상으로 취할 수 있다. 도道 인식과정에서 종성[고뜨라부]이나 워다나(vodana, 상위 도道에서 종성 대신 사용하는 호칭)는 전향마음 없이 일순간에 열반을 대상으로 할 수 있다. 손님바왕가가 전향마음 없이 대상을 취하는 모습을 두고 혼란스러울 일이 아니다.

nirāvajjaṁ kataṁ cittaṁ, hoti netaṁ hi sammataṁ.
niyamo na vināvajjā, nirodhā phaladassanā.
전향마음 없는 마음이 어떻게 일어나는가? 전향마음 없이[전향마음이 취한 대상이 아닌] 마음이 일어나는 것을 과거 스승들께서 인정하셨다. 전향마음 없이 멸진정에서 나온 뒤 아나함, 아라한 과果 마음이 일어나는 모습도 있기에 '전향마음 없이

는 대상이 일어날 수 없다' 라고 결정할 수는 없다.

『아비담맛타상가하』로 간추려 보면 '어떤 속행 뒤를 이러한 등록하는 마음이 일어난다' 라고 등록하는 마음을 분석한 장章을 '등록의 법칙(tadaramaṇaniyama)' 이라 한다.

원치 않는 대상(아닛타람마나)은 오문五門과 의문意門 모두에서 불선과보마음에 속하는 오식五識, 받아들이는 마음, 조사하는 마음, 등록하는 마음만 일어난다.

중간의 원하는 대상(잇타맛잣타람마나)에는 선善 과보마음에 속하는 오식五識, 받아들이는 마음, 중립적 느낌 조사하는 마음, 중립적 느낌 등록하는 마음만 일어난다.

아주 원하는 대상(아띠잇타람마나)에는 선善 과보인 오식五識, 받아들이는 마음, 행복감을 수반한 조사하는 마음, 즐거움을 수반한 등록하는 마음만이 일어난다.

이 중 중간계층의 기준에서 원치 않은 대상을 원치 않는 대상(아닛타람마나)라 부른다. '시체, 대변, 소변 등 나쁜 모양, 나쁜 소리, 나쁜 냄새, 나쁜 맛' 등이다. 어떤 존재들은 이러한 대상을 원하고 좋아하지만 실제는 원하기에 적합치 않은 대상이다.

과거 불선업이 삶의 과정에서 과보를 주므로 원치 않는 대상과 마주치게 된다. 그러므로 '눈 의식' 등 과보마음에서 뿌리 없는 불선과보마음만 일어난다. 속행은 올바르게 마음에 둠(요니소마나시까라), 바르지 못하게 마음에 둠(아요니소마나시까라)에 따라 선, 불선으로 일어난다.

중류층 사람들이 보통으로 원하는 대상을 '중간의 원하는 대상(잇타맛잣타람마나)' 라고 부른다. 아름다운 모양, 즐거운 소리, 좋은 냄새, 좋은 맛 등이다. 과거의 욕계 선업이 삶의 과정에서의 과보를 주므로 이런 대상과 마주친다. '눈 마음' 등 과보마음들은 뿌리 없는 선善 과보와 욕계 선善 과보로 일어난다. 그렇지만 아주 원하는 대상에게서는 행복감을 수반한 조사하는 마음, 등록하는 마음만이 일어나기에, 이 중간의 원하는 대상에서의 조사하는 마음, 등록하는 마음은 중립적 느낌으로만 일어난다.

중류층 보통사람들이 일반적으로 아주 원하는 대상을 '아주 원하는 대상(아띠잇타람마나)' 이라 부른다. '부처님 같은 대상은 매우 아름다운 모양, 매우 좋은 소리' 이다. 아주 원하는 대상과 마주치므로 조사하는 마음과 등록하는 마음은 즐거운 느낌이다. 이처럼 대상에 따라 느낌이 올바른 것을 '과보마음의 올바름' 이라 한다.

5가지 즐거움을 수반한 작용만 하는 마음속행 뒤에 5가지 즐거움을 수반한 등록하는 마음이 일어난다. [아주 원하는 대상, 과보마음도 올바름, 속행도 올바름]

4가지 중립적 느낌을 수반한 작용만 하는 마음 속행마음 뒤에 6가지 중립적 느낌을 수반한 따다람마만 일어난다. [원치 않는 대상과 중간의 원하는 대상, 과보마음도 올바름, 속행도 올바름]

괴로운 느낌을 수반한 속행 뒤에 중립적 느낌의 등록하는 마음 6가지가 일어난다. 등록하는 마음이 일어나지 못하고 바왕가에 빠질 때도 중립적 느낌을 수반한 바왕가에 빠질 것이다. 즐거운 재생연결식을 지녔던 사람의 진심속행 뒤에 어떤 원인으로 등록이 못 일어난다면 과거에 욕계에서 익숙했던 대상으로 중립적 느낌을 수반한 조사하는 마음이 손님바왕가 일을 수행하며 일어난다. 그 뒤 즐거운 바왕가에 빠질 수 있다.

이 중 즐거운 재생연결식을 지닌 사람에게 통상적으로 일어나는 바왕가는 즐거운 바왕가만이다. 한 생의 재생연결식, 바왕가, 죽음의식들은 모두 동일하다.

손님 바왕가에 빠지는 인식과정

☆ 눈의 문에서 나타나는 대상

tī na da pañ cak sam san vu ja ja ja ja ja ja ja(ā — bha) bha bha

☆ 의문意門에 나타나는 대상

na da ma ja ja ja ja ja ja ja (ā — bha) bha bha bha

tī = atītabhavaṅga(아띠따바왕가; 지나간 바왕가)
na = bhavaṅgacalana(바왕가짤라나; 진동하는 바왕가)
da = bhavangupeccheda(바왕구빳체다; 끊어내는 바왕가)
pan = pañcadvārāvajjana(빤짜드와라왓자나; 5문전향마음)
cak = cakkhuviññāṇa(짝쿠윈냐나; 눈의 의식)
sam = sampaṭicchana(삼빠띳차나; 받아들이는 마음)
san = santīraṇa(산띠라나; 조사하는 마음)
vu = voṭṭhapana(옷타빠나; 결정하는 마음)
ja = javana(자와나; 속행)
ā—bha = āgantukabhavaṅga(아간뚜까바왕가; 손님 바왕가)
bha = bhavaṅga(바왕가; 생의 연속체, 존재의 요소)
*ma = manodvārāvajjana(마노드와라왓자나; 의문전향마음)

탐심뿌리 속행 8가지, 치심뿌리 속행 2가지, 욕계 선마음 속행 8가지 등 18가지 속행 뒤에, 11가지 등록하는 마음 모두 일어날 수 있다.[11가지 등록하는 마음이란? 조사하는 마음 3가지, 욕계과보마음 8가지이다]

등록의 법칙

tathā kāmāvacarajavanāvasāne kāmāvacarasattānaṁ kāmāvacaradhammesveva ārammaṇabhūtesu tadārammaṇaṁ icchantīti.

kāme javanasattālambaṇānaṁ niyame sati.vibhūte'ti mahante ca tadārammaṇa mīritaṁ.

ayamettha tadārammaṇaniyamo.

욕계 속행의 끝, 욕계 중생 마음, 욕계의 법(대상)에서만 등록하는 마음이 기대된다[얻어진다].

욕계에서 속행, 중생, 대상으로 정해진 선명한 대상(위부따람마나), 매우 큰 대상(아띠마한따람마나)의 인식과정에서 등록하는 마음이 일어난다고 말한 것이다. 이것이 등록의 법칙이다.

해설

'조건이 갖추어져야 등록하는 마음이 일어난다'

'또한 욕계 속행의 끝, 욕계 중생, 욕계의 법에서만 등록하는 마음을 얻을 수 있다' 에 '욕계 법에서만' 에서 '~만' 이란 보조사는 '욕계 속행의 끝에서만, 욕계 중생에게만' 으로 앞 구절에도 붙는다. '욕계 속행 끝에서만 등록하는 마음이 기대된다' 란 본삼매 속행 끝에서는 일어나지 않는다는 뜻이다. 걷기 시작한 아이가 집밖으로 나갈 때 부모나 아는 사람만을 따라 나가듯 욕계의 갈애를 근원으로 가졌던 욕계 과보인 등록하는 마음은 자신을 일으켰던 동류의 욕계 선善, 불선不善속행 뒤나 혹은 이 욕계라는 입장에서 일치하는 다른 욕계 작용만 하는 마음 속행 뒤만을 따른다.

오욕의 갈애를 근원으로 한
선, 불선의 업 때문에 탄생하기에

등록하는 마음은 자신을 탄생시키는 선, 불선과 비슷한
욕계 선, 불선, 작용만 하는 마음 속행 뒤를 따른다.
다른 속행[색계, 무색계] 뒤를 따르지 않는다.
걷기 시작하는 어린 아이와 같다. 『위바위니띠까』

'욕계 중생의 마음에서만 등록하는 마음은 기대된다.'

욕계 중생의 마음에서만 등록하는 마음이 일어난다. 범천의 마음에서 등록하는 마음은 기대할 수 없다. '욕계 재생연결식과 등록하는 마음은 욕계 과보마음이라는 점에서 동일하며, 근본종자로 받았던 욕계 중생의 삶의 과정에서 과보마음인 등록하는 마음으로 일어난다. 범천들은 욕계 재생연결식을 근본으로 탄생하지 않았기에 욕계 과보마음인 등록하는 마음이 일어날 수 없다.

욕계 재생연결식의 종자가 없기에
범천들에게 등록하는 마음은 없다.
욕계라 명명하는 재생연결식은
이 욕계과보인 등록하는 마음의 종자이다.
- 『위바위니띠까』

종자 없이 일부 과보가 일어나는 모습

범천에게 욕계 재생연결식이 없어 삶의 과정(빠왓띠)에서 과보마음인 등록이 일어날 수 없다면, '눈의 의식, 귀의 의식, 받아들임, 조사라는 과보마음 또한 범천의 마음에서 일어날 수 없지 않은가! 재생연결식과 삶의 과정에서의 등록은 과보마음이라는 점에서 동일한데 왜 눈 의식 등의 과보마음은 색계 천인에게도 일어날 수 있는가? 범천에게도 '눈의 기능(眼根, cakkundriya), 귀의 기능(耳根, sotindriya)'의 힘 때문에 눈 의식, 귀 의식이 일어날 수 있다. 문의 인식과정[드와라위티]의 특별하게 구별시키는 마음의 법칙 때문에 받아들이는 마음, 조사하는 마음 또한 일어날 수 있는 것이다.

색계천인에게도 눈의 기능眼根, 귀의 기능耳根의 감각물질들은 반드시 일어나야 한다. 눈의 기능, 귀의 기능이 일어나면 연관된 대상에 부딪쳐 눈 의식, 귀 의식 또한 일어난다. 눈 의식, 귀 의식을 '눈의 문에서의 인식과정(짝쿠드와라위티), 귀의 문에서의 인식과정(소따드와라위티)으로 구별하려면 마음의 법칙에 따라, 인식과정과 연관된 받아들임, 조사의 과보마음 또한 일어나야한다. 『위바위니띠까』에서 눈의 기능眼根, 귀의 기능耳根이 일어나는 능력 때문에 [눈의 의식, 귀의 의식을 위한 원인], 문을 통해 일어나는 인식과정을 구분할 때 마음의 법칙 때문에 [받아들이는 마음, 조사하는 마음을 위한 원인] 눈 의식 등 욕계 과보마음들이 일어난다.

'욕계의 법(대상)에서만 등록은 기대된다'

고귀한 마음(색계 · 무색계선정마음), 출세간, 개념을 대상으로 하면 등록은 필요치 않다. 주인 남자와 하녀 사이에 태어난 아이들은 많은 경우 어머니의 뜻에 따르지 못하고 어머니의 주인인 아버지의 뜻만 따라야함과 같다. 주인을 오욕의 갈애, 하녀를 선善, 불선不善 업, 하녀의 아들을 등록인 욕계 과보마음이라 하자. 오욕의 갈애[주인]를 근원으로 하여 욕계 선善, 불선不善 업[하녀]에서 탄생하는 등록인 욕계 과보마음[어린 아들]은 오욕의 갈애인 주인의 뜻에 맞는 욕계 대상만을 대상으로 삼아야 한다.

욕계속행 뒤를 따르는 자리에 비유했던 어린 아이가 어머니,

큰아버지, 작은아버지 등 친척 뒤를 따라가더라도 집 가까운 곳에만 가고 숲 속, 계곡, 전쟁터 등에는 가지 않듯이, 이와같이 과보마음인 등록도 욕계속행 뒤를 따를 때, 자신이 대상으로 삼던(평소 많이 익은) 욕계의 대상을 취해야만 욕계속행의 뒤를 따른다. 그러나 자신이 평소 익숙한 것이 아닌 고귀한 마음, 출세간, 개념 등을 대상으로 취할 때는 욕계속행의 뒤를 따르지 않는다.

> **어린 아이는 익숙한 장소에서만**
> **부모 또는 부모 같은 이들을 따르듯이**
> **등록은 익숙한 욕계 대상에서**
> **욕계 속행을 연속하여 따른다.**
> **다른 고귀한 마음**(색계·무색계)**, 출세간**
> 개념(개념) **대상을 따르지 않는다.**
> **또한 이 등록은**
> **오욕에 대한 갈애의 힘으로 일어난다.**
> — 『**위바위니띠까**』

이처럼 욕계의 대상으로 오문五門에서 매우 큰 대상(아띠마한따람마나), 의문意門에서 선명한 대상(위부따람마나)을 취할 때 등록이 일어난다. 큰 대상(마한따람마나) 등과 희미한 대상(아위부따람마나)에게서는 등록은 일어나지 못한다. '욕계 속행, 욕계 중생, 매우 큰 대상 혹은 선명한 대상으로 일어나는 욕계 대상'의 세 요소가 갖추어져야 등록이 일어날 수 있다.

예외 사항

이 세 요소가 갖추어져도 반드시 등록이 일어나는 것은 아니다. 현재의 태어날 곳의 표상(가띠니밋따)을 대상으로 하는 의문意門을 통해 일어나는 죽음직전 인식과정(maraṇāsaññāvīthi)에서 욕계 속행, 욕계중생, 매우 큰 대상이 갖추어져도 등록이 안 일어날 수 있다. 이 경우, 현재대상을[태어날 곳의 표상] 새로운 재생연결식과 그 뒤를 잇는 6번의 바왕가의 대상으로 취하는 모습을 『위방가』앗타까타,『앗타가타깐나』,『물라띠까』등에서 보이고 있다.

욕계속행이 아니면 선명한 대상(위부따람마나)이어도 등록이 일어나지 않는다. 욕계중생이 아니면 선명한 대상, 매우 큰 대상이라도 등록이 일어나지 않는다는 의미이다. 범천의 마음[바왕가]은 욕계중생들보다 깨끗하므로 시각물질, 청각물질 또한 매우 청정하다. 욕계중생보다도 선명한 대상이나 매우 큰 대상의 인식과정이 많이 일어날 것이다. 그러나 색계중생이기에 등록이 일어날 수 없다. 그러므로 범천을 위하여 등록이 일어나지 않는 '선명한 대상, 매우 큰 대상'의 인식과정을 보인 것이다.

속행의 법칙

욕계 속행

javanesu ca parittajavanavīthiyaṁ kāmāvacarajavanāni satt akkhattuṁ chakkhattumeva vā javanti.
mandappavattiyaṁ pana maraṇakālādīsu pañcavārameva.

속행 중, 욕계 속행인식과정에서 욕계속행들은 7차례 혹은 6차례 일어난다. 임종시와 같은 느리고 약하게 일어나는 과정에서는 5차례만 일어난다.

해설

'욕계속행들은 7차례 혹은 6차례만'

'eva(만)' 은 한정을 나타내는 보조사로 일반적으로 욕계 속행은 7번 이상 일어날 수 없다고 제한하고 있다. '6차례만' 에서도 6차례 이하론 강한 여세로 일어나지 못한다고 제한하고 있다. 일반적으로 욕계 속행은 7차례 강하게 일어날 수도 있고, 혹은 6차례만 강하게 일어날 수 있다.

'임종시와 같은 느리고 약하게 일어나는 과정에서는 5차례만'

'죽음직전[maraṇakālā]의 순간 등에서' '등' 이란 '혼절할 때, 마음을 잃을 때, 매우 어릴 때' 등을 예로 들 수 있다. '혼절할 때' 란 나무에서 떨어짐, 물에 빠짐, 병으로 인해 큰 고통을 당함 등 큰 고통으로 혼미하며 멍하여 약한 속행의 상태이다. '마음을 잃은 때' 란 아람부사 천녀와의 접촉으로 잇시싱가라는 도인이 강한 희열로 정신을 잃을 때, 아귀나 식인 거인들에게 붙

잡혀 마음을 잃을 때, 술에 취해 몽롱할 때, 잠들어 혼미하여 꿈꿀 때 등으로 일반적 지각의 상태를 벗어난 때이다. '매우 어릴 때' 란 어머니 뱃속에 쭈그려 있을 때, 태어난지 며칠 안 된 갓난아기 때 등이다. 평상시 보다 마음의 힘이 강하지 못한 순간들이 '죽음의 직전 등' 에서의 '등' 에 해당된다.

'느리고 약하게 일어나는'

활동적이지 못하고 매우 느리고 약하게 일어나는 때를 말한다. 죽음직전에는 의지처인 몸의 힘이 약하기에 마음의 힘도 매우 저하된다. 근본적으로 마음을 '힘 있다, 힘 없다' 로 말할 수는 없지만, 의지하는 대상(몸)에 근거해서 힘 있고 없다라고 할 수 있다. 평상시 건강하게 먹고 잠들면 마음은 힘이 충만하여 힘이 있다. 건강하지 않거나 음식과 수면의 균형을 잃으면 마음 또한 힘이 줄어든다. 죽음직전에는 극심한 고통 때문에 온몸의 힘이 빠져서 마음의 의지처인 심장도 약하게 된다. 약해진 몸을 의지하여 일어나는 속행이 강한 기세로 일어날 수 없잖은가! 견고하지 못한 철도 위를 가로지르는 열차처럼 속행도 매우 느리고 둔하게 일어난다. 아람부사 천녀와의 접촉으로 잇시싱가 도인은 정신을 잃을 정도의 강한 파도와 같은 희열로 몸조차 무력해진 경우와 비슷하다. 보통 때처럼 6차례, 7차례 빠르고 힘차게 일어나지 못하고 5차례 정도만 일어난다. 이처럼 힘이 약하기 때문에 '정신이 혼미할 때나 죽음 직전의 속행들은 재생연결을 가져올 정도의 업의 길[kammapatha][6]에 이르지 못한다' 고 설명하고 있다.
['5차례만' 라고 '~만' 으로 정확하게 지정하고 있지만 『물라띠까』에서는 4차례정도로 일어날 수 있다고 한다]

---

6. kammapatha(깜마빠타) - 선처, 악처에 이르게 하는 선, 불선의 길. 업의 길

일부 견해와 바사띠까 견해

『위바위니띠까』에서 ‘일반적으로 7차례 강하게 일어난다’고 한 뒤 ‘둔하고 약하게 일어날 때나 죽음 직전 등에는 6차례나 5차례만 일어난다’고 한다. 약한 마음에서 6차례 일어난다고 언급하였으며 “죽음직전 등에서 ‘등’에는 ‘약하게 일어나는 때’를 포함한다’고 하여 마음이 약하게 일어날 때 속행이 5차례 일어난다고도 하였다. 이에 『위바위니띠까』와 상반되기를 원치 않았던 스승들은 ‘죽음직전처럼 매우 혼미한 때는 5차례, 보통으로 혼미한 때는 6차례’라고 혼미한 정도를 두 종류로 구분하고 있다. 앗타까타와 상가하의 견해로는 보통 때에 6차례 속행이 일어나는 것이 적당하다고 여긴다. ‘욕계 속행들은 7차례 혹은 6차례로 강한 여세로 일어난다’고 일반적인 경우 욕계 속행이 일어나는 것을 보인 글이다.

bhagavato pana yamaka pāṭihāriyakālādīsu lahukappavatiyaṁ cattāri, pañca vā paccavekkhaṇacittāni bhavantītipi vadan ti.

부처님께서 쌍신변雙神變을 나투시는 때와 같은 매우 빠른 과정에서는 4차례 혹은 5차례 반조返照[7]하는 속행 마음이 일어난다고 스승들께서 설하신다.

해설

물불 한 쌍을 일으키는 쌍신변雙神變신통

yamakapāṭihāriya(야마까빠띠하리야; 물불 한 쌍이 일어나도록 창조할 수

7. paccavekkaṇājavana(빳짜웩카나자와나) - 선정요소들을 성찰, 숙고하고 사유하는 속행.

있는 신통) = yamaka(야마까; 한 쌍) + pāṭihāriya(빠띠하리야; 신통)

물과 불 한 쌍이 뿜어져 나오게 할 수 있는 신통이다. 'paṭipa kkhe haratīti pāṭihāriyaṁ - 반대자를[번뇌] 소멸하고 누른다. 그러므로 pāṭihāriyaṁ(신통)이라 부른다' 는 뜻풀이에 따라 겨루는 적들을 누를 수 있는 선정 신통지(abhiññā)를 산스크리트 음을 따서 pāṭihāriya(신통지)라 부른다. '때와 같은' 에 해당되는 것은 목갈라나 존자가 난도빠나 용왕을 훈계할 때의 매우 서둔 순간을 말한다. '빠른 지혜의 기능根을 지닌 사람[tikkhindriya]' 에게 4차례, '둔한 지혜의 기능根을 지닌 사람[mudindriya]' 에게 5차례라고 『아누띠까』에서 가늠하고 있다. 부처님께서는 4차례, 성문제자들은 5차례라고도 가늠한다.

'물불 한 쌍이 뿜어 나오는 모습'

토대가 되는 선정(pādakajhāna, 신통을 위한 토대로써 입정한 제4선), 결정심(決定心, adhiṭṭhāna) 다시 토대가 되는 선정(pādakajhāna) 뒤에 일어나는 신통[abhiññā]' 에 부합되게 부처님께서 불더미를 일으키기 위해 불火까시나(tejokasiṇa)로 제4선에 입정하셨다. 제4선에서 나오셔서 이 선정의 평정심[우뻭카], 집중(에깍가따)의 선정요소들을 다시 숙고하는 반조返照가 일어났다. [반조返照하는 속행은 매우 중요한 일이기에 4차례정도로 완성시켜야한다.] 그 뒤 상체에서 불더미가 뿜어 나오도록 결정심[기초작업]을 일으키셨다.

그 뒤 다시 제4선에 입정하셔서, 앞과 같이 다시 선정요소들을 반조하셨다. 그 뒤 신통지 인식과정이 일어났다. 신통지의 힘으로 상체에서 불더미가 뿜어져 나오고, 하체에서 물줄기를 일으키기 위해 물水까시나(āpokasiṇa)를 대상으로 하여 앞의 방법대로 일으킨다. 이 인식과정들 사이는 두 차례 정도만 바왕가에 빠졌다. 불더미를 일으키는 인식과정과 물줄기를 일으키기는 인식과정이 일어났지만 그 속도가 너무 빨랐기 때문에 바라보는 사람들 모두 물불 한 쌍이 동시에 뿜어져 나온다고 생각했다. 이같은 마음과정에서 반조하는 속행 또한 4차례정도 일어났다. [반조하는 속행은 욕계속행마음이기에 이처럼 빠르게 일어나야하는 마음순간이 아니면 7차례 일어난다]

본삼매 속행

ādikammikassa pana paṭhamakappanāyaṁ mahaggatajavanāni, abhiññājavanāni ca sabbadāpi ekavārameva javanti. tato paraṁ bhavaṅgapāto.

명상을 처음 시작하는 사람의 첫 본삼매에서 고귀한 마음(색계·무색계) 속행은 한 차례만 속행으로 일어난다. 신통지 속행 또한 언제나 한 차례만 속행으로 일어난다. 그 뒤 바왕가에 빠진다.

해설

'ādikamme niyutto[처음명상의 시작 혹은 선정의 성취와 결합하는 사람]' 라는 말에 따라 명상을 처음 시작한 사람, 첫 선정을 획득한 사람을 '명상을 처음 시작한 사람(ādikammiko)' 이라 한다. 초선初禪을 얻고자 노력하여 처음 획득한 이를 '명상을 처음 시작한 사람' 이라 부른다. 그 뒤 초선에 반복하여 입정할 때는 '명상을 처음 시작한 사람' 이라 부를 수 없다. 제2선을 얻고자 분투하여 처음 획득한 때를 제2선을 위한 '명상을 처음 시작한 사람' 이라 부른다. 상위 선정을 처음 획득한 때도 이 방법대로다. 이처럼 맨 처음 일어나는 본삼매-속행을 '첫 본삼매(paṭhamakaappanā)' 라 부른다. '명상을 처음 시작한 사람의 첫 본삼매-속행이 일어날 때는 고귀한 마음속행[색계, 무색계선정 속행]이 한 차례씩만 일어난다'는 뜻이다.

'신통지 속행 또한 언제나 한 차례만 강한 여세로 일어난다'

신통지 속행을 처음 획득했건 뒤에 반복 사용할 때건 항상 한 차례만 일어난다. ['언제나' 를 앞의 고귀한 마음속행과 연관시키지 말라. 고귀한 마음속행들은 '언제나 한 차례' 만 일어나는 것은 아니다. 다시 반복 입정하여 무수히 일어나는 모습을 뒤에서 보일 것이다.] 고귀한 마음(색계·무색계선정마음)속행을 처음 획득하면 갓 태어난 아기처럼 힘이 약해서 뒤에서 다시 본삼매 속행이 일어나도록 돕는 아세와나 빳짜야(연속성의 연기법, 數數修習緣)로 영향을 미칠 수가 없다. 그러므로 첫 본삼매 속행은 한 차례만 일어난다. 신통지 속행은 연관된 갖가지 신통을 일으키고 알게 하는 일을 한다. 이런 일은 단 한 차례로 완성시킬 수 있기에 뒤에 다시 일으킬 필요가 없다. 그러므로 언제나 한번만 속행으로 일어난다.

cattāro pana magguppādā ekacittakkhaṇikā. tato paraṁ dve tīṇi phalacittāni yathārahaṁ uppajjanti. tato paraṁ bhavaṅgapāto.

4가지로 일어나는 도道는 한번의 마음순간을 가진다. 그 한차례 뒤 2차례, 3차례의 과果마음이 둔하거나 빠른 사람에 따라 적합하게 일어난다. 그 뒤 바왕가에 빠진다.

해설

'도道 속행, 과果 속행'

'4가지로 일어나는 도道는 ‖중략‖ 적합하게 일어난다' 에 부합되게 도

道마음은 예리한 번개처럼 연관된 번뇌를 단 한번에 뿌리채 완전히 제거할 수 있기에 한 차례만 일어난다. 도道가 한 차례 일어난 뒤 과果 속행이 2차례, 3차례 일어난다. '적합하게[yathārahaṁ]' 라는 말에 따라 둔한 지혜를 지닌 사람은 2차례, 빠른 지혜를 지닌 사람은 3차례 속행으로 일어난다. 선정에 입정할 순간이 아닌 일상에서는 속행이 최대 7차례 속행으로 일어날 수 있다. 본삼매속행 차례에서는 둔한 지혜를 지닌 사람은 [기초작업 ➠ 근접 ➠ 수순 ➠ 종성] 등 근행정-속행이 4차례 속행으로 일어난다.[8] 그 뒤 도道 1차례, 과果 2차례가 일어나면 7차례가 완성된다. 영민한 지혜의 사람에게 [근접 ➠ 수순 ➠ 종성] 등으로 3차례 속행으로 일어난다. 그 뒤 도道 1차례, 과果 3차례가 일어나 7차례가 완성된다. 그러므로 '2차례, 3차례의 과果마음이 둔하거나 영민한 사람에 따라 적합하게 일어난다' 고 언급한 것이다.

『청정도론』

하나의 전향마음을 지닌 인식과정은 7개의 속행만으로 한정된다. 그러므로 빠른 지혜를 지닌 사람에게 2차례의 수순이[근접과 수순을 가리킴] 일어난다. 이 영민한 지혜의 사람에게 3번째 종성속행, 4번째 도道 속행, 5번째에 3차례의 과果마음들이 일어난다. 둔한 지혜의 사람에게 3번 수순이[기초 작업, 근접, 수순을 가리킴] 일어난다. 둔한 지혜의 사람에게 4번째 종성, 5번째 도道속행, 2차례

---

8. upacārasamādhijavana(근행정-속행; 선정, 도道, 과果 근행에서 일어나는 사마디 속행들) 4차례란? parikamma(빠리깜마; 본삼매인 선정, 도道, 과果에 도달하도록 기초 작업이 되는 욕계마음, 기초작업), upacāra(우빠짜라; 선정, 도道, 과果 가까이서 일어나는 욕계 사마디 마음, 근접), anuloma(아누로마; 선정, 도道, 과果에 순응하여 적합하게 하는 마음, 수순), gotrabhu(고뜨라부; 욕계 종성을 끊고 열반 혹은 선정을 대상으로 하는 마음, 종성)

의 과果속행이 일어난다. 그러므로 '2차례, 3차례의 과果 마음이 ॥ 중략॥ 일어난다' 고 말씀하셨다.

nirodhasamāpattikāle dvikkhattuṁ catutthā ruppajavanaṁ javati. tato paraṁ nirodhaṁ phusati.
vuṭṭhānakāle ca anāgāmiphalaṁ vā arahattaphalaṁ vā yathārahamekavāraṁ uppajjitvā niruddhe bhavaṅgapātova hoti.

멸진정滅盡定에 입정하기 전, 제4선 본삼매속행은 2차례 속행으로 일어난다. 그 뒤 멸진정에 든다[마음, 마음부수, 마음으로 생긴 물질(찟따자루빠)들이 소멸에 든다]. **멸진정에서 나온 아나함과果 혹은 아라한과果 속행은 사람에 따라 적절하게 한 차례 일어난 뒤 소멸하여 바왕가에 빠진다.**

해설

nirodhasamāpatti(멸진정滅盡定) = nirodha(소멸에) + samāpatti(훌륭히 도달함).

마음識, 마음부수受·想·行, 마음으로 생긴 물질(찟따자루빠)들이 일정 기간 소멸한 상태를 '멸진정(滅盡定)에 들었다' 고 한다. 아나함과 아라한만이 멸진정에 입정할 수 있다. 이 멸진정에 들고자 하면 인적이 끊어진 한적한 곳으로 간다. 이 선정 상태로 지내는 것은 이를 획득한 성인만이 누리는 최고의 행복이며, 들어가 즐김을 '입정入定' 한다고 말한다. 여기서 니로다(멸진滅盡)란 선정에 입정한 순간이 아닌, 멸진정에 들기 직전의 마음을 가리킨다. [니로다사마빳띠깔로(소멸에 훌륭히 도달한 시간)는, 선정에 입정하기 직전의 순간을 가까운 대상인 니로다(멸진정)에 은유한 것이다] 그러므로 '제4선 본삼매속행은 2차례 속행으로 일어난다' 고 말한다. 멸진정에 입정하기 직전 제4선 본삼매속행은 2차례 속행으로 일어난다는 뜻이다.

sabbatthāpi samāpattivīthiyaṁ bhavaṅgasoto viya vīthiniyamo natthīti katvā bahūnipi labbhantīti.

일체의 본삼매(jhānasamāpatti), 과果선정 인식과정은 바왕가의 흐름처럼 고정된 과정의 법칙이 없다[vīthiniyamo, 결정된 속행의 연속이 없다] 이러한 이유로 무수한 속행 또한 얻는다. 이로써 속행 법칙 장章은 끝났다.

해설

samāpajjitabbā - 훌륭하게 도달한다[입정한다].

훌륭히 입정할 수 있는 선정 속행의 연속을 '본삼매인식과정[jhānasamāpattivīthi]' 이라하고 과果속행의 연속을 '과果선정 인식과정[phalasamāpattivīthi]' 이라 한다. 이러한 본삼매 인식과정들에서 '선정속행, 과果속행이 어느 정도나 일어나야 한다' 고 지정된 것은 없다. 선정속행, 과果속행이 무수히 일어날 수 있다. 'bahūnipi(무수한 속행 또한)' 에서 pi(또한)로써 작은 횟수 또한 허용하고 있다. 그러므로 입정에 능숙하기 전에는 두세 번 정도 일어나고, 능숙해지면 선정속행, 과果속행이 연속하여 몇 천억, 몇 천조만큼, 밤낮 동안 헤아릴 수 없이 일어날 수 있다고 허용한 것이다.

요약

sattakkhattuṁ parittāni. maggābhiññā sakiṁ matā.
avasesāni labbhanti. javanāni bhahūnipi.
ayamettha javananiyamo.

욕계속행은 최대 7차례로 일어난다. 도道 속행, 신통지 속행은 한차례로 일어난다고 알아야한다. 나머지 속행 또한 무수한 차례로 얻는다.

인식과정 장에서 이 언급한 것은 속행의 법칙이다.

해설

요약하면 속행을 구분 결정한 글을 '속행의 법칙'이라 부른다. 욕계 속행들은 보통 7차례 혹은 6차례 속행으로 일어날 수 있다. 7차례보다 많을 순 없고 6차례보다 적을 수도 없다. 의지하는 대상인 물질(몸)의 힘이 약하면 속행 역시 약해져 임종직전 등에서는 5차례정도 속행으로 일어난다.

이 중에서 '임종직전 등'에서 오는 '등에서'란 단어로써,

1. mucchākāla - 부딪치고 상처입고, 물에 빠짐 등으로 혼미하여 약한 속행으로써 정신을 잃고 있을 때

2. visaññībhūta - 알아차림(sati)에서 벗어나 기절한 채 있을 때

3. atitaruṇakāla - 모태에 입태하여 있는 시간 혹은 태어나 얼마 안 된 때.

◎ 첫 본삼매 인식과정

manda = bha na da ma pa u anu go **jhā** bha bha bha
tikkha = bha na da ma u anu go **jhā** bha bha bha bha

manda(만다) - 둔한 지혜를 가진 사람
tikkha(띡카) - 빠른 지혜를 가진 사람
bha = bhavaṅga(바왕가) - 바왕가, 생의 연속체
na = bhavaṅgacalana(바왕가짤라나) - 진동하는 바왕가
da = bhavangupeccheda(바왕구빳체다) - 끊어내는 바왕가
ma = manodvārāvajjana(마노드라와라왓자나) - 의문전향마음
pa = parikamma(빠리깜마) - 본삼매에 도달하도록 기초 작업이 되는 욕계 명상의식. 기초작업
u = upacāra(우빠짜라) - 근접
anu = anuloma(아누로마) - 본삼매에 순응하는 의식, 수순

go = gotrabhu(고뜨라부) - 도道 혹은 선정 바로 앞에서 욕계 종성을 끊고 열반 혹은 선정을 대상으로 하는 마음. 종성
jhā = jhāna(자나) - 선정, 본삼매라고도 부름.

수행을 처음 시작한 사람이 처음 획득한 색계·무색계 선정 속행은 한차례만 일어난다. 첫 선정을 획득하기 위해 분투하는 사람을 'ādikammikassa[첫 수행에서 분투하는 사람]' 이라 부른다. 초선을 얻은 뒤 제2선 등을 획득키 위해 다시 분투함도 역시 'ādikammikassa[첫 수행에서 분투하는 사람]' 라 한다. 처음 일어나는 본삼매를 '첫 본삼매' 라 부른다. 맨 처음 일어난 선정이란 의미이다.

◎ 신통지 인식과정

manda = bha na da ma pa u anu go **bhi** bha bha bha bha
tikkha = bha na da ma u anu go **bhi** bha bha bha bha bha

bhi = abhiññā(아빈냐; 신통지)

신통지 속행을 처음 획득한 순간이건 혹은 그 뒤건 언제나 한차례만 일어날 수 있다. 다양한 신통과 그 인식과정은 뒤에 올 명상주제의 장章에서 보일 것이다. 이 자리에서는 인식과정만 보고자 한다.

◎ 수다원 도道 인식과정

manda = bha na da ma pa u anu go **mag pha pha** bha bha bha
tikkha = bha na da ma u anu go **mag pha pha pha** bha bha bha

mag = magga(막가) - 도道 마음
pha = phala(팔라) - 과果 마음

◎ 상위의 사다함, 아나함, 아라한 도道 인식과정

manda = bha na da ma pa u anu vo* mag pha pha bha bha bha

tikkha = bha na da ma u anu vo* mag pha pha pha bha bha bha bha

vo* = vodāna(워다나) - 깨끗한 마음. 상위 도道 인식과정에서 고뜨라부 대신 사용하는 호칭.

도道속행들은 단 한 차례만 일어난다. 도道속행이 한 차례 일어난 뒤 지혜가 둔한 사람은 2차례 과果속행, 지혜가 빠른 사람은 3차례의 과果속행이 도의 뒤를 연속해서 따라 일어난다. 그 뒤 바왕가에 빠진다.

◎ 멸진정滅盡定 인식과정

manda = bha na da ma pa u anu go jhā jhā (ni) pha bha bha

tikkha = bha na da ma u anu go jhā jhā (ni) pha bha bha

ni = nirodhasamāpatti(니로다사마빳띠; 멸진정)

멸진정에 입정하기 직전 무색계 제4선인 비상비비상처非想非非想處 속행이 2차례 일어난다. 멸진정에서 출정할 때 과果속행 또한 각자에 적합하게[아나함, 아라한에 따라] 한 차례 일어난 뒤 바왕가에 빠진다.

이 중에 마음識, 마음부수受·想·行, 마음으로 생긴 물질(찟따자루빠)들이 일정한 기간동안 소멸된 것을 '멸진정에 입정하였다' 고 말한다. 멸진정은 아나함, 아라한 사람들만이 입정할 수 있는 영역이다. '아나함 사람은 비상비비상처 선善속행 뒤 멸진정에 입정하고 아나함 과果속행이[마음, 마음부수, 마음으로 생긴 물질들이 다시 일어난다] 한 차례 일어난 후 바왕가에 빠진다. 아라한은 비상비비상처 작용만 하는 마음 속행 뒤 멸진정에 입정하고 아라한 과果속행이 한 차례 일어난 후 바왕가에 빠진다. 선정 속에서 소멸되었던 마음識, 마음부수受·想·行, 마음으로 생긴 물질(찟따자루빠)들이 다시 일어나는 것을 '멸진정에서 출정한다' 고 말한다.

◎ 본삼매 인식과정

manda = bha na da ma pa u anu go jhā jhā (무수한 차례) bha bha

tikkha = bha na da ma u anu go jhā jhā (무수한 차례) bha bha bha

◎ 과果 선정 인식과정

manda = bha na da ma anu anu pha pha pha (무수한 차례) bha bha

tikkha = bha na da ma anu anu anu pha pha pha (무수한 차례) bha bha bha

바왕가에 빠질 때 '어느 정도의 바왕가가 일어난다' 고 결정된 것이 없듯이 선정에 입정하여 선정속행, 과果속행들이 어느 정도나 일어나야 한다' 라고 결정할 수도 없다. 무수한 차례로 많이 일어날 수 있다. 그러나 입정함에 서툴 때에는 2차례, 3차례 등으로 몇 차례 아주 조금 일어날 수도 있다.

존재에 따른 분류

duhetukāna mahetukānañca panettha kiriyajavanāni ceva app anājavanāni ca labbhanti.

두 가지에 뿌리를 가진 사람(두헤뚜까), 뿌리 없는 사람(아헤뚜까)에게 작용만 하는 마음속행과 본삼매속행은 일어나지 못한다.

해설

'어떤 존재에게서 어떤 마음들을 얻을 수 있는가?' 하고 12부류로[9] 존재를 구분하여 마음들을 보여주고 있는 장章이다. 얻을 수 없는 마음을 먼저 제거하면, 얻을 수 있는 마음을 알 수 있을 뿐 아니라 얻을 수 없는 마음 또한 분명히 드러나기 때문에 얻을 수 없는 마음만을 추출하였다.

두 가지 뿌리 사람(두헤뚜까), 뿌리 없는 사람(아헤뚜까)

dve hetūyesaṁti duhetukā - 어떤 이들에게 두 가지 뿌리가 있다. 이들을 '두 가지 뿌리를 가진 사람(두헤뚜까)'라 부른다.

재생연결식에 들 때 결합한 뿌리가 탐욕 없음, 진심 없음의 두 가지만인 '욕계선善 과보인 지혜와 결합하지 않은 마음(마하위빠까냐나윕빠윳따)'으로 입태入胎 했던 사람을 '두 가지 뿌리 사람(두헤뚜까)'라 부른다.

natthi hetūyesaṁti ahetukā - 어떤 이들에게 뿌리가 없다. 이에 이들을 '뿌리 없는 사람(아헤뚜까)'이라 부른다.

---

9. 존재의 12부류 분류 - 악처의 뿌리 없는 사람(두가띠아헤뚜까) 1부류, 선처의 뿌리 없는 사람(수가띠아헤뚜까) 1부류, 선처의 두 가지 뿌리사람(수가띠두헤뚜까) 1부류, 선처의 세 가지 뿌리사람(수가띠띠헤뚜까) 1부류, 성자인 세 가지 뿌리사람(아리야띠헤뚜까) 8부류이다.

결합한 뿌리가 없는 뿌리 없는 과보마음(아헤뚜까위빠까)으로 재생연결식을 취한 사람을 '뿌리 없는 사람(아헤뚜까)' 이라 부른다. 뿌리 없는 사람(아헤뚜까) 중에서 사악처에 '뿌리 없는 불선不善과보의 중립적 느낌을 수반한 조사하는 마음' 으로 재생연결식에 든 사람을 '악처의 뿌리 없는 사람(둑가띠아헤뚜까)' 이라 하고 욕계 선처에서 '뿌리 없는 선善과보 중립적 느낌을 수반한 조사하는 마음' 으로 재생연결식에 든 사람을 '선처의 뿌리 없는 사람(수가띠아헤뚜까)' 이라 부른다.

작용만 하는 마음속행, 본삼매속행은 일어나지 못한다.

작용만 하는 마음속행은 아라한의 마음에서만 일어난다. 본삼매속행란 선정, 도道, 과果의 속행을 말한다. 두 가지 뿌리사람과 뿌리 없는 사람들은 이 생에서 선정, 도道, 과果를 획득할 수 없다. 무엇 때문인가? 하등한 과보果報인 재생연결식이 가로막기 때문이다. 이에 연관되어 '불선업, 번뇌, 과보, 성인을 능멸함, 부처님의 권위를 범함' 이란 5가지 위험을 주목하여야 한다.

불선업의 위험 ‖ '모친살해, 부친살해, 아라한을 죽임, 부처님의 옥체에 피를 어리게 함, 승단을 분열시킴' 이라는 죽음 직후 바로 과보를 주는 업 다섯 가지와 빅쿠니를 범하는 악업 등을 '불선업의 위험' 이라 부른다. 바로 다음 생에 과보를 주는 업인 오역죄(pañcānantariyakamma)에 적용되는 사람은 선정, 도道, 과果 뿐만 아니라 다음 생에 선처에 태어날 기회조차 갖지 못한다. 빅쿠니를 범한 사람은 선정, 도道, 과果는 얻지 못하지만 바르게 산다면 다음 생에 선처에 태어날 기회는 얻을 수 있다.

번뇌의 위험 ‖ 10가지 번뇌 중 결정사견(죽음 직후 바로 반드시 결과를 주는 사견, niyatamicchādiṭṭhi)를 번뇌의 위험이라 부른다. 이런 사견을 지닌 사람들은 다음 생에 선처에 탄생할 기회를 얻지 못한다. 양성兩性을 가진 자나 무성을 가진 자들 또한 과도한 번뇌를 지니기 때문에 『청정도론』에서는 재생연결식인 '과보마음의 위험'에 포함시키지 않고 '번뇌의 위험'에 포함시키고 있다. [필연적으로 불변하는 결과를 가져다주는 결정사견은 뒤에 올 제5장章에서 상세히 다룰 것이다.]

과보의 위험 ‖ 뿌리 없음(아헤뚜까), 두 가지 뿌리(두헤뚜까)의 재생연결 과보마음을 '과보의 위험'이라 부른다. 하등한 종자 때문에 훌륭하게 싹이 나지 못한 나무는, 적당하게 물을 주고 돌보아도 울창하고 튼튼하게 성장하지 못한다. 이처럼 하등한 업 때문에 뿌리가 없거나 혹은 두 가지 뿌리로 재생연결식에 든 사람은 종자인 재생연결식 과보마음 자체가 훌륭하지 못하기 때문에 그 생에서 선정, 도道, 과果 법으로 번성할 수 없다. 훌륭하게 생을 잘 살아간다면 다음 생에 선처에 태어날 수는 있을 것이다.

성인을 능멸한 위험 ‖ 성인이라는 사실을 알건 모르건 저열한 마음으로 성인을 비난하고 능멸한 것을 '성인을 능멸함의 위험'이라 부른다. 천상, 열반, 선정, 도道, 과果에 이르지 못하는 위험이다. 이러한 허물을 범한 이가 만약 성인이 없다면 적당한 큰 어른, 승단의 스님들께 가서 사죄하거나 최소한 성인의 무덤을 찾아가 사죄한다면 위험은 사라질 수 있다. 훌륭하게 수행하고 바르게 머무는 사람들에게도 허물을 범하지 말아야 한다. 성인을 능멸한 업은 큰 허물이 된다.

권위를 범한 위험 ‖ '의도로 범한 허물을 부처님의 권위를 범한 위험이라 부른다'라고 아릿타 빅쿠를 근원으로 금한 계율에서 정하고 있다. 의도적으로 범한 허물이란, 빠라지까(승단에서 실격시키는 큰 죄, 波羅市迦法)의 허물을 저지르면 환속해야 하며, 상가디세사(허물을 치료함에서 시작·중간·끝의 율법의 일에서 승단을 필요로 하는 큰 죄, 僧伽伐尸沙法)의 허물을 저지르면 빠와리따(허물을 감춘 날 수만큼 승단의 법규에 따름, pavārita)와 마낫따(빠와리따를 행한 뒤에 승단이 만족하도록 법규에 따라야 하는 행법, mānatta)로 구제 받아야 하며, 나머지 소소한 계율을 범한 뒤에는 허물을 고백하여(desanā) 치료받아야만 '권위를 범한 위험'에서 벗어날 수 있다. 이러한 위험에서 벗어나지 못한다면 선처의 생과 선정, 도道, 과果를 얻을 기회가 없다. 임종하여 사악처로만 떨어질 것이다. 이같은 사실을 아는 경전에 밝은 사람들은 자신의 허물을 이겨내지 못하면 환속하여 속인의 삶에 머문다.

하나 범부여서 마음을 다스리지 못하고 허물을 범한 뒤 율법으로 치유한다면 허물들에서 벗어날 수 있다. 그러므로 부처님의 권위를 범하지 않도록 지키고 통제하여야 한다. 만약 범하게 되었다면 율법에 따라 용서받은 뒤 신심에 머무는 사람이라야 부처님의 권위를 범한 위험에서 벗어날 수 있다. 천상, 열반, 도道, 과果, 선정이 가로막히진 않는다. 그러므로 훌륭한 선남자의 마음이라면 교단에서 행복하게 머묾이 적당하다.

어떤 사람들은 계율을 파하지 않는 삶을 살려고 은자로 살며 법을 지키려 노력한다. 법을 수행할 수 없도록 만드는 허물이란 정말 범하려는 의도로 저지른 소멸(범죄)이다. 무의식중에 범한 허물은 법의 장애가 되지 않는다. 의도적으로 범하려고 한다면 은자의 삶으로도 법을 얻지 못한다. 법을 못얻는 것은 그렇다 해도 파계로써 임종을 맞는다면 사악처에 떨어지게 되므로 은자의 삶 또한 이치에 맞지 않는다. 무의식중에 모르고 계율을 범할지라도 마음가짐이 깨끗하다면 사악처에 떨어지지 않는다. 마음가짐이 깨끗하지 못하다면 차라리 은자의 삶이나 속인의 삶이 보다 위안

이 되는 일이다.

부처님 생존시 출중한 선남자가 교단에 출가하였다. 스승과 은사 스님께서는 '이처럼 지내서는 안 된다. 이렇게 먹어서는 안 된다.' 등 율법에 따라 여러 가지로 훈계하셨다. 신참이 자유롭지 못한 매우 억압된 감정에 괴로워하다가 환속하고자 마음을 냈다. 부처님께서 이를 아시고서 "마음 하나만 청정하게 지켜라" 고 말씀하셨다. 부처님의 훈시에 따라 마음만을 지킬 때 많은 계율들이 자동적으로 지켜지는 것을 알고 환희심을 내어 높은 법을 얻었다. 그러므로 자신의 마음을 청정하게 지킨다면 교단에서의 삶이 압박으로 다가오지 않는다. 네 번의 아승지겁과 십만 겁의 바라밀을 충만하게 완성하신 부처님께서 설립하신 교단을 만나 신심의 법으로 지고한 큰 이익을 위해 분투하고 통제한다면 부처님의 권위를 범하는 위험 없이 선처와 선정, 도道, 과果를 성취하게 될 것이다.

tathā ñāṇasampayuttavipākāni ca sugatiyaṁ. duggatiyaṁ pana ñāṇavippayuttāni ca mahāvipākāni na labbhanti.

또한 선처에서 '지혜와 결합한 선善과보마음(냐나삼빠윳따위빠까찟따)' 도 얻지 못한다.

해설

언급된 세 부류 중[10] 선처의 뿌리 없는 사람(수가띠아헤뚜까), 선처의 두 가지 뿌리사람(수가띠두헤뚜까)만이 좋은 존재계에 탄생할 기회를 가진다. 두 종류의 마음에서 지혜와 결합한 욕계 선善과보마음 4가지는 일어날 수 없다. 무엇 때문인가? 근본 재생연결식이 하

10. 악처의 뿌리 없는 사람(둑가띠아헤뚜까) 1부류, 선처의 뿌리 없는 사람(수가띠아헤뚜까) 1부류, 선처의 두 가지 뿌리사람(수가띠두헤뚜까) 1부류.

등하기 때문이다. 『빠라맛타위닛차야』 경에서 'ñāṇapākā na vattanti, jaṭattā mūlasandhiyā - 근본 재생연결식이 하등하기에 지혜와 결합한 욕계 선善과보마음은 일어나지 못한다' [근본 재생연결식이 하등함을 '과보의 위험' 에서 설명하여 보였다.] '지혜와 결합한 과보마음도' 에서 'ca(도)' 란 보조사로써 앞 단락에서 언급한 작용만 하는 마음속행, 본삼매속행을 다시 포함하고 그 위에 더함의 뜻을 나타내고자 하였다.

duggatiyaṁ pana ñāṇavippayuttāni ca mahāvipākāni na labbhanti.

악처에서 '지혜와 결합하지 않는 욕계 선善과보마음' 은 얻지 못한다.

해설

악처에 탄생한 사람은 '악처의 뿌리 없는 사람(둑가띠아헤뚜까)' 이다. 이 사람의 마음에서 언급한 마음 뿐 아니라 지혜와 결합하지 않은 욕계선 과보마음 또한 얻을 수 없다. 무엇 때문인가? 근본 재생연결식이 매우 하등하기 때문이다. 악처의 뿌리 없는 사람(둑가띠아헤뚜까), 선처의 뿌리 없는 사람(수가띠아헤뚜까), 선처의 두 가지 뿌리사람(수가띠두헤뚜까)에게 일어날 수 없는 마음을 알기에 이를 제하면 일어날 수 있는 마음 또한 알 수 있을 것이다.

tihetukesu ca khīṇāsavānaṁ kusalākusalajavanāni na labbhanti.

세 가지 선善뿌리(띠헤뚜까) 중 아라한에게 선善, 불선不善의 속행은 일어나지 않는다.

해설

세 가지 선善 뿌리 사람(띠헤뚜까)

tayo hetū yesaṁti tihetukā - 세 가지 뿌리를 지닌 사람들을 '띠헤뚜까(세 가지 선善 뿌리 사람)'라 부른다.

재생연결 순간에 탐욕 없음[alobha], 진심 없음[adosa], 어리석음 없음[amoha] 세 가지근원인 '지혜와 결합한 욕계 선善과보 마음' 4가지와 고귀한(색계·무색계) 과보마음 9가지 중 하나로 재생연결에 든 사람을 '세 가지 선善 뿌리 사람(띠헤뚜까)'라 부른다. 근본 종자가 우수한 세 가지 뿌리 사람만 선정 도 과를 성취할 수 있기에 모든 성자는 세 가지 뿌리 사람이다. 세 가지 뿌리 사람은 모두 아홉 부류로 분류하는데 이는 세 가지 선처의 세 가지 뿌리사람(수가띠띠헤뚜까) 1부류, 수다원 등 성자인 세 가지 뿌리사람(아리야띠헤뚜까) 8부류이다.

'아라한에게 선善, 불선不善 속행마음은 일어나지 않는다'

khīṇā āsavā yesaṁti khīṇāsavā - 흐르는 번뇌(āsavā)를 소진한 사람을 '흐르는 번뇌가 소진한 사람(khīṇāsavā)'이라 부른다.

유루有漏의 번뇌가 소멸한 아라한을 '흐르는 번뇌가 소진된 사람(khīṇāsavā)'이라 부른다. '아윗자빳짜야(avijjāpaccayā, 원인인 무명)로 인해 상카라(saṅkhārā)가 일어난다' 11에서 무명과 갈애인 잠재된 번뇌의 습習으로부터 세속의 선, 불선인 상카라들이 일어난다. 아라한은 잠재된 번뇌(anusaya)를 아라한 도道로서 제거하였기에 번뇌에 기인하는 세속의 선, 불선이 일어날 기회를 얻지 못한다. 출세간

11. 이 자리에서 saṅkhārā(상카라)란? 현생과 다음 생에 올 과보의 법들을 형성시키는 kamma(깜마; 행위, 업)를 말한다. 정의하면 세속의 선, 불선 마음에 결합하는 쩨따나(의도)마음부수 29가지이다.

선善은 잠재된 번뇌를 제거한다. 그러나 아라한이 되면 제거할 번뇌조차 없기 때문에 출세간 선善이 일어날 필요가 없다. 그러므로 아라한의 마음에서는 일체의 선, 불선이 일어나지 않는다.

tathā sekkhaputhujjanānaṁ kriyājavanāni.

그와 같이 유학有學과 범부의 마음에 작용만 하는 마음 속행은 일어나지 않는다.

해설

sikkhantīti sekkha - 계戒, 정定, 혜慧 삼학을 배운다. 그러므로 유학(수행 중인 성인)이라 부른다.

계戒, 정定, 혜慧 삼학을 닦기 위해 분투하는 사람을 '유학(sekkha)' 이라 한다. 수행 중인 성인을 도道에 머무는 네 부류와 하위 과果에 머무는 세 부류의 일곱 부류가 있다. 그러나 도道에 머무는 성인은 따로 언급할 것이므로, 여기서는 유학의 의미로 하위 세 부류의 과果 성인만을 취한다. 뿌리 없는 사람, 두 가지 뿌리 사람 등 범부는 이미 언급하였기에 여기서는 '세 가지 뿌리사람(띠헤뚜까)' 만을 취한다. 이 유학과 범부에게는 아라한에게만 일어나는 작용만 하는 마음속행 마음이 일어날 수 없다.

diṭṭhigatasampayuttavicikicchājanavanāni ca sekkhānaṁ.

유학有學에게 사견, 의심과 결합한 속행 또한 일어나지 못한다.

해설

사견과 결합된 마음 4가지, 의심과 결합하는 마음 1가지는 수다원 도道에서 제거되었기에 유학들의 마음에서 일어날 수 없다.

'의심과 결합한 속행 또한' 에서 언급된 작용만 하는 마음속행이 일어날 수 없음을 보인 것이다.

anāgāmipuggalānaṁ pana paṭighajavanāni ca na labbhanti.

아나함의 마음에서 진심 속행 또한 일어나지 않는다.

해설

아나함 도道는 이미 진심을 제거하였기에 아나함의 마음에서 진심뿌리 2가지는 일어나지 못한다. 언급했던 작용만 하는 마음 속행, 사견, 의심과 결합한 속행 마음을 '진심 속행 또한' 이란 구절로 다시 총괄하였다. 여기서 아나함은 따로 언급되었기에 '유학에게 의심과 결합한 속행 또한' 에서 유학의 의미로 수다원 과果, 사다함 과果사람의 두 부류만을 취하여야 한다.

lokuttarajavanāni ca yathāsakaṁ ariyānameva samuppajjanti ti.

출세간 속행은 각자의 성취에 따라 성인에게만 일어난다. 이것이 존재로써 분류한 인식과정의 완성이다.

해설

수다원 도道속행은 스스로 성취한 것이기에 수다원 도道에 머무는 사람에게서만 일어난다. 수다원 과果속행은 수다원 과果에 머무는 사람에게서만 일어난다. 아래의 세 관점으로 의미를 설명해 보겠다.

질문1] 도道 속행은 왜 도道에 머무는 사람에게만 일어나는가? 도道는 한 차례 마음순간으로 도道에 머무는 사람에게만 일어난다. 만약

도道마음순간이 2차례, 3차례로 연속하여 일어난다면 과果에 머무는 사람, 상위 도道에 머무는 사람에게로 옮겨가 일어날 것이다. 도道의 성질이 마음순간 한 차례로 완성되기 때문에 이처럼 옮겨가 일어날 필요가 없다.

질문2] 왜 하위 과果에 머무는 사람의 마음에 상위 과果속행들이 일어나지 못하는가? 수다원 과果에 머무는 사람에게 사다함 과果 마음 등이 왜 일어나지 않는가 하는 의미이다. 하위 사람들은 상위 과果를 얻어 본 적이 없기 때문에 하위 과果에 머무는 사람의 마음에 상위 과果속행이 일어날 수 없다.

질문3] 그렇다면 상위 과果에 머무는 사람의 마음에 이미 성취했던 하위 과果속행은 왜 일어나지 않는가? 상위 도道와 과果를 획득함과 동시에 하위 과果는 소멸되기 때문에 이미 성취한 하위 과果속행이 상위 과果에 머무는 사람의 마음에서 일어날 필요가 없다.

범부의 생으로 제거하지 못했던 업과 번뇌가 수다원 도道에서 제거됨과 동시에 범부의 상태를 초월하여 수다원 성자가 된다. 수다원에서 제거하지 못한 업과 번뇌를 사다함 도道에서 소멸시키기에 수다원을 초월하여 사다함에 도달한다. 사다함에 도달하면 수다원 과果선정 또한 자동적으로 사라진다. 비유하면 도시를 관할하는 시장市長이 도道를 관할하는 도지사道知事로 승급하면, 예전의 시장이란 직위는 절로 사라짐과 같다. 그러므로 하위 과果는 상위 과果에 머무는 사람에게 일어날 수 없다.

요약

asekkhānaṁ catucattālīsa sekkhāna muddise.
chapaññāsāvasesānaṁ catuppaññāsa sambhavā.
ayamettha puggalabhedo.

아라한에게 44가지, 유학에게 56가지 마음이 적절하게 일어날 수 있다. 나머지 범부에게 54가지 마음이 적합하게 일어난다.

이것이 존재의 구분으로 마음을 분류한 것이다.

해설

존재로서 마음을 분류한 장을 '**존재에 따른 분류**[puggalabheda]'라 한다. 악처의 뿌리 없는 존재(아헤뚜까) 한 부류, 선처의 뿌리 없는 존재 한 부류, 선처의 두 가지 뿌리존재(두헤뚜까) 한 부류, 선처의 세 가지 뿌리존재(띠헤뚜까) 아홉 부류로 모두 12부류가 있다.

이 중 불선 과보인 중립적 느낌을 수반한 조사하는 마음(산띠라나)로 재생연결에 머문 사람을 '악처의 뿌리 없는 존재(아헤뚜까)'라 부른다. [탄생한 영역에 따라서 '악처'라 하고, 재생연결식에 따라 '뿌리 없는 존재'라는 두 의미를 합쳐 '악처의 뿌리 없는 존재'라 부른다.]

뿌리 없는(아헤뚜까) 선의 과보인 중립적 느낌의 조사하는 마음으로 재생연결식을 취한 생명기능命根물질(지위따나와까깔라빠)[12]을 지닌 지각이 없는 존재인 무상유정(無想有情)[13] 범천을 '선처의 뿌리 없는 존재(아헤뚜까)'라 부른다. [탄생한 영역에 따라 '선처'라 하고, 재생연결식에 따라서 '뿌리 없는 존재'라는 의미들을 합쳐 '선처의 뿌리 없는

---

12. jīvitanavakakalāpa(지위따나와까깔라빠) - 물질의 최소 구성요소 8가지와 결합하는 생명기능命根 물질이 주도하는 9가지 모임. 물질의 명근命根 혹은 생명기능물질이라 한다.
13. asaññasatta(아산냐삿따; 지각이 없는 생명체. 無想有情)

존재' 라 부른다]

'탐욕 없음, 진심 없음' 뿌리 2가지를 지닌 욕계 선善과보인 '지혜와 결합하지 않는 마음' 4가지 중 하나로 재생연결식을 취한 사람을 '두 가지 뿌리사람(두헤뚜까)' 라 부른다.

'탐욕 없음, 진심 없음, 어리석음 없음' 뿌리 3가지를 지닌 욕계 선善과보인 지혜와 결합한 마음 4가지, 고귀한 (색계·무색계) 과보마음 9가지, 이 13가지 중 하나로 재생연결을 취한 사람을 '세 가지 뿌리사람(띠헤뚜까)' 라 부른다. 이러한 사람은 '세 가지 뿌리의 범부凡夫 한 부류, 도道에 머무는 네 부류, 과果에 머무는 네 부류' 로 모두 아홉 부류이다.

악처의 뿌리 없는 존재는 불선 마음 12가지, 미소 짓는 마음을 제외한 뿌리 없는 마음 17가지, 욕계 선마음 8가지로써 모두 37가지 마음이 일어날 수 있다.

선처의 뿌리 없는 사람, 두 가지 뿌리 사람은 불선마음 12가지, 미소 짓는 마음을 제외한 뿌리 없는 마음 17가지, 욕계 선마음 8가지, 욕계 선善과보인 지혜와 결합하지 않는 마음 4가지로써 모두 41가지 마음이 일어날 수 있다.

세 가지 뿌리 아홉 부류 중 아라한에게 선, 불선 속행마음이 일어날 수 없다.

하위 과果에 머무는 세 부류의 존재는 작용만 하는 마음속행 외에도 사견과 결합한 마음 4가지, 의심과 결합한 마음 1가지 또한 일어날 수 없다.

아나함 사람은 언급된 속행 외에 진심속행 또한 일어날 수 없다. 출세간속행은 성인들에게서 적절하게 일어난다. 수다원 도道

에 머무는 사람에게 수다원 도道속행만 일어난다. ‖중략‖ 아라한 과果에 머무는 사람에게는 아라한 과果속행만 일어난다.

그러므로 세 가지 뿌리인 범부에게 '불선 마음 12가지, 미소짓는 마음을 제외한 뿌리 없는 마음 17가지, 욕계 선마음 8가지, 욕계 선 과보마음 8가지, 고귀한 선善속행 9가지' 로 모두 54가지가 일어날 수 있다.

수다원 과果에 머무는 사람에게 '사견과 결합하지 않은 마음 4가지, 진심 마음 2가지, 들뜸과 결합하는 마음 1가지, 미소짓는 마음을 제외한 뿌리 없는 마음 17가지, 욕계선마음 8가지, 욕계 선 과보 8가지, 고귀한 선善 9가지, 수다원 과果 1가지' 로 모두 50가지 마음이 일어날 수 있다.

사다함 과果에 머무는 사람에게 '사견과 결합되지 않은 마음 4가지, 진심 마음 2가지, 들뜸과 결합하는 마음 1가지, 미소짓는 마음를 제외한 뿌리 없는 마음 17가지, 욕계선 8가지, 욕계선 과보 8가지, 고귀한 선 마음 9가지, 사다함 과果 마음 1가지' 로 모두 50가지 마음이 일어날 수 있다.

아나함 과果에 머무는 사람에게 '사견과 결합되지 않은 마음 4가지, 들뜸과 결합하는 마음 1가지, 미소짓는 마음을 제외한 뿌리 없는 마음 17가지, 욕계선 8가지, 욕계 과보 8가지, 고귀한 선마음 9가지, 아나함 과果마음 1가지' 로 모두 48가지 마음이 일어난다.

'유학有學에게 56가지 인식과정이 적절하게 일어날 수 있다.'

수행 중인 수다원 등 7부류의 유학 모두에게서 얻어질 수 있는 마음을 보인 것이다. 수다원 과에 머무는 사람의 50가지 마음에 도道 마음 4가지, 사다함 과果 마음, 아나함 과 마음을 포함시키면 56가지가 된다.

아라한 사람에게 '뿌리 없는 마음 18가지, 욕계 과보 8가지, 욕계 작용만 하는 마음 8가지, 고귀한 작용만 하는 마음 9가지, 아라한 과果 속행 1가지'로 모두 44가지 마음이 일어난다.

영역에 따른 분류

bhūmivibhāga

kāmāvacarabhūmiyaṁ panetāni sabbānipi vīthicittāni yathār aha mupalabbhanti.

욕계세상에서는 모든 인식과정의 마음들이 적절하게 일어난다.

해설

욕계 11천[4악처, 인간계, 6천상]에서 모두 80가지 인식과정이 일어난다. 눈의 의식眼識 등이 일어나기 위한 육문六門과 도道, 과果 마음 등이 일어나기 위한 12부류[14] 모두 욕계에 존재하기 때문이다. '모든 인식과정의 마음들이' 이란 11천 모두를 일컫는 말이다. 사악처에서 이 80가지 마음은 전혀 일어나지 못한다. 악처의 뿌리 없는 존재에게는 37가지 마음만 일어날 수 있다. 인간계와 욕계천상에서도 존재에 따라 적합하게 일어날 수 있다.

---

14. 12부류의 존재 — 악처의 뿌리 없는 존재 한 부류, 선처의 뿌리 없는 존재 한 부류, 두 가지 뿌리를 가진 범부 한 부류, 세 가지 뿌리를 가진 범부 한 부류, 세 가지 뿌리를 가진 성인 8부류.

rūpāvacarabhūmiyaṁ paṭighajavana tadārammaṇa vajjitāni.

색계에서는 진심을 근원으로 한 속행과 등록을 제외한 마음들이 일어난다.

해설

진심은 선정의 법을 막고 방해하는 장애이다. 선정의 과보로 탄생한 색계에서 2가지 진심마음은 일어나지 못한다. 등록하는 마음이 일어날 수 없음은 '욕계 속행의 끝, 욕계 존재' 등 앞에서 언급한 등록이 일어나는 조건에서 벗어나므로 일어날 수 없다.

arūpāvacarabhūmiyaṁ pathamamaggarūpāvacarahasanaheṭṭhimāruppavajjitāni ca labbhanti.

무색계에서는 수다원 도道, 색계마음, 미소 짓는 마음, 하위 무색계 마음을 제외한 마음이 일어난다.

해설

수다원 도道와 색계마음, 미소 짓는 마음이 일어나지 못하는 이유는 **토대로 결집함**(vatthusaṅgaha) 장章에서 언급하였다. 상위 무색계에 도달한 천인들이 하위 선정을 다시 시도하는 일이 없다. 그러므로 상위 무색계에서 하위 무색계 마음은 일어나지 않는다.

어떤 분들이 말씀하시길, 색계에는 원치 않는 대상(아닛타람마나)이 없기 때문에 원치 않는 대상을 대상으로 하는 불선 과보로 일어나는 눈의 의식, 귀의 의식, 받아들이는 마음, 조사하는 마음 등은 일어나지 못한다. 인간계에 내려와 원치 않는 대상과 마주하여 불선의 과보인 눈의 의식 등을 일으켰더라도 그 불선 과보마음들은 욕계에서 일어났다라고 할 수 있다. 색계에서 일어난 것이 아니라고 생각한다. 그러나 이러한 견해는 적합하지 않다. 왜 인가? 영역에 따라 마음을 분류했더라도 실제로는 그 영역에 탄생한 존재에 근거하여 분류한 셈이므로, 단지 영역으로만 마음을 분류한 것은 아니다. 색계 천인들이 욕계에 내려와 원치 않는 대상을 마주하여 일으킨 불선과보마음을 욕계 과보라고 말할 수 없다. 색계에 사는 범천에게 일어난 과보일 뿐이다. 그리고 범천들이 색계에서 욕계의 대상들을 취할 때 원치 않는 대상을 취했다면, 색계에 있더라도 불선과보가 일어난 것이다. 그러므로 이러한 견해를 허용해서는 안 된다.

sabbatthāpi ca taṁ taṁ pasādarahitānaṁ taṁ taṁ dvārika vīthicittāni na labbhanteva.

모든 영역에서 어떤 감각물질이 결여된 존재에게 그 문門과 연결된 인식과정은 일어나지 못한다.

해설

'욕계, 색계, 무색계'의 모든 영역에서 감각물질이 없는 어떤 존재에게 각각의 연관된 문根에서 일어나는 인식과정은 일어날 수 없다.

색계에는 후각물질, 미각물질, 감촉물질이 없다. 그러므로 코 의식 2가지 혀 의식 2가지, 몸 의식 2가지의 6가지 과보마음은 일어나지 못한다.

무색계에서는 눈, 귀, 코, 혀 몸의 다섯 감각물질[빠사다]은 존재하지 않는다. 그러므로 오문五門에서 일어나는 전오식前五識(dvipañcaviññāṇa) 10가지, 받아들이는 마음 2가지, 조사하는 마음 3가지, 오문전향마음 1가지, 모두 16가지는 일어나지 않는다.

이처럼 일어날 수 없는 마음을 알았으니 일어날 수 있는 마음도 헤아려 볼 수 있을 것이다. 색계에서 탐욕뿌리 마음 8가지, 어리석음뿌리 마음 2가지, 눈의 의식 2가지, 귀의 의식 2가지, 받아들이는 마음 2가지, 조사하는 마음 3가지, 뿌리 없는 작용만 하는 마음 3가지, 욕계선 8가지, 욕계 작용만 하는 마음 8가지, 고귀한 마음 선 9가지, 고귀한 작용만 하는 마음 9가지, 출세간 마음 8가지로 모두 64가지 인식과정이 일어날 수 있다.

무색계에서 탐욕뿌리 8가지, 어리석음뿌리 2가지, 의문전향마음 1가지, 욕계선 8가지, 욕계 작용만 하는 마음 8가지, 무색계선 4가지, 무색계 작용만 하는 마음 4가지, 상위 도道 3가지, 과果 4가지로 모두 42가지 인식과정이 일어날 수 있다.

asaññasattānaṁ sabbathāpi cittappavatti natthevāti.

무상유정無想有情에게 일체의 마음이 일어나지 못한다.

해설

asañña(지각이 없는) + satta(중생)

지각이 없는 범천계 중생을 무상유정無想有情(asaññasattā)라 부른다. 지각 하나만을 주제로 아산냐(지각없는 존재)라 부른 것이다. 그러나 지각 마음부수 하나만 없는 것이 아니라 일체의 마음, 마음부수가 없다. 정신을 혐오하는 수행을 통해 일체의 정신을 거부한 과보로 탄생한 무상유정無想有情 존재는 오직 물질만 있는 존재이기에 어떤 마음도 일어날 수 없다.

요약

asīti vīthicittāni kāmerūpe yathāraharn.
catusaṭṭhi tathārūpe dvecattālīsa labbhare.
ayamettha bhūmivibhāgo.

욕계에서 80가지 인식과정은 존재에 따라 적합하게 일어난다. 무상유정無想有情을 제외한 색계 15천에서 64가지 인식과정은 적합하게 일어난다. 또한 무색계에서 42가지 인식과정은 존재에 따라 적합하게 일어난다. 이것이 세상에 따른 분류이다.

결론

iccevaṁ chadvārika cittappavatti yathāsambhavaṁ bhavaṅga ntaritvā yāvatāyuka mabbocchinnā pavattati.
iti abhidhammatthasaṅgahe vīthisaṅgaha vibhāgo nāma catut tho paricchedo.

이와같이 육문에서 적합하게 일어나는 마음은 바왕가에 의해 구분되면서[경계되면서] 생명이 존속될 때까지 끊이지 않고 일어난다.

『아비담맛타상가하』에서 인식과정을 분류한 네 번째 장이 끝났다.

해설

욕계에서 80가지 인식과정은 모두 적절하게 일어날 수 있다. 인식과정 80가지는 고귀한(색계·무색계) 과보마음 9가지를 제외한 나머지 마음들이다.

지각이 없는 존재인 무상유정을 제외한 색계 15천에서 인식과정 64가지는 적합하게 일어날 수 있다. 3가지 선뿌리를 지닌 범부와 과果에 머무는 사람들의 인식과정을 도표로서 나타내면 아래와 같다. 도道에 머무는 사람을 위해서는 특별히 검토할 점이 없기에 제외시킨다. 무색계에서는 42가지 인식과정이 적절하게 일어난다.

세상에서 얻을 수 있는 인식과정

	인식과정	욕계 11천	색계 15천	무색계 4천	세상을 종합하면
1	진심뿌리2+욕계 과보마음8+코 마음2+혀 마음2+몸 마음2=16가지	〃			11천
2	눈 마음2+귀 마음2+마노다뚜[意界]3+조사하는 마음3+미소짓는 마음1+색계 선업마음5+색계 작용만 하는 마음5+수다원 도(道)1=22가지	〃	〃		26천
3	탐욕뿌리8+어리석음뿌리2+욕계선업 마음8+욕계 작용만 하는 마음8+의문전향마음1+무색계 선마음4+무색계 작용만 하는 마음4+상위 도道 3+과果 4=42가지	〃	〃	〃	30천
일어나는 마음을 모으면		80	64	42	

도표 1은 욕계에서만 일어나고 색계와 무색계들에서는 일어나지 않는다. 도표 2는 욕계, 색계 두 오온의 영역에서만 일어날 수 있다. 도표 3은 '욕계, 색계, 무색계' 30천 모두에서 일어날 수 있다.

하나의 인식과정과 인식과정 사이에는 바왕가가 분리하여 생명이 유지되는 모든 시간에 마음은 연속되어 일어난다.

제5장

인식과정에서 벗어난 마음

위티뭇따상가하 ‖ VīthimuttaSaṅgaha

5. 인식과정에서 벗어난 마음

서시

vīthicittavasenevaṁ
pavattiyamudīrito.
pavattisaṅgaho nāma
sandhiyaṁ dāni vuccati.

이렇게 인식과정을 통해 삶의 과정에서 마음이 일어나는 모습을 요약하여 설하였다. 이제 재생연결식에서 '마음이 일어나는 모습'이라 명한 곳을 요약하여 설하리라.

해설

아누룻다 존자는 삶의 과정에서 인식과정이 일어나는 모습을 앞장에서 보여주었다. 이제 재생연결 순간 인식과정에서 벗어난 마음들이 일어나는 모습과 함께 바왕가, 죽음의식도 포함시켜 인식과정에서 벗어난 장章에서 드러낼 것이다. 이 장章은 재생연결식, 바왕가, 죽음의식이 일어나는 모습을 간추린 자리이다. 'pavattisaṅgaho - 마음이 일어나는 모습'은 인식과정의 장章과 인식과정에서 벗어난 장章 두 곳을 가리킨 말이다.

네 가지 요지

catasso bhūmiyo, catubbidhā paṭisandhi, cattāri kammāni, catudhā maraṇuppatticeti vīthimuttasaṅgahe cattāri catukkāni veditabbāni.

인식과정에서 벗어난 장章에서는 네 가지 영역, 네 가지 재생연결식, 네 가지 업, 네 가지 죽음으로 4개조로 이루어진 네 가지 모임

을 알아야 한다.

네 가지 영역

tattha apāyabhūmi, kāmasugatibhūmi, rūpāvacarabhūmi, arūp āvacarabhūmi ceti catasso bhūmiyo nāma.

이 중 사악처, 욕계 선처, 색계, 무색계를 네 가지 영역이라 부른다.

욕계 11천

악처 4천

tāsu nirayo, tiracchānayoni, pettivisayo, asurakāyo cetia pāyabhūmicatubbidhā hoti.

여기서 지옥, 축생계, 아귀계, 아수라무리를 네 가지 악처라 한다.

욕계 선처 7천

manussā, cātumahārājikā, tāvatiṁsā, yāmā, tusitā, nimmāna rati, paranimmitavasavatti ceti kāmasugatibhūmi sattavidh ā hoti.
sā panāya mekādasavidhāpi kāmāvacarabhūmicceva saṅkhaṁ ga cchati.

욕계 선처는 일곱 곳인데 인간계, 사천왕천, 삼십삼천三十三天, 야마천夜摩天, 도솔천兜率天, 화락천化樂天, 타화자재천他化自在天이다.

이 11가지 영역을 욕계라 부른다.

색계 16천

brahmapārisajjā, brahmapurohitā, mahābrahmā ceti paṭhamajjhānabhūmi.
parittābhā, appamāṇābhā, ābhassarā ceti dutiyajjhānabhūmi.
parittasubhā, appamāṇasubhā, subhakiṇhā ceti tatiyajjhānabhūmi.
vehapphalā, asaññasattā, suddhāvāsāceti catutthajjhānabhūmīti rūpāvacarabhūmi soḷasavidhā hoti.

범중천梵衆天, 범보천梵輔天, 대범천大梵天은 초선 영역이다.
소광천小光天, 무량광천無量光天, 광음천光音天은 제2선 영역이다.
소정천少淨天, 무량정천無量淨天, 변정천變淨天은 제3선 영역이다.
광과천廣果天, 무상유정천無想有情天, 정거천淨居天은 제4선 영역이다.

색계 영역은 16곳이다.

정거천淨居天 5천

avihā, atappā, sudassā, sudassī, akaniṭṭhā ceti suddhāvāsabhūmi pañcavidhā hoti.

정거천은 오천五天인데 무번천無煩天, 무열천無熱天, 선현천善現天, 선견천善見天, 색구경천色究竟天이다.

무색계 4천

ākāsānañcāyatanabhūmi, viññāṇañcāyatanabhūmi, ākiñcaññāya tanabhūmi, nevasaññānāsaññāyatanabhūmi ceti arūpabhūmi ca tubbidhā hoti.

무색계는 네 곳인데 공무변처空無邊處, **식무변처**識無邊處, **무소유처**無所有處, **비상비비상처**非想非非想處**이다.**

영역으로 존재를 구분함

puthujjanā na labbhanti suddhāvāsesu sabbathā.
sotāpannā ca sakadāgāmino cāpi puggalā.

ariyā nopalabbhanti asaññāpāyabhūmisu.
sesaṭṭhānesu labbhanti ariyā'nariyāpi ca.

idamettha bhūmicatukkaṁ.

정거천淨居天**에는 결코 범부, 수다원, 사다함이 태어나지 못한다.**

무상유정천無想有情天**과 악처에서 성자가 태어날 수 없고 나머지 영역에서 성자와 범부가 태어난다.**

이것이 인식과정에서 벗어난 장에서 네 가지 영역이다.

해설

악처

[apāya = apa + āya] āya(선행에서) apa(벗어났다)

'tividhasampattiyo ayani gacchanti pavattanti etenāti ayo - 선행 에 의해 세 종류의 행복이 일어나고 도달한다' 란 인간, 천상, 열반의 행

복이 일어나는 원인인 선행을 'aya' 라 한다. 그러므로 ayato(선행에서) + apagato(벗어난 영역이다.) = apāya(아빠야; 선행에서 벗어난 영역)라고 부른다. bhavanti etthāti bhūmi - 이 장소에서 중생들은 탄생한다. 그러므로 bhūmi(영역)라 부른다.

지옥

[niraya = ni + aya] aya(행복이) ni(없다)

여기서 aya는 행복을 뜻한다. ayati vaḍḍhati - 선행 때문에 증가하고 자란다. iti ayo - 그러므로 'aya(행복)' 라 한다. 또는 ayitabbo sāditabbo - 행복하다. 그러므로 'aya(행복)' 라 한다. ettha ayo natthi - 이 영역에 행복은 없다. 그러므로 지옥[niraya]이라 부른다.

지옥이란, 등활等活지옥, 흑승黑繩지옥, 중합衆合지옥, 규환叫喚지옥, 대규환大叫喚지옥, 초열焦熱지옥, 대초열大焦熱지옥, 무간無間지옥으로[15] 모두 여덟 지옥이 있다.

땅 속 이십만 사천 유순由旬에 이르는 지층을 구분하면, 상층이 십이만 유순이고 하층 십이만 유순은 암반층이라 한다. 상층에 팔열八熱지옥이 존재하며 층과 층의 간격은 일만 오천 유순씩 떨어져 있다고 한다. 인간계에서 일만 오천 유순 떨어진 곳에 등활等活지옥이 있다. 그곳에서 일만 오천 유순 떨어진 곳에 흑승黑繩지옥이 있다. 지옥의 한 층과 다른 층 사이는 일만 오천 유순씩 떨어져 있다고 한다.

---

15. 팔열八熱지옥의 종류 — sañjīva(등활等活지옥), kāḷasutta(흑승黑繩지옥), saṅghāta(중합衆合지옥), jālaroruva(규환叫喚지옥), jdhūmaroruva(대규환大叫喚지옥), tāpana(초열焦熱지옥), patāpana(대초열大焦熱지옥), avīci(무간無間지옥)

야마왕

사천왕천의 천인에 속하는 궁전이 있는 아귀(vemānikapisāca)의 왕을 '야마왕' 이라 부른다. 낮 동안 천상의 영화를 누리지만 밤에는 아귀들처럼 악업의 과보를 받아야만 한다. 야마왕은 한 명이 아니라 여럿이다. 인간계의 공무원들이 사무실에 근무하듯, 야마왕들도 사면의 창이 있는 지옥의 방에서 근무하며 지옥에 들어오는 사람들을 조사하고 분류한다. 지옥에 오는 사람들 모두 조사받는 것은 아니다. 불선의 업이 커서 조사할 필요조차 없는 사람들은 단번에 지옥에 떨어진다. 불선업이 작은 사람들은 야마왕의 판정에 따라 지옥에서 구제될 기회를 얻기도 한다. 야마왕의 조사가 허물만 찾으려는 것은 아니다. 실낱같은 희망이나마 있다면, 벗어날 기회를 주기 위해서이다. 오늘날 항소하는 변호사와 비슷하므로 야마왕은 법을 수호하는 좋은 왕이기도 하다.

지옥사자

지옥사자는 사천왕천 천인에 속하는 나찰이다. 지옥사자들은 적은 불선업으로 떨어져 들어온 사람들을 야마왕 앞에 데려가며, 지옥에 들어온 사람들을 사형집행인처럼 잔혹하게 괴롭히는 일을 한다. [지옥불의 위험은 깜마빳짜야(업의 연기법, 業緣)에 영향 받은 기온에서 생겨나는 물질(우두자루빠)이기에, 지옥의 형벌을 당해야 하는 지옥중생에게만 뜨거울 뿐 지옥사자에게는 전혀 뜨겁지 않다.]

야마왕의 심문

『데와두따』에서 야마왕이 심문하는 모습을 간략하게 볼 수 있다.

야마왕 - 형제여! 자네는 인간으로 있을 때 자신의 똥오줌 위에서 뒹구는 아기들을 보지 못했는가?

지옥에 떨어진 사람 - 왕이시여! 본 적이 있습니다.

야마왕 - (매우 가련하다는 어투로) 자네는 이해할만한 나이에 이르렀을 때 그 아이들을 보며 '나도 아무것도 모르는 저 아이들처럼 다음에 다시 입태해야 하는구나. 탄생이라는 재생연결식을 벗어나지 못하는 이상, 지금부터라도 몸과 입과 마음을 잘 지켜야겠다' 라고 생각해 본 적이 없는가?

지옥에 떨어진 사람 - 저는 부주의하여 선업에 흥미를 갖지 못했습니다.

야마왕 - 형제여! 불선업은 혈족이나 스승, 부모가 대신 지은 것이 아니다. 스스로 행한 악업의 결과이니 마땅히 벌을 받아야 할 것이다.

야마왕은 늙은 사람을 가리키며 두 번째로 묻는다. 병자를 가리키며 세 번째로 묻는다. 죽은 이를 가리키며 네 번째로 묻는다. 쇠사슬에 묶여 있는 이를 가리켜 보이면서 다섯 번째 다시 묻는다. 이렇게 다섯 번 묻는 동안 죄인이 자신의 선업을 기억해내지 못한다면 야마왕이 자문한다. '이 사람이 선업을 지을 때 내게 그 공덕을 나누어 준적이 있던가?' 라고, [이것을 알아 선업을 지을 때는 야마왕에게도 그 공덕을 회향해야 할 것이다.] 만약 기억해내면 그 사람이 지은 선업을 보인다. 야마왕이 기억했건 죄인 스스로 기억했건 죄인의 선업을 기억함과 동시에 지옥에서 벗어나 천상에 이르는 사람도 많다. 야마왕이 생각해내지 못할 때엔 그저 가만히 있어야한다. 지옥에 떨어질 사람은 지옥의 사자가 끌고 가서 갖가지 형벌을 가한다.

등활等活지옥

이 지옥에선 불타오르는 형벌을 가하려고 무기를 손에 거머쥔 저승사자들이 형벌을 받을 사람들을 토막쳐 잘라 불태운다. 죄인들은 토막이 난 뒤에도 거듭 살아나 고통을 되풀이한다. 이 지옥을 등활지옥라고 한다.

흑승黑繩지옥

이 지옥에선 잔혹한 야수에게 쫓기는 가련한 짐승들처럼 쫓겨 자빠지고 나뒹구는 죄인들을 지옥사자들이 조각조각 난도질하고 줄자로 재단하듯 자른다. 이를 흑승지옥이라 한다.

중합衆合지옥

이 지옥에선 쇠로 만들어진 땅 속으로 허리까지 파묻힌 지옥인들이 쇠 바위로 달구어져 불태워진다. 이 지옥을 중합지옥이라 한다.

규환叫喚지옥

이 지옥에선 맹렬히 타오르는 검붉은 불길에 태워지는 가련한 죄인들이 연민을 일으킬 만큼의 큰 비명으로 울부짖기에 규환지옥라고 한다.

대규환大叫喚지옥

이 지옥에선 화염의 연기에 휩싸여 쪄짐과 익혀짐을 당하는 지옥의 죄인들이 크나큰 연민을 일으킬 만큼의 가슴을 찢는 비명으로 울부짖기에 대규환지옥이라 한다.

초열蕉熱지옥

이 지옥은 붉게 타오르는 쇠로 만든 상자위에 죄인들을 옴짝달싹 못하게 앉혀 두고 뜨거운 불로 태우므로 이 지옥을 초열지옥이라 한다.

대초열大焦熱지옥

이 지옥은 죄인들을 붉게 타오르는 산 정상에 오르게 한 뒤 산 밑의 날카로운 작살 위로 거꾸로 떨어지게 하여 불태운다. 이 지옥을 대초열지옥이라 한다.

무간無間지옥

이 지옥에선 죄인들이 시뻘건 불길에 의해 형벌을 당하는데, 그 극심한 고통이 단 한순간도 끊이지 않고 끝없이 계속된다. 지극히 어리석은 지옥인들이 머무는 이 지옥을 무간지옥이라 한다.

무간지옥에서 7가지 모든 불선 과보가 일어난다. 고통을 수반하는 몸의식을 제외한 6가지 눈의식 등은 중립적 느낌을 수반하여 일어난다. 이에 눈의 의식 등이 일어날 때는 한순간이라도 고통에서 벗어나 중립적 느낌으로 지낸다고 생각할 수 있겠지만, 실재로는 너무 극심한 고통 때문에 중립적 느낌을 수반한다는 언급조차 하기 힘들다. 즉, 압도적인 '괴로운 느낌 하나가 6가지 중립적 느낌으로 일어난 의식들을 뒤덮어버린다' 비유하면, 혀끝에 꿀 6방울을 올려놓은 뒤, 그 위에 한 방울의 뜨거운 쇳물을 떨어뜨리면 6방울의 꿀맛을 압도함과 같다. 무간지옥에서의 고통은 한 치의 틈조차 없다. 타오르는 불길에 시달리는 가련한 지옥인의 극심한 고통에는 조금의 빈틈조차 없다. 그러므로 무간지옥이라 부른다.

소小지옥

'웃사다ussada' 란 '많다' 는 뜻이다. 대지옥인 팔열八熱지옥 바깥을 웃사다라고 불리는 소지옥들이 사방을 둘러싸고 있다. 웃사다란 작은 지옥들을 경전에서 다양하게 나타나 있다. 『데와두따』를 보면, '빅쿠들이여! 저 큰 지옥의 바로 곁에 거대한 배설물 지옥이 있다' 하여 무간지옥의 근처임을 나타낸다. 나머지 일곱 곳의 대지옥 바깥에도 무수한 소지옥들이 있다.

배설물 지옥; 무간지옥에서 벗어났어도 불선업이 남아있는 죄인들은 지옥에서 아직 나오지 못한다. 무간지옥의 바로 곁에 연결된 지독한 냄새의 똥 무더기 속에서 구더기에 뒤덮여 가열되어야 한다.

뜨거운 잿더미 지옥; 배설물 지옥에서 벗어났더라도, 불선업이 남은 자들은 아직 완전히 벗어나지 못한다. 배설물 지옥 바로 옆의 뜨겁게 이글거리는 잿더미에서 익혀져야 한다.

가시나무 지옥; 뜨거운 잿더미 지옥에서 벗어나더라도 불선업이 남아있는 자들은 아직 완전히 벗어나지 못한다. 뜨거운 잿더미 지옥의 바로 옆의 거대한 가시덤불 지옥에서 찔리고 찢기며 지내야 한다. [이 거대한 가시나무는 지옥 중생이 기어오르면 나무의 가지 끝이 땅으로 내려가고, 다른 가지로 기어올라도 가지의 끝이 다시 땅으로 향한다는 절망의 나무이다.]

쇠 칼날 잎사귀 숲 지옥; 가시나무 지옥에서 벗어났어도 아직 불선업이 남아 있는 죄인들은 가시나무 지옥 옆의 타오르는 날카로운 쇠 칼날 잎사귀 숲인 작은 지옥에서 불태워진다.

덩굴 강 지옥; 쇠 칼날 잎사귀 숲의 지옥에서 벗어났더라도 불선업이 아직 남아있는 자들은 완전히 벗어날 수 없다. 타오르는 칼날보다 더 뜨겁게 불타는 가시 덩굴로 뒤얽힌 작은 강에서 떠다니며 익혀져야한다. [이 덩굴 강 지옥에서 벗어나도 불선업이 소진되지 못한 사람들은, 또 한번 저승사자에 잡혀 무간지옥에 다시 떨어진다고 한다.]

이외에도 웃사다란 소지옥들은 수없이 많다. 라자가하 주변에도 여러 종류의 지옥이 있다고 한다. 철물이 끓는 커다란 항아리에서 잠시 머리를 밖으로 내놓는 순간 "두 — 사 — 나 — 소!" 라고 경구의 첫마디를, 통한의 소리로 울부짖고 다시 가라앉는다는, 거부의 아들 네 명이 익혀지는 로하꿈비라 불리는 철물그릇 지옥이 라자가하 땅 밑에 있다고 한다. 라자가하를 흐르는 따빠다란 강은 로하꿈비 두 지옥을 흐르는 강이다. 그 밖의 작은 지옥들이 인간계에 많이 있다.

지옥의 고통에 대해 부처님께서 이렇게 말씀하셨다. '빅쿠들이여! 지옥의 괴로움과 고통을 완전히 설하기란 결코 쉽지 않다' 두 달 동안 끊임없이 설하실지라도 지옥의 고통을 완전히 말씀할 수는 없다고 한다.

지옥의 고통을 곰곰이 생각해 본 사람이라면, 이미 행한 불선업을 후회하며 시간을 낭비하지 말고 새로운 불선업이 일어나지 않도록 조심할 뿐 아니라, 선업이 증진하도록 노력 분투해야 할 것이다. 예전에 『데와두따』를 배우던 젊은 빅쿠는 덩굴 강 지옥에서 무간지옥으로 되돌아가는 대목에 이르자, 간절히 스승께 요청했다고 한다. "스님! 제게 경전을 가르치시기보다 먼저 수행법을 가르쳐 주십시오" 과거의 수행자들은 이렇게 법을 얻고자 노력 분투하였다. 얼마 지나지 않아 그 수행자는 수다원을 성취하였고, 그때에야 다시 경전을 배웠다고 한다. 『데와두따』경을 배우다, 법을 얻고자 분투하여 아라한에 이른 고귀한 사람들이 헤아릴 수 없을 만큼 많았다. 과거의 부처님들 역시 『데와두따』경을 항상 설하셨다.

축생계

tiro añcaṇtīti tiracchānā, tiracchānānaṁ yoni tiracchānāyoni - 옆

으로 걸어간다. 그러므로 짐승이라 부른다. 축생의 혈통을 축생계라 부른다.

사람, 천인들처럼 곧게 서서 걷지 못하고 옆으로 엎드려 가는 중생들을 tiracchāna(짐승)라 부른다. 'yoni' 란 뜻에는 태생이란 의미도 있다. 태생이란 짐승의 혈통이다. 그러므로 tiracchānāyoni는 짐승의 혈통 혹은 짐승의 영역이란 뜻이 된다. 축생이란 육지에 사는 다양한 짐승, 새, 뱀 등의 생명체와 물에 사는 물고기, 거북이 등의 생명체를 가리킨다.

아귀계

petā(뻬따)란 접두사인 pa와 √i(도착함)에서 파생된 명사이다. pa란 '멀리' 라는 뜻이다. sukhasamussayato pakaṭṭhaṁ entīti petā - 행복과 멀리 떨어졌다. 그러므로 아귀라 부른다. [뻬따란 다음 생으로 가는 모든 죽은 이를 뜻하지만, 여기서는 행복에서 먼 뻬따(아귀)를 뜻한다.] petānaṁ samuho petti. pettiyā visayo petti visayo - 아귀의 무리를 아귀계라 하고, 아귀 무리가 사는 영역을 아귀계라 부른다.

영역이 따로 존재하는 것이 아니다. 아귀들이 머무는 곳인 숲, 산, 강, 계곡 무덤 등의 장소를 '아귀계' 라 부른다. 아귀들은 다양한 모습으로 존재한다. 오랜 세월 먹지 못하고 마실 것도 얻지 못한다. 일부는 사람들의 밥찌꺼기, 음식, 가래, 땀, 침, 똥 등을 먹고 마시기도 한다. 『락카나상윳따』 경에서 보여주는 깃자꾸띠 산에 사는 아귀들은 먹고 마실 것을 얻지 못하는 정도가 아니라 지옥의 존재들처럼 극심한 고통을 받는다.

아수라계

na suranti na dibbantīti asurā, asurānaṁ kāyo asurakāyo - 통솔하고 즐기는 천인들처럼 광채를 발하지 못한다. 그러므로 '아수라'라 부른다. 아수라의 무리를 아수라계라 부른다.

아수라 영역이 따로 있는 것은 아니다. 아수라 무리가 머무는 장소를 아수라계라 부른다. 아수라는 아귀의 한 종류이다. 일부 경에서는 사악처라 하지 않고 삼악처라 하기도 한다. 이 아귀 아수라들을 깔라깐찌까[불길한 검은] 아수라라고 『칸다위방가』 주석서에서 언급하고 있다. 아수라들은 바다 속, 강변 등에 머문다. 매우 굶주리고 목말라 한다. 일부 아수라들은 두, 세 분의 부처님이 세상에 출현하시도록, 단 한 차례도 먹고 마시지 못한다.

경에서 한 깔라깐찌까아수라에 대해 묘사하고 있다. 이 아수라가 극심하게 목말라 강가에 내려서면 가는 곳마다 물이 말라붙어 연기만 피어오른다. 하루는 날이 밝아올 때쯤 탁발을 나선 삼십 명의 빅쿠가 강변에서 물을 찾아 돌아다니던 아수라와 마주치게 되었다. 아수라가 물을 얻지 못한 사정을 알게 된 빅쿠들은 모래 위에 아수라를 바로 눕힌 뒤 30명이 각자의 발우에 물을 담아 계속 부었지만, 단 한 방울의 물도 아수라의 목에 넘어가지 못하였다고 한다.

아수라의 구분

이 아귀아수라 외에 다른 종류의 아수라가 있다.

1. 시네루산 아래에 사는 천신들을 'asurā(아수라)'라고 부른다. 여기에서 a란 부정접두사다. '삼십삼천 천인들의 적으로서

의 천인들' 과 같은 뜻이다. 이 아수라들도 원래 삼십삼천에 살았었다. 그러므로 『나마루빠빠릿체다』에서는 tāvatiṁsesu devesu, vepacittāsurāgatā - 웨바찟따 아수라들은 삼십삼천 천인에 포함된다고 해설하고 있다.

2. 'vinipātikāsurānaṁ - 위니빠띠까 아수라들' 이라 이름하는 것처럼 땅의 큰 지신地神들을 의지하여 사는, 약한 신통의 힘을 지닌 작은 천신들도 '아수라' 라 부른다. 여기에서 a란 접두사는 '작은' 을 뜻한다. 'surā' 란 천인을 뜻한다. '작은 천인들' 이란 뜻이다.

3. 간혹 천인처럼 부귀영화를 누리기도 하고, 아귀들처럼 고통을 당하는 궁전이 있는 아귀(vemānikapisāca) 또한 아수라라 부른다. 여기서 a는 '같다' 는 뜻이다. 부귀영화를 누릴 때에 천인과 같다는 의미이다. vi(특별하게) + māna(좋은 영역)를 vimāna(궁전)라 부른다. 궁전에서 탄생하기 때문에 vemānika(훌륭한 궁전을 가진 천인)라 부른다.

4. 세 곳의 철위산을 연결하면 세 개의 쟁반을 연결시켜 공간이 나오는 정도의 빈틈이 생긴다. 이 틈을 '로깐따리까 지옥' 이라고 부른다. 태양빛이나 달빛 등의 빛이란 전혀 없이 항상 짙은 어둠 속에 있다. 이 곳에 사는 중생들은 철위산의 절벽에 박쥐처럼 매달려 지낸다. 먹고 마실 음식은 전혀 얻지 못한다. 극심한 굶주림으로 서로 마주치면 팔을 뻗어 서로 할퀴고 물어뜯다가 차가운 물 속에 떨어져, 그 차가움 때문에 몸이 바스러져 버린다. 『붓다왐사』 주석서에서 로깐따리까 지옥의 중생들도 '아수라' 라 부른다. 그러나 여기서 언급한 네 종류의 '아수라계' 와는 연관이 없다. 깔라깐찌까[불길한 검은] 아수라의 한 종류로 보아야 할 것이다.

욕계선처

gantabbāti gati - 도착하기 적당하다. 그러므로 존재계라 한다. sundarā(좋은) + gati(존재계다) = sugati(선처)이다.

적당히 풍요로움을 누리는 영역을 '선처'라 부른다. 또한 색계, 무색계 영역도 선처에 해당하기에 여기서는 오욕의 갈애를 대상으로 삼는 영역만을 취하고자, 욕계란 말로 수식하여 '욕계선처'라고 언급한다. kāmasahacaritā - 오욕의 갈애와 함께하는 sugati - 선처이다. 이에 kāmasugati - 오옥의 갈애와 함께하는 선처라 부른다. 이 욕계 선처는 인간계, 사천왕천 등의 7종류가 있다.

인간계

mano ussannaṁ yesaṁti manussā - 이 존재들에게 강력한 마음이 있다. 그러므로 마눗사(인간)라 부른다.[원래 manussanna이지만 nna를 제거하여 manussa가 되었다] 악행이라면 오역죄[모친 살해, 부친살해 등]까지도 저지를 수 있고, 선행으로는 부처가 될 바라밀까지도 닦을 수 있는 그만큼 강력한 마음을 가졌기에 이들을 '마눗사(인간)'라 부른다.

또는 세상이 생긴 후 바로 출현했던 고귀한 자로 지정된 왕(mahā sammata)이 출현했고 그를 manu(마누)라 불렀다. 이 마누왕의 후손이라는 뜻으로 'manuno apaccaṁ - 마누 왕의 후손'에 따라 manussa(마눗사)라는 이름을 얻는다. 여기서 인간계란 뜻을 가지려면 'manussānaṁ nivāsā manussā - 사람들의 영역을 manussā(인간계)라 한다'로 여성 단수가 되어야한다.

사천왕천四天王天

cattāro mahārājāno catumahārājaṁ - 네 명의 천왕이 있다. 그러므로 사천왕이라 부른다. catumahārāje bhatti etesaṁti cātumahārājikā - 이 네 명의 천왕을 시중드는 천인들을 짜뚜마하라지까(사천왕에 봉사하는 천인)라 부른다. '다따랏타[dhataraṭṭha], 위루라까[virūḷaka], 위루빡카[virūpakkha], 꾸웨라[kuvera]' 이 네 천왕을 사천왕[짜뚜마하라자]이라 부른다. 그리고 가까이서 시중드는 천인들을 사천왕천 천인들(짜뚜마하라지까)라 부른다. 이 천인들이 사는 영역 또한 'cātumahārājikānaṁ nivāsā - 사천왕천 천인들이 사는 영역'에 따라 사천왕천(cātumahārājikā)이라 부른다.

사천왕천은 시네루산 중턱에서 아래로 관통해있다. 사천왕천에 속한 천인들은 매우 다양하다. [시네루산 바다 속에 사는 용과 봉황은 천인과 동등한 힘과 능력이 있지만 축생계에 속하는 존재일 뿐이다]

지신地神 등

인간계에서 땅을 의지하여 사는 지신地神 등 [땅과 연관되어 숲, 산, 나무에 사는] 모든 천인을 '지신(bhummadeva)'이라 부른다. 숲을 지키는 정령, 산을 지키는 정령, 나무에 사는 나무의 정령이라 불리는 천인들도 모두 지신(bhummadeva)이다. 인간을 수호하는 수호신도 있다. 그 외에 '천인 식인거인, 옹형나찰, 나찰, 건달바'라 불리는 천인도 있다. 나무속에 사는 천인은 건달바 천인의 일종이다. 일반적으로 여자 몸에 붙어[접신] 여자들이 시키는 일을 해주는 건달바 천녀들도 있다. 저 건달바 천녀들을 『데와』경에서 '요기니(yoginī, 달라붙는 존재)'라고도 부른다.

나찰

땅속에 묻힌 보물, 호수 등을 지키며 오가는 사람들을 잡아먹는 천인의 종류를 락카사(나찰)라 부른다. 뜻을 풀면 'rakkhitvā asati bhakkhatīti rakkhaso - 지키면서 잡아먹는다. 그러므로 나찰이라 부른다. 이 나찰은 옹형나찰에 해당된다. 옹형나찰, 나찰, 식인 거인 등은 단지 즐기고, 괴롭히고 또는 먹기 위하여 지옥사자 혹은 사나운 큰 개의 모습으로 변신하여 지옥에 머물기도 한다. 재물을 지키는 정령들 또한 이 나찰종류에 속한다. 땅속에 살면서 땅을 지키는 정령도 있다. 간혹 그들이 환락에 젖거나 혹은 선행을 기뻐하여 환호함으로 인해 땅이 진동하기도 한다. [땅이 진동하는 다른 원인도 물론 있으리라] 땅을 지키는 정령은 용의 종류에 포함된다. 파멸된 아수라, 궁전이 있는 아귀 등 위에서 언급한 천인들은 모두 사천왕천에 포함되는 천인들이며 사천왕에게 종속된다.

삼십삼천계三十三天界

tettiṁsa + etthāti tettiṁsā

ettha(이 천상에) tettiṁsa(삼십 삼 명의) janā(사람들이) nibbattā(탄생했다.) iti(그러므로) tettiṁsā(삼십삼천계라 부른다)

마가 젊은이와 함께 선행을 한 삼십삼 명의 동료남자들이 탄생한 곳이기에 'tettiṁsā - 삼십삼천' 이라 하고, 이 말이 변화하여 tāvatiṁsā가 되었다. 마가 일행들이 도착하기 전에도 이미 삼십삼천 천상은 존재했었고, 다른 우주계에 사천왕천 삼십삼천계 등의 이름이 존재하기에 삼십삼천계란 이름을 두 번째 명칭으로 유추해 볼 수도 있다. 이 삼십삼천 천상은 시네루산 정상에 있기에 사천왕천과 사만팔천 유순정도 떨어져 있다고 한다. 사천왕천과 삼십삼천은 시네루산과 연결되어 땅위에 세워진 궁전들이다. 그 궁전은 우주에 이르기까지 퍼져 있기에 허공에 떠있는 궁전도 있다. 야마천 등 상위천상에는 땅 위에 세워진 궁전은 없고 허공에만 존재한다. 사천왕천과 삼십삼천계의 거리를 비교하면 한 천天에서 다른 한 천天의 거리는 사만이천 유순 정도 떨어져 있다고 추측한다.

야마천夜摩天

dukkhato yātā apayātāti yāmā - 고통에서 벗어난 천인들이다. 그러므로 야마라 부른다. 혹은 dibbasukhaṁ yātā payātā sampattāti yāmā - 천상의 행복에 잘 도달한 천인들이다. 그러므로 야마라 부른다' 야마 천인들이 머무는 영역도 'yāmānaṁ nivāsā - 야마천인들이 머무는 영역이다' 에 따라 yāmā로 여성형 'ā' 어미로써 이름을 얻는다. 삼십삼천에 제석천왕이 있고, 야마천에는 수야마 천왕이 있으며 도솔천에 산뜻시따 천왕이 있다.

도솔천兜率天

tusaṁ itāti tusitā - 만족에 도달한 천인들이다. 그러므로 도솔천 천인이라 한다. 이 천인들이 머무는 영역 또한 'tusitānaṁ nivāsā - 도솔천 천인들이 머무는 영역' 에 따라 도솔천이라는 이름을 얻는다.

화락천化樂天

nimmāne rati yesaṁti nimmānaratino - 어떤 천인들은 자신이 창조한 부

귀영화에서 즐긴다. 그러므로 화락천인이라 부른다. 본래 있던 부귀영화보다 더욱 큰 영화를 즐기려 마음먹으면, 원함대로 창조하여 즐길 수 있는 천인들이다. pakatipati yatthāramaṇato atirekena ramitukāmakāle yathārucite bhoge nimminitvā ramantīti nimmānaratī - 근본 오욕락을 넘어 즐기고자 할 때, 원하는 대로 향락을 창조하여 즐긴다. - 『담마하다야위방가앗타까타』

아누룻다 존자의 과거 생의 부인이었던 마나빠까이까라 불리는 천녀는 아누룻다 존자께 와서 갖가지 부귀영화를 창조하여 보였는데, 그 천녀는 삼십삼천 천인이었다. 이 화락천 천인이 머무는 영역을 화락천化樂天이라 부른다.

타화자재천他化自在天

paranimmitesu vasaṁ vattentīti paranimmitavasavattino - 다른 이에 의해 창조된 대상에게서 자신의 원함을 이룬다.

화락천 천인들처럼 자신이 직접 창조하지 않아도, 시중드는 천인들이 원함대로 창조해준 오욕의 대상을 통해 자신의 원함을 이루는 천인들이다.

천상의 부귀

풀잎의 이슬방울과 바다 물이 확연히 다르듯, 인간계의 부귀영화와 천상의 그것은 크게 차별된다. 삼십삼천 천인들이 사는 수닷사나라 불리는 나라는 시네루산 정상의 1만 유순의 넓디넓은 장소에 있다. 이 나라의 동쪽에 난다나歡喜園라 불리는 정원이 있다. 죽음이 다가와 매우 근심하고 슬퍼하는 천인들조차, 잠시 죽어야 할 자신의 처지를 망각할 만큼 난다나정원의 아름다움은 비길 데가 없을 만큼이라 한다. 마르지 않고 시들지 않아 항상 싱그럽고 푸르른 자연적 아름다움으로, 에메랄드16빛으로 치장된 갓 피어난 싱싱한 꽃들 사이로 천인들이 돌아다니기에 그 정원의 화려함이 더해진다고 한다. 이 정원과 도시의 중앙에 마하난다, 쫄라난다라 불리는 크고 아름다운 호수가 있다. 그 호수의 맑은 물에 비친 경이로운 보석으로 치장한 호숫가에 놓인 의자들의 그림자는 가히 남다른 아름다움이 어린다고 한다. 그밖에 도시의 서쪽, 남쪽 및 북쪽에도 그같이 아름다운 호수와 정원들이 있다고 한다.

천인과 천녀는 과거의 선업으로 생겨난 자신의 궁전에서 사는데, 그들의 아름다움은 경이롭기만 하다. 천상의 모든 남자들은 20세쯤으로, 천상의 여인들은 16세 가량의 아리따운 모습이라 한다. 치아손상, 흰머리, 병듦, 늙음, 눈멂, 주름 따위는 그들에게서 발견할 수 없다. 젊음의 아름다움이 마멸되지 않은 채 한평생 그대로 머문다. 천상의 자양분인 정수만 먹고 마시기에 체내에는 대소변 같은 오물이 전혀 없다. 천녀들에게는 월경이라는 불순물이 없다. 오욕을 즐김에 있어 육천상 천인과 인간에게 특별한 구별은 없을지라도, 천인, 천녀들에게는 불순물이 없이 피의 움직임만 있을 뿐이며 천녀들은 임신하지 않는다. 자식이 생길만한 인연이면 천인이나 천녀들의 가슴 혹은 침대 위에 그들의 아들딸들이 나타난다고 한다. 가끔 시중드는 이들과 천인 천녀들 사이에 가고 오는 연분도 한번쯤 생각해 볼만하다.

천상의 배우인 빤짜시카라 불리는 천인은 띰빠루 천왕의 딸인 수리야왓차사 천녀를 사모했지만, 수리야왓차사 천녀는 마따리 천인의 아들인 시칸띠 천인을 흠모하고 있었다. 그러나 제석천왕

---

16. 녹주석(綠柱石) 중 특히 짙은 녹색을 띤 것

은 빤짜시카 천인에게 많은 은혜를 입었으므로, 수리야왓차사 천녀를 빤짜시카천인과 결혼하게 하였다는 이야기도 있다.

각자의 선업의 차이만큼 궁전이나 모습의 아름다움 역시 차이가 있다고 한다. 어떤 천녀들은 완벽한 궁전을 갖고 있어도 함께 할 천인이 없어, 지겨워하며 우울하게 지내기도 한다. 그러나 어떤 천녀는 난다나정원이나 호숫가에 나타나기도 해도 보는 이의 마음을 사로잡는다고 한다.

아나함, 아라한

천상에서의 오욕의 향락이 대단하므로, 그같은 오욕을 벗어난 아나함과 아라한들은 천상에서 오래 머물지 않고 스스로 삶을 마쳐 색계로 옮겨가거나 대열반에 든다고 한다. 천상에서는 향락의 위험과 오욕이란 적에게서 벗어나 수행을 분투하는 수행자가 되겠다는 희망을 갖지 않는 것이 낫다. 인간계에서 확고한 결의가 있던 사람이었거나, 혹은 직접 부처님의 법을 들은 드문 존재만이 천상에서도 법을 계속 증진시킬 수 있다. 법에의 열망이 약한 사람은 난다나 정원 입구에 서는 순간, 법이라는 단어조차 아예 망각해 버릴 것이다.

천상에서 바라밀이 증진되지 못한다.

때문에 천상에서 계속 수행을 한다는 것은 아주 드문 일이다. 계를 파하지 않고 지키는 것조차 대단히 어렵다. 천녀들이 부드럽게 스치고 사랑스럽게 밀착하기 때문에 파계하는 일이 숱하다. '숨어있을 장소가 없기 때문에 동일한 혈족의 천녀들에 둘러싸여 오욕으로 뒤얽힌 천인에게는 그 같은 오욕에서 벗어날 적당한 장소가 없다' 라고 『담마하다야위방가』의 물라띠까에서 언급하고 있다. 짬빼야 용왕들이 용의 나라에서 자주 파계하는 모습과 위두라 전생담에 나오는 제석천왕들이 인간계에 내려와서 포살날 계를 지키는 모습을 생각해보라. 그러므로 부처님의 전생인 보리살타는 바라밀을 완전히 성취하기 어려운 용의 나라에서 자연적 수명이 채워지기를 기다리지 않았다. 그는 죽음으로 마음을 기울여 스스로 목숨을 끊은 다음 인간계에 다시 태어나 자신의 바라밀을 성취하였다.

기대할 점

천상에도 견실한 마음을 가진 선남자 선여인을 위한 신성한 장소가 없는 것은 아니다. 쭈라마니쩨띠라 불리는 천상의 탑과 수담마라 불리는 법당이 바로 그곳이다. 쭈라마니쩨띠는 1유순 높이의 미랴사 탑이 있는데, 탑 안에 부처님의 출가전의 머리카락 사리와 오른쪽 어금니 사리들이 안치되어 있다. 견실하고 지극한 신심이 있는 천녀와 천인들은 수명도 길고 마음이 맑기 때문에 [정원에서 즐기고 환락하는 것 대신] 탑에 꽃과 촛불 등을 공양 올리고 예배드린 후, 서원을 세우고 바라밀을 증진시키기 위하여 노력한다.

수담마 법당

수담마라 불리는 법당의 숭고한 아름다움은 이루 다 암시할 수조차 없다. 법당과 건물 모두 각양각색의 보물들로 경이롭게 치장되어 있다. 법당 주변의 빈례까 나무의 꽃들이 법당을 살며시

스치면, 그 오묘한 아름다움이 퍼져 나간다. 중앙의 법좌에는 크고 흰 일산이 세워져있다. 법상에는 제석천왕, 빠자빠띠 천왕, 와주나 천왕, 이사나 천왕 등의 마가 젊은이 시절 선업에 동참했던 33천왕들의 자리가 마련되어 있다. 그 뒤로 힘있는 천왕들과 보통의 천인들을 위한 일반 자리들이 준비되어 있다. [이 수담마 법당은 상위 4천 천상에도 있다.]

집회 시간이 되면 제석천왕이 직접 시간을 알린다. 위자윳따라는 승리의 징표인 큰 고동 소리가 1만 유순에 이르는 수닷사나에 울려 퍼진다. 천인들의 수에 따라 느리고 길게 울려 퍼지면 천인들이 법당 안에 들어오는데 천인들의 몸에서 발광하는 빛은 보석과 꽃의 아름다움을 압도하며 법당 전체를 눈부시게 밝힌다. 색계에서 내려온 사난꾸마라 색계천왕이 법을 설한다. 간혹 제석천왕도 법을 설한다. 혹은 법을 출중하게 설하는 천인 한 사람이 설하기도 한다. 이와같이 천상에서도 쭐라마니 탑을 예배하고 수담마 법당에서 법을 들을 수 있다. 그러나 기대할만 하다해도 도道, 과果를 얻기를 기대할 수 있는 것은 아니다. 그저 훌륭한 선남자와 선여인의 마음가짐이 소멸되지 않고 오욕의 굴레에서 어느 정도 벗어날 수 있다는 의미이다

마찬가지로 인간계가 쇠퇴할 때도(인간의 수명이 줄어들어서 10살 이하까지 됨) 인간의 근기가 줄어들기에 출가자와 재가자의 법이 충만하기를 기대할 수 없다. 물론 지금도 그다지 훌륭한 것은 아니다. 윤회의 고통을 정말로 두려워한다면 바로 지금 생에서 모든 것을 버리고 도와 과를 성취하도록 노력함이 마땅하다. 천상에서도 미륵불을 경배하며 법을 듣고 도와 과를 얻고자 한다면 난다나 정원에서 자신의 신심어린 본성이 사라지지 않도록 굳건한 서원을 세워야만 할 것이다. '경솔하게 천상에서 오욕락을 마음껏 누리

고 즐기기를 갈망하는 사람들은 미륵불께서 오실지라도 오욕의 접촉이 극심하므로 그 성품을 곧 잃게 될 것이다. 그러므로 자신의 능력과 법으로 많은 중생을 구제하려거나 혹은 쌍수제자나 대성문을 서원한 사람은 바라밀이 완성되어야만 인간계에서 부지런히 바리밀을 닦을 일이다. 만약 아라한이 되고자 한다면, 지금 부처님의 교단이 사라지기 전이 최상의 시간이다. 미륵불을 마지막 부처님으로 섬기려 한다면, 이생에서 얻게 되는 보시물과 천상의 부귀마저 쓰레기와 잡동사니처럼 여기고 깨끗한 마음으로 빛나는 법의 무기만을 발원함이 마땅하다.

색계, 무색계

범중천梵衆天

parisati bhavā pārisajjā - 범천의 무리에서 생겨난 색계인들을 범중천천인이라 부른다. brahmānaṁ pārisajjā brahma pārisajjā - 대범천大梵天에 종속되는 색계범천들을 범중천인이라 부른다.

대범천왕들을 추종하는 무리인 작은 색계범천들을 범중梵衆이라 부른다. 이 자리는 영역을 보이는 자리이기에 범중천인들이 사는 영역 또한 'brahmapārisajjānaṁ(범중들이) + nivāsā(사는 영역이다)' 그러므로 범중천梵衆天이라 부른다.

범보천梵輔天

pura + ava +√dhā +ta에서 파생된 여성명사로 pure dīyateti purohito - 앞에서 보좌한다. 그러므로 범보 천인이라 한다. 왕의 일을 앞장서 행하는 행정관과 같은 천인을 범보梵輔천인이라 한다. 색계천왕들의 행정관의 위치인 범천들도 'brahmānaṁ(대범천들의) purohitā(행정관)' 라는 뜻풀이에 따라 brahmapurohitā(범보천梵輔天)이라 부른다. 범보 천인들을 『브라흐마상윳따』 제2장 네 번째 경에서 '범중梵衆' 이라 언급하며 추종하는 범천들을 'brahmapārisajjā - 범중梵衆천인' 이라 부른다.

대범천大梵天

brūhatīti brahmā - 높다. 그러므로 범천이라 한다. mahato brahmā mahābrahmā - 큰 범천이다. 그러므로 대범천大梵天이라 한다.

선정과 신통을 성취하여 상위의 색계천에서 긴 수명을 누리며 행복하고 안락하게 머문다. 이런 공적으로 사람이나 천인들보다 높고 월등한 이들을 범천이라 부른다. 범중천인이나 범보천인보다 높고 고귀한 범천왕을 대범천大梵天이라 부른다.

초선 색계

위의 세 영역은 초선을 성취한 범천들이 사는 영역이기에 초선천初禪天이라 불린다. 수명이나 크고 장엄한 궁전의 모습 등에서 범중천보다 범보천이 월등하며, 또한 범보천보다는 대범천이 더욱 월등하다. 이 영역은 하나의 평면적 하늘에[아래위의 구분 없이] 존재한다. 대범천왕이라 불리는 범천왕은 오직 한 명이다.『브라흐마잘라』경에 처음 세상이 만들어질 때 한명의 대범천왕이 가장 먼저 출현한 다음 대범천왕의 희망에 따라 다른 하위 범천들이 도착하게 되었다고 언급되어 있다. 『브라흐마상윳따』경에서도 '빅쿠들이여! 색계에서 대범천왕과 색계 무리들과 범중천인들은 비난하였다. 꾸짖었다' 라고 하여 대범천왕을 단수로 암시하고 있다. 그러므로 초선천에서는 범천왕이 한명이라고 추정할 수 있다.

하위 계층이 상위 계층을 볼 수 없다.

이 중에서 사람, 가택신家宅神, 지신地神의 세 부류는 같은 평면에 존재한다. 그러나 인간은 천인을 볼 수 없다. 집을 지키는 가신도 지신들을 볼 수 없으며, 지신만이 인간과 가택신들을 볼 수 있다. 가신들은 사람을 볼 수 있지만 사람은 가신들을 볼 수없는 것처럼 하위 범천들은 상위 범천들을 볼 수 없다. 범중천인은 상위의 범천들을, 범보천인은 대범천왕을 볼 수 없다. 볼 수 있게끔 몸을 창조해 보여 주어야만 볼 수 있다고 『빠라맛타디빠니』에 언급되어 있다. 『실라칸다께왓따』경에서는 '어떤 곳에 대범천이 있다. 그렇지만 작은 범천들은 대범천을 보지 못한다' 고 하위의 범천들이 대범천을 알지 못한다고 언급하고 있다.

『브라흐마상윳따』 1장 다섯 번째 경에서 '그 때 대범천이 한 범중천인을 부른다' 라고 하여 대범천이 범중천인을 인간계에의 목갈라나 존자께로 심부름 보내는 모습이 마치 큰스님이 작은 스님을 심부름을 보내는 모습과 같다. 때문에 대범천과 하위 범천들은 맡은 일에 따라 서열이 있음을 알 수 있다. 이처럼 필요할 경우 대범천은 신통으로 몸을 만들어 드러낸다고 추정할 수 있다.

소광천小光天

parittā ābhā etesaṁti parittābhā - 이 범천들에게 약한 광채가 있다. 그러므로 소광천인이라 한다.

무량광천과 광음천의 범천만큼 광채를 발휘하진 못하나 약한 광채를 가진 범천을 소광천小光天 천인이라 부른다.

무량광천無量光天

appamāṇā ābhā etesaṁti appamāṇābhā - 이들에게 한계가 없는 광채가 있다. 그러므로 무량광천이라 부른다.

한계가 없을 만큼 무한한 빛을 내는 범천을 무량광천 천인이라 부른다.

광음천光音天

sarati nissaratīti sarā, ābhā sarā etesaṁti ābhassarā - 번쩍이는 광채를 발한다. 그러므로 sarā(사라)라고 부른다. 이 범천들에게 번쩍이는 광휘의 빛이 있다. 그러므로 광음천 범천이라 부른다.

구름 속에서 번개가 번쩍이듯, 이 범천들은 몸에서 광채를 번쩍이며 발한다. 범천들은 초선의 희열도 한껏 즐긴다. 희열에 충만한 선정의 힘은 마음으로 생긴 물질(찟따자루빠)의 깔라빠들을 온몸에 젖어들게 한다. 그러므로 마음이 맑은 만큼 몸에서도 빛을 번쩍번쩍 발하게 된다.

제2선의 세 천상도 동일한 하늘이다. 이 범천들 중 광음천光音天 범천은 제2선 영역에서의 범천왕이다. 무량광천無量光天천인들은 범보천梵輔天천인들이다. 소광천小光天 천인들은 범중천梵衆天천인들이다. 상위 천에도 범중천梵衆天 등의 범천들이 있다. 그렇지만 초선 범천들과 이름이 섞이지 않게 공덕의 차이에 따라 소광천小光天이라하여 구별하고 있다.

소정천少淨天

su(아름다운) + bhā(몸의 빛)

더미처럼 덩어리져 발하는 광휘를 subhā(아름다운 광휘)라 한다. parittā subhā etesaṁti parittasubhā - 이 범천들에게는 약하고 아름다운 몸의 광휘가 있다. 그러므로 소정천少淨天 천인이라 부른다. 상위 범천들의 광채만큼 빛을 발하진 못하기 때문에 소정천 천인이라 부른다. 하위의 범천들보다는 월등하다.

무량정천無量淨天

appamāṇā subhā etesaṁti appamāṇasubhā - 이 범천들에게는 한계를 측량할 수 없는 아름다운 광휘가 있다. 그러므로 무량정천無量淨天 천인이라 부른다.

변정천變淨天

subhāya kiṇṇāti subhakiṇṇā - 아름다운 광휘로 뒤섞인 범천들이다. 그러므로 변정천變淨天 천인이라 부른다.

제3선 영역은 제2선 영역보다 높은 상층 하늘에 자리 잡고 있다. 타화자재천 천상과 초선 범천계는 오백오십팔만 유순정도 떨어져 있으므로, 범천계의 한 층과 다른 층 사이의 간격이 이 정도일 것이라 추정할 수 있다. 그러나 두 영역이 얼마나 떨어져 있는지를 주석서나 띠까에서 명확히 밝히지는 않았다.

광과천廣果天

vipulaṁ phalaṁ etesaṁti vehapphalā - 이 범천들에게 광대한 결과가 있다. 그러므로 광과천廣果天 천인이라 부른다.

무상유정無想有情

natthi saññā etesaṁti asaññā, asaññā ca te sattā ceti asaññasattā - 이 범천들에게는 지각이 없다. 그러므로 '아산냐'라 부른다. 지각도 없다. 지각이 없는 존재이기도 하다. 그러므로 지각이 없는 존재(아산냐삿따)라 부른다.

아산냐(지각이 없다)이기에 지각 마음부수뿐만 아니라 다른 의식, 마음부수 또한 일체 없다. 의식, 마음부수가 없어 움직이지 않고 매우 고요히 존재한다. 이에 '정말 생명체인가?' 하는 의혹이 있을 수 있기에 '아산냐삿따(지각이 없는 중생)'라고 하여 '삿따(중생)'를 뒤에 붙인다.

무상유정과 광과천은 영역으로 동일한 하늘이며 '광과천범천의 장소가 따로 있고, 무상유정 범천들의 장소 따로 있다'라고 할 수는 없다. 인간계에 다양한 집들이 뒤섞여 있는 것처럼, 그렇게 섞여 있다. 하위 영역들 역시 이와 같다.

다섯 정거천淨居天

suddhānaṁ(청정한 아나함, 아라한들이) āvāsā(머무는 영역)이다. 그러므로 suddhāvāsā(정거천淨居天이라 부른다)

번뇌가 많이 청정해진 아나함과 아라한 범천들만 머물 수 있는 곳이다. 정거천에는 무번천無煩天 등 오천상이 있다. 한 평면에 있는 것이 아니라 위 아래로 층층이 있다. 이 정거천 오천五天과 광과천, 무상유정천 영역들은 제4선을 통하여 도달하기 때문에 사선천四禪天이라 부른다.

무번천無煩天

na vihantīti avihā - 버리지 않는다. 그러므로 무번천이라 한다.

자신들의 영역을 잠시도 버리지 않은 채 무수한 겁에 이르기까지 머물기에 무번천無煩天이라 부른다. na vihanti(자신들의 영역을 잠시도 버리지 않는다) iti(그러므로) avihā(무번천이라 부른다) 또는 attano(자신의) sampattiṁ(부귀를) na hāyanti(버리지 않는다) iti(그러므로) avihā(무번천)라 한다.

무열천無熱天

na tappantīti atappā - 근심하지 않는다. 그러므로 무열천이라 부른다.

그 어떤 이유로도 근심하지 않고 매우 평화스러운 범천들이다. 혹은 kiñci sattaṁ na tapentīti atappā - 그 어떤 중생에게도 근심을 주지 않는다. 그러므로 무열천이라 부른다.' 라고도 풀이한다.

선현천善現天

sukhena dissantīti sudassā - 행복하게 보인다. 그러므로 선현천이라 한다. 매우 아름답고 행복하게 보이는 범천들이다.

선견천善見天

sukhena passantīti susassī - 행복하게 바라본다. 그러므로 선견천이라 한다. 육안과 혜안으로 타인을 좋게 바라보는 범천들이다.

색구경천色究竟天

natthi kaniṭṭho etesaṁti akaniṭṭhā - 이 범천들에게 작은 상태는 없다. 그러므로 색구경천이라 한다.

재물과 부귀가 매우 장대하여 어떠한 측면에서건 작다는 성품을 갖지 않는다. 최상층에 이른 범천들이다.

범천의 부귀

범천들의 정원, 궁전, 재물이 과일처럼 열린다는 나무 등은 욕계 천상보다 더욱 월등하고 장엄하다. 범천들 또한 자신들이 소유한 정원 등을 즐기며 좋아한다. 색계에 도착하기 전 선정을 얻으려 노력할 때 벌써 세속의 오욕을 혐오하였기에 인간이나 대다수의 천인들과 같은 욕계의 행복을 즐기지 않는다. 여자 혹은 남자의 성기 또한 갖지 않는다. 외형으로는 남자의 모습이다. 모든 색계범천들이 지내는 모습은 훌륭한 수행자들이 지내는 모습처럼 맑고 깨끗하다. 일부는 자애심, 연민, 희심, 평정심이라는 사무량심四無量心의 법을 증진하며 지낸다. 일부는 선정에 입정하거나 성인의 재산인 과果선정에 입정하여 지극히 평화스럽게 머문다.

무색계 천

색계 상층에는 무색계 4천이 있다. 천天이라 부르지만 실제로는 궁전이 있는 것은 아니다. 공무변처空無邊處의 과보 마음과 마음부수를 재생연결로 삼아 이 영역에 탄생하였으므로, 마음만 연속하여 일어나는 허공을 공무변처천이라 부른다. 식무변처識無邊處의 과보마음과 마음부수를 재생연결로 삼아 마음의 모임만이 일어나는 허공을 식무변처천이라 부른다. 무소유처천無所有處天, 비상비비상처천非想非非想處天도 이와 같다. 어떤 이는 '색계처럼 무색계에도 실제로 궁전이 있다'라고 한다. 그러나 물질을 혐오하고 단지 마음만을 얻으려 분투했던 수행력으로 궁전이란 물질을 만들었을리 없을 것이다. 이는 무색계 존재들의 희망과 동떨어진 것이기에 '무색계에 궁전이 있다'는 견해는 재고해야만 한다.

네 가지 재생연결

apāyapaṭisandhi, kāmasugatipaṭisandhi, rūpāvacarapaṭisandhi, arūpāvacarapaṭisandhi ceti catubbidhā paṭisandhi nāma.

악처의 재생연결, 욕계 선처의 재생연결, 색계 재생연결, 무색계 재생연결. 이것이 4가지 재생연결이다.

욕계 재생연결 10가지

악처의 재생연결

tattha akusalavipākopekkhāsahagatasantīraṇaṁ apāyabhūmiyaṁ okkantikkhaṇe paṭisandhi hutvā tato paraṁ bhavaṅgaṁ, pariyosānecavanaṁ hutvā vocchijjati. ayamekāpāyapaṭisandhi nāma.

이중에서 불선의 과보인 중립적 느낌을 수반하는 조사하는 마음은 악처에 떨어지는 순간 재생연결식이 된다. 그 뒤 바왕가로 일어나고, 마지막에 죽음의식으로 일어나 끊어진다. 이것이 하나의 악처의 재생연결이다.

9가지 욕계 선처의 재생연결

kusala vipākopekkhā sahagatasantīraṇaṁ pana kāmasugatiyaṁ manussānañceva jaccandhānaṁ, bhummassitānañca vinipātikāsurānaṁ paṭisandhibhavaṅgacutivasena pavattati.
mahāvipākānaṁ pana aṭṭha sabbatthāpi kāmasugatiyaṁ paṭisandhi bhavaṅga cutivasena pavattanti.
imā nava kāmasugati paṭisandhiyo nāma.
sāpanāyaṁ dasavidhāpi kāmāvacarapaṭisandhicceva saṅkhaṁ gacchati.

선의 과보인 중립적 느낌을 수반하는 조사하는 마음은 욕계 선처에서 선천적 맹인 등의 인간들과 지신地神을 의지하는 파멸된 아수라의 재생연결식, 바왕가, 죽음의식으로 일어난다.

8가지 욕계 선의 과보마음은 모든 욕계 선처에서 재생연결식, 바왕가, 죽음의식으로 일어난다.

이 9가지 마음은 욕계 선처의 재생연결식이다.

이 10가지 재생연결식을 욕계 재생연결이라 부른다.

해설

2가지 뿌리 없는 재생연결식 중 불선의 과보인 조사하는 마음은 악처에서 재생연결식, 바왕가, 죽음의식으로 일어난다. 선의 과보인 중립적 느낌을 수반하는 조사하는 마음은 욕계 선처에서 선천적 맹인 등의 인간과 지신地神을 의지하는 파멸된 아수라의 재생연결식, 바왕가, 죽음의식으로 일어난다. 여기서 욕계선처란 인간계와 사천왕천을 가리킨다.

8가지 욕계 선의 과보마음은 '모든 욕계 선처 영역인' 7영역 모두에서 일어난다. 7영역이란, 인간계와 욕계 6천상을 말한다.

선천적 맹인

jātikā(재생연결식으로) andha(눈먼 이를) jaccandha(잣짠다; 선천적 맹인)라 부른다. 습생濕生, 화생化生의 중생들은 눈, 귀, 코가 재생연결 순간에 생겨나기에 그때 눈 등이 포함되지 않았다면 선천적 맹인이라 부른다.

태생胎生중생은 재생연결식에 든 뒤 77일째에 시각물질이 생긴다. 이 시각물질이 생겨나야 하는 때에 일어남이지 않는다면 재생연결 순간의 선천적 맹인이라 한다. 재생연결을 일으키는 업이 시각물질이 생겨날 시각에 시각물질이 생겨나게 할 수 없거나, 다른 업도 일어나도록 뒷받침할 수 없다면 그런 업으로 재생연결에 든 사람은 재생연결 순간 이미 '선천적 맹인' 이라 불린다.

일부는 경장에 견주어 입태 후 태내에서의 열 달 동안 눈이 먼 이도 '선천적 맹인' 이라 한다. 그러나 시각물질은 생겼으나 모태에 있을 때 세균이나 바람 등의 여러 원인으로 시각물질이 소멸된 경우도 있다. 그런 맹인들 중 일부는 기능공이나 여러 기술 직종 및 지식분야에서 숙련된 기능을 얻을 수도 있으므로 그런 사람을 뿌리 없는 마음(아헤뚜까)으로 재생연결에 든 사람이라 할 수 없다. 두 가지나 세 가지 뿌리를 가진 사람도 있을 수 있다. 재생연결로 빚어진 선천적 맹인인 경우, 뿌리 없는 과보인 조사하는 마음으로 재생연결에 든 것이 분명하므로 이 주장은 설득력이 없다.

선천적 귀머거리(잣짜바디라), 선천적 후각장애자(잣짜가나까), 선천적 벙어리(잣짜무가), 선천적 지능장애자(잣짜잘라), 선천적 정신착란자(잣쭘맛따까), 이상성욕자(빤다까), 양성(우바또브얀짜나까), 무성(나뿡사까), 말더듬이(맘마) 등, 결함으로 온전치 못한 사람들도 이 범주에 포함된다.

귀머거리(jaccabadhira)

청각물질이 생겨야할 시기에 청각물질이 생겨나지 않은 이들을 선천적 귀머거리(잣짜바디라)라 부른다.

선천적 후각 장애자(jaccagānaka)

후각물질이 생겨야 할 때 일어나지 않는다면 선천적 후각 장애자(잣짜가나까)라 부른다.

선천적 벙어리(jaccamūga)

재생연결 순간 말을 온전히 할 수 있는 업이 없어 말하는 기능이 결여된 이를 선천적 벙어리(잣짜무가)라 부른다.

선천적 지능장애자(jaccajaḷa)

서쪽, 동쪽, 남쪽, 북쪽 등의 방위를 왕의 현명한 대신이 가르쳐 주어도 이해하지 못할 정도의 어리석은 바보를 선천적 지능장애자(잣짜잘라)라 부른다.

선천적 정신착란자(jaccummattaka)

재생연결식으로 정신이상이 일어난 사람.

양성

남자를 보고 여자의 마음이 일어나면 여자 성기가 선명히 나타나고[남자 성기는 숨고] 여자를 보고서 남자 마음이 일어나면 [여자 성기가 숨고] 남자 성기가 나타나는 사람[남자 한 차례 여자 한 차례로 성이 전환 되는 사람]을 양성을 가진 이라 부른다.[ubhatobyñcanaka(양성을 가진 이) = ubhato(남자, 여자 두 가지 업으로 인하여) + pavattaṁ(생겨나는) + byañcanaṁ(성이다)]

무성

여자 성기, 남자 성기 두 가지 모두 없는 사람을 무성이라 부른다. [이 무성과 양성을 가진 사람은 물질의 장에서 보일 것이다.]

말더듬이[mamma]

한 단어 한 마디를 자못 노력하여 말하지만 끝맺지 못하고 힘들게 끌어 말하는 사람을 맘마(말더듬이)라고 부른다.

파멸된 아수라(위니빠띠까아수라)

땅에서 생겨난 천인들을 지신(bhummadeva)이라 한다. 땅과 연결된 나무, 숲, 산에 머무는 모든 천인을 지신地神이라 부른다. 지신에 의지하여 지내는 하등한 천인들을 지신에 의지하는 파멸된 아수라vinipātikāsurā라 부른다.

작은 천인들

지신을 의지하여 지내는 파멸된 아수라는 먹고 마시는 것이 부족하여 늘 궁핍하다. 유령, 귀신들과 별반 차이가 없으므로 때로는 '귀신(pisāca)' 라고도 부른다. 구석진 곳에 있는 밥찌꺼기거나 음식물 찌꺼기, 썩어 부패한 것을 찾아 먹고 마신다. 일부는 인간들에게 들러붙어(신들리게 하여) 사람들이 던져주는 음식의 기운을 먹고 산다고 한다. 그러므로 행복한 무리에서 파멸되어 밑으로 떨어졌다하여 위니빠띠까라 부른다.

이 파멸된 아수라만 아니라 일부 궁전이 있는 아귀 천인도 선과보마음의 조사하는 마음으로 재생연결을 얻는다. 이 파멸된 아수라와 궁전이 있는 아귀들은 욕계 선마음으로도 재생연결을 가질 수 있기에, '두 가지 뿌리를 가진 이' 혹은 '세 가지 뿌리를 가진 이'가 있기도 하며, 일부는 법을 얻기도 한다.

욕계 존재들의 수명

tesu catunnaṁ apāyānaṁ, manussānaṁ, vinipātikāsurānañca āyuppamāṇagaṇanāya niyamo natthi.

이들 중 사악처, 인간, 파멸된 아수라에게 정해진 수명은 없다.

해설

악처 영역의 존재와 인간계, 파멸된 아수라에게 수명의 한계는 정해지지 않았다. 이 가운데 지옥, 아귀, 아수라 중생들에게는 업만이 핵심이다. 업이 소진되지 않는 한, 헤아릴 수 없는 세월이 흐르더라도 벗어날 수 없다. 만약 업이 소멸되면 한순간에 벗어날 수 있다.

스리랑카의 선남자 한 사람은 탑에 가사를 보시한 뒤 얼마 지나지 않아 임종하였다. 불선업으로 지옥에 떨어진 그는 타오르는 지옥의 불을 보고 공포에 휩싸였지만, 그 순간 가사를 기억하자 즉시 지옥에서 벗어나게 되었다. 만약 그렇지 않았다면 데와닷따 존자처럼 헤아릴 수 없는 겁을 고통을 당하면 지내야 했을 것이다. 아귀와 아수라들 역시 마찬가지이다. 짐승과 인간의 수명은 대개 75살 정도, 길어야 100살 정도의 한계가 있다. 그렇지만 수명이 간혹 10살 선으로 줄어들기도 하고 간혹 아승지겁阿僧祇劫에 이르기까지 증가함으로, 그 줄어듦과 증가함이 일정하지 않다. 인간처럼 축생에게도 수명이 줄고 늚이 있기 때문에, 축생과 인간의 수명을 불변하는 햇수로 정할 순 없다.

수겁壽劫의 증가와 줄어 듦

인간의 수겁壽劫가 늘고 줄어듦은 기온, 자양분과 많은 연관이 있다. 적절한 기온에서 기름지고 알찬 과일과 채소를 섭취한다면 수명이 많이 늘어난다. 열악한 기후에서 불충분한 자양분의 음식만 섭취한다면 그 수겁壽劫는 줄어든다. 기온과 자양분의 좋고 나쁨은 그 중생들의 업과 연관된다. 좋은 업을 가지고 있을 때는 그를 둘러싼 환경 역시 훌륭하다. 중생들의 업이 저열하고 낮다면 기온이나 자양분 또한 좋을 수 없다. 중생들의 업의 좋고 나쁨은 그들의 근본 마음과 연관이 깊다. 탐욕, 진심, 어리석음, 교만 등이 과도하다면 업은 자연히 좋지 않게 기운다. 선업이 증가되어야 업이 좋아지게 되는 것이다. 현재 시점에서 중생들에게 불선업의 악한 행위가 갈수록 늘고 있다. 그래서 수명 또한 서서히 줄어들게 되었다. 사람들처럼 기온, 자양분에 의지해 사는 짐승들 또한 마찬가지도리이다.

수겁壽劫의 감소 상태

인간의 수명이 최저 10살까지 줄어들 수 있다. 『빠테야』의 짝카왓띠 경에서는 이 줄어듦을 놓고 불선업 때문에 수명이 절반의 절반으로 줄어든다하고, 『로까개념』에서는 100년이라면 10년이 줄어든다고 언급하고 있다. [100년에 1년이 줄어든다고 지금 시대에 말하고 있다.] 그렇지만 어떤 시대에는 많이 줄어들고, 또 어떤 시대에는 줄어들지 않는 모습을 볼 수 있다. 부처님이 탄생하기 전 제법 긴 시간을 수명 100살대가 유지되었으므로 부처님이 탄생하신 때까지를 100살대라고 말하고 있다. 현시대는 100살대가 아니다. 불기 2500년이 넘어선 지금 100년에서 1년으로 헤아린다 해도 75살 정도이다.

『아비담맛타상가하』에서는 파멸된 아수라만을 들고 있으나 『담마하다야위방가』 주석서에서는 '지신들에게도 업이 핵심이다' 라고 한다. 즉 '파멸된 아수라와 함께 모든 지신의 수명 또한 정해진 것이 없다' 인데 이 말은 합당하다. 일부 지신들은 아승지겁에 이를 정도로 수명이 길고, 일부는 업에 따라 7일 정도의 수명만 있다. 지신들뿐만 아니라 궁전이 있는 아귀 또한 수겁壽劫가 항상하지 않다. 업에 따라서 길고 짧음이 있다.

『본생담』 주석서에서는 '깟사빠 부처님의 제자로 수다원을 얻은 허공에 사는 천인들은 니미왕 대에 이르도록 머문다' 라고 언급되어 있다. 허공에 사는 천인들(삼십삼천 천인) 역시 수겁壽劫가 항상하지 않음을 알 수 있다. [깟사빠 부처님께서 탄생하신 뒤 인간의 수명은 다시 10살대에 이르기까지 줄어들었다가, 10살에서 다시 아승지겁에 이르도록 수명이 길어짐. 니미왕 시대에 다시 줄어들었으므로, 9백만 아승지겁을 넘어선 시간이다.]

cātumahārājikānaṁ pana devānaṁ dibbāni pañcavassasatāni āyuppamāṇaṁ, manussagaṇanāya navutivassasata sahassappam āṇaṁ hoti.

사천왕천의 수명의 한계는 천상의 해로 500년이다. 인간계의 해로 계산하면 9백만 년이다.

해설

'사천왕천의 수명의 한계는 천상의 해로 500년이다' 에서 [지신에 대해 이미 설명했으므로 '사천왕천' 의 의미를 상위 천에 머무는 사천왕 천인들로 보면 된다.] 사천왕 천인들의 수겁壽劫는 천상에서 헤아리는 숫자로써 500년이다. 인간계의 50년은 사천왕천의 한 낮과 한 밤이다. 밤과 낮 모두 30일을 한달, 12달이면 1년. 이렇게 500년이 사천왕천인들의 수명이다. 이 천상의 수명을 『담마하다야위방가』에서 인간계의 시간으로 헤아려 보이고 있다.

인간의 50년은 있다.
저 50년은 사천왕천 천상에서의 하루이다.
30일은 한달이다. 12달은 일년이다.
이 햇수로 사천왕천 천상에서의 500년이
사천왕천 천인들의 수명이다.

'인간계의 해로 계산하면 9백만년이다'

사천왕천인의 500년은 인간들의 헤아림으로 9백만 년이다. 이 9백만 년이란 어떻게 나왔는가? 사천왕천 천인들의 하루가 인간계의 50년이기 때문에 천상의 한 달은 인간계의 1500년이 된다. 이렇게 12달을 곱하고, 다시 천상의 500년을 곱하면 인간의 헤아림으로 9백만 년이 되다. 위의 천상에서도 이같이 헤아린다.

tato catuggunaṁ tāvatiṁsānaṁ.
tato catuggunaṁ yāmānaṁ.
tato catuggunaṁ tusitānaṁ.
tato catuggunaṁ nimmānaratīnaṁ.

tato catuggunaṁ paranimmitavasavattīnaṁ.

삼십삼천들의 수명은 사천왕천의 네 배이다. 야마천인의 수명은 삼십삼천의 네 배이다. 도솔천인의 수명은 야마천의 4배이다. 화락천인의 수명은 도솔천의 네 배이다. 타화자재천인의 수명은 화락천의 네 배이다.

타화자재천인의 수명

navasatañcekavīsavassānaṁ koṭiyo tathā.
vassasatasahassāni saṭṭhi ca vasavattisu.

타화자재천인의 수명은 햇수로 92억 1천 6백만 년이다.[9,216,000,000년]

해설

사천왕천인들의 수겁壽劫의 네 배는 2,000년이다. 이것이 삼십삼천계 천인들의 수명이다. 삼십삼천계에서 낮과 밤은 사천왕천보다 두 배 길기 때문에, 삼십삼천계 천인의 수명을 삼십삼천계의 방식으로 헤아린다면 1,000년이 된다. '인간계에서 100년은 삼십삼천계 천상에서 한 낮과 한 밤이다. 인간계의 200년은 야마천의 한 낮과 한 밤이다. 인간계의 400년은 도솔천의 한 낮과 한 밤이다. 인간계의 800년은 화락천에서의 한 낮과 한 밤이다. 인간계의 1600년은 타화자재천에서의 한 낮과 한 밤이다. 이처럼 낮과 밤으로 두 배씩 차이가 생김을 주의할 것이다.

인간계의 헤아림의 네 배로 보는 것은 더 쉽다. 사천왕천 9백만 년을 네 배로 곱하면, 삼십삼천계의 천상 수명이 3,600만이 된다. 이와 같이 헤아려 보면 된다. 천인들의 수명은 그 영역에 탄생한 천인들이 최대한 머물 수 있는 수명이다. 모든 천인들이 그 천상의 수겁壽劫로 머문다고 할 수 없다. 마노빠도시까 천인들은 강한 진심 때문에 천상의 수명을 완전히 채우지 못하고 임종했다. 킷따빠도시까 천인들 역시 향락이 지나쳐 음식조차 제때 먹지 못하여 천상의 수명을 다하지 못하고 죽음을 맞은 일화를 경전에서 언급하고 있다.

지옥의 수명

천상의 수명과 비교하여 지옥의 수명 역시 『지나린까라띠까』에서 언급하고 있다. 사천왕천 천인들의 수명은 산지와 지옥의 한 낮과 한 밤이다. 이 낮과 밤에 따라 달, 년을 계산하면 500년이 등활等活지옥에서의 수명이다. 그 지옥에 떨어진 사람들은 지금까지도 벗어나지 못하고 있다. 물론 그 안에서도 업에 따라서 빨리 벗어나기도 한다. 삼십삼천 수명은 흑승黑繩지옥의 한 낮과 한 밤이다. 1000년이 흑승지옥에서의 수명이다. 야마천 천상의 수명이 중합衆合지옥의 한 낮과 한 밤이다. 낮과 밤으로 2000년이 중합지옥에서의 수명이다. 도솔천 천인들의 수명은 규환叫喚지옥의 한 낮과 한 밤이다. 낮과 밤 2000년이 규환지옥의 수명이다. 저와 같이 화락천과 대규환大叫喚지옥, 타화자재천과 대초열大焦熱지옥을 비교할 수 있다. 중겁中劫[17]을 두 부분으로 나누면, 한 부분은 대초열大焦熱지옥의 수명이 되고 다른 한 부분은 무간無間지옥의 수명이 된다. [이같은 헤아림은 주석서들에서 찾아볼 수 없다. 안뜨라깝빠의 헤아림은 뒤에서 설명하겠다.]

---

17. antarakappa(안뜨라깝빠) - 헤아릴 수 없는 시간인 아승지겁에서 서서히 줄어들어 10살대에 이르고, 10살대에서 천천히 올라서 아승지겁에 이르기까지 감퇴, 증가하는 기간 한 쌍을 말함. 중겁中劫

6가지 색계의 재생연결

paṭhamajjhānavipākaṁ paṭhamajjhānabhūmiyaṁ paṭisandhi bhavaṅga cutivasena pavattati.
tathā dutiyajjhānavipākaṁ, tatiyajjhānavipākañca dutiyajjhānabhūmiyaṁ.
catutthajjhānavipākaṁ tatiyajjhānabhūmiyaṁ.
pañcamajjhānavipākaṁ catutthajjhānabhūmiyaṁ.

초선 과보마음은 초선 영역에서의 재생연결식, 바왕가, 죽음의식으로 일어난다.
제2선 과보마음, 제3선 과보마음은 제2선 영역에서 그와 같다.
제4선 과보마음은 제3선 영역에서 그와 같다.
제5선 과보마음은 제4선 영역에서 그와 같다.

해설

초선 과보마음은 초선 영역에서 재생연결식, 바왕가, 죽음의식으로 일어나므로, 과보마음과 그들의 영역에 대해 특별히 생각할 점이 없다. 제2선과 제3선 과보마음 두 종류 모두 제2선 영역에서 일어나고, 제4선 과보는 제3선 영역에서, 제5선 과보는 제4선 영역에서 일어남은 생각해볼 면이 있다. 이처럼 선정의 과보마음의 순서와 영역이 조화롭지 못하자 아누룻다 존자는 4가지 선정 대신 5가지 선정 분류 방법으로 설명하였다. [4가지 선정분류 방법이란 초선에서 제4선까지 분류한 것이고 5가지 선정 분류 방법이란 초선에서 제5선까지 분류한 것이다. 이미 출세간마음에서 언급하였다.]

알아야할 점

색계에서 순서대로 영역을 나눌 때 4가지 선정 분류방법과 짝을 맞추어 이름을 붙였다. 광과천과 무상유정천까지의 영역은 4층이다. 5가지 분류방법에 따르면 일으킨 생각을 벗어난 제2선은 제2선에서 과보를 준다. 거친 일으킨 생각[위딱까]을 벗어난 뒤 섬세한 지속적 고찰을 다시 벗어난 제3선이지만 영역으로 제2선 보다 큰 결과를 주지는 못한다. 그러므로 5가지 선정분류방법에 따라 제2선과 제3선 선정은 제2선 영역의 결과만을 준다.

asaññasattānaṁ pana rūpameva paṭisandhi hoti. tathā tatoparaṁpavattiyaṁ, cavanakāle ca rūpameva pavattitvā nirujjhati.
imā cha rūpāvacara paṭisandhiyo nāma.

무상유정無想有情 **범천에게는 단지 몸뿐인 재생연결식이 일어난다. 이 마음 뒤에 삶의 과정과 임종 순간에서도 오직 물질만이 일어나고 멸한다.**

이 6가지 마음을 색계 재생연결이라 부른다.

해설

무상유정 범천은 생명구원소깔라빠[18]라 불리는 물질로 재생연결식에 처음 들어선다. 그 뒤 삶의 과정에서는 업으로 생긴 물질과 기온으로 생긴 물질만으로 머문다. 욕계에서 임종을 맞았던 자세 그대로 무상유정에서 대겁 500겁에 이르기까지 금덩어리처럼 머문다. 욕계에서 앉은 자세로 임종했다면 여기서도 앉은 채로 있고, 선 자세나 잠든 채 임종을 맞았다면 여기서도 선 자세나 잠든 자세 그대로 머문다. 물질이 완전히 소멸됨을 임종이라 한다. 물질이란 근원을 갖지 못한 뿌리 없는 법이기에, 물질로만 재생

---

18. jīvitanavakakalapa(지위따나와까깔라빠) - 물질의 최소한의 구성요소 8가지와 결합한 생명을 지속시키는 물질이 주도하는 9가지 모임.

연결식을 가지는 존재인 무상유정 범천을 '뿌리 없는 존재'라 부를 수 있다. 영역은 선처에 속하므로 영역과 연관지어 '선처의 뿌리 없는 존재(수가띠아헤뚜까)'라고도 한다.

색계의 수명

tesu brahmapārisajjānaṁ devānaṁ kappassa tatiyo bhāgoāyu ppamāṇaṁ.
brahmapurohitānaṁ upaḍḍhakappo.
mahābrahmānaṁ eko kappo.
parittābhānaṁ dve kappāni.
appamāṇābhānaṁ cattāri kappāni.
ābhassarānaṁ aṭṭha kappāni.
parittasubhānaṁ soḷasa kappāni.
appamāṇasubhānaṁ dvattiṁsa kappāni.
subhakiṇhānaṁ catusaṭṭhi kappāni.
vehapphalānaṁ asaññasattānañca pañca kappasatāni.
avihānaṁ kappasahassāni.
atappānaṁ dve kappasahassāni.
sudassānaṁ cattāri kappasahassāni.
sudassīnaṁ aṭṭha kappasahassāni.
akaniṭṭhānaṁ soḷasa kappasahassāni.

이 존재들 중 범중천梵衆天 **천신의 수명은 아승지겁의 3분의 1이다. 범보천**梵輔天 **천신들의 수명은 아승지겁의 2분의 1이다. 대범천왕**大梵天王**의 수명은 아승지겁 한 겁이다.**

소광천小光天**의 수명은 대겁 2겁이다. [초선 영역에만 아승지겁으로 헤아리고, 뒤의 영역들은 대겁으로 헤아렸다.] 무량광천**無量光天**의 수명은 대겁 4겁이다. 광음천**光音天**의 수명은 대겁 8겁이다.**

소정천少淨天의 수명은 대겁 16겁이다. 무량정천無量淨天의 수명은 대겁 32겁이다. 변정천變淨天의 수명은 대겁 64겁이다.

광과천廣果天, 무상유정無想有情의 수명은 대겁 500겁이다.

무번천無煩天의 수명은 대겁 1,000겁이다. 무열천無熱天의 수명은 대겁 2000겁이다. 선현천善現天의 수명은 대겁 4,000겁이다. 선견천善見天의 수명은 대겁 8,000겁이다. 색구경천色究竟天의 수명은 대겁 16,000겁이다.

무색계 재생연결 4가지

paṭhamāruppādivipākāni paṭhamāppādibhūmīsu yathākkamaṁ paṭisandhi bhavaṅgacuti vasena pavattanti.
imā catassoāruppapaṭisandhiyo nāma.

제1선 무색계 등의 과보마음은 순서대로 제1선 무색계 등의 영역에서 재생연결식, 바왕가, 죽음의식으로 일어난다.

4가지 이 마음을 무색계 재생연결식이라 부른다.

무색계의 수명

tesu pana ākāsānañcāyatanupagānaṁ devānaṁ vīsatikappasahassāni āyuppamāṇaṁ.
viññāṇañcāyatanupagānaṁ devānaṁ cattālīsa kappasahassāni.
ākiñcaññāyatanupagānaṁ devānaṁ saṭṭi kappasahassāni.
nevasaññānāsaññāyatanupagānaṁ devānaṁ caturāsīti kappasa

hassāni.

이 존재들 중 공무변처천空無邊處天**에 도달한 범천들의 수명은 대겁 20,000겁이다**

식무변처천識無邊處天**에 도달한 범천들의 수명은 대겁 40,000겁이다.**

무소유처천無所有處天**에 도달한 범천들의 수명은 대겁 60,000겁이다.**

비상비비상처천非想非非想處天**에 도달한 범천들의 수명은 대겁 80,000겁이다.**

해설

초선 3영역은 세상이 소멸되는 순간에서 벗어나지 못하기에 대겁 1겁을 완전히 채우지 못한다. 따라서 초선 범천들의 수겁壽劫를 대겁으로 헤아리지 않고 대겁의 4분의 1인 아승지겁阿僧祇劫으로 헤아렸다. 소광천小光天 등의 상위 영역들은 우주가 소멸되면 반드시 포함되는 것은 아니다. 간혹 벗어나지 못하고 포함되지만, 대겁으로 헤아릴 수 있다. 때문에 '이 범천들이 수명은 이 영역에 탄생한 범천들이 최대한 머물 수 있는 시간이다' 라고 이해해야 한다. 우주의 주기 절반쯤에서나 혹은 우주가 소멸될 쯤 그 영역에 도착한다면, 이 영역의 수겁壽劫가 완전히 채워지기도 전에 임종을 맞아야 한다. 우주가 소멸되기 전에 업이 소진한다면 수명이 완전히 채워지기 전에 임종을 맞아야 한다.

겁劫의 다양함

겁(劫, kappa)에는 수겁(壽劫, āyukappa), 중겁(中劫, antarakappa), 아승지

겁(阿僧祇劫, asaṅkheyya), 대겁(大劫, mahākappa)의 4가지가 있다. 이 중에서 시대에 따라 결정된 수명의 구분을 수겁壽劫이라 부른다. 부처님 시대의 100살대는 수겁이다. 그 시대 사람들의 수명을 '수겁이라 부른다. 'kappiyate paricchijjateti(나누어 구분된다. 그러므로) kappo(겁劫이라 한다) āyuca(수명 역시 맞다.) + taṁ(이 수명이란) + kappo cāti(겁劫 역시 맞다. 그러므로) āyukappo(수겁壽劫이라 부른다)' 각각의 영역에서 정해진 수명이 그 세상에서의 수겁이다.

중겁中劫

숫자로 헤아릴 수 없는 수명에서 서서히 줄어들어 10살대에 이른 후, 10살대에서 서서히 올라가 다시 헤아릴 수 없는 수명에 이르기까지 줄어드는 겁劫과 늘어나는 이 한 쌍의 겁劫을 '중겁中劫' 이라 한다. [antara(아승지겁의 중간에서 일어나는) + kappa(증대, 감소하는 기간)] 여기에서의 겁은 기간으로 풀이해야 한다. 중겁中劫이 총 64겁을 반복한 것을 아승지겁阿僧祇劫이라 부른다. [어떤 스승들은 중겁中劫 20번을 하나의 아승지겁이라 하고, 중겁中劫 80번을 하나의 아승지겁이라고 하기도 한다. 『웨다』의 스승들은 중겁 14겁을 하나의 아승지겁이라고 한다.] 아승지겁 4겁은 우주가 생멸하는 기간인 대겁大劫이다. 가로 세로 높이가 1유순씩 되는 큰 통에 100년마다 겨자씨 한 알을 넣고, 그 겨자씨로 그 큰 통을 가득 채운다 할지라도 대겁大劫이 끝나지 않는다고 한다.

아승지겁 4겁

사겁四劫이란, 괴겁(壞劫, saṁvaṭṭa), 공겁(空劫, saṁvaṭṭaṭṭhāyī), 성겁(成劫, vivaṭṭa), 주겁(住劫, vivaṭṭaṭṭhāyī)이다. 파괴되는 시기를 괴겁壞劫이라 부

른다. 파괴된 뒤 파괴된 상태로 머무는 시기를 공겁空劫이라 부른다. 세상이 성립되어 형성되는 시기를 성급成劫이라 부른다. 지금의 시대는 주겁住劫이다.

괴겁壞劫 세 종류

파괴의 기간은 불로 인해 파괴되는 불의 괴겁, 물로 인한 물의 괴겁, 바람으로 인한 바람의 괴겁 등 세 가지가 있다. 이 중에서 불의 괴겁은 일곱 차례에 걸쳐 7겁 동안 파괴되고, 물의 괴겁은 한 차례로 휩쓴다. 즉 '처음 한 차례 불로 파괴된 뒤 계속해서 불로 파괴된 뒤 이렇게 7번 불로 파괴된 뒤, 8번째는 물이 휩쓸어 버림으로 세상이 파괴된다' 는 뜻이다. 이와 같이 '불 7차례 + 물 1차례' 로 계속 되풀이 된다. 파괴됨으로써(불 7차례씩 7번 되풀이 되고, 물 한차례 역시 7번 되풀이 된다. 다시 불로 7번, 그리고 물 한번으로 파괴된다.) 이렇게 63차례 파괴된 후, 세상은 바람으로 1차례 파괴된다.(49 + 7 + 7 + 1 = 64)

> 7차례로 7번씩 돌며 불로 파괴된다.
> 8번째 물로 파괴된다.
> 이렇게 63번이 끝난 뒤,
> 바람으로 1차례 파괴된다.

파괴되는 모습

세상은 파괴될 때 불로 인한 파괴는 광음천의 아래까지 이른다.[제2선 세 영역 중 광음천이 중심이므로, '광음천 아래' 라 한다. 실제로는 '제2선 세 영역 아래' 라는 의미이다.] 물로 인한 파괴는 변정천 아래까지이다. [제3선 세 영역 아래] 바람으로 인한 파괴는 광과천 아래까지이다. 세상이 파괴될 때마다 초선 세 영역이 포함되기에 초선 영역은 대겁大劫 한 겁에 미치지 못한다. 따라서 초선 세 영역의 수명을 아승지겁으로 헤아린다. 7차례의 불로 파괴된 뒤 다시 물 한 차례로 파괴될 때는 제2선 영역들도 포함되는데, 이 영역의 수명은 대겁大劫으로 헤아릴 수 있다.

> 광음천 아래는 불로 파괴된다.
> 변정천 아래는 물로 파괴된다.
> 광과천 아래는 바람으로 파괴된다.
> 이처럼 세상이 파괴된다.

중생들이 머무는 시기는 세상이 성립된 뒤 지속되는 헤아릴 수 없는 기간인 중겁中劫 64번이다. 이를 주겁住劫이라 한다. 64번의 중겁中劫이 채워져 파괴되는 시기에 이를 때쯤이면 10^{12} (1조)정도의 삼천대천세계가 한순간 파괴되는 기간가 온다. 이때 극심한 가뭄이 오다가 큰비가 세차게 쏟아져 내린다. 큰비가 내리면 사람들은 기뻐하며 집에 있는 모든 종자가 될만한 씨들을 심는다. 소가 먹을 만큼 싹이 돋아나면 다시 가뭄이 시작되는데 중생들의 울부짖음 같은 큰 소리가 진동하면 빗줄기는 완전히 끊어져 버린다.

이상처럼 세상이 소멸되기 전 십만 년쯤 전에 'lokaṁ byūhenti - 존재들을 모아 결집시킨다' 는 뜻의 로까뷰하란 욕계 천인들이 붉은 옷을 입고 진주 장식을 길게 늘어뜨린 머리카락을 풀어헤친 채, 눈물을 흘리며 비탄하는 모습을 보인다. 그들이 인간계를 돌아다니며 이렇게 외친다.

오! 형제들이여,
지금부터 십만 년이 지나면
이 세상은 파괴될 것이다! 큰 바다는 말라붙어
큰 대지와 시네루산과 색계에 이르기까지
세상의 모든 것들이 파괴될 것이다.
모든 사람은 자애, 연민 등
사무량심四無量心을 키우고
어른과 부모를 공경하며 섬기도록 하라.

이렇게 천인들의 외침이 들린다. 로까뷰하 천인들을 본 많은 사람들이 두려움에 떨고 크게 뉘우쳐 천인들 가까이 모여든다. 우주가 파괴되기 십만 년쯤 전에는 로까뷰하 천인들의 외침이 있었다. 부처님께서 탄생하기 천 년 전쯤에는 부처님께서 탄생하실 것이란 소문이 무성하고, 전륜성왕이 탄생하기 백 년쯤 전에는 전륜성왕이 탄생할거라는 풍문이 일어난다. 이러한 예언들은 예로부터의 선례이다. 그러므로 '전륜성왕 일백, 부처님 일천, 우주 십만'이라고들 말한다.

로까뷰하 천인들이 외치면 사람과 지신들은 놀라고 두려워하여 부드러운 마음으로 사무량심四無量心을 닦게 되니, 임종 후 상위 천상에 태어난다. 물고기, 거북이 등 짐승이나 아귀, 지옥의 중생들[결정사견을 가진 사람 외에는] 또한 선업을 닦아 세 번째 생부터 과보를 줄 수 있는 선업[19]의 힘으로 임종 후 천상으로 올라간다. [결정사견 때문에 지옥에서 불태워지는 이들은 무간지옥의 수명이 남았다면 소멸되지 않은 우주로 옮겨져 계속 고통을 당해야만 한다.] 천상에 태어난 천인과 천녀들도 과거처럼 오욕의 향락에 젖

19. aparāpariya vedanīya kamma(3번째 생부터 열반에 들기 전까지 조건이 갖추어지면 과보를 주는 업)

지 않는다. 우주가 파괴될 것이란 위기감으로 격렬하게 노력하여 선정을 성취하고 광음천 등의 색계에 태어난다.

대다수의 중생이 색계에 태어나 제법 시간이 흐르면, 세상에서의 일몰 시간에 2번째의 태양이 강렬한 빛을 내며 떠오른다. 이 2번째 태양의 뜨거움으로 인하여 다섯 개의 작은 강물들은 말라버린다. 해가진 석양 무렵 또 다른 태양이 다시 떠올라 밤이라는 시간이 사라져 버린다.

이처럼 10^{12}(1조)개의 우주에서 두 개의 태양이 돌며 제법 긴 시간이 흐르면 3번째 태양이 또 다시 떠오른다. 뜨거움과 열기는 더욱 강렬하여 '강가강, 야무나 강, 아찌라와띠 강, 마히 강, 사라부 강' 의 다섯 큰 강물이 모조리 말라버린다. 3번째 태양이 떠오른 뒤 제법 긴 시간이 흐르면 네 번째 태양이 떠오르면 '시하빠빠따 호수, 항사빠빠따 호수, 깔라뭇따 호수, 라타까라 호수, 아소땃따 호수, 찬안따 호수, 꾸나라 호수' 의 일곱 개의 큰 호수까지 말려버린다. 그러다 다시 시간이 흘러 다섯 번째 태양이 떠오르면 큰 바다조차 말라버린다. 여섯 번째 태양이 떠오를 때쯤이면 10^{12}(1조) 개의 세상의 습지란 습지는 모두 말라버려 연기만 자욱이 피어오른다. 그러다 일곱 번째 태양이 떠오르는데 10^{12}(1조) 우주전체가 활활 타올라 땅 덩어리, 물 덩어리(땅 밑에 세상을 받치는 물줄기) 바람 덩어리(땅 밑과 물 밑 아래 세상을 받치는 바람 덩어리) 남김없이 불길에 휩싸이고 나아가 초선 색계 영역에까지 불길이 치솟아 천상과 초선 색계 영역에 있는 모든 금, 은, 보석, 사파이어, 에메랄드, 웅장한 천상의 궁전들까지 모조리 태워버린다.

세상을 받치는 땅, 물, 바람의 덩어리가 파괴됨으로써, 색계 초선 영역 아래의 모든 조건지어진 존재들은 말할 것도 없고, 물질인 먼지나 입자마저 남김없이 파괴된다. [최소의 물질 입자가 남아 있어도 불길은 꺼지지 않는다. — 『청정도론』 주석서] 형성된 일체의 현상계는 모조리 불타버려 재마저도 남기지 않는다. 그러다, 세상의 불이 꺼지면 허공에는 짙은 어둠만 가득할 뿐이다. [우주는 서로 연결되어 있어서 우주 10^{12}(1조)가 한 순간에 파괴되지만, 큰 도시에서 큰 불이 났어도 연결된 일부지역만 불타는 것처럼, 중생들의 불선업에서 비롯된 우주의 불 또한 불선업에 따라 우주 10^{12}(1조) 정도만을 불태운다.]

괴겁壞劫, 공겁空劫

이렇게 '우주가 불타올라 그 불길이 고요히 가라앉는 기간이 괴겁壞劫 아승지겁이다. 이 괴겁 아승지겁은 대겁大劫의 4분의 1에 이를 정도로 길다. 큰 마을이 불타면 새 집들이 들어설 때까지 제법 긴 시간 그대로 방치되듯이 우주만물이 파괴된 뒤 화염이 가라앉고 새로운 세상이 만들어지기까지 파괴된 채 머무는 기간을 공겁空劫 아승지겁이라 부른다. 이 기간 또한 대겁 4분의 1에 이르는 긴 시간이다.

물로 인하여 우주가 파괴되는 모습

이렇게 우주가 7번에 걸쳐 불로 파괴된 뒤 8번째는 물로 파괴된다. 이를 예견한 로까뷰하 천인들이 통탄하여 우는 모습과 함께 2번째 태양이 나타날 시간에 태양 대신, 염분이 섞인 짠 비가 내려 우주의 산인 시네루산조차 무너져 내린다. 2번째 색계선정 영역까지 물로 뒤덮여 삼켜버린다. 이렇게 물로 인하여 우주의 만물들이 파괴된다.

바람으로 인하여 우주가 파괴되는 모습

불 7차례, 물 1차례가 연속하여 일어난 뒤 64번째에 이르러 바람으로 파괴된다. 이 때 큰 폭풍이 몰아쳐 흙가루, 모래가루, 돌덩어리들이 휘날리고 나무, 집, 큰 돌산은 바닥에서 떨어져 나가 세상의 중심인 시네루산이 한 부분씩 잘려나간다. 바람에 의해 거대한 산들이 서로 부딪치는 모습은, 마치 팔방에서 강렬하게 내리쳐 자르듯 마주 오는 열차가 정면충돌하듯 엄청난 힘으로 강렬하게 부딪친다. 제3선 색계선정 영역과 함께 아래에 있는 우주만물은 흔적조차 찾아볼 수 없을 정도로 파괴된다.

대겁大劫 4분의 1정도를 파괴된 상태로 허공이 지속된 뒤 세상이 다시 생성될 시기에 이른다. 가장 먼저 이슬비가 내리다가 서서히 연 줄기, 대나무, 작은 절구공이 굵기 정도, 야자수 덩어리 정도로 빗줄기가 굵어지면서 멈추지 않고 쏟아진다. 세상 10^{12}(1조) 불타올랐던(파괴되었던 장소에서) 세상은 물로 가득 차게 된다. 이 물을 받쳐줌은 '아자따까사ājaṭākāsa' 라는 아래 허공에서 강한 바람이 일어나서 위로 들어올리는 것이 아니라 10^{12}(1조) 밖의 우주로 물이 흘러 나가지 못하도록 4방 측면에서 불어서 막아주고 있다. 그러므로 우주를 형성할 빗물은 아래로 떨어지거나 측면으로 흘러나가지 않는다. 마치 빠듬마 연꽃 잎사귀 속의 물방울처럼 덩어리져 머문다.

그 후 바람으로 서서히 물이 마르고, 파괴되었던 장소도 물이 줄어들면 색계 영역들이 들어서게 된다. [이 자리에서 색계 영역이 파괴된 뒤 새로 만들어질 때 가장 먼저 일어남은 모습에 주의하라.] 그 뒤에 상위 4천상이 생긴다. [이 욕계천상과 색계 천상들은 뒤에 올 중생들의 업과 기온으로 생긴 물질로 이루어진 영역이다. 삼십삼

천과 사천왕천은 시네루산과 연결되어 있기 때문에 시네루산이 생길 때 함께 들어설 것이다.]

물의 흐름은 서서히 줄고 옛날에 땅이었던 자리에는 강한 바람이 일어난다. 마치 다마까라까(물을 걸러내는 작은 밀폐된 여과기) 위의 구멍을 막으면 여과기 안에 있는 바람이 물을 막는 것처럼 그와 같이 물은 아래에 떨어지지 않고 멈추어 제법 오랫동안 머문다. 이때 '라사빠타위'란 땅의 양분이 형성된다. 라사빠타위라는 우유 위에 뜨는 크림처럼 향기롭고 풍미가 있어 달콤하고 고소한 향기와 맛이 있다.

새로운 우주가 형성되었지만 해와 달, 별들이 완전히 일어남이지 않았기에 세상은 아직 완성되지 않았다. 세상이 파괴될 때 벗어나 있던 상위 색계에서의 업이 끝났거나 혹은 색계의 수명이 다한 일부 색계범천들이 임종한 후 하위 색계천 혹은 욕계 천상에 태어난다. 일부는 인간계에 탄생한다. 이때 인류의 시조들은 범천인의 마음이 배어있어 그들에게 욕계의 성질인 여성과 남성의 성별이 없었다. 몸의 빛인 오오라(aura)가 광채를 내며 허공을 날아다녔다. 거친 음식으로 몸을 유지하는 것이 아니라 희열만을 먹으며 긴 시간 머물렀다.

이렇게 한동안 머물다가 손이 점잖지 못한 어떤 한 사람이 라사빠타위라는 땅의 양분을 보고 '생김새와 냄새가 그럴듯하구나. 맛은 어떨까?' 하고 손가락에 묻혀 맛을 보았다. 그 맛이 매우 좋았기에 '훌륭하구나! 좀더 맛보자'는 욕심이 생겼고, 이를 바라본 다른 이들까지 손으로 움켜쥐고[밥을 작은 덩어리로 만들어 먹는 것처럼]먹기 시작했다. 이 때 맛이란 갈애가 뜨겁게 타올랐고 그로 인해 몸의 빛은 사라졌고 세상은 큰 어둠에 뒤덮였다.

세상이 큰 어둠에 뒤덮이자 사람들은 두려움과 공포에 떨었다. 그러나 그들의 선업으로 동쪽에서 오십 유순을 지닌 큰 빛덩어리가 떠올랐다. 이 빛 덩어리는 용맹한 기운을 일으키게 하여 '용맹함을 일으킨다' 는 의미로 '태양(sūriya)' 라 불리게 되었다. 태양이 사라져 밤이 되자 '저 태양과 같은 빛이 밤에도 떠올랐으면 좋겠다' 는 원함이 생겨났다. 그 때의 원함으로 사십오 유순을 지닌 빛 덩어리가 떠올랐다. 이 빛 덩어리는 희망으로 일어났기에 '희망(chanda)' 이라 불리다가 세월이 흘러 'canda(짠다)' 라는 이름이 되었다.

이 해와 달이 처음 돌기시작한 시기를 3월 ~ 4월[phagguna] 보름으로 정하였다. 높고 구부러진 곳은 '산' 이라 불리고, 움푹하게 꺼진 곳은 '대양, 강, 호수' 라 불리며 높지도 낮지도 않은 평탄한 곳은 '땅' 이라 불려지는 장소가 3월-4월 보름날에 선명히 나타났다. 이리하여 새로운 우주의 구조물들이 충만하게 완성되었다. 이처럼 세상을 형성하는 큰비로부터 해, 달, 별들이 생겨나 돌아다니는 이 기간을 성겁成劫이라 부른다. 저 성겁은 대겁大劫 4분의 1동안 지속된다.

우주가 형성된 뒤에도 물은 계속 줄어들어 이십사만 유자나 두께의 큰 땅덩어리가 생겨났다. 땅덩어리 아래는 사십팔만 유자나 두께를 가진 큰물이 머물고 있다. 이 큰물은 유동성의 액체가 아니라 항상 차가운 바람이 밀어 부딪치는 단단한 덩어리로 이루어진 물질이다. 사십팔만 유자나 두께의 큰물 덩어리가 이십사만 유자나 두께의 땅 덩어리를 간단히 지탱하고 있다. 이 큰 물 덩어리는 구십육만 유자나의 두께를 가진 큰 바람이 들어올리고 있다. 이 바람 아래에 끝없는 허공이 있다. 이 허공을 아래 아자따까사라 부르고 비상비비상처천의 위에 머무는 허공을 '상위 아자따까사'라 부른다. [ajaṭā(그 어떤 것도 뒤엉킴이 없는 + ākāsa(허공)이다. 그러므로 ajaṭākāsa(아자따까사)라 부른다]

그때 라사빠타위라는 땅의 양분을 적게 먹은 사람은 갈애가 적어 모양이 아름다웠으나, 갈애가 많은 이들은 많이 먹고 추한모습이 되자, 아름다움과 추함의 차별이 일어나게 되었다. 그리하여 아름다운 이들에게 교만이 생겼고 이같은 불선으로 라사빠타위(땅의 양분)는 사라져 버렸다.

땅의 양분이 사라지자 이번에는 지층이 생겨났다. 이 지층은 물이 줄면서 생겨난 땅이다. 달고 고소한 맛이 있는 이 땅의 지층을 적게 먹거나 많이 먹은 사람에 따라, 그 갈애의 차이로 인해 또 다시 아름다운 이와 아름답지 못한 이로 구분되었으며, 아름다운 이들이 교만한 마음을 내자 이번에도 땅의 지층이 사라졌다. 그 뒤에 또 훌륭한 덩굴(padālatā)이란 덩굴이 생겨났고 마찬가지로 아름다운 이와 추한 사람으로 구분되자 아름다운 사람들의 교만이 커졌고 결국은 덩굴마저 사라졌다.

땅의 양분이 땅 전체로 퍼졌으며, 양분이 말라 버리자 다시 땅의 지층이 생겨났다. 그러나 지층은 땅의 양분만큼 훌륭하지 못했다. 지층이 말라 갈라질 때 갈라진 틈에서 솟아난 줄기를 '덩굴'이라 부른다. 덩굴 역시 지층만큼 훌륭하지 못했다. 즉, 하나가 소멸된 뒤 새로 생긴 물질은 커져만 갔던 중생들의 불선업만큼 본래의 훌륭한 성품을 잃으며 쇠퇴해 갔다.

덩굴이 소멸된 뒤에 경작하지 않아도 절로 자라는 기름진 백미白米가 생겨났는데 이는 업에서 비롯된 것이다. 이 백미는 겨나 볏짚 같은 껍질이 없다. 그릇에 담아서 조띠빠사나jotipāsāṇa라는 돌위에 올려놓으면 절로 불이 올라와 밥이 익혀진 후 불이 꺼졌다.

익혀진 밥에 쟈스민 꽃이 조금 얹히면 더욱 금상첨화였던 것이, 조리된 밥에는 온갖 맛이 곁들여 있었기에 반찬이 따로 필요 없었다.

땅의 양분, 땅의 지층, 덩굴들은 먹고 나면 전부 양분으로 흡수되어 극소량의 찌꺼기만 남았으며, 남은 것 마저 절로 소화되었다. 이 당시 세상에 살던 사람들은 대소변을 위한 통로[기관] 마저 필요치 않았다. 그러나 익혀진 백미를 먹자, 흡수되지 못한 액체와 찌꺼기(대변, 소변)가 많이 남게 되었다. 그러자 바람의 성질로 액체와 찌꺼기를 배출하기 위한 대소변의 기관들이 생겨나게 되었다. 소변을 보는 기관이 나타나며, 여성과 남성의 성별이 생겼다. 색계에 도착하기 전 여자였던 경우와 남자였던 것에 따라 각각 남녀로 구별되었다.

몸이 달라지자 서로 상대를 자세히 바라보며 마음의 흐름으로도 묶어두지 못한 오욕이 생겨났다. 그 때 양식있는 무리들은 하등한 짓이라 여겨 이를 제지하려 했으나 막을 수 있는 일이 아니었다. 결국 그같은 행위를 비난하여 돌멩이 막대기 등을 집어던지자 이를 피해 숨기위한 잠자리를 만들기 시작했다. [지금도 일부지방에서는 결혼식 날 돌을 던지는 관습이 있는데 바로 초창기의 이러한 일들에서 유래한 것이다.]

잠자리를 만들어 함께 살게 되자 그날 먹을 양식만큼 가져다 먹었다. 그러다, 게으른 사람이 하루의 양식이 아닌 3일치를 한꺼번에 가져오게 되었고, 이를 본 다른 이들도 이를 따라 많은 것을 비축해 두었다. 그러자 깨끗한 쌀알맹이에 껍질이 생겨났고, 전에는 베고 난 자리에서 절로 나왔던 쌀이 이젠 절로 자라나지 않았다. 그러자 많은 사람들이 모여 '우리들의 양식이 점차 줄어드는구나. 이젠 벤 자리에 다시 자라나지 않는구나' 라고 걱정하며 경작지를 분배하기 시작했다.

경작지를 나눈 뒤 정직하지 못한 사람이 다른 사람의 구역에서 훔치는 불선업이 생겨났고, 땅 임자들은 훔친 사람에게 여러 번 경고했건만 듣지 않자, 돌멩이나 막대기로 두들김으로써 상호간에 다툼이 생겨났다.

의논 끝에 우두머리를 선별키로 하여, 모든 면에서 수승했던 부처님의 전신이신 보리살타를 뽑아 그를 많은 사람들이 모여 정하였다는 뜻으로 '마하삼마따'라 불렀다. 경작지의 분쟁 및 대소사를 다스렸고 수확한 경작물의 10분의 1을 얻었기에 '캇띠야(왕족)'라 불렀다. 대다수의 행복을 지키고 돌보았기에 '라자(왕)'라고도 불렀다. 이렇게 3가지 이름이 세상에 나타났다. 마하삼마따에서 'manu(마누)'라는 명칭이 나와 경전에 기록 전승되었는데 마누왕의 통치를 받는 군중을 일컬어 '마눗사(인간)'라 했다.

캇띠야(왕족)의 혈통이 생긴 후 '천문학, 음율, 진언을 읽고 읊조린다'는 뜻의 읊조리고 외우는 바라문 종족이 생겨났다. 그 뒤 '오욕을 즐긴다'라는 뜻의 경작, 상업 등 일로써 생계를 이어나가는 '웻사(평민계급)' 종족과 '슬퍼하고 걱정해야 한다'는 의미를 가진 종족으로서, 도축이나 거칠고 잔인한 일, 장작을 패고 물을 길으며 이발업에 종사하는 등의 자질구레한 일로써 생계를 유지하는 '숫다(수드라 계급, 노예)' 종족 또한 생겨났다.

캇띠야(왕족)들은 대중을 지키는 의무 때문에 자유롭게 오욕을 즐기지 못했다. 바라문 또한 천문, 진언 등 경을 외우고 읊는 일에 몰두함으로써 오욕을 강렬하게 즐길 수 없었다. 웻사(평민계급)들은 자영으로 적당한 생계를 유지하는 계층이어서, 오욕락을 마음껏 즐길 수 있었다. 이렇게 선법이 소멸되고 도적질 등의 불선업이 증가함으로써 초기에 지녔던 아승지겁의 수명이 서서히 줄어들어 오늘날은 75세 수명까지 오게 되었다.

주겁住劫

이렇게 불선업의 증가하여 마침내 10살대에 이르면 무기, 질병, 굶주림 등으로 세상은 크게 파괴된다. 그러다 남게 된 사람들의 진실한 참회로, 선업의 법이 다시 증가하여 수명은 서서히 헤아릴 수 없는 햇수까지 올라간다. 이처럼 줄어드는 기간과 올라가는 기간을 중겁中劫이라 부른다. 중겁中劫 64겁이 충만해지면 세상은 다시 파괴되는데, 비가 내리는 등 그 수순은 앞에서 서술한바와 같다. 이처럼 해와 달, 별이 생긴 때부터 세상이 파괴될 때까지의 기간을 '주겁住劫'이라 부른다.

광음천 범천들의 수명은 대겁 8겁劫이라 한다. 그렇지만 8번째 물의 파괴 때 광음천이 포함되기 때문에, 광음천은 대겁 8겁劫을 정확히 머물지 못한다. 색계 영역은 우주에 가장 먼저 세워졌고, 파괴될 때는 가장 마지막에 파괴된다. 물로 파괴되는 공겁空劫에는 광음천은 존재하지 않는다. 세상의 시작인 성겁成劫이 시작되는 부분에도 없다. 그러므로 대겁 8겁 중 1겁 정도의 수명[대겁 1겁 반 정도]이 줄어들게 된다. 그렇지만 '조금 넘치거나 모자라는 것은 말할 것이 못 된다' 했듯이 '광음천 범천들의 수명은 대겁 8겁이다'로 쳐서 대략 8겁의 대겁으로 헤아린다. '변정천 범천들의 수명은 대겁 64겁이다'라고 서술도 위와 같은 헤아림에서 비롯되었다.

한 생에서 항상 동일한 법 3가지

paṭisandhi bhavaṅgañca tathā cavanamānasaṁ.
ekameva tathevekavisayañceka jātiyaṁ.
idamettha paṭisandhicatukkaṁ.

한 생에서 재생연결식, 바왕가, 그리고 죽음의식은 한 종류이고 또한 동일한 대상을 가진다. 이것이 인식과정에서 벗어난 마음의 장에서의 4가지 재생연결식이다.

해설

여기서 'eka'란 '동일한'이란 뜻이며 'bhūmito jātito sampayuttadhammato saṅkhārato samānameva - 영역, 혈통, 결합한 법, 자극으로써 동일하다' 라고 해설하고 있다. 예를 들면, 재생연결식이 영역으로는 욕계, 혈통으로는 무기법無記法(과보마음), 결합한 법으로는 즐거움을 수반하고 지혜와 결합한 법, 자극으로써는 자진하여 일어나는 마음이라면, 바왕가, 죽음의식 또한 욕계의 무기법無記法(과보마음) 혈통, 즐거움을 수반하는 지혜와 결합한 법, 자진하여 일어나는 마음만 일어나게 된다.

다른 식으로 'eka'에서 '동일한'이란 '한 종류이다'라는 뜻이기에 재생연결식, 바왕가, 죽음의식들은 같은 생에서는 한 종류만 일어난다고 보면 쉽게 이해된다. 재생연결식이 욕계 선의 과보인 첫 번째 마음이라면 바왕가, 죽음의식 또한 욕계 선의 과보인 첫 번째 마음만 일어나야 한다는 의미다.

'또한 동일한 대상을 가진다'

재생연결식, 바왕가, 죽음의식들은 한 생에서는 동일한 대상을 취한다. 예를 들면 재생연결식은 그가 전생에서 마지막으로 취했던 인지된 업(깜마)을 대상으로 한다. 이 동일한 대상만을 바왕가, 죽음의식에서도 다시 대상으로 삼는다. 혹은 재생연결식이 형상인 업의 표상(깜마니밋따)을 대상으로 한다면 바왕가, 죽음의식 또한 저 업의 표상을 대상으로 취한다. 재생연결식이 어머니 태내의 태어날 곳의 표상(가띠니밋따)을 대상으로 했다면 바왕가, 죽음의식 또한 저 태어날 곳의 표상만을 대상으로 삼는다.

마음의 모습을 '윈냐낫티띠viññāṇaṭṭhiti'라 부른다. 중생들의 장소를 '삿따와사sattāvāsa'라 부른다. 이제 7가지 마음과 9가지 중생들의 영역을 보여주고자 한다. 상세한 것은 『상기띠』경의 주석서를 참조하고, 『지나랑까라띠까』에 언급된 요지는 아래와 같다.

다양한 형상과 다양한 지각을 지닌 중생nānattakāya, nānattasaññī

천인과 인간, 그리고 일부 파멸된 아수라들은 작거나 크고, 빼빼하거나 뚱뚱함, 검은빛, 황색 등의 형상으로 구별되고 재생연결식으로는 선처의 뿌리 없는 마음, 두 가지 뿌리마음, 세 가지 뿌리마음 등 다양하기 때문에 '다양한 형상, 다양한 재생연결을 가진 중생'이라고 부른다.

천인과 인간, 일부 파멸된 아수라
긴 몸과 짧은 몸, 야윈 몸과 뚱뚱한 몸,
검은 몸과 황색 몸 등의 다양함으로
형상은 다양하게 구별된다.
재생연결식도 다양하게 구별된다.
그러므로 이 중생들을
다양한 몸의 형상,

다양한 재생연결식을 가진 중생이라 부른다.

다양한 형상과 하나의 지각을 지닌 중생nānattakāya, ekattasaññī

사악처의 중생들은 몸의 형상이 다르다. 그러나 재생연결식으로는 악처의 뿌리 없는 재생연결만 있다. 초선 색계인들 역시 몸의 형상이 다르다. 그러나 재생연결식으로는 초선 과보마음만 있다. 그러므로 이들을 '다양한 형상과 하나의 재생연결식을 가진 중생'들이라 부른다.

모든 악처 중생들
세 종류인 초선 영역의 범천들
이들은 다양한 형상과
하나의 재생연결식을 지닌 중생이라 부른다.

하나의 형상과 다양한 지각을 지닌 중생ekattakāya, nānattasaññī

제2선 영역의 범천들은 몸의 형상은 동일하나 재생연결식은 제2선 과보마음과 제3선 과보마음 두 종류를 지닌다. 그러므로 동일한 형상과 다양한 재생연결식을 가진 중생들이라 부른다.

하나의 형상, 하나의 지각ekattakāya ekattasaññī

제2선보다 상위 범천들은 각자의 영역에서 형상도 동일하고, 재생연결식도 서로 동일하기에 하나의 형상, 하나의 지각을 가진 중생이라 부른다.

제2선 영역 범천들은 형상은 같고

재생연결식으로는 구별되는 중생이라 부른다.
저 범천 외에 다른 범천들은
하나의 형상과 하나의 재생연결식을 가진다.

7가지 마음의 모습viññāṇaṭṭhiti

4종류의 '다양한 형상과 다양한 지각을 가진 중생' 등에 하위 무색계 세 영역을 합쳐 마음의 모습은 7가지가 된다.

9가지 중생들의 영역

7가지 중 무상유정無想有情과 비상비비상처천非想非非想處天이라 불리는 최상층bhavagga을 합치면 존재들의 영역은 9가지가 된다.

세 곳의 하위 무색계 천인 등의
마음의 모습은 7가지이다.
최상층의 지각을 가진 존재들,
지각이 없는 존재인 무상유정 범천들,
이같이 존재들이 머무는 영역은 9가지이다.

네 가지 업의 모임

kammacatukka

네 가지 작용

janakaṁ, upatthambhakaṁ, upapīḷakaṁ, upaghātakañceti kic cavasena.

과보를 낳는 업(자나까깜마), 지지하는 업(우빳탐바까깜마), 방해하는 업(우빠삘라까깜마), 파괴하는 업(우빠가따까깜마) 이것이 작용과 연관된 네 가지 업이다.

해설

아누룻다 존자는 네 개조 업을 네 가지 방법으로 구분하여 보였다. 이중 네 가지 작용[kiccacatukka], 네 가지 과보를 주는 차례[pākadānapariyāyacatukka], 네 가지 과보를 주는 시간[pākakālacatukka]의 세 가지는 경장의 방법이다. 4가지 과보를 주는 장소[pākaṭṭhānacatukka]만이 논장 방법이다. 경장방법은 일반적인 경우에 따라 설하신 방법이다. 논장방법만이 정확하고 논리적인 방법이다. 경장의 방법으로 보인 네 개조의 세 가지를 통해 앗타까타, 띠까의 직접적 방법뿐 아니라 후대의 띠까 스승들과 이 글을 쓴 이의 의향까지 엿볼 수 있다.

네 가지 작용

janeti(일으키게 한다) iti(그러므로) janakaṁ(과보를 낳는 업이라 부른다) upatthambhati(지지한다) iti(그러므로) upatthambhakaṁ(지지하는 업이라 부른다) upagantvā(밀착하여) piḷeti(괴롭힌다) iti(그러므로) upapīḷakaṁ(방해하는 업이라 부른다) upagantvā(밀착하여) ghāteti(소멸시킨다) iti(그러므로) upaghātakaṁ(파괴하는 업이라 부른다)

여기서 '일으키고 지지하고 괴롭히고 소멸한다'란 것은 업의 작용들이다. 작용으로 구분하여 '4가지 기능에 따른 업'이라 부른다.

과보를 낳는 업(자나까깜마)

재생연결 순간과 삶의 과정에서 과보마음, 마음부수, 업으로 생긴 물질(깜마자루빠), 깜마빳짜야(업의 연기법, 業緣)에 영향 받은 기온에서 생겨나는 물질(우두자루빠) 등을 일으키는 선의 의도와 불선의 의도를 과보를 낳는 업(자나까깜마)이라 한다.

이 과보를 낳는 업은 재생연결순간에 재생연결식, 마음부수, 업으로 생긴 물질 및 천상의 궁전과 지옥의 칼 등의 깜마빳짜야(업의 연기법, 業緣)에 영향 받은 기온에서 생겨나는 물질을 일으킨다. 삶의 과정에서 오식五識, 받아들이는 마음, 조사하는 마음, 등록하는 마음, 욕계 선의 과보마음[마하위빠까] 등의 과보마음과 매 순간 업으로 생긴 물질들을 일으킨다.

불선업으로 인하여 축생계에 봉황, 용, 코끼리, 말 등으로 탄생했지만 삶의 과정에는 아름다운 모습과 궁전 등을 얻을 수 있도록 삶의 과정에서 과보를 주는 선업善을 과보를 낳는 업이 형성시킨다. 선업 때문에 인간이나 천상에 탄생하였지만 삶의 과정에서는 아름답지 못하고 원치 않는 물질들이 생겨나기도 하고, 궁전을 가진 아귀들처럼 낮에는 행복하게 지내지만 밤에는 고통을 받아야 하는 것은 삶의 과정에서 불선업의 과보를 낳는 업이 형성시켰기 때문이다. 이 과보를 낳는 업들이 삶의 과정에서 과보를 줄 때 업의 길(선처, 악처에 도달시키는 선업·불선업의 길)[20]에 도달함과 도달하지 못함이란 두 가지를 모두 일으킬 수 있더라도 재생연결의 자리에서는 업의 길에 도달한 업만이 과보를 일으킨다.

지지하는 업(우빳탐바까깜마)

과보를 낳는 업(자나까깜마)과 이 업 때문에 일어난 과보를 지지하고 돕는 의도를 '지지하는 업(우빳탐바까깜마)'이라 부른다.

임종 무렵 선善속행이 일어나면 다음 생에 선의 과보를 받게 되고, 불선업의 속행이 일어난다면 불선의 과보를 받는다. 죽음직전의 선, 불선 속행들이 스스로 과보를 도출하지 못한 채 물이 흐르는 수로를 만들듯 다른 업들이 보다 나은 기회를 갖도록 돕는다면 지지하는 업이다. 평소 삶의 과정에서 많은 선업을 지었다면, 이 선업들의 지지로 과거의 선업들이 과보를 줄 기회를 얻게 된다. 평소 많은 불선을 지었다면, 이 불선업들이(지지하는 업) 지지하여 과거의 불선업은(과보를 낳는 업) 과보를 줄 기회를 얻게 한다.[많은 불선을 행하면 지지하는 업의 힘으로 과거의 불선업(과보를 낳는 업)의 과보를 빨리 많이 받을 수 있다는 의미이다]

또한 과보를 낳는 업들이 결과를 줄 때가 되면 힘 있는 결과를 줄 수 있도록 뒷받침한다. 보리살타의 재생연결에서 재생연결식의 과보를 줄 하나의 과보를 낳는 업이 강한 힘을 발휘할 수 있도록 그가 쌓은 무수한 바라밀 선업들이 둘러싸 지지한다. 세상에 많은 악행을 범한 사람에게 하나의 허물이 드러나면 앞의 허물들이 뒷받침하여 무거운 죄과를 받게 되는 것과 같다. 이것이

---

20. kammapatta(업의 길) - 선처, 악처에 이르게 하는 선, 불선의 길. 이 업의 길란 업에 도달했다고 번역할 수 있다. 다음 탄생마음, 즉 재생연결식을 일으키는 업이 될 수 있는 힘이 있다는 뜻이다. 우리들은 일상에서 무수한 선 혹은 불선의 업들을 짓고 있는데 이 중에서 업의 길에 도달했다고 말할 수 있는 업은 재생연결식의 결과를 줄 수 있을 정도의 힘있는 업을 지었다는 뜻이 된다.

과보를 낳는 업을 돕는 지지하는 업의 역할이다.

'지지하는 업'은 '과보를 낳는 업'이 만든 과보를 긴 시간 확고히 이어지도록 돕는다. 선善의 과보를 낳는 업 때문에 인간이나 천상의 삶을 얻도록 하고, 인간과 천상의 존재로 긴 시간 머물도록 선善의 지지하는 업이 위험과 적으로부터 보호한다. 긴 수명이 지속될 수 있도록 좋은 약을 얻게끔 돕는다. 불선不善의 과보를 낳는 업 때문에 개의 몸을 받았는데, 왜소하고 볼품없는 개의 삶이 연장되도록 불선 지지하는 업이 돕는다. 이것이 앗타까타와 띠까에서 선의 과보를 낳는 업(자나까깜마)을 선의 지지하는 업(우빳탐바까깜마)이 돕고 불선의 과보를 낳는 업을 불선의 지지하는 업이 돕는 모습이다.

그와 상반되게 선의 과보를 낳는 업을 불선의 지지하는 업이 돕는 모습과 불선의 과보를 낳는 업을 선의 지지하는 업이 돕는 모습 또한 있다. 강대국에서 불선한 무기의 힘이 선의 힘 때문에[강대국이 될 수 있게 한 국가적인 견지에서의 선善자나까깜마] 세상을 호령하는 실력을 행사케 하는 것은 선의 과보를 낳는 업과 그 업의 결과가 불선의 지지하는 업을 지원한 예다.[2차 세계대전을 보고 하신 말씀이다] 악행으로도 계속 번성한 경우이다.

개를 위험에서 구하여 음식과 마실 것을 주어 잘 보살핀다면, 과거의 선업이 지지하여 불선의 과보를 낳는 업으로 인해 개의 몸으로 긴 시간 머물 것이다. [지지하는 업의 경우에는, 업의 길에 도달하든지 도달하지 못하였든지 간에 꿈에서 일어난 의도, 오문을 통해 일어난 의도조차 지지하는 업이 될 수 있다]

방해하는 업(우빠삘라까깜마)

다른 업과 계속되는 업의 과보를 방해하고 누르는 업을 방해하는 업(우빠삘라까깜마)이라 한다. 앞에서 선의 의도는 다른 불선들이 과보를 줄 기회를 갖지 못하도록 방해한다고 했다. 현생에서 스승이나 부모님께 허물을 짓거나 고귀한 분들께 죄를 지으면 과거의 선업이 결과를 줄 기회를 막거나 없앤다.

다른 업이 결과를 줄 기회를 얻었더라도, 그 결과가 강력하지 못하도록 누른다. 본래 온전한 몸을 얻을 수 있는데도 불선의 업이 방해하여 선천적 장님이 되는 과보를 받기도 한다. 아자따삿뚜 왕은 아버지 빔비사라 왕을 죽인 불선업으로 무간지옥에 떨어지는 과보를 받아야 하지만, 부처님과 승단을 흠모한 선업들로 인하여 무간지옥 옆의 소지옥에 떨어진 결과는 여기에 속한 사례이다.

자라는 나무에 칼질을 하면 번성하지 못하듯, 어떤 업이 결과를 번성치 못하게 하고 지속되지 못하도록 누르고 방해하는 경우도 있다. 선善의 과보를 낳는 업으로 인간의 몸을 얻었을지라도 삶의 과정에서 불선업으로 큰 병이 들거나 친족이 재물과 지위를 잃는 등 마음이 괴로울 수가 있다. 이는 불선업이 선업의 결과를 괴롭히고 방해하기 때문이다.

선업이 불선업의 결과를 방해하는 모습은 경전에서는 명확하게 나타나지 않는다. '불선업으로 개, 용, 봉황 등으로 태어나 불선업의 본성대로 고통스러워해야 마땅하더라도 풍족하게 먹고 마실 수 있는 것은 선업이 불선업의 본성대로 결과를 받지 않게, 불선업의 과보를 누르고 방해하였기 때문이다' 라고 할 수 있다. 그렇지만 방해하는 모습은 명확하지 않기에 이 말은 생각해볼 필요가 있다. 경전에서는 불선업과 연관된 것을 선업이 누르는 모습과 선업과 연관된 것을 불선업이 누르는 모습만 명확히 묘사하고 있다. 그리고 불선업 때문에 일어난 과보를 또 다른 불선업이 다시 괴롭혀 누르는 경우도 있다. 예컨대 불선업 때문에 개의 몸을 받았는데 또 다른 불선업이 얹혀져 굶주리고 마르고 병든 개의 경우이다.

파괴하는 업(우빠가따까깜마)

방해하는 업은 그저 방해하는 정도의 위력이나, 파괴하는 업(우빠가따까깜마)은 업을 또는 다른 업의 결과를 아예 단번에 소멸시켜 버린다. 방해하는 업은 다른 업을 눌러 당장 결과를 주지 못하는 정도만 가능하지, 뒤에 전혀 결과를 주지 못하게는 할 수 없다. 그러나 파괴하는 업은 뒤에 전혀 결과를 주지 못하도록 단번에 소멸시킨다. 방해하는 업은 다른 업의 결과를 누르고 방해할 때, 어떤 존재가 그저 무력하고 추해지며 병이 많아지는 정도로 개입한다. 그러나 파괴하는 업은 존재 자체를 단번에 죽게 할 만큼 강력한 힘을 행사할 수 있다.

예컨대 도道에 도달한 큰 선업이 무수한 사람을 살생한 앙굴리말라의 불선업을 단번에 소멸하고 끊어냄으로써, 다음 생에서 과거의 불선업이 익지 못하도록 아예 절멸시켜 버렸다. 그리고 데와닷따가 초기에 닦은 색계 선정의 선업을, 아자따삿투 왕자를 현혹하고 부추긴 불선업이 소멸시켰기 때문에, 그가 질병에서 회복되지 못하고 무간지옥에 떨어진 사례에서도 다른 업을 소멸시키는 파괴하는 업의 위력을 엿볼 수 있다.

파괴하는 업이 다른 업을 결과를 소멸시킬 때의 세 가지 모습이 있다.

1. 소멸시키기만 하는 경우
2. 소멸시킨 뒤 다른 과보를 낳는 업에게 기회를 주는 경우
3. 소멸시킨 뒤 자신이 연속해서 재생연결식의 과보를 주는 경우

『담마빠다』에 나오는 짝쿠빨라 존자의 이야기는, 의사였던 전생의 불선업이 선善의 과보를 낳는 업(자나까깜마)이 형성시킨 업으로 생겨난 물질인 시각물질을 소멸시킨 경우, 마하목갈라나 존자가 전생에 어머니를 죽였던 불선업 때문에 오백 도적을 만나 대열반에 들게 되었던 등의 사례는, 업의 결과를 소멸시켜 과보가 계속 이어가지 못하도록 한 파괴하는 업의 힘이다.

빔비사라 왕은 탑에서 신발을 신었던 과거 생에 불선업 때문에 파괴하는 업이 개입하여 발바닥이 칼로써 난도질당한 뒤에야 다른 선善의 과보를 낳는 업에 의하여 사천왕천 천상에 탄생할 수 있었다.[자세한 이야기는 『실라칸다』 사만냐팔라경을 보도록 하라.] 사마와띠 왕비와 궁녀들은 과거 불선업의 파괴하는 업으로 불태워진 뒤에야, 선善의 과보를 낳는 업에 의하여 천상과 범천으로 올라갔다.[자세한 이야기는 『담마빠다』 아빠빠마다완가 경을 보아라.]

이처럼 자신은 소멸시킨 다음, 다른 과보를 낳는 업에게 기회를 주는 파괴하는 업도 있다. 이를 『위바위니띠까』에서는 다음과 같이 언급하고 있다. '과보를 낳는 업은 다른 업의 결과를 소멸시키지 않고 자신의 결과만을 일으킨다. 파괴하는 업은 다른 업의 결과를 먼저 소멸시킨 뒤 재생연결을 연속해서 일으킨다' 그러나 이 말이 여기서는 적당하지 못하다. 위의 사례들은, 다른 업의 결과를 소멸시킨 것을 보여줬을 뿐, 스스로 재생연결을 연속적으로 초래한 겨우는 아니었다. 그러므로 『위바위니띠까』의 이 말은 위의 흐름에 적절치 못하다. 그렇지만 아래의 이야기들

과 적합할 것이다.

둣시마라란 마나 천인이 깟사빠 부처님의 좌우 제자인 큰 성문의 머리를 돌로 내리쳤다. 난다란 식인 거인 이 역시 사리뿟따 존자의 머리를 손으로 두들겼다. 까라부 왕은 보리살타이신 칸다와디 수행자를 죽도록 괴롭혔다. 이들은 이 불선업 때문에 무간지옥에 떨어졌고, 그들의 오온五蘊은 소멸되었다. 그러므로 '파괴하는 업은 다른 업의 결과를 모두 끊어 소멸시킨 뒤, 다른 업에 결과를 줄 수는 있지만, 스스로 결과를 일으키지는 못한다' 라는 『위바위니띠까』 스승들의 견해 또한 이 이야기의 흐름과는 적당하지 않다. 이야기들에서는 파괴하는 업 스스로 재생연결의 결과를 연속해서 가져온다. 그러므로 이 견해는 위의 예들과는 적당하지 않지만, 빔비사라왕과 사마와띠 왕비의 이야기들과는 순응하는 바 있다.

그 외 강력한 선업이 선善의 과보를 낳는 업의 결과를 소멸하는 경우도 있다. 과거에 선정을 얻은 빅쿠 세 분이 죽음의 직전, 예전에 살던 장소에 집착함으로써 선정이 사라져 사천왕천의 건달바 천인으로 탄생했다. 그 뒤 두 천인은 과거의 선정을 다시 획득하여, 그 선정이 욕계 선善의 힘으로 생겨난 과보를[건달바 천인의 삶을] 소멸시키므로 색계에 다시 태어나게 되었다. [상세한 이야기는 『마하왁가』 삿까빤냐 경을 보라]

불선不善의 과보를 낳는 업의 결과를 불선이 소멸시킨 경우도 있다. 예를 들면 불선 때문에 개로 태어난 과보를 더 큰 불선업이 익게 되자, 괴롭힘을 당하여 일찍 죽음을 맞게 된 경우이다. 개의 생에서 성별이 바뀔 때[숫놈이 암놈 등으로 성전환 됨] 불선不善의 과보를 낳는 업 때문에 생겨난 성별이 불선不善의 파괴하는 업으로 인하여 사라지게 됨이다. 'duggatiyaṁ pana ubhinnaṁ uppattivin āso ca akusala kammeneva - 사악처에서 두 가지 업이[불선不善의 과보를 낳는 업과 불선不善의 파괴하는 업] 생겨나고 소멸되는 것은 오직 불선업의 힘 때문에 일어난다' 고 『사랏타』 띠까에서 언급하고 있다.

이와 같이 앗타까타와 띠까들에서 선善, 불선不善에서 과보를 낳는 업과 지지하는 업을 같은 부류로 구분하고, 방해하는 업과 파괴하는 업을 같은 부류로 구별하고 있지만, 후대의 띠까에서는 일어날 수 있는 모든 것을 뒤섞어 보여주기 때문에 이 자리에서는 일반적으로 보인 것이다.

네 가지 과보를 주는 차례

garukaṁ, āsannaṁ, āciṇṇaṁ, kaṭattākammañceti pākadānapariyāyena.

무거운 업(가루까깜마), **죽음 직전의 업**(아산나깜마), **습관이 된 업**(아찐나깜마), **행한 업**(까땃따깜마) **이것이 과보를 주는 차례에 따른 네 가지 업이다.**

해설

무거운 업(가루까깜마)

garuṁ(무거운 결과를) karoti(만든다) 그러므로 garukaṁ(무거운 업이라 부른다.) 또는 garuka란 '무거운' 의미를 뜻하는 단어를 분석할 수 없는 말이라 한다. 무거운 업은 선善의 자리로는 큰 힘과 영광의 범천계라는 자리까지 결과를 주고, 불선의 자리에서는 오역五逆죄인 무간업, 즉 불변하는 업(아난따리야깜마)에 떨어뜨린다. [반드시 무간지옥에 떨어지는 결정사견[니야따밋차딧티]은 앗타까타와 과거의 띠까들에서 보여주진 않으나, 현재는 가루까깜마 속에 포함시킨다. 내생[두 번째 생]에 과보를 주는 업을 보이는 자리이기에 여기에서는 도道를 무거운 업에 포함시킬 수는 없다.]

근본적으로 무거운 업을 가루까깜마라 한다. 다른 업이 압도하고 압도하지 못하고는 이 무거운 업과는 연관이 없다. 그러므로 두세 가지의 무간업을 함께 범하면, 그 중에서 가장 무거운 업의 과보를 받는다. 두세 가지 선정을 더불어 성취하면, 상위 선정에 의한 결과를 받는다. 이에 나머지 과보를 주지 못한 업들을 무거운 업이라 이름할 수 없지 않은가란 물음에, 본래가 무거운 업들이기에 무거운 업이란 이름을 얻었으므로 변함이 없다.

불변하는 업 혹은 무간업(아난따리야깜마)

anantare(죽음의 바로 뒤 결과에) niyuttaṁ(결합한 업이다) 그러므로 ānantariyakamma(결과를 줌에 있어 불변하는 업, 무간업)라 부른다.

바로 다음 생에서 과보를 주는 업을 불변하는 업(아난따리야깜마)이라하고 무간업이라고도 부른다. 무간업에 해당하는 업을 두세 가지 함께 범하면 보다 힘이 강한 압도적인 업이 바로 뒤의 재생연결에 결과를 준다. 그러나 힘이 약한 업들은 이 힘이 강한 업을 지지하여 돕는다. 이처럼 지지하기에 자신들도 무간업의 성질을 띠게 된다. 『아누띠까』 닉케빠깐다에 의하면 무간업이란 모친살해 등의 도저히 벗어날 수 없는 무간지옥의 형벌을 받는 5가지 업을 말한다.

모친, 부친 살해 업

어머니나 아버지임을 알면서 살해한 행위 및, 자신의 부모임을 알았건 몰랐건 간에 만약 죽이려는 의도로 그분들을 살해했다면, 이것은 그저 큰 업이 아닌 무간업(아난따리야깜마)이다. 짐승의 몸이면 무간업에 이르지는 않겠으나 무간업만큼 허물이 크다[무거운 결과를 받게 된다]. 타인을 죽이려는 의도로 총을 발사했는데 사고로 부모께서 돌아가시더라도 부모를 살해한 큰 무간업이 된다고 세 번째 『빠라지까』 주석서 앗타까타 등에서 언급하고 있다.

아라한을 살해한 업

아라한을 살해한 업이다. [아라한이 되기 전 무력을 행사하였는데 만약 아라한이 된 뒤에 죽는다면, 이는 아라한의 생을 끊어낸 것이므로 아라한을 살해한 업에 해당된다.]

부처님의 몸에 피가 엉기게 한 업

데와닷따는 영취산 아래에서 경행하시는 부처님을 살해하려는 의도로 큰 바위를 굴렸으나, 산중턱에 걸린 바위에서 떨어져 나온 돌맹이가 부처님의 엄지발가락에 부딪쳐 피멍이 들어 부풀어 올랐다. 비록 미수에 그쳤으나, 부처님을 살해하려는 분명한 의도에서 비롯된 악업이므로 악의로 인해 업의 길(악처에 떨어지는 불선업의 길)[21]에 이르게 된다.

승단 분열의 업

승단을 분열시킬 의도로 한 계단에서 승단이 함께 승단의 일

21. byāpāda kammapatha(브야빠다 업의 길; 악의라는 악처에 떨어지는 불선업의 길) 업의 길이란 선처, 악처에 이르게 하는 재생연결이란 과보에 도달시킨다. 업이란 두 종류의 결과를 줄 수 있다. 업의 길에 도달한 업이란 재생연결의 과보를 준다. 업의 길에 도달하지 않은 업이란 재생연결의 과보는 주지 못할지라도 빠왓띠(입태, 죽음의식을 제외한 삶의 전 과정)에서 결과를 준다.

(kamma)을 행하지 못하도록 저편과 우리 편으로 분열시켜 동시에 승단의 일이 일어나도록 궁리와 계획을 세운 사람에게는 승단 분열의 업에 적용된다. 그러나 한 계단에서 한 편이 끝난 뒤, 다른 한 편이 승단의 일을 행하고, 업의 문의[22] 구별 등은 승단 분열의 업에 적용되지 않는다.

만약 한 계단에서 승단의 대소사를 동시에 편을 나누어 승단의 일로 치르면 승단 분열의 업에 적용된다. 그러나 일반 속인이나 사미승들이 함께 관여하였더라도 그들은 승단의 일원이 아니므로 승단 분열의 업을 범했다고 할 수 없다. 또한 공동체(마을이나 도시의 단체)에서 승단이 분열되도록 궁리 계획하였다면, 그 불선업이 가중되어 승단 분열의 업에 버금갈 정도의 큰 허물을 지은 셈이 된다.

오역죄 중 하나를 범했다면 죽는 순간, 곧 바로 무간지옥에 떨어진다. 아자따삿뚜 왕은 부친을 살해한 업으로 무간지옥을 둘러싸고 있는 소지옥에 떨어졌으며, 그런 소지옥 역시 무간지옥에 포함된다. 오역죄 중 승단 분열의 업은 가장 큰 죄가 된다. 승단 분열의 죄과는 지옥이 존재하는 한 즉, 우주가 지속하는 한 벗어날 수 없는 고초를 당해야 하는 무거운 업이다. 나머지 4가지 오역죄는 우주가 멸망할 때까지 형벌을 받는 것이 아니다. 경중에 따라 다른 죄과를 받는다. 만약 오역죄 모두 범했다면 승단 분열의 업이 다른 4가지를 제압하여 재생연결을 일으키므로, 나머지 업으로는 무간지옥에 떨어지지 않는다. 그렇지만 뒤의 생에서 적당한 기회가 주어지면 삶의 과정에서 상응하는 과보를 받는다. 앞의 네 가지의 오역죄를 범했다면 부처님을 해하려 했던 불경한

---

22. 업의 문(깜마드와라)의 구별됨 — 입으로 말하지 않은 채 몸짓 등으로 의미를 전함, 같은 뜻의 다른 단어를 사용하여 구별한 정도로는 이 승단을 분열시키는 업에 이르지 못한다.

업이 압도적이다. 세 가지를 범하였다면 아라한 살해 죄가 가장 무겁다. 두 가지 업을 범했다면 부모 두 분이 계행에 있어 동등한 위치라면, 어머니의 은혜가 보다 크기 때문에, 모친 살해의 업이 재생연결을 일으킨다. 계율을 수지한 어머니였다면 더 말할 필요가 없다. 아버지 쪽의 계행이 보다 출중했다면 부친 살해의 업이 더 결정적이다.

죽음 직전의 업(아산나깜마)

죽음 직전의 속행에서 기억하거나 행한 업은 '죽음 직전의 업'라 부른다. 일부의 선업 및 불선업들은 오래전 행한 뒤 다시 기억해 내지 못하다가 죽음 직전에 기억케 되기도 한다. 그런 업을 'āsanne(죽음 직전에) anussaritaṁ(기억된다)' 라는 뜻에서, 죽음 직전의 업이라 부른다. 죽음 직전 법문을 듣거나 꽃과 향불을 공양 올리거나 혹은 서로 다투어 싸우는 등, 임종 무렵 행한 업들을 죽음 직전의 업이라 한다.

습관이 된 업(아찐나깜마)

'ācīyate vaḍḍhāpīyate(증가시킨다.) iti(그러므로) āciṇṇakamma(습관이 된 업)라 한다' 는 풀이에 따라 살생, 도둑질 등을 습관적으로 행하여 생계로까지 삼은 불선업이다. 선업으로는 보시, 지계, 수행, 경전을 가르침 등이다. 끊임없이 익혀진 업을 아찐나깜마(끊임없이 익혀 습관이 된 업)라 부른다. 어떤 불선업을 행한 뒤, 그것을 자주 기억하여 후회하는 후회로 불쾌한 마음을 거듭 일으킨다면 오래전에 단 한번 행한 불선업이 습관이 된 업이 될 수도 있다. 이와 대조적으로 정성을 다해 행한 선업을 자주 기억하며 행복해하고 즐거워한다면 그 한 차례의 선업도 습관이 된 업이라 부른다.

죽음 직전의 업(아산냐깜마), 습관이 된 업(아찐나깜마) 중 [바로 다음 생에 재생연결을 일으키는 것은 고려하지 않고 본성품대로만 말하면] 습관이 된 업이 죽음 직전의 업보다 힘이 강하다. 그러므로 경전이나 주석서에서 'yabbahulaṁ yadāsannaṁ - 이같이 많이 행한 업, 죽음의 직전에 기억된 업' 이라고 죽음 직전의 업을 뒤에 둔다. 많이 행한 업이란 습관이 된 업(아찐나깜마)에 속하는 업이다.

그러나 『앙굿따라』 주석서에서 많이 행한 업과 습관이 된 업은 동일시하지 않는다. 오래전 온힘을 다해 한 차례정도 행한 뒤 임종 직전에 기억하게 된 죽음 직전의 업과 비슷한 업을, 많이 행한 업(yabbalulaṁ)에 포함시키고 있다.

근본 성질에 있어 죽음 직전의 업 보다 습관이 된 업이 강력할지라도, 바로 다음 생에 재생연결의 과보를 일으킴에서 죽음 직전의 속행과 근접한 습관이 된 업이라면 보다 강력한 위치가 될 것이다. 죽음 직전의 속행에 나타나는 인지된 업(깜마), 업의 표상(깜마니밋따), 태어날 곳의 표상(태어날 곳의 표상) 중 압도적인 하나가 재생연결을 일으킬 것이다. 그러한 죽음 직전의 속행에 압도적 대상(니밋따)으로 나타나는 업은, 오래전의 익혀 습관이 된 업보다, 죽음직전의 속행에 보다 근접한 습관이 된 업이라면 보다 더 영향력이 있을 수 있다. 좋은 예로는, 『앙굿따라』 주석서에 나오는 외양간 소의 비유를 들 수 있다. 이같이 죽음 직전의 업이 습관이 된 업보다 결과를 먼저 줄 수 있기 때문에 죽음 직전의 업을 습관이 된 업의 앞에 둔 것이다.

소의 비유

아침에 외양간 문을 열면, 문 앞에 있던 늙고 큰 소가 가장 먼저 나오듯, 죽음직전의 업은 오래 익혀 습관이 된 업만큼 힘은 없을지라도 죽음직전에 일어난 속행과 밀접하기 때문에 가장 먼저 나와서 재생연결을 줄 수 있다. 만약 외양간 입구의 큰 소가 일어설 수조차 없이 늙고 약하다면 제일 먼저 나올 수 없듯이, 인지된 업(깜마), 업의 표상(깜마니밋따), 태어날 곳의 표상(가띠니밋따)로 드러날 수조차 없는 죽음직전의 약한 업은 거듭 익혀 습관이 된 업을 압도할 수가 없다.

행한 업(까땃따깜마)

kaṭattāeva(이미 행한 뒤의 상태에서만) kammaṁ(업이다) 그러므로 kaṭattā kammaṁ(행한 업이라 불린다)

과거 생의 업과 현생에서 무거운 업(가루까깜마), 죽음직전 업(아산냐깜마), 습관이 된 업(아찐나깜마) 등도 될 수 없는 무심코 부주의하게 행한 업을 말한다. karīyateti(행하여졌다. 그러므로) kammaṁ(업이라 부른다)는 풀이에 따라 이미 행한 업들은[가루까깜마, 아산냐깜마, 아찐나깜마 모두] '행한 업(까땃따깜마)'란 이름을 얻을 수 있다. 그러나 고귀한 마음(색계, 무색계) 업 등에서 무거운 업 등으로 차별된 이름을 이미 얻었으므로 무거운 업 등에 적합하지 않은 업만을 '행한 업(까땃따깜마)'라 이름하였다. 그러므로 kaṭattāeva(이미 행한 뒤의 상태로만)에서 'eva(만)'란 보조사로 무거운 업, 죽음직전 업, 습관이 된 업 등과 같이 차별화된 이름은 얻지 못하고, 대신 행한 업이란 일반적 이름만을 얻는다.

과보를 주는 차례로서의 네 가지 업

pākadāna pariyāya(과보를 주는 차례) — pāka(재생연결식의 과보를) + dāna(주는) + pariyāya(차례) pariyāya는 '차례'라는 의미를 지닌다고 『마니만주사띠까』에서 언급하고 있다.

다음 생에 재생연결을 일으키는 순서에 따라 네 가지 업이 있다. 네 가지 업 모두를 지은 사람이라면 무거운 업이 재생연결을 일으킨다. 무거운 업 없이[획득한 선정도 없고 불변하는 업(아난따리야깜마), 결정사견(니야따밋차딧티깜마)도 없는] 요즘 사람들은 죽음직전 업 등의 세 가지 업이 있다면, 죽음직전 업이 재생연결을 일으킨다. 죽음직전 업이 없는 [갑자기 즉사하거나 혼미하여 죽는] 사람이 습관이 된 업 등의 두 가지 업을 지었다면 습관이 된 업이 재생연결을 일으킨다.

앞의 세 가지는 현생에서 지은 업이다. 행한 업(까땃따깜마)은 현생에서 부주의하게 무의식적으로 지었지만 무거운 업 등에는 미치지 못한 업과 과거 생에서 지은 업들이다. 그러므로 누구도 행한 업에서 벗어날 수는 없다. 무거운 업 등의 세 가지 업이 없다면, 행한 업이 재생연결을 일으킨다. 내생에서 좋고 나쁨을 결정하는 것은, 현생에서 지은 강력한 업이다. 이런 강력한 업들이 없다면, 과거생의 업들이 과보를 줄 기회를 얻는다.

주목

『앙굿따라띠까』에서는 무거운 업 등에 이르지 못한 현생의 일반적 업을 행한 업(까땃따깜마)라 하지 않고, 과거생의 업만을 행한 업이라 명하고자 한다. 그렇다면 현생에서 부주의하게 무의식적으로 지은 [행한 뒤 기억해내지 못하는] 많은 업들이 있다. 그 업들을 무거운 업 등의 세 가지 중 어디에 귀속시켜야 하는가? 귀속시킬 필요가 없다. 이 네 가지 업에서 벗어난 다른 업이란 없다. 그러므로 『앙굿따라띠까』 등의 견해는 모든 업을 함축하지 않았을 뿐 아니라 '이 무거운 업 등의 업에서 벗어난, 부주의하게 행한 업을 행한 업이라 한다' 라는 『앙굿따라주석서』에도 순응하지 않는다. 그러므로 '과거생의 업만을 행한 업이라 한다' 는 『앙굿따라띠까』의 견해는 타당치 않다.

네 가지 과보를 주는 시간

diṭṭhadhammavedanīyaṁ, upapajjavedanīyaṁ, aparāpariyavedanīyaṁ, ahosikammañceti pākakālavasena cattāri kammāni nāma.

금생에서 과보를 주는 업(딧타담마웨다니야깜마), 내생에서 과보를 줄 업(우빠빳자웨다니야깜마), 세 번째 생부터 과보를 줄 수 있는 업(아빠라빠리야웨다니야깜마), 효력을 잃은 업(아호시깜마). 이것이 과보를 주는 시간에 따른 네 가지 업이다.

네 가지 과보를 주는 장소

tathā akusalaṁ, kāmāvacara kusalaṁ, rūpāvacarakusalaṁ, arūpāvacarakusalañceti pākaṭānavasena.

과보를 주는 장소에 따른 네 가지 업이 있다. 이는 불선업, 욕계 선업, 색계 선업, 무색계 선업이다.

해설

과보를 낳는 시간으로 구분한 네 가지 업을 'pākakālacatukka'

라 한다. 인식과정을 통해 과보를 생산할 수 있는 것은 오직 속행뿐이다. 속행이란 선 혹은 불선마음 중 하나를 취하여 강한 속행으로 빠르게 연속해서 일어나는 의식을 말한다. 이 7차례의 속행에서도 그 과보를 낳는 시간으로써 구분이 있다. 7번의 속행 중 1번째 속행은 '금생에서 과보를 주는 업' 이다. 7번의 속행 중 7번째 속행은 '내생에서 과보를 줄 업' 이다. 재생연결과 삶의 과정의 과보 둘 다 혹은 하나를 일으키며 내생인 2번째 생에서 과보를 준다. 7번의 속행 중 중간 5번의 속행은 '세 번째 생부터 과보를 줄 수 있는 업' 이다. 세 번째 생에서 시작하여 열반을 얻을 때까지, 조건이 갖추어진다면 언제든 결과를 줄 수 있는 업이다.

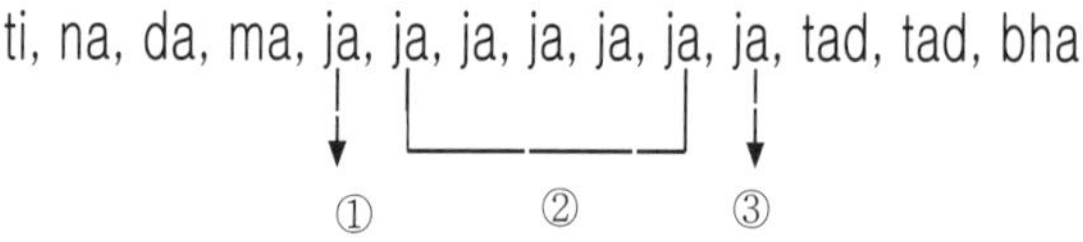

① 딧타담마웨다니야깜마 - 금생에서 과보를 주는 업. 7번의 속행 중 1번째 속행.

② 아빠라빠리야웨다니야깜마 - 세 번째 생부터 과보를 줄 수 있는 업. 7번의 속행 중 2번째에서 6번째까지의 다섯 속행.

③ 우빠빳자웨다니야깜마 - 내생에서 과보를 줄 업. 7번의 속행 중 7번째 속행.

tī = 아띠따바왕가 - 지나간 바왕가

na = 바왕가짤라나 - 진동하는 바왕가

da = 바왕구빳체다 - 끊어내는 바왕가

ma = 마노드와라왓자나 - 의문意門전향마음

ja = 자와나 - 강한 여세로 6차례 ~ 7차례 일어나는 마음, 속행

tad = 따다람마나 - 속행이 취한 대상을 대상으로 하는 마음, 등록마음

bha = 바왕가 - 생의 연속체, 끊임없이 생멸하는 물질과 정신을 연속시키는 요소, 존재의 요소

금생에서 과보를 주는 업(딧타담마웨다니야깜마)

diṭṭho dhammo diṭṭhadhammo - 현재에서 직면하는 법이다. 그러므로 딧타다마(현생에서 직면하는 법)이라 한다.

diṭṭhadhammo(현재에서 생에서) vedanīyaṁ(체험되는 업이다) 그러므로 diṭṭhadhammavedanīyaṁ(금생에서 과보를 주는 업이라 부른다)'는 뜻풀이에서 '체험되는'이란 근원의 업과 연관되지 않고 결과인 과보에 연관된다. 근원인 된 업을 체험할 수는 없다. 결과인 과보만을 체험할 수 있다. 그러므로 결과인 vedanīyaṁ(체험되는 업이다)를 근원인 업에 비유하여 원인인 업만을 vedanīyaṁ라 이름하고 있다. '현생에서 과보를 주는 업'이란 의미이다. 뒤에 올 'vedanīyaṁ'란 단어도 이와 같다.

'금생에서 과보를 주는 업'이란 이름을 얻는 1번째 속행은 7번의 속행 중에서 맨 처음 일어나야 하기에 자신 앞의 마음으로부터 아세와나빳짜야(연속성의 연기법, 數數修習緣)의 영향을 받지 못하기에 뒤의 2번째 3번째 등의 속행만큼 힘이 없다. 힘이 없기에 다른 속행들처럼 재생연결식으로 이어지지 못하고 현생에서 뿌리 없는 선善과보 혹은 불선不善과보와 업으로 생긴 물질(깜마자루빠), 업을 근원으로 하는 기온으로 생긴 물질[우뚜자루빠]만을 일으킨다.

선善의 과보

마하둑가따라 불린 가난한 사람이 깟사빠 부처님께 음식을 공양올린 직후 바로 거부가 되었다. -『담마빠다』 빤디따왁가를 참조. 뿐나라 불린 가난한 부부도 사리뿟따 존자에게 음식 공양을 올린 공덕으로 곧바로 거부가 되었다. 까까와리야 부부도 마하깟사빠에게 공양을 올려 또한 거부가 되었다. 이처럼 거부가 되면 좋은 대상을 보고 듣게 되어 뿌리 없는 선善과보인 눈의 의식 등과 몸에서 선善의 업으로 생긴 물질들이 증가할 기회가 된다. 거부가 되게끔 늘어난 재물은 업을 근원으로 하는 기온으로 생긴 물질이다.

불선의 과보

난다라 불리는 젊은이는 웃빠라완나 빅쿠니를 범하였기에 곧바로 땅이 갈라져 지옥에 떨어졌다. 난다라 불린 소백정은 항상 소를 죽였는데, 어느 날 소고기 반찬이 없자, 즉시 소의 혀를 잘라 불에 구워 먹다가 자신의 혀가 잘라졌다. 이러한 고통을 당하는 것은 뿌리 없는 불선不善과보마음인 눈의 의식 등과 불선不善의 업으로 생긴 물질, 업을 근원으로 하는 기온으로 생긴 물질[23]들이 적합하게 일어났기 때문이다. - 이 모든 이야기는 『맛지마니까야』 데와다하경의 주석서에 나온다.

금생에서 과보를 주는 업의 과보는 크지 않다.

즉시 거부가 되는 것과 새로운 재생연결식을 만들어 천상에 탄생하는 두 경우를 생각해 보도록 하자. 금방 부자가 됨은 '금생에서 과보를 주는 업'의 결과이다. 새로운 재생연결식으로 천상에 탄생하는 것은 '내생에서 과보를 줄 업'과 '세 번째 생부터 과보를 줄 수 있는 업' 중 하나의 결과이다. 금생에서 과보를 주는 업은 재생연결의 과보를 생산하지 못한 채[뒤에 종자를 얻

---

23. 사람의 몸은 '업, 마음, 기온, 자양분'이란 4가지 원인의 법에 의해 생겨난다. 외부의 사물인 건물, 땅, 흙, 나무, 돌 등의 무생물체들은 '기온, 자양분'이라는 원인으로 형성된다. 이를 우뚜자루빠(기온으로 생긴 물질)라 부른다.

을 열매를 맺지 못한 채 꽃 정도만 피는 것처럼] 뿌리 없는 과보로써 삶의 과정에서의 업만을 준다. 이를 띠까에서 '금생에서 과보를 주는 업은 현생에서만 꽃송이정도의 삶의 과정에서의 결과로써 뿌리 없는 과보를 [五識의 과보] 준다' 고 언급하고 있다.

지지를 받아야 금생에서 과보를 주는 업의 결과를 준다.

첫 번째 속행은 많은 원인이 갖추어져야 이 언급한 일화 정도로써 삶의 과정에서 과보를 줄 수 있다고 한다. 첫 번째 속행은 앞 속행으로부터 아세와나빳짜야(연속성의 연기법, 數數修習緣)의 영향을 받지 못하기에, 매우 힘이 약해 'paṭipakkhehi anabhibhūtatāya - 반대편이 압도하지 않아야' [선이라면 불선이 압도하거나 방해하지 않아야] 금생에서 과보를 주는 업이 결과를 줄 수 있다. paccayavisesena(원인의 각별한 지지로) paṭiladdhavisesatāya(특별한 조건을 얻어야) [존재계, 시간, 선업을 행하는 이, 정진력' 이 네 가지 조건이 선업의 자리에서 충만하게 갖추어지고, 불선업이 결핍되어야만] 저 원인에 상응하는 힘이 있다. tādisassa(저 첫 번째 속행이 힘을 지닐 만큼의) pubbābhisaṅkhāra(선업을 짓기 전 앞에서 가졌던 의도가)[24] vasena(힘으로) sātisayā(월등하여야) 결과를 줄 수 있다'

월등한 공적을 지닌 부처님, 아라한, 아나함 등의 분들에게 공양을 올리거나 혹은 해악을 입힘으로 [마하둑가따라는 사람은 깟사빠 부처님께 음식공양을 올렸으나, 난다란 젊은이는 웃빠라완나 빅쿠니에게 악행을 한 것처럼, 월등한 공적을 가지신 분들에게 선행, 악행을 한 의도가] 금생에서 과보를 주는 업의 결과를 준다. '월등한 공적을 지닌' 등의 말은 언제나 그런 뜻은 아니다. 난다라는 소백정이 특

24. pubbābhisaṅkhāra - 앞의 부분에서 행한 의도. 의지가 있다면 이일이 왜 가능하지 않겠는가, 정진력이 있다면, 마음이 있다면, 지혜가 있다면 이 일이 왜 가능하지 않겠는가라고 뒤의 마음이 힘이 있도록 앞에서 형성시킴.

별할 것 없는 소의 혀를 잘랐으나, 일찍이 많은 소를 죽인 불선업의 도움을 받아 금생에서 과보를 주는 업의 결과를 받게 되었다. 이같이 원인의 도움과 뒷받침이 제법 완전히 갖추어져야 첫 번째 속행이 삶의 과정에서 결과를 줄 수 있다.

보시의 '금생에서 과보를 주는 업'의 이익

『담마빠다』 행복사마나 경에서 현생에서 업의 과보를 주는 네 가지 원인을 보이고 있다.

1. 아나함 혹은 아라한으로, 공양 받는 대상.
2. 공양 올리는 사람의 강한 의도
3. 법으로써 얻은 물품(공양품)
4. 보시 받을 사람이 멸진정에서 일어난 직후 등의 월등한 공적

이 조건은 보시공덕의 금생에서 과보를 주는 업과 연관된다. 다른 선, 불선과는 연관이 없다.

과보를 낳는 업(자나까깜마), 지지하는 업(우빳탐바까깜마)과 일반적으로 금생에서 과보를 주는 업(딧티담마)의 이익

'과보를 낳는 업이 금생에서 과보를 준다면 첫 번째 속행이 줄 수 있다. 하나의 업을 뒷받침할 때 7번의 모든 속행이 지지할 수 있다' 고 해설하고 있다. 일부 띠까에서 '중생에게 위험이 오지 않도록 과거업의 산물인 이 육신을 지지하는 업(우빳탐바까깜마)이 돕는다' 라고 언급하고 있다. 또한 '이 금생에서 과보를 주는 업은 현생에서 느끼지 못할 미세한 결과를 주기도 한다' 고 한다. 선행을 하는 사람의 사업이 번성하거나, 불선 때문에 왕의 처벌을 받는 등이 금생에서 과보를 주는 업의 결과 때문이라고

말한다. 이런 자리를 '이것은 첫 번째 속행이 일으킨 금생에서 과보를 주는 업이다' 라거나, '과거의 업이 과보를 주도록 현생의 업이 지지하는 업으로 뒷받침한 것이다' 라고 명료히 구분할 수 있는 분은 오직 부처님뿐이시다. 주석서, 띠까에서도 명확한 경우에만 금생에서 과보를 주는 업이라고 해설하고 있다.

내생에서 과보를 줄 업(우빠빳자웨다니야깜마)

upapajja에서 upa란 접두어는 '가까이' 라는 뜻이다. pajja = √pada(도착함) + tva이다. upapajja(가까운 두 번째 생에 도착하여) vedanīyaṁ(체험해야 할 업) 그러므로 upapajjavedanīyaṁ(내생에서 과보를 줄 업이라 부른다)

또는 'idha modati pecca modati - 현생에서 즐긴다. 내생에서 즐긴다' 등의 빨리에서 'pecca' 란 '바로 직후인 내생' 을 뜻한다. 이런 뜻으로 'upapajja(내생에) vedanīyaṁ(체험할 업을) upapajja vedanīya kamma(내생에서 과보를 줄 업이라 한다)'

내생에서 과보를 줄 업이란 7번째 속행마음의 의도이다. 보시, 지계 등의 선행과 살생 등의 악행은 이 7번째 속행에서 달성된다.

선, 불선을 행할 때 앞 속행들은 7번째 속행이 힘을 가지도록 돕고만 있고, 7번째 속행에 이르러서야 연관된 일이 완성된다. 그러므로 'atthasādhikā(일을 완성시키는) sanniṭṭhāpakacetanābhūtā(결정짓는 의도가 일어나서) sattamajavanacetanā(7번째 속행 의도를) upapajjavedanīyaṁ(내생에서 과보를 줄 업이라 한다)' 고 띠까에서 언급하고 있다. 이처럼 7번째 속행은 업을 달성시키는 핵심이다. 오역죄와 불변사견(니야따밋차딧티)들도 이 7번째 속행이다. 재생연결식을 일으킬 수 있는 의도 중 이 7번째 속행은 가장 먼저 나와 내생에 재생연결의 과보를 준다. [『물라띠까』에서는 다른 식으로 언급하고 있다]

『빠라맛타디빠니』에서 '7차례 속행 중에서 1번째 속행부터 4번째 속행까지 능력이 상승하다가 서서히 저하되어 7번째 속행에서 끝난다' 는 『앗타살라니』 출세간의 장章에 근거하여 여러 해를 길게 살지 못하는 바나나와 파파야가 빠르게 열매를 맺듯, 7번째 속행 역시 힘이 약하기에 길게 결과를 주지 못하고 바로 다음 생 정도의 과보만 준다. 즉, 제일 먼저 과보를 준다는 뜻이다. 이 말은 연관된 작용을 완성시키는 것을 제외하고도 무거운 업(가루까깜마)일 수 있는 7번째 속행의 과보가 힘이 약하다고 말하는 것은 생각해 볼 여지가 있다. 이 말은 『빠라맛타디빠니』에서 '중간의 5차례 속행의 과보가 가장 크고 가장 많다' 는 뜻에서 보인 것이다. 7번째 속행의 결과가 크지 못하고 많지 않은 이유를 뒤에서 보이겠다.

『위바위니띠까』의 견해

'7번째 속행은 재생연결식을 일으키는 것으로 삶의 과정의 과보를 준 것이다. 재생연결의 과보 없이 삶의 과정의 과보를 주는 법은 없다. 죽음 직후는 내생에서 과보를 줄 업이 결과를 주는 기회의 순간이다' 라고 『위바위니띠까』에서 언급하고 있다. 7번째 속행이 바로 다음 생에서 재생연결식으로 작용해야 삶의 과정의 과보를 줄 수 있다. 재생연결식의 과보를 주지 못한 채 단지 삶의 과정에서의 과보만 줄 수는 없다. 무엇 때문인가? 죽음 직후는[재생연결식 순간] 7번째 속행이 과보를 줄 수 있는 기회이기 때문이다. '만약 재생연결 순간에 기회를 얻지 못한다면 삶의 과정에서도 기회를 얻지 못할 것이다' 라는 뜻이다.

그러나 이 말은 적당하지 않다. 무엇 때문인가? 두 번째 생에서 재생연결로 작용하지 않고서도 삶의 과정의 과보만을 주는 많은 이야기들이 있기 때문이다. 부처님의 전생담에서, 보리살타께서는 용의 부귀영화를 갈망하여 선업을 행하셨다. 임종 직후에 불선업으로 뿌리 없는 마음인 용의 재생연결을 얻게 된다. 여기서 보리살타께서 일찍이 행하였던 선행은 재생연결식의 과보를 주지 못했으나 이 선업들로 인하여 삶의 과정을 통해 용의 부귀영화를 받게 된다.

그 외 『위바위니띠까』에서 '재생연결식으로 작용하였기에 백생 동안 삶의 과정에서 결과를 받는다' 는 스승들의 견해를 다시 언급하였다. 7번째 속행이 임종 직후에 재생연결식이 될 수 있다면 수백 생을 계속하여 삶의 과정에서 결과를 줄 수 있다는 것이다. 이 스승들의 견해 역시 적당하지 않다. 무엇 때문인가? 백생은 말할 것도 없고 세 번째 생에 도착하면 '세 번째 생부터 과보를 줄 수 있는 업' 의 영역이기에 '내생에서 과보를 줄 업' 과 '세 번째 생부터 과보를 줄 수 있는 업' 이 뒤섞일 것이기 때문이다. 세 번째 생부터 뒤의 생이 '내생에서 과보를 줄 업' 과 연관될 수 없다. 기회가 된다면 '세 번째 생부터 과보를 줄 수 있는 업' 의 과보를 줄 것이다. 『앙굿따라』 주석서에서도 '이 금생에서 과보를 주는 업 등의 3가지 업이 자리를 바꾸는 일은 없다. 자신과 연관된 자리에서만 머문다' 라고 언급하고 있다. [금생에서 과보를 주는 업, 내생에서 과보를 줄 업, 세 번째 생부터 과보를 줄 수 있는 업이라 불리는 저 3가지 업들이, 과보를 주는 시간이 뒤바뀌는 일은 없다. 자신이 결과를 줄 때 자신의 자리에서만 머문다. ― 『앙굿따라』 주석서]

세 번째 생부터 과보를 줄 수 있는 업(아빠라빠리야웨다니야깜마)

aparo(다른 하나의 생) aparoca(다른 하나의 생을) aparāparo라 한다. aparāparo yeva(계속되는 생을) aparāpariya라 부른다. 'aparāpariye(연속되는 생에서) vedanīyaṁ(경험할 업을) aparāpariyavedanīyaṁkamma(아빠리빠리야웨다니야깜마라 부른다) 이것이 지금 『아비담맛타상가하』에 있는 그대로 『위바위니띠까』, 『마니만주사띠까』에 암시된 것이다.

이것은 문법적 의미가 적합하지 못해서 'apare vā pariyāyā apare apare vā pariyāye - 미래의 결과를 주기에 적합한 생의 차례에서, 미래의 다른 생의 차례에서' 라는 경에 부합되지 않기에 'aparapariyāyavedanīyaṁ(미래의 다른 생의 차례에서 경험할 과보를 주는 업)' 라고 다른 식으로 풀고 있다. 'pariyāyati punappunaṁ āgacchati - 계속적으로 돌아온다. 그러므로 pariyāya라 부른다' 에 따라, 계속해서 연속적으로 일어나는 생을 pariyāya라 한다. 'aparoca(다른 하나이기도 하다) so(저 다른 하나란) pariyāyoca(연속하여 도는 생이기도 하다) iti(그러므로) aparapariyāyo(아빠라빠리야야라 부른다)

apara(다른)의 탈격

『위바위니띠까』에서 apara(다른)의 탈격을[동작이나 행동이 비롯하는 곳을 나타내는 격 '에게서', '한테서' 따위가 있다.] 'diṭṭhadhammato(현재 생에서)' 라고 현재 생에만 국한하고 있다. 현생을 제외한 다른 생의 연속을 'aparapariya(다른 차례에서)' 라 부른다. 만약 'diṭṭhadhammato(현재 생에서)' 를 탈격으로 취한다면, 세 번째 생부터 과보를 줄 수 있는 업은 현재 생 외에 다른 2번째 생부터 과보를 주기 때문에 '내생에서 과보를 줄 업' 과 의미가 뒤섞여 앞서 언급한 『앙굿따라』 주석서와 상반되므로, 저 'diṭṭhadhammato(현재 생에서)' 라는 탈격은 바른 것이 될 수 없다. 그러므로 『앙굿따라』 띠까

등에서 오는 것에 따라 'diṭṭhadhammānāgatānantarabhavato(현생, 다가올 바로 직후 2번째 생에서)' 라고 탈격을 더 붙여 '현생과 바로 직후인 2번째 생을 제외한 다른 생의 연속을 aparapariya라 부른다' [3번째 생에서 시작하여 열반을 얻기 전 사이의 생을]라는 뜻이다.

재생연결식의 의도

'세 번째 생부터 과보를 줄 수 있는 업' 이란 7차례 속행 중에서 중간의 5번의 속행 의도를 말한다. 『앗타살리니』의 해설에서 'ekāya cetanāya kamme ayūhite ekā paṭisandhi hoti - 하나의 의도로 업을 분투하면(지으면) 하나의 재생연결식이 일어난다.' 는 구절을 인용하여 일부는 '세 번째 생부터 과보를 줄 수 있는 업' 은 [5번의 속행을 가지기에] 5번의 재생연결식이 된다[5생의 재생연결식을 준다]' 고 주장하기도 한다. 그러나 이 『앗타살리니』 구절의 해석을 - '세 번째 생부터 과보를 줄 수 있는 업' 은 5차례의 속행 모두가 하나의 재생연결식만을 갖는다 - 라고 생각한다.

'ekāya cetanāya kamme āyūhite - 하나의 의도로 업을 분투하면(지으면)' 라는 구절에서 의도란 속행에 결합한 의도이다. 업은 몸과 말과 마음의 암시다. 업을 하나의 속행만으로 완성시킬 수 없다. 인식과정에 포함된 7차례 속행으로 모두의 작용으로 하나의 업은 완성된다. 이 7차례 속행의 의도는 모두 성질로써 동일하기에 하나의 의도라고 말한다. 그러므로 '7번째 속행으로 하나의 재생연결식이 일어남이고, 중간의 5차례 속행으로 인하여 5번의 재생연결식이 생긴다' 라는 말은 적합하지 않다. 한 인식과정에 포함된 모든 속행으로 한번의 재생연결식이 일어날 수 있다. 그러므로 '내생에서 과보를 줄 업' 인 7번째 속행이 2번째 생에서 재생연결식으로 연결된다면, 중간의 다섯 속행은 다시 재생연결식으로 일어날 수 없다. 다만 연관된 생에서의 삶의 과정으로만 나타날 뿐이다. 7번째 속행이 과보를 준 뒤에 중간의 5차례 속행이 다시 재생연결식으로 일어난다면 '불변하는 업(아난따리야깜마)과 결정사견(니야따밋차딧티)은 7번째 속행 때문에 무간지옥에 탄생한 뒤, 중간 5번의 속행 때문에 무간지옥에 다시 탄생하여야 할 것이다' 그러나, 그같이 일어나진 못한다. 'nānācetanāhi kamme āyūhite nānāhoti paṭisandhi - 갖가지 의도로 업을 짓고(분투함으로) 갖가지 재생연결식이 일어난다' 고 언급한 『앗타살라니』에서도 '갖가지 의도' 란 한 인식과정에 포함되어 있는 7차례 속행을 말한 것이 아니다. 보시하기 전에 일어난 의도, 보시하는 동안의 의도, 보시 올린 뒤의 의도를 의미한 것이다. 이러한 다양한 의도로 업을 짓는다면 보시 올리기 전과 보시 올린 뒤의 수많은 의도들 때문에 많은 재생연결식이 일어날 수 있다.

이 관련된 이야기로는 『락카나상윳따』, 『짜뜻타빠라지까』 경과 주석서와 『위마띠위노다니띠까』의 사례가 있다.

예 - 한 백정은 소를 도살한 업 때문에 무수한 세월동안 지옥에서 불태워졌다. 그러고도 업이 남아서 영취산에 뼈뿐인 해골아귀로 탄생하였다. 어떤 스승의 견해로는, 소를 죽인 살생의 업은 7차례 속행 중에서 7번째 속행인 내생에서 과보를 줄 업 때문에 지옥에 떨어졌고, 중간 5번의 속행 중 하나로 '세 번째 생부터 과보를 줄 수 있는 업' 을 받아 아귀로 태어났다고 주장하신다.

그러나 모든 경우에서도 그렇다고는 할 수 없다. 소를 죽여 살생을 지을 때, 살생하기 전의 의도, 살생하는 동안의 의도, 살생한 뒤의 의도가 무수히 일어난다. 이 중에서 살생하는 동안 일어나는 인식과정의 7번째 속행 때문에 지옥의 재생연결을 얻은 뒤 앞에서 일어난 의도 및 업을 행한 뒤의 의도 중 인식과정에 있는 중간 속행으로 인하여 아귀로 다시 태어났다고 설명하고 있다. [중간 5차례의 속행 중, 어느 속행이 재생연결식 한 차례를 주는가? 2번째 속행이 주는가? 6번째 속행이 주는가?' 라고 조사하는 것은 적절치 않다. 타당한 하나의 속행에 의해 재생연결식이 일어났다고 보면 된다.]

『위마띠띠까』

소를 죽인 살생업에서 앞에서 일어난 의도, 행한 뒤에 일어난 의도, 행하는 동안 일어난 의도 등과 같이, 하나의 살생에도 무수한 의도들이 일어난다. 숱한 살생의 경우 말할 필요조차 없다. 이 의도들 중 한 의도 때문에 지옥에 불태워졌고, 다른 의도들 중 하나의 '세 번째 생부터 과보를 줄 수 있는 업' 때문에 아귀로 탄생하였다고 한다.

이 업의 힘이 다하는 시간

'세 번째 생부터 과보를 줄 수 있는 업' 은 세 번째 생부터 열반에 이르기 전까지 삶의 과정의 과보를 줄 수 있다' 라는 말은 '그 어떤 업이라도 무수하게 계속 반복적으로 과보를 줄 수 있다' 고 이해하는 것은 적절치 않다. 조건이 맞는다면 자신의 힘만큼 과보를 주고, 혹시 아직 주지 않았다면 마지막 생[아라한 생]에 이르기까지 힘이 남는다. 많은 경전에서 한 중생을 살생한 인과로 지옥에서 불태워진 뒤, 중생의 깃털과 살에 비례할 만큼 무수한 죽임을 당한 후, 마지막 생에서 아라한 과위를 성취하고도 또, 죽임을 당할지라도 업에서 벗어남을 알게 되어 환호하는 이야기들이 많다. 『니미자따까』 주석서에서도 세 번째 생부터 과보를 줄 수 있는 업이 아직 과보를 주지 않았다면 소멸되지 않고 과보를 준 뒤에 소멸된다는 의미를 보인다.

효력을 잃은 업(아호시깜마)

효력을 잃은 업이란 'ahosikammaṁ nāhosi kammavipāko, ahosikammaṁ natthi kammavipāko, ahosikammaṁ na bhavassati kammavipāko - 업만이 일어났다. 업의 과보는 일어난 것이 아니다[과거형]. 업만이 일어났다. 업의 과보는 일어나고 있는 중이 아니다[현재형]. 업만이 일어났다. 업의 과보는 일어나지 않을 것이다[미래형]' 등의 『빠띠삼비다막가』경을 의지하여 주석서에서 사용한 명칭이다. ahoti ca(효력을 잃은 업이기도 하다) taṁ(저 아호시란) kammañca(업이기도 하다) iti(그러므로) ahosikammaṁ(아호시깜마라 부른다) 이것이 뜻풀이이다. 확실한 업이지만 업의 과보는 일어난 것도, 일어나는 중도, 일어날 것도 아니다. 그 어떤 때에도 일어나지 않을 것이다. 효력을 잃은 업은 전혀 과보를 주지 않는 업이다.

금생에서 과보를 주는 업 등
많은 업들 중에서 하나의 업은 과보를 가져온다.
나머지 업은 과보를 주지 않는다.
한 가지 오역죄 때문에 지옥에 떨어진다.
나머지 오역죄는 과보를 주지 않는다.
팔선정 중에서 한 선정으로 범천계에 탄생한다.
나머지 선정은 과보를 주지 않는다.
그래서 업의 결과가
일어나지 않는다고 설한다. - 『냐나위방가앗타까타』

'금생에서 과보를 주는 업'을 줄 수 있는 많은 업을 현생에서 지었더라도 하나의 업만이 과보를 준다. 나머지 업은 과보를 주지 않은 채 효력을 잃은 업이 된다. 많은 내생에서 과보를 줄 업을 짓고 그 중 하나가 재생연결식을 일으킨다면, 다른 업들은 재생연결식이 될 수 없다. 삶의 과정에서의 과보만을 줄뿐이다. 삶의 과정의 과보마저도 주지 못한다면 효력을 잃은 업이 된다. 팔선정 모두를 성취하여, 그 중 하나가 재생연결식이 되고, 나머지 선정들은 효력을 잃은 업이 된다. 이처럼 효력을 잃은 업이 되는 업들이 많다. 업의 길에 도달하지 못한 일반적 속행은[먹고 마시며 오가는 중의 일상의 선한, 불선한 의도들은] 제법 많다. 이 의도들은 삶의 과정에서의 과보정도를 준다 할지라도 자신의 힘을 분명히 나타내 보이지 못하고 일어난 즉시 소멸하는 효력을 잃은 업 형태도 무수히 많다.

업[의도]들이 연관된 생에서 과보를 주지 못한다면 효력을 잃은 업이 된다. '1번째 속행이 과보를 주지 못한 채 현재 생을 넘어가 버린다면 효력을 잃은 업이 된다. 7번째 속행이 과보를 주지 못한 채 두 번째 생을 넘어가 버리면 효력을 잃은 업이 된다. 중간의 5번의 속행이 과보를 주지 못한 채 생이 끝나 열반에 든다면 효력을 잃은 업이 된다. 스승들께서는 '과보를 주지 못할 것이 확실하다면 연관된 생이 지나기 전에 이미 효력을 잃은 업이란 이름을 얻는다' 라고 말씀하신다. 중간 속행이 과보를 주지 않을 것이 확실하다면 열반을 성취하는 생을 넘기 전 업을 행할 때 이미 효력을 잃은 업이란 이름을 얻었다고 한다.

효력을 잃은 업은 전혀 과보를 주지 않기 때문에 효력을 잃은 업에 'pākakāla - 과보를 주는 시간' 은 없다. 이에 과보를 주는 시간으로 앞의 세 가지 업만이 적합한데 무엇 때문에 효력을 잃은 업을 과보를 주는 시간에 포함시켰는가? 갈애로서 분류할 때, 갈애를 벗어난 출세간영역 또한 존재했듯이, 이처럼 과보를 주는 시간으로 분류할 때도 시간을 벗어난 효력을 잃은 업 또한 명확하게 존재한다. 그러므로 과보를 주는 시간과 관련하여 네 가지 업이 되었다.

욕계 선, 불선업 20가지

불선업 3가지

tattha akusalaṁ kāyakammaṁ, vacīkammaṁ, manokammañceti kammadvāravasena tividhaṁ hoti.

이중에서 업을 짓는 문(깜마드와라)과 연관된 불선업은 신업身業, 구업口業, 의업意業의 세 가지가 있다.

신업身業 세 가지

kataṁ?

pāṇātipāto, adinnādānaṁ, kāmesumicchācāro ceti kāyaviññat tisaṅkhāte kāyadvāre bāhullavuttito kāyakammaṁ nāma.

어떻게 다양한가?

살생, 도둑질, 음행 이 세 가지는 몸의 암시(까야윈냣띠)라 불리는 몸의 문(까야드와라)에서 주로 일어나기에 신업이라 한다.

구업口業 네 가지

musāvādo, pisuṇavācā, pharusavācā, samphappalāpo ceti vac īviññasaṅkhāte vacīdvāre bāhullavuttito vacīkammaṁ nāma.

거짓말, 중상모략, 거친 말, 쓸모없는 말, 이 네 가지는 말의 암시(와찌윈냣띠)로 불리는 입의 문(와찌드와라)에서 주로 일어나기에 구업이라 한다.

의업意業

abhijjhā, byāpādo, micchādiṭṭhi ceti aññatrāpi viññattiyā manasmiṁyeva bāhullavuttito manokammaṁ nāma.

탐애, 악의, 사견의 세 가지는 암시(윈낫띠)없이도, 오직 의문意門(마노드와라)에서 주로 일어나기에 의업이라 한다.

해설

신업 세 가지

업이 일어나는 근원을 '업을 짓는 문(깜마드와라)'이라고 부른다. 불선업은 업을 짓는 문(깜마드와라)과 연관되어 신업, 구업, 의업 세 종류가 있다. 그 중 살생 등의 세 가지를 신업이라 부른다.

살생[pāṇa + atipāta]

빨리로 생명체를 'pāṇa'라 부른다. 궁극적 실재로는 pāṇa란 물질의 생명(루빠지위따), 정신의 생명(나마지위따)을 말한다. atipāta에서 ati란 접두어는 'sīghattha(빠르게)', 또는 'atikkamanattha(과도하게)'란 두 가지 의미를 지닌다. pāta란 '떨어뜨린다'의 뜻이다. '빠르게 떨어뜨린다'란 서서히 장시간에 걸쳐서가 아니라, 단시간에 빠르게 죽이는 것을 뜻한다. '과도하게 떨어뜨린다'란 어떤 무기로 과도하게 죽인다는 뜻이다. 중생의 생명을 빠르게 끊는 행위이다. 혹은 빠르게 끊어내는 무기로써 과도하게 괴롭혀서 죽이는 것을 살생(빠나띠빠따)라 부른다. '다른 중생을 죽이는 몸의 실행kāyapayoga, '죽여라' 등으로 사주하는 말의 실행vacīpayoga을 일으킨 살생의 의도를 살생(빠나띠빠따)라 한다.

실행payoga의 조건

불선업은 업의 길(악처에 이르게 하는 불선업의 길)에 이르게도 하고 이르지 못하게도 한다. kammapatha = kamma(업) + patha(길). 업의 길에 이르면[업이 업의 길에 도달하면] 사악처로 재생연결식을 일으키는 과보를 낳는 업(자나까)의 힘이 남겨진다. 선처 혹은 악처에 탄생시키는 업의 길에 이르지[달성시키지] 못하면 재생연결식을 일으키고, 일으키지 않고는 명확하지 않다. 일부는 일으키고 일부는 일으키지 못한다. 업의 길에 이를 수 있는 조건이 갖추어졌는가를 조사해야 한다. 조건을 갖추었다면 업의 길에 이른 것이다. 조건을 갖추지 못했다면 업의 길에 이르지 못한다.

> 생명체, 생명이라는 지각,
> 죽이려는 마음, 실천,
> 그로인해 죽음,
> 이 다섯 가지가 살생의 조건이다.

생명체이고 생명 있는 중생임을 아는 지각, 죽이려는 마음, 실천하는 행위 그로 인한 죽음, 이 다섯 가지는 살생의 요소이다. 이 조건을 모두 갖추었다면 살생의 업의 길에 이른다. 앞의 조건을 모두 갖추었더라도 죽지 않았다면[마지막 조건이 결핍된다면] 살생의 업의 길에 이르지 않았다.

죄의 크기

개체의 크기, 지키는 계율에 따라 죄의 무겁고 가벼움이 나뉜다. 중생의 육신이 크다면, 그에 속한 무수한 생명깔라빠(지위따깔라빠)도 함께 소멸시킨 것이므로 죄가 크다. 계율을 지키는 사람을 죽였다면 그 사람이 지킨 계율의 공적 때문에 죄가 무겁다. 부모, 아라한 등을 죽이면 무간업이다. 육신의 크기와 공로가 서로 동일하다면, 죽일 때 노력이 많았던 업이 더 무거운 죄가 된다.

6가지 실행(빠요가)

자신 손으로 행한 실행[sāhatthika]

칼로 자르고, 막대기로 때리는 등, 손으로 직접 타격을 가한 일을 자신의 손으로 일어난 실행[sāhatthikapayoga]이라 한다.

사주한 실행[āṇattika]

말이나 글, 혹은 암시를 보여 사주한 일을 사주한 실행[āṇattikapayoga]이라 부른다.

쏘아 타격을 준 실행[nisaggiya]

활, 총 등으로 쏘아서 죽이는 일을 쏘아 타격을 준 실행[nisaggiyapayoga]라 부른다.

영구적 실행[thāvara]

길에 사람들이 떨어지도록 구덩이를 파고, 창살 등을 심어두는 등 살생을 위해 칼, 창, 총, 폭탄, 대포 등의 무기를 제조하는 일체의 행위를 말한다. 죽이려는 의도로 만든 무기를 쥐고 병사들이 전투를 하면, 무기를 제조한 사람은 영구적 실행[thāvarapayoga]에 해당되어 살인죄에서 벗어날 수 없다.

비법에 의한 실행[vijjāmaya]

사법으로 주술을 거는 일을 '비법에 의한 실행[vijjāmayapayoga]'이라 부른다. 부적, 흑마술, 주술 등을 행하여 원수나 적을 죽이거나 혹은 적이 자신을 죽이려 주술을 사용할 때 역으로 그 힘을 적에게 보내 죽이는 등 다양하다.

업의 힘에 의한 실행[iddhimaya]

업 때문에 생겨난 힘을 말한다. 과거 스리랑카 삐뚜 왕이 진노하여 자신의 어금니를 두드리자 쭐라수마나 거부가 그 자리에서 죽었다고 한다. 웻사와나 천왕이 성자가 되기 전, 천왕이 눈을 흘기면 수많은 식인나찰들이 죽었다 한다. 어금니를 두드린 것과 눈을 흘기는 것은 업의 힘에 의한 실행[iddhimaya]이라 한다.

도둑질

adinnassa(주지 않은 물품을) ādānaṁ(취하려는 노력 혹은 취하려고 하는 의도를) adinnādāna(도둑질)라 한다.

주지 않는 다른 이의 물품을 훔치거나 위협하거나, 속여 갖는 등 몸과 말로 일으키는 의도를 adinnādāna(도둑질)라 한다. 율장에 따르면 짐승의 물품을 취함이 계율에 저촉되는 것은 아닐지라도,

아비담마와 경장 측면에서 보면 도둑질이다.

타인의 물품, 타인의 물품이라는 지각
훔치려는 의도, 행위, 훔침.
도둑질의 조건은 5가지이다.
실행[빠요가]은 살생과 동일하다.

타인의 물품, 타인의 물품이라는 지각, 훔치려는 마음, 훔치는 행위, 실재로 훔침의 다섯 요소가 갖추어졌다면 도둑질의 업은 달성된다. 죄가 크고 작음은 물품의 값어치, 주인의 계율에 따라 구분된다. 즉 가치가 높으면 죄가 무겁고 계율을 지닌 사람의 물품을 훔쳤다면 죄가 크다.

음행

kāmesu(오욕의 행위에서) micchācāra(부정한 것을) kāmesumicchācāra(음행)라 한다.

남자가 자신의 부인과 즐기거나 여자가 자신의 남편과 즐기는 일은 세상사에 따라 비난할 수 없는 일이기에 부정하다고 말하지 않는다. 적합하지 않은 사람과 즐기는 것은 세상의 관례에 따라 비난받을만하기에 부정한 일이라 한다.

교제하기에 적합하지 않은 상대를 '적합하지 않은 대상'이라고 부른다. 가고 옴에서 적합하지 않은 물건(대상), 음행 하려는 마음, 음행함, 서로 교섭함에서 즐김, 위 4가지 요소가 갖추어지면 음행의 업에 적용된다.

몸의 암시(까야윈냣띠)이라 불리는 몸의 문(까야드와라)에서

살생 등 세 가지는 몸의 문(까야드와라)을 통해 일어나기에 신업身業이라 한다. 여기서 몸의 문을 정의하면 몸의 암시(까야윈냣띠)라 불리는 몸의 문이다. 팔다리 등 몸의 움직임은 물질다발(깔라빠)에 포함된 바람요소風大의 활발한 작용 때문이다. 바람요소는 결합한 다른 물질다발을[잠을 자고 있는 동안에도 밑으로 굴러 떨어지지 않도록] 지탱하고 있다. 원하는 장소에 도착할 수 있도록 앞장서서 활동적으로 일으킨다. 이러한 일을 빨리로 'santhambhana(지탱시킨다), sandhāraṇa(지지한다), sañcalana(움직이게 한다)'라 한다. 이런 일을 바람요소 혼자로는 이룰 수 없고, 암시(윈냣띠)라 불리는 특별한 행위(위까라)가 함께해야 한다. 암시가 없다면 하고자 하려는 일이 이루어질 수 없다. 칼로 자를 때 칼 잡은 손을 올려 자르는 암시(윈냣띠)가 드러나야만 자를 수가 있다. '암시(윈냣띠)가 들어가야만 칼로 죽이는 살생을 달성시킬 수 있다'는 뜻이다.

주로 일어나기 때문에 신업이라 한다[bāhullavuttito kāyakammaṁ nāma]

kāye(문의 문에서) pavattaṁ(일어나는) kammaṁ(업이다) kāyakammaṁ(신업이라 한다)

죽이도록 사주하거나 훔치게 시키는 악행은 간혹 말을 통한 구업으로도 일어난다. 말을 통해 일어났지만 구업이라 하지 않고, 통상적으로 신업을 통하여 주로 일어나기에 신업이라 이름한다는 뜻을 설명하고자 bāhullavuttito(주로 일어나기 때문에)라고 언급하였다. 또한 '몸의 문에서 주로 일어나기 때문에 신업이라 한다'는 구절로 신업이란 이름을 [구업, 의업과 뒤섞이지 않도록] 문으로도 구분시켰다.

구업 4가지

거짓말

etena(이 의도로) musā(거짓된 주제를) vadanti(올바른 것처럼 말한다.) 그러므로 so(이 의도를) musāvāda(거짓말)라 한다.

입으로 하는 거짓(musā)이 많기 때문에 거짓말(musāvāda)이라 한다. 그러나 몸짓이건 말이건 혹은, 글이건 속이는 것은 모두 거짓말(musāvāda)이다.

거짓말의 요소 4가지이다.
바르지 못한 대상, 속이려는 마음
이 마음에 따라 몸과 말로 실천함
상대가 그대로 알아들음
[잘못을 바른 것으로 바른 것을 잘못으로 거짓되게 앎.]

업의 길에 도달, 도달하지 못함

4가지 요소 중에서 '그대로 알아들음' 이란 상대편이 거짓 그대로 믿는 것을 뜻한다. 거짓으로 속일지라도 다른 사람이 믿지 않는다면 선처 혹은 악처에 탄생시키는 업의 길에 이르지 않는다. 거짓을 믿은 뒤, 그로 인해 경제적 이익이나 번영이 훼손되어야만 업의 길(악처에 이르게 하는 불선업의 길)이 달성된다. 왕의 심기가 편안하도록 혹은 왕명에서 벗어나려 거짓을 말하거나, 남이 뭔가를 달라고 요청할 때 '없다' 고 말하는 일이나, 『본생담』에서 보리살타 행을 닦던 부처님의 전신인 원숭이가 악어에게 거짓말한 것처럼, 그것이 거짓말이더라도 타인의 이익과 번영을 훼손하지 않았다면 업의 길이 되지 않는다.

중상모략

sāmaggiṁ(화합하는 이들을) pisati(가루로 만든다) sañcuṇṇeti(분해 시킨다) 그러므로 pisuṇā(중상모략)라 부른다. 다른 식으로 piyaṁ(자신을 좋아하도록) 혹은 suññaṁ(남을 좋아하는 마음이 파멸되도록) karoti(행한다)

이같이 되도록 하는 말을 'pisuṇavācā(이간질, 중상모략)' 라 부른다. vācā란 말을 뜻하지만 말하게 하는 의도란 의미도 있다.

> 이간질로 갈라서게 할 사람
> [다른 이들 서로 간에] 갈라서게 하고
> [자신을] 좋아하게 하려 노력하고
> 상대방이 그 말을 받아들인다.
> 이 네 가지 요소로 인해 갈라선다면
> 업의 길은 달성된다.

1. 이간질 시키고자 하는 의도 2. 자신을 좋아하게 하려 함.[자신을 좋아하게 하려는 마음이 없는데도 간혹 이간질, 중상모략을 한다] 3. 여기서 노력이란 말로 하면 말의 노력, 손짓발짓으로 하거나 글을 쓰서 이간질시킨다면 몸의 노력이 된다. 4. 상대방이 그 말을 받아들인다는 것은 갈라서게 하는 허물을 그대로 믿는 것이다.

거친 말

pharusa(파루사, 거친말)란 'pharusaṁ(거칠고 잔인함을) karoti(행한다)'

거친말은 듣기에 나쁜, 안 듣는 것이 차라리 나은 저열한 욕이다. '소에 받쳐 죽어라' 등 위협하는 말이다. 듣는 이들이 참

아내기 힘들 정도의 욕설은, 톱날을 체험하는 것처럼 잔혹하게 접촉되고 부딪치기에 거친 말이라 하고, 혹은 원인인 의도도 파루사(거친말)라 한다.

> 진심, 비난받는 사람, 비난
> 이것이 거친 말의 3가지 요소이다.
> 이것은 치명적인 곳을 치는 것처럼 소멸시킨다.
> 확실히 잔혹한 의도가 파루사(거친 말)임을 알 수 있다.

상처 위를 건드리는 것처럼 아픈 곳을 찔러 잔혹한 의도로 한 말은 업의 길을 달성시킨다. 목소리가 부드러울지라도 의도가 잔혹하다면 거친 말이다. 스승과 부모가 아들딸이나 제자를 호되게 꾸짖을 때 말은 비록 거칠지라도, 의도는 상대의 이익을 바라는 마음이기에 거친 말이 될 수 없다. 그리고 막무가내로 집을 나가려는 아들에게 어머니가 '큰 들소에 받쳐 죽어버려라!' 라고 말한 것도 진실로 저주한 것이 아니기 때문에, 거친 말이 되지 않는다고 주석서에서 설명한다. 실제 화가 나서 저주나 비난을 퍼붓더라도, 거친 말의 세 요소를 갖추어야만 업의 길(악처에 이르게 하는 불선업의 길)에 이르게 된다.

쓸모없는 말

sampha에서 saṁ 접두어는 번영과 행복이란 의미를 지닌다.

samphappalāpa(삼팝빨라파) — saṁ(번영과 행복을) phalati vināseti(소멸시킨다) iti(그러므로) samphaṁ(sampha(삼파)라 부른다)

어떤 말은 듣는 이들의 일과 시간을 낭비하게 만든다. 이러한 말은 sampha(삼파)라 한다. 시따미 왕비를 다사기리 식인 거인이

데려가고[25] 바라따왕의 전쟁터 등은 알곡 없는 쭉정이처럼 의미가 없기에 '쓸모없는 헛소리'라 한다. 'yena(어떤 의도로) samphaṁ(번영과 이익을 소멸시키는 말 혹은 헛소리를) palapati(주절주절 말한다)'는 뜻풀이에 따라 이런 말의 의도를 삼팝빨라빠(헛소리, 쓸모없는 말)라 한다.

쓸모없는 말의 2가지 요소란
의미 없고 이익 없는 말을 하는 사람
그러한 것을 말하는 것이다.
듣는 사람이 이것을 '정말이다' 라고
믿을 경우에만 업의 길은 달성된다.
믿지 않는다면 업의 길은 달성되지 안는다.

생각할 점

주제가 잘못된 것이고 그 말로 이익이 소멸될 때[잘못 알아들음] 쓸모없는 말이 된다. 담고 있는 주제가 바르지 않을지라도 이익을 주기 위해 비유로써 궁리하고 쓰이고 말한 것들은 쓸모없는 말이 되지 않는다. 이익이 없을지라도 올바른 주제를 세상사의 잡담으로 말한 것도 쓸모없는 말이 아니다. 『빠라맛타디빠니』에서 아무 의미 없는 과거의 왕 이야기, 큰 도적 등의 주제를 재미있게 말하는 것은 업의 길에 이르진 않을지라도 쓸모없는 말이 업은 된다고 한다.

25. 인도의 전설 속 이야기로써 식인거인에게 잡혀간 시따미 왕비를 구출하는 흥미진진한 모험담

의업意業

탐애(아빗자)

abhi + √jhe = abhi는 abhimukha(향하다)의 의미, √jhe는 생각하다는 의미를 지닌다.

abhijjhā(아빗자; 타인의 재물을 법 아니게 취하고자 하는 탐욕) — para sampattiṁ(다른 이의 재물을) abhimukhaṁ(향하여) jhāyati(탐욕으로 생각한다) 그러므로 abhijjhā(아빗자; 탐애)라 부른다.

정의하면 다른 이의 재물을 원하는 탐욕이다. 그렇지만 다른 이의 재물을 원하는 정도로는 업의 길에 이르지 않는다. 빅쿠가 남의 발우, 가사, 사원 등을 보며, 일반속인이 남의 집, 논, 금, 은 등을 보며 '저 사람의 물건이 내 것이 되면 좋겠다' 하고 생각하여 법 아니게 행하는 탐애는 업의 길을 달성시킨다. 여기서 타인의 업, 지혜, 노력으로 이룬 재물을 내 소유로 하려는 것은 보통의 탐욕이 아니라, 상당히 지나친 탐욕이다. 요청하거나 빌리거나 사서 취하는 것 혹은 그 물건에 타당한 재물을 원하는 것은 일반적인 보통 욕심이며, 이런 욕심으로는 업의 길에 이르지 않는다.

악의(브야빠다)

[vi + ā √pada] etena(이 진심에 의해) cittaṁ(마음은) byāpajjati(파멸되었다) 그러므로 iti(이 진심을) byāpado(악의라 한다)

'이 놈이 죽는다면 속이 시원하겠다. 이놈이 언제 죽나? 이 놈을 어떻게 죽이나?' 등으로 작은 곤충, 짐승 혹은 사람 등의 어떤 생명체를 죽이고 소멸시키려는 거칠고 잔혹한 마음속의 악의만으로는 업의 길에 이르지 못한다. 악의를 품은 업 정도만 적용된다.

탐애의 요소는 2가지이다.
타인의 재물, 자신에게로 향하게 함

악의의 요소는 2가지이다.
다른 생명체, 그의 파멸을 궁리함.

사견(밋차딧티)

michā(밋차)란 단어는 viparītattha(전도되어 잘못된 의미)를 뜻한다. micchā(전도되어 잘못) passati(본다) 그러므로 micchādiṭṭhi(밋차딧티)라 부른다.

훌륭한 선인들께서 설하시고 알리신 올바른 법을 따르지 않고, 왜곡되고 바르지 못하게 보는 견해이다. 사견은 물질인 색온, 감각인 수온, 지각 또는 표상인 상온, 마음의 작용인 행온, 마음인 식온 중 하나를 자아나 영혼 혹은 나라고 집착하는 유신견과 『실락칸다브라흐마자라』경에 나오는 62가지 사견, 『사만냐팔라』경에 나오는 허무주의 등의 사견으로 매우 다양하다. 그 중에서 허무주의적 사견(natthikadiṭṭhi), 원인을 부정하는 사견(ahetuka diṭṭhi, 無因論), 행위를 부정하는 사견(akiriyadiṭṭhi, 非作用論)[26]의 세 종류만

26. natthikadiṭṭhi(낫티까딧티) - 보시의 공덕도 없다. 선도 없다. 선의 과보도 없다. 이 세상도 없다는 다음 생의 과보를 부정하는 사견.
ahetuka diṭṭhi(아헤뚜까딧티) - 원인도 없고 결과도 없다는 사견.
akiriyadiṭṭhi(아끼리야딧티) - 업을 행할지라도 행한 것이라 할 수 없다는 원인의 업을 부정하는 사견.

이 업의 길에 이른다. 나머지 사견은 일반적 사견정도일 뿐이다.

사견의 요소는 두 가지이다.
취한 대상이 전도되고
그것이 진리로서 나타난다.
이것은 세 가지 사견인
낫티까딧티, 아헤뚜카딧티, 아끼리야딧티로서
업의 길에 도달한다.

허무주의적 견해(낫티까딧티)

다음생의 결과는 없다는 과보를 부정하는 사견을 허무주의적 사견이라 부른다. 이 사견을 지닌 이들은 '중생은 죽으면 끝이다' 는 단멸견을 가진다. 내생의 과보를 부정하는 사견을 허무주의적 사견이라 할 수 있는데, 이에 관한 경을 인용하면 '아낌없이 베푸는 마음의 과보는 없다. 작게 제물로 희생시킨 과보도 없다. 크게 제물로 희생시킨 과보도 없다. [소 100마리를 제물로 공양 올리는 불선의 과보는 없다] 훌륭하게 행하거나 나쁘게 행한 선, 불선과 그 과보도 없다. 현생도 없고 다음 생도 없다. 모친도 없고 부친도 없다[부모에게 훌륭하게 혹은 나쁘게 행한 과보는 없다]. 홀연히 화생한 중생도 없다[천인은 없다]. 이 생과 다음 생을 수승한 지혜로 현증하여[체득하여] 알리시고 훌륭하게 수행하시는 범행자와 선현은 세상에 존재하지 않는다 등이다.

견해

이 사견은 결과를 부정함으로 원인인 업 또한 부정하는 것 된다. 『사만냐팔라』경 주석서에 'vipākaṁ patibāhantenāpi kammaṁ patibāhitaṁ hoti - 결과인 과보를 부정하는 이는 원인의 업(행위) 또한 부정한 것이 된다' 고 언급되어 있다.

원인을 부정하는 사견(아헤뚜까딧티)

원인도 없으며 결과 또한 없다고, 원인과 결과 모두를 부정하는 사견을 아헤뚜까딧티라 한다. 경전에서는 이 사견을 다음과 같이 보이고 있다. 중생을 괴롭히는 과보를 낳는 업[자나까깜마]도 없다. 지지하는 업[우빳탐바까깜마]도 없다. 이렇듯 과보를 생성시키는 업도 그 업을 지지하는 업도 없이 중생들은 괴롭힘을 당한다. 중생들이 청정하고 위험으로부터 해탈시키는 과보를 낳는 업도 없다. 지지하는 업도 없다. 이렇듯 과보를 생성시키는 업도 그 업을 지지하는 업도 없이 중생들은 청정하다.

견해

원인을 부정하는 업 또한 원인, 결과 모두를 부정하는 뜻인 'natthi hetūti vadanto ubhayaṁ patibāhati - 원인이 없다고 말하는 자는 원인과 결과 모두를 거부하는 것이다' 라고 『사만냐팔라』주석서에 언급되어 있다.

행위를 부정하는 사견(아끼리야딧티)

'선행, 악행을 할지라도 한 것이 아니다. 행한 것이 되지 않는다' 고 원인인 업을 부정하는 사견을 아끼리야딧티라 부른다. 경전에서는 다음과 같이 보인다. 'karoto kārayato chindato chedāpayato ‖중략‖ na karīyati pāpaṁ - 직접 행하는 자, 다른 사람에게 시키는 자, 자신이 직접 죽이는 자, 타인에게 죽이도록 사주하는 자 ‖중략‖ 이것은 악행을 행한 것이 아니다'

견해

이 사견에서 업(행위)을 부정한다면 그 업의 과보 또한 미래에 존재하지 않는다고 부정하는 것이기에 업과 그 업의 결과 모두를 부정한 것이다. 'kammaṁ patibāhantenāpi vipāko patibāhito hoti - 원인인 업을 부정하는 자는 업의 과보 또한 부정함에 이른다' 고 『사만냐팔라』주석서에 언급되어 있다.

이 세 종류의 사견들은 모두 업과 그 업의 과보를 부정한 것이다.

결정사견(니야따밋차딧티)

아지따라 불린 외도는 세 가지 사견 중에서 허무주의적 사견을 지녔다. 막칼리고살라라 불린 외도는 원인을 부정하는 사견을 지녔다. 뿌라나깟사빠라 불린 외도는 행위를 부정하는 사견을 지녔다. 이 외도스승들이 사견을 취한 정도는 부처님께서도 구제하시지 못할 만큼 확고부동하였기에 결정사견(니야따딧티)이 되었다. 이들 외도 스승을 따르는 이들이 가볍게 지닌 정도를 결정사견이라 할 수는 없다. 이들 외도스승들은 경을 암송하고 의미를 깊이 사색하며 수없이 [명상수행에 몰입하듯이] 노력하여 잘못된 사마디(밋차사마디)를 획득하게 되었다. 이처럼 심취된 무수한 인식과정을 통해 결국에는 [수행을 통해 도를 획득하듯이] 확고부동하게 인식에 도달하여 7번째 속행으로써 취함으로써 무수한 부처님께서도 구제할 수 없이 견고한 사견을 세운 것이다. 이처럼 불변하게 취하였기에 결정사견이라 부른다. 또는 죽음 직후 지옥에 태어나는 과보를 주는 것이 확정적이기에 '결정사견' 이라 부른다.

불변하는 사견[밋찻따니야따]

사견과 지혜는 서로 등진 채 반대방향을 달리듯, 그렇게 서로 간에 상반된다. 지혜의 편에서 믿음, 정진, 사띠(기억), 집중 등을 키워 사성제를 보고 삼보三寶를 믿어 불변하는 정견(sammattaniyata)에 도달하여 수다원이 되어 다시는 사악처에 떨어지지 않는다. 사견의 편에서도 잘못된 사띠, 사마디, 정진력을 키워 부처님마저 구제하지 못할 정도의 확고부동하고 불변하는 사견(밋찻따니야따)에 도달한다. 도道와 과果를 성취할 기회가 없을 뿐 아니라 죽음 직후 무간지옥에 오랫동안 머물러야 한다. 승단을 분열시키는 업보다 이 결정사견(니야따밋차딧티)의 허물이 더 크다고 한다. 무간지옥에서 그 수명이 차지 않아 우주가 파괴된다면 다른 파괴되지 않은 우주로 바꾸어가든지, 허공에서 연속하여 지옥의 고통을 당한다고 한다. 승단을 분열시키는 업인 경우 지옥의 수명이 차지 않아 우주가 파괴되면, 더 이상은 고통을 당하지 않고 지옥에서 벗어난다고 한다.

'암시 없이도, 오직 의문意門에서 주로 일어나기 때문에'

'manasmiṁ pavattaṁ kammaṁ - 마음에서 일어나는 업' 에 따라 의문意門[마노드와라]에서 일어나는 업을 의업意業(manokamma)이라 한다. 인식과정 장章에서 바왕가를 의문意門이라 부른다고 설명했다. 앞의 마음은 뒤의 마음을 일으키는 원인이 되기에 모든 마음을 의문이라 부르기도 한다. 여기서는 탐애, 진심, 사견과 결합하는 불선 속행마음을 의문意門이라 한다. [불선 속행마음이란 어리석음을 뿌리로 한 마음에 탐애 등이 일어날 수 없기에 탐욕뿌리, 진심뿌리 속행만 적용된다. 선善의 의업意業 자리에서는 선善속행을 의문意門이라 한다.] 'mano eva(속행만이) dvāraṁ(업이 일어나는 근원이다) 그러므로 manodvāraṁ(속행만이 업의 근원이다)' '탐애가 일어날 때 속행은 탐욕에게 사하자따빳짜야(함께 일어나는 연기법, 俱生緣) 등의 영향을 주기 때문에 속행은 탐애가 일어나는 근원이다' 이 같은 의미이다.

앞의 신업, 구업 또한 속행이라는 의문意門의 지지에서 벗어나지 못한다. 비유하면 살생의 의도가 일어날 때 진심 속행이라는 의문과 떨어질 수 없다. 그러나 살생 등이 단지 불선 속행이란 의문만으로 달성될 수 없다. 암시(윈냣띠)가 포함되어야 달성된다. 즉 의문은 모든 업과 연관된다. 암시라는 몸의 문(까야드와라), 말의 문(와찌드와라)은 일부 업에만 연관된다. 이름 붙일 때 특별한 점을 지정하여야 다른 것과 뒤섞이지 않고 구별될 수 있다. 그러므로 살생 등 3가지를 몸의 문으로 지정하여 신업이라 하고, 거짓말 등의 4가지를 말의 문으로 지정하여 구업이라 이름한 것이다. 탐애 등은 암시(윈냣띠)인 문[드와라]과 뒤섞이지 않고서 의문意門에서만 일어난다. 그래서 의문意門이라고 지정하고 의업意業이라고 이름한 것이다. 이에 앞에서 '암시(윈냣띠) 없이도, 오직 의문意門에서만 주로 일어나기 때문에' 라고 하신 것이다.

'암시(윈냣띠) 없이도'

'의문意門에서만 주로 일어나기 때문에' 라는 말로도 의미는 충분하다. 탐욕 등은 마음의 문에서만 주로 일어난다. '저 사람의 재물이 나의 재물이 되었으면 좋겠다' 라고 글로 쓰든지 말로 할 때, 몸의 문 혹은 입의 문에서 아주조금 일어난다. 그러나 주로 일어나는 것은 마음의 문 즉, 의문意門이기에 의업이라 한다. 이처럼 '의문意門에서만 주로 일어나기 때문에' 라는 구절로 의미는 충분히 갖추었다. 하나 문장이 순조롭지 않다. 앞의 업들에서 '몸의 암시라 부르는 몸의 문, 말의 암시라 부르는 말의 문' 으로 암시(윈냣띠)라는 말이 사용되었으나, 의업에서는 그 암시와 연관되지 않음을 보여야 하므로 '암시 없이도' 라고 언급한 것이다. 완전히 암시를 제외시킬 수 없었기에 간혹 암시와 함께 일어나는 것을 보이고자 'aññatrāpi - 암시(윈냣띠) 없이도' 라고 api(도)를 사용하였다. '간혹 암시와 함께 일어날 수 있다' 고 보인 것이다. 이것은 이 글을 쓴 저자의 생각이다. 갖가지 견해가 있다.

타인의 재물을 훔치고 살생하는 일에는 탐애, 진심, 사견이 적당히 포함된다. 예를 들면 타인의 재물을 훔칠 때 탐애가 포함될 것이고, 훔치고 강탈하는 것이 죄가 아니라고 생각하는 사견을 지닌다. 이때 도둑질 업의 길[악처에 탄생시키는 길] 외에도 탐애 업의 길, 사견 업의 길에도 이르는가? 그 때 탐애와 사견은 도둑질 의도를 따르는 옹호자의 입장이다. 따로 탐애 업의 길, 사견 업의 길에 이르도록 하지는 못한다.

업의 근원

tesu pāṇātipāto, pharusavācā, byāpādo ca dosamūlena jāyan ti.
kāmesumicchācāro, abhijjhā, micchādiṭṭhi ca lobhamūlena.
sesāni cattāripi dvīhi mūlehi sambhavanti.

cittuppādavasena panetaṁ akusalaṁ sabbathāpi dvādasavidhaṁ hoti.

이 중에서 살생, 거친 말, 악의는 진심뿌리 때문에 일어난다.

음행, 탐애, 사견은 탐욕뿌리 때문에 일어난다.

나머지 4가지는 두 가지 뿌리 때문에 일어난다. [4가지란 도둑질, 거짓말, 중상모략, 쓸모없는 말이다. 이들은 탐욕뿌리나 진심뿌리 때문에 일어난다.]

일어나는 마음으로서의 불선업은 모두 12가지이다.

해설

불선업이란 업의 길의 근원을 보인 말이다. 살생과 거친 말 두 가지는 진심뿌리와 결합한 의도이다. 그러므로 이 두 가지 업의 길은 진심뿌리 때문에 일어난다. 즉 진심뿌리마음은 사하자따빳짜야(함께 일어나는 연기법, 俱生緣) 등의 영향으로 일어난다. 악의를 정의하면 진심 마음부수이다. 이 진심 마음부수와 결합하는 다른 진심은 존재하지 않는다. 그러므로 '악의는 진심뿌리 때문에 일어난다' 즉, '악의와 결합하는 마음은 사하자따빳짜야 등의 영향을 받아 악의가 일어난다' 고 해석할 수 있다. 'doso ca so mūlañcāti dosamūlaṁ - 진심이기도 하다. 저 진심이란 뿌리이기도 하다. 그러므로 진심뿌리라 한다' 고 뜻을 풀이한다. 악의(byāpāda)는 'dosamūlena - 진심뿌리 때문에' 라고 의미를 주어 'doso mūlaṁ yassa - 이 마음에 진심이라는 뿌리가 있다' 라고 풀이한다.

탐욕뿌리

음행은 탐욕뿌리 마음과 결합한 의도이다. 사견은 탐욕뿌리의

'사견을 수반하는 마음' 과 결합한 사견마음부수다. 이 두 가지에 탐욕이 결합되었기에, 이 두 가지 측면에서는 'lobhamūlena - 탐욕뿌리 때문에' 라고 해석한다. 탐애란 탐욕뿌리 마음과 결합하는 탐욕 마음부수이기에 결합하는 다른 탐욕은 없다. 그러므로 탐애[abhijjhā]의 측면에서는 'lobhamūlena - 탐욕에 뿌리한 마음 때문에' 라고 해석해야 한다. 이것이 띠까에 따른 의미이다. 그러나 이 의미가 매우 번잡스럽다. 탐애, 악의가 업의 길에 도달하기 전에도[악처에 탄생시키는 불선업에 도달되기 전의 의도] 탐욕, 진심의 마음으로 일어나는데, 이 앞에서 일어난 탐욕, 진심은 탐애(아빗자), 악의(브야빠다) 업의 길에 도달하기 위한 빠까뚜빠닛사야(근본적으로 힘 있는 의지처가 되는 연기법, 本性親依止)[27]로써 영향을 준다. 그러므로 함께 결합하는 탐욕, 진심만 취할 것이 아니라 앞부분의 탐욕, 진심도 취하여 'dosamūlena - 진심뿌리 때문에' 'lobhamūlena - 탐욕뿌리 때문에' 로 다른 식으로 해석하는 것도 적절할 것이다.

'나머지 4가지는 두 가지 뿌리 때문에'

나머지 도둑질, 거짓말, 중상모략, 쓸모없는 말 이 4가지는 탐심뿌리 때문에도 일어나고 혹은 진심뿌리 때문에도 일어나는 두 가지 뿌리에 기인한다. 자신을 위해서든 혹은 자식, 친척들을 위해서든 원하여 훔칠 때의 도둑질은 탐욕 때문에 일어난다. 싸움을 걸고자 혹은 복수하려고 훔치는 것은 진심 때문이다.

모든 업의 길(악처에 이르게 하는 불선의 길)이 일어날 때 어리석음 뿌리는 항상 포함된다. 어리석음은 모든 불선과 연관되기 때문에 굳

27. pakatūpanissayapaccaya(빠까뚜빠닛사야빳짜야) - 반드시 결과의 법을 일으키게 할 만큼 힘 있는 의지처인 원인, 혹은 근본성질로써 힘 있는 의지처인 근원으로써 도움을 주는 연기법. 本性親依止.

이 언급할 필요 없이, 개별적으로 얻어지는 탐욕, 진심만을 언급한 것이다.

'일어나는 마음으로써 불선업은 모두 12가지이다'

이 10가지 불선업의 업의 길 법은 마음이 일어나는 모습으로 [근원을 조사하면] 불선 마음 12가지이다. '12가지 불선마음이 살생 등의 상태로 일어난다' 는 뜻이다.

욕계 선업 3가지와 8가지

kāmāvacarakusalampi kāyadvāre pavattaṁ kāyakammaṁ, vacīdvāre pavattaṁ vacīkammaṁ, manodvāre pavattaṁ manokammañceti kammadvāravasena tividhaṁ hoti.

업을 짓는 문(깜마드와라)과 연관되어 욕계 선업에서도 몸의 문에서 일어나는 신업身業, 입의 문에서 일어나는 구업口業, 마음의 문에서 일어나는 의업意業으로 세 가지가 있다.

세 가지 공덕의 토대

tathā dāna, sīla, bhāvanāvasena.
cittuppādavasena panetaṁ aṭṭhavidhaṁ hoti.

보시, 지계, 수행으로 그와 같이 3가지가 있다.

일어나는 마음으로서 업은 8가지이다.

10가지 공덕의 토대

dāna sīla bhāvanā apacāyana veyyāvacca pattidāna pattānum odana dhammassavana dhammadesanā diṭṭhijukammavasena dasavidhaṁ hoti.

taṁ panetaṁ vīsatividhampi kāmāvacarakammamicceva saṅkhaṁ gacchati.

보시, 지계, 수행, 공경, 봉사, 자신의 공덕을 회향, 회향을 기쁘게 받음, 법을 경청함, 설법, 견해를 곧게함의 10가지이다.

이 20가지 선, 불선의 업을 욕계의 업이라 이름한다.

해설

불선업만이 신업身業, 구업口業, 의업意業의 세 가지로 분류되는 것이 아니다. 욕계 선업 또한 신업, 구업, 의업이 있다.

신업 3가지

pāṇātipātavirati(빠나띠빠따위라띠) - 살생을 삼감
adinnādānavirati(아딘나다나위라띠) - 도둑질을 삼감
kāmesumicchācāravirati(까메수밋차짜라위라띠) - 음행을 삼감

구업 4가지

musāvādavirati(무사와다위라띠) - 거짓말을 삼감
pisuṇavācāvirati(삐수나와짜위라띠) - 이간질을 삼감
pharusavācāvirati(파루사와짜위라띠) - 거친말을 삼감
samphappalāpavirati(삼팝빨라빠위라띠) - 쓸모없는 말을 삼감

의업 3가지

anabhijjhā(아나빗자) - 탐애가 일어나지 않도록 통제함, 불탐
abyāpāda(아브야빠다) - 악의가 일어나지 않도록 통제함, 불진
sammādiṭṭhi(삼마딧티) - 정견, 지혜

이 10가지를 '선업의 길(선처에 탄생시키는 선업의 길)' 라 하고, '열 가지 선행' 라고도 부른다.

신업, 구업, 의업으로 분류되었던 선업은 다시 보시, 지계, 수행으로 분류된다. 위의 '10가지 선업의 길' 을 다시 보시, 지계, 수행으로 곱하면 30가지가 된다.

신업 등으로 불리는 이유

여기서 '몸의 문에서 일어나는 신업身業' 등으로 언급하지만 몸의 문[까야드와라]과 연관된 악행을 삼가기에[위라띠] '신업身業' 이라고 한다. 타인을 죽여야 할 때 '죽이지 않겠다' 라고 피하는 의도는 몸의 암시(까야윈냣띠)라 불리는 몸의 문에서 일어나는 것이 아니라, 암시(윈냣띠) 없이 의문意門에서 일어난다. 그러나 신업인 살생을 삼가고 회피한 의도 역시, 신업身業[몸의 문과 연관된 행위]으로 불린다. 구업口業에서도 이같은 의미로 생각할 수 있다. 간혹 다른 이의 생명을 죽이지 않겠다는 마음가짐으로 삼갈 때 몸의 암시(까야윈냣띠)이 포함될 수도 있고 말의 암시(와찌윈냣띠)이 포함될 수도 있다.

이 문 저 문을 통해 일어나는
악행에서 삼가려는 의도는
암시를 벗어나 일어나든지
혹은 다시 암시와 함께 일어나든지
문에서만[몸과 입의 문] 일어난다고 말한다.

진짜 신업, 구업이 일어나는 모습

진짜 신업身業, 구업口業의 선업들이 있다. 보시 공양을 올릴 때 몸으로 손으로 직접 보시 올린다면, 몸의 암시(까야윈낫띠)가 들어가기 때문에 신업身業 보시가 된다. '이 물품을 보시 올립니다' 라고 말하고서 보시한다면 말의 암시(와찌윈낫띠)로 짓는 업이 포함되기 때문에 구업口業의 선업이 된다. 이와 같이 진짜 신업身業, 구업口業도 있다.

'일어나는 마음으로서 업은 8가지이다'

욕계 선업은 '일어나는 마음(cittuppāda)' 으로 보면 8가지이다. 8가지란 욕계 선善마음 8가지를 말한다. '욕계 선마음 8가지가 곧 신업 등의 보시 등으로 일어난다' 는 뜻이다.

공덕의 토대 10가지

[puñña + kiriya + vatthu = puñña(훌륭한 일) + kiriya(행할 만한) + vatthu(토대) = 훌륭한 과보의 토대가 되기에, 행하기에 적합한 선행 10가지]

dana(다나) -보시, 베풂
sīla(실라) - 지계, 5계, 8계, 10계 등의 계율을 지킴
bhāvanā(바와나) - 수행, 명상을 증진시킴
apacāyana(아빠짜야나) - 나이, 지위, 공적으로 상위 어른을 공경함
veyyāvacca(웨야왓짜) - 봉사, 다른 이의 선업을 함께 도움
pattidāna(빳띠다나) - 자신의 선업의 공덕을 회향함
pattānumodana(빳따누모다나) - 자신에게로 회향된 선업의 공덕을 받아들이며 기뻐함

dhammassavana(담맛사와나) - 법문을 경청함
dhammadesanā(담마데사나) - 이윤을 바라지 않고 설법함
diṭṭhijukamma(딧티주깜마) - 견해를 곧게함

이 열 가지 '공덕의 토대'를 앞의 세 가지 보시, 지계, 수행으로 분류하면 '공경과 봉사' 이 두 가지는 지계에 해당되고, '자신의 공덕을 회향함과 회향을 기쁘게 받음' 이 두 가지는 보시에 해당되고, '법을 경청함과 설법과 바른 견해' 이 세 가지는 수행에 해당된다.

'보시, 지계, 수행으로 그와 같이 3가지가 있다'

선업의 길에서는 살생을 삼가는[위라띠] 등의 열 가지만으로는 완전하지 않다. 보시, 지계 등의 업의 길에 이를 수 있는 많은 선업들이 남아있다. 그러므로 그러한 선업들을 보이고자 '보시, 지계, 수행으로 그와같이 3가지가 있다'라고 말씀하신 것이다. 선의 자리에서는 꿈속에서 일어난 속행, 오문에서 일어난 속행, 죽음 직전인식과정에서 일어나는 속행, 이를 제외한 다른 선善의 의도들은, '조건을 갖추었다, 갖추지 못했다'고 조사할 필요도 없이 모두 업의 길에 도달한다고 말할 수 있다. 그러나 재생연결식은 상당한 선업과 그를 지지하는 업의 도움을 받아야만 탄생의식의 업으로 일어날 수 있을 것이다.

'일어나는 마음으로서 이 업은 8가지이다'

마음이 일어나는 모습으로 [근원을 조사하면] 욕계선업은 8가지이다. 8가지란 욕계 선善마음 8가지를 말한다. '욕계 선마음 8가지

가 신업身業 등의 형태로 일어난다는 의미이다.

보시(다나)

보시는 의도보시(쩨따나다나)와 물품보시(왓투다나) 두 종류가 있다. 'etena(이 의도로) dīyati(보시를 올린다) iti(이 보시의 의도로 인해) taṁ(이 보시 의도는) dānaṁ(보시라 부른다)' 이 뜻풀이에 따라 보시 올리려는 의도를 '보시(다나)'라고 부른다.

'dātabbaṁti dānaṁ - 보시 올리기에 적합하다. 그러므로 보시라 부른다'는 뜻풀이에 따라 아낌없이 공양올리는 보시품을 물품보시(왓투다나)라 부른다.

여기서는 의도보시(쩨따나다나)가 보시이다. 이 의도보시는 보시 올리기 전 의도, 올릴 때의 의도, 올린 후의 의도로 세 가지가 있다. 보시를 하겠다고 생각하고 혹은 보시품을 준비하는 과정의 보시하기 전까지, 보시와 연관되어 천만 번도 넘게 일어나는 의도를 '앞 의도'라 한다. 아낌없이 보시하고 물품을 건네 줄 때의 의도를 '보시 올릴 때 의도'라 한다. 보시 올린 뒤 그 보시를 생각할 때마다 기뻐하고 만족스러운 의도를 '보시 올린 뒤 의도'라 한다. 보시 전의 의도, 보시 후 의도 역시 재생연결식의 과보를 줄 수 있다.

> 한 송이 꽃 공양으로
> 팔억 만년의 생 동안 악처를 몰랐노라.
> 이는 한 송이 꽃 공양올린 결과였다네.

이같이 한 송이의 꽃 공양이나, 한 번 계율을 받아 수지하는 선업으로 인해 많은 생을 사악처에 떨어지지 않고, 열반에 이르기까지 인간과 천상에서 수많은 생을 행복하게 보낸다. 보시 올리기 전과 올린 뒤의 무수한 의도들은 재생연결의 과보를 주는 외에도 그 선업으로 선처에 탄생한 뒤에도, 그 생에서 선현들과 교류하는 등의 도움을 받아 보다 선업을 증대시키는 근원이 된다.

보시의 구분

보시는 다시 세 종류로 구분하는데 낮은 보시(hīnadāna), 중간보시(majjhimadāna), 최상의 보시(paṇitadāna)이다. 원함, 마음, 노력, 지혜라는 통치(아디빠띠)의 법이[28] 낮은 보시를 낮은 보시라 한다. 원함 등이 중간 정도라면 중간보시라 한다. 원함 등이 강력하다면 최상의 보시라 한다. 또는 주변의 이목, 명성을 고려하여 [절 시주자, 불상 시주자, 공양 시주자 등의 명성을 원하여] 행한 보시는 낮은 보시이다. 선의 과보를 원하여 행한 보시는 중간보시이다. 결과를 기대하지 않고 '보시란 반드시 하여야 할 일이다' 라는 마음으로 한다면 최상의 보시다.

다른 사람을 낮추고 자신을 높이려는 마음으로 하는 보시는 낮은 보시이다. 세속의 행복을 갈구한다면 중간보시이다. 도道, 과果의 행복을 갈구한다면 최상의 보시이다. 생의 부귀와 영화를 갈구하는 것은 낮은 보시이다. 자신이 윤회계에서 벗어나기를 기대함은 중간보시이다. 보리살타들의 중생구제를 위한 보시바라밀은

---

28. adhipati(아디빠띠; 통치, 우두머리) = adhīnānaṁ(자신과 연관된 법들의) + pati(통치한다.) 자신을 수반하는 법들의 통치자인 군주의 법을 'adhipati(아디빠띠)' 라고 부른다.
adhipati(아디빠띠; 통치) 4가지 — chandādhipati(찬다디빠띠; 원함이라는 통치), cittādhipati(찟따디빠띠; 마음이라는 통치), vīriyādhipati(위리야디빠띠; 노력이라는 통치), vīmaṁsādhipati(위망사디빠띠; 지혜라는 통치)

최상의 보시이다.

계율(실라)

kāyavacīkammāni(행동과 말을) sīlayati sammādahati(훌륭하게 둔다) iti (그러므로) sīlaṁ(계행이라 한다)

불선업이 일어나지 않도록 행위와 말을 훌륭히 두는 의도를 계율이라 부른다. 계율은 빅쿠계, 빅쿠니계, 사미계, 재가신도계로 네 종류가 있다. 이 중에서 빅쿠 계본에서 보여주고 있는 227계를 빅쿠계라 한다. 빅쿠니 계본에서 보이는 계율이 빅쿠니계다. 이 계율들은 따로 받아 지닐 필요가 없다. 계단 안에서 깜마와짜(승단이 계단에 모여 행하여야 할 일을 보이는 말 羯磨儀規, kammavācā)를 명료한 발음으로 암송하고 빅쿠계를 받으면 이 계율들은 자동적으로 확고부동하게 세워진다. 빅쿠, 빅쿠니들에게는 항상 지켜야 할 계율(niccasīla)이다. 빠라지까(교단에서 탈락시키는 큰 죄, 斷頭罪)에 떨어지든지 계법을 내려놓든지[스스로 환속하든지] 하면, 저 깜마와짜의 힘은 소멸된다. 빅쿠, 빅쿠니라면 환속하지 않는 이상 '계율 없는 자(dussīla)'라 불린다. 빠라지까를 제외한 다른 계율을 범하게 된다면 율장의 법규에 따라 치료해야만 한다. 만약 치료하지 않는다면 '부끄러움이 없는 이(alajjī)'라 불린다.

사미계 ‖ 사미들은 삼보에 귀의하는 것만으로 연관된 계율을 받아 지닌 것이 된다. 삼보귀의를 수지한 뒤 '살생을 삼가는 계율을 수지하겠습니다' 등으로 따로 계를 수지할 필요가 없다. 율장『마하왁가』 빠라찌까칸다까에서는 '빅쿠들이여! 사미들에게 10계를 허락한다. 이 10계를 사미들이 받아 수지하기에, 살생을 삼가는 계율을 ‖중략‖ 금, 은을 보시 받음을 삼가는 계율을 수지함을 허락한다' 라는 경을 가르쳐야 한다고 언급하고 있다. 10계 중에서 계율 하나가 소멸되면 모든 계율이 소멸된다. 새로 다시 삼보귀의계를 받아 지녀야 한다. 다시 받아 지니지 않는다면, 지계가 없는 사미라 불린다. 다른 계들이 소멸된다면 모래를 운반하는 벌, 물을 긷는 것 등의 의무로써 치료해야 한다. 치료하지 않는다면 부끄러움이 없는 사미승이라 부른다. 사미들이 10계만이 아니라 227계 계본 중에서 일부 계율을 범한다면 역시 처벌을 받음이 적당하다. 이 계율들은 사미승들이 항상 지켜야 할 계율이다.

일반 재가신도계 ‖ 5계는 재가 신자들이 항상 지켜야 할 계율이다. 삼보귀의계를 받아 지녔다면 삼보에 귀의한 것이다. 계를 가진 이가 아니기에 빅쿠들에게서 연관된 계율을 따로 받아 수지하여야 할 것이다.

'오계를 받아 수지하겠습니다' 라고 오계를 한꺼번에 받아 수지한 뒤 하나가 소멸된다면 오계 모두가 소멸된 것이다. '살생을 삼가는 계율을 수지하겠습니다' 등으로 하나씩 구별하여 받아 수지한다면 하나를 범한다면 하나만 소멸된다. 소멸된 계율을 다시 받아 수지하면 된다. 날로 나누고 달로 나누어 '몇 일 정도를 지키겠다. 아니면 어떤 시간까지 지키겠다' 라고 시간을 분할한다면, 이 시간이 채워지면 수지한 계율은 소멸된다. 원한다면 다시 받아 수지하여야 할 것이다. 그렇지만 항상 지키는 계율을 확고하게 수지하는 것은 허물에서 벗어나 많은 좋은 결과를 준다.

포살날 받아 지니는 계율 ‖ 8계는 속인들이 포살날 받아 지니는 계율이라 부른다. 포살계율은 포살날뿐 아니라, 다른 날에도 가능한 만큼 수지할 수 있다. 그 외 '속인의 옷을 입지 않은 은자와 실라신(남방 여자 출가자)들은 10계를 항상 지켜야 허물에서 벗어날 것이다. 10계를 지키지 못하고 8계를 지키는 것은 옷에 합당하지 않기 때문에 허물에서 벗어날 수 없다.

행하여야 할 계, 금계禁戒 ‖ 계율은 행하여야 할 계(cārittasīla), 금계禁戒(vārittasīla) 두 가지가 있다. 이중에서 혈족의 전통에 따라 훌륭히 실천하는 것과 율장 칸다까에 나오는[행하지 않더라도 계율을 파계한 것이 아니고, 지킨다면 좋은 결과를 주는] 행하여야 할 빅쿠들의 의무를 행하여야 할 계라 부른다. 행하여야 할 계를 알아서 실행할 수 있다면 매우 좋은 결과를 가져온다. 모르고 실행하지 않더라도 비난을 당하는 것 외에는 허물은 크지 않다[파계가 아니다]. 행하지 않고 지키지 않는다면 허물이 되는 항상 지켜야할 계율(niccasīla)들은 금계禁戒에 속한다. 이 계율들은 행동과 말을 고요하게 다스려야 한다. 마음은 이같이 계율을 지키는 정도로는 안전할 수 없다. 수행으로 고요하게 다스려야 할 것이다.

수행(바와나)

adhikusalaṁ(월등하게 고귀한 선善 마음을) bhāveti uppādeti(처음 일으킨다) bhāveti vaḍḍheti(계속 증진시킨다) iti(그러므로) bhāvanā(수행)라 한다.

수행에서 처음 노력할 때를 가리켜 'bhāveti uppādeti(처음 일으킨다)' 라고 하였다. 그 뒤 반복적으로 다시금 선 마음들을 증진 발전시키는 것을 'bhāveti vaḍḍheti(계속 증진시킨다)' 라고 해설한 것이다. 여기는 욕계선업을 보이는 자리이기에 사마타, 위빳사나 수행를 수행할 때 본삼매에 도달하기 전에 일어나는 욕계 선마음만을 취한다. 허물없는 기술과 학문을 배우고 연구하는 것을 이 수행(바와나)에 포함시키기도 한다.

공경(아빠짜야나)

etena(이 욕계 선업의 의도로) apacāyanti(공경한다) iti(그러므로) taṁ(이 의도를) apacāyanaṁ(공경이라 한다)

부모, 스승, 법을 지키는 빅쿠승단, 공적이나 나이, 계율로써 높은 분을 마중 나와 반기고 합장하고 절하여 예배하는 등의 다양한 공경을 [그 어떤 이익이나 명예를 바라지 않고] 겸손하게 행하는 것을 공경이라 한다.

봉사(웨야왓짜)

byāvaṭassa(분투하는 사람의) bhāvo(상태이다) 그러므로 veyyāvaccaṁ(봉사라 한다).

허물없는 일에서 언급했던 부모, 스승 등과 병든 환자, 친구, 동료들을 어떤 이익도 요구하지 않고 바른 마음으로 도우는 의도를 봉사(웨야왓짜)라 한다.

회향(빳띠다나)

pattabbā(도달하고 성취한다) iti(그러므로) patti(도달함이라 부른다.) pattiyā(도달하고 성취한 선업을) dānaṁ(분배하여 회향하는 것을) pattidā naṁ(회양이라 한다)

먼저 어떤 물품을 보시한다. 이 보시의도는 공양 올린 사람이 성취한 것이기에 도달함(patti)이라 한다. 성취한 선업의 몫을 한사람이든 모든 중생에게든 '나와 똑같이 선업공덕이 얻어지이다'는 마음으로 회향하는 의도를 회향(pattidāna)이라 부른다. ['자신과 균등하게 얻어지이다' 고 분배하여 나누기에 요즘 '회향' 이라 부른다.]

이처럼 자신의 선업의 몫을 회향하더라도 선업을 행한 보시자의 선업이 줄어드는 것은 아니다. 한 자루 촛불을 켜 놓은 방에 들어가 다른 초에 불을 옮겨 붙일지라도 원래 촛불의 빛이 줄어들지 않고 오히려 다른 빛의 덕분에 보다 더 밝아지는 것처럼, 그와 같이 원래 선업을 지은 보시자도 선업의 힘이 줄어들지 않고 오히려 회향 선업을 보다 더 얻는다.

회향을 기쁘게 받아들임(빳따누모다나)

pattiyā(공덕회향을) anumodanaṁ(기뻐하는 의도를) pattānumodanaṁ(회향을 기쁘게 받아들임이라 한다)

다른 이들이 회향하여 돌리는 선업의 몫을 '매우 좋다! 사두(좋다)!' 라고 기뻐함으로써 pattabbhanumodanaṁ(회향하여 나누어준 공덕의 몫을 기뻐함)로 알아야 한다. — 『상기띠』 주석서에서.

다른 이들이 회향하여 돌리는 선업의 몫 혹은 다른 이가 선업을 행하는 것을 '매우 좋다! 사두(좋다)!' 라고 기뻐함으로써 abbhanumodanaṁ(선업을 기뻐함)라고 알아야 한다. — 『앗타살리니』 주석서에서.

이 주석서 두 곳에 주의하여야 한다. 『상기띠』주석서에서 'pattabbhanumodanaṁ - 다른 이들이 회향하여 돌리는 선업의 몫' 라 이름붙이고 있기에 'pattiyā + abbhanumodana' 라고 구절을 나누어 pattiyā의 의미를 parehi dinnāya pattiyā - 다른 이들이 회향하여 돌리는 선업의 몫' 라고 해석하고 있다. '보시자들이 회향하여 나누어 준 것을 '사두(좋다)' 라고 화답하여야 선업이 된다' 는 뜻이다. 『앗타살리니』주석서에서는 patti[도달된 선업의 몫]란 단어가 포함되지 않는다. abbhanumodana(기뻐한 의도)라고만 이름하고 있다. 그러므로 보시하는 사람들이 회향하여 주는 선업공덕을 기뻐하는 것을 겨냥하여 'parehi dinnāya pattiyā vā - 다른 이들로부터 회향받은 선업의 몫 혹은' 이라고 해설하고 있다. 보시하는 사람들이 회향하여주는 보시선업과 계율을 지키는 사람 등의 지계선업 등을 기뻐하는 것을 겨냥하여 'aññāya vā puññakriyāya - 다른 이가 선업을 행하는 것을' 라고 설명하고 있다. 여기서 회향하여 주기 때문에 사두(좋다) 라고 화답하며 기뻐하는 것은 회향을 기쁘게 받아들임[pattānumodana] 이다. 회향하여 사두라 불러주지 않는데도 기뻐하는 것은 회향을 기쁘게 받아들임이 아니라 일반적 기뻐함[anumodana]일 뿐이다.

상기띠띠까 - parehi anuppadinnatāya pattaṁ abbhanumodati etenāti pattabbhanumodanaṁ, ananuppadinnaṁ pana kevalaṁ abbhanumodīyati etenāti abbhanumodanaṁ - 선업의 의도로 다른 이들이 회향하여 나누어 준 공덕의 몫을 기뻐한다. 그러므로 pattabbhanumodana(회향하여 나누어준 공덕의 몫을 기뻐함)라 한다. 선업의 의도로 회향하여 나누지 않은 단지 공덕만을 기뻐한다. 그러므로 abbhanumodana(선업을 기뻐함)라 부른다.

특별히 겨냥한 회향

patti[도달된 선업의 몫]는 '특별히 겨냥한 회향(uddissikapatti)' 과 '중생회향(anuddissikapatti)' 두 종류가 있다. 그 중에서 어떤 한 존재를 겨냥하여 회향하는 선업의 몫으로 아귀나 귀신들이 '사두(좋다)' 라고 화답하면 금생에서 과보를 주는 업의 결과를 얻는다. 부처님이 성도하신 후 빔비사라 왕의 옛 친척 되는 귀신들은 빔비사라 왕이 선업을 지어 '사두(좋다)' 라고 불러줄 것을 기대하면서 기다렸다. 첫 번째 죽림정사에서 물을 부어 회향식을 할 때 '사두(좋다)' [29]라고 소리 내어 말하지 않고 부르지 않았기에, 밤에 귀신의 몸을 나타내 보였다. 날이 밝아 부처님께 말씀드리자 아귀들이 탄생하는 모습을 설하시고는 다시 두 번째 보시를 올려 회향하도록 하시어 다시 '사두' 라고 소리 내어 공덕을 돌려주었다. 어떤 한 존재를 위해서가 아닌 많은 중생을 겨냥하여 선업의 몫으로 '사두(좋다)' 라 회향하여 돌려주는 것에서 금생에서 과보를 주는 업의 결과를 주는 이야기는 찾아볼 수 없다. 보시자가 공덕을 돌리지 않은 회향식 또한 다수의 중생을 위한 회향(anuddissikapatti)을 겨냥하여 '사두!' 라 부른 회향을 기쁘게 받아들임[pattānumodana]과 결과를 줌에서 특별히 차이가 있으리라 생각지 않는다.

---

29. 공양 올린 이가 사두(좋다)라고 불러줌은 '선업의 공덕을 회향합니다, 사두, 사두, 사두' 라고 세 번 마음을 다해 공덕을 돌려주는 것이다. 귀신(아귀)이 된 사람을 위하여 선업의 공덕을 행한 뒤 저 선업의 공덕을 연관된 이를 겨냥하고서 소리 내어 '사두' 라고 회향함으로 악처에 탄생한 귀신을 보다 나은 존재계로 옮겨가 새로운 삶을 받을 수 있게 하든지 혹은 아귀계에서 옷과 음식이 풍족해 지는 과보를 즉시 받는 실례를 경전 여러 곳에서 볼 수 있다. 미얀마에서는 자식의 도리로 돌아가신 부모님을 위한 이러한 '특별히 겨냥한 회향(uddissikapatti)' 즉, 천도식을 반드시 행하여 할 도리로 생각한다. 31천 중생계 안에 아귀계가 존재함을 숙지할 만하다.

법문을 경청함(담맛사와나)

'법문을 매우 열심히 듣는다. 매우 훌륭한 사람이다.' 등의 타인의 찬사를 기대하지 않고서 앎과 바른 법을 증진시키기 위해 혹은 들은 법을 다른 이들에게 전하려는 마음으로 듣는 것을 '법문을 경청함(담맛사와나)' 이라 부른다.

설법(담마데사나)

보시, 공경 받음, 추종자, 명성을 갈구하지 않고 많은 중생들의 번영과 이익을 위한 청정한 의도로 설법하는 것을 설법(담마데사나) 선업이라 한다. 보시물과 공경을 기대하고서 설법할 때조차 좋은 마음의 의도에 근거하여 설법한다면 설법 선업이 될 것이다.

견해를 곧게함(딧티주깜마)

견해란 바르게 알고 보는 지혜이다. 이 지혜만이 연관된 법들을 곧고 바르도록 만들기에 ujukamma(견해를 곧게함)라 부른다. attano(자신을) paccayehe(원인으로) ujuṁ(바르고 곧게) karīyati(행한다) it(그러므로) ujukamma(견해를 곧게함이라 한다)

'diṭṭh eva ujukammaṁ diṭṭhijukammaṁ - 지혜만이 곧게 만든다. 그러므로 딧티주깜마(곧게 만드는 지혜)라 부른다' 비록 유신견(삭까야딧티)을 제거하지 못했다할지라도 허무주의적 사견(natthikadiṭṭhi), 원인을 부정하는 사견(ahetuka diṭṭhi, 無因論), 행위를 부정하는 사견(akiriyadiṭṭhi, 非作用論)들을 취하지 않고 업과 업의 결과를 믿는 지혜[kammassakatāñāṇa]가 일어난다면 이 견해를 곧게 한 공덕의 토대가 된다.

중생들의 다양한 탄생을 숙고하고 '업만이 오온의 무더기를(생을) 따른다. 재물과 영화는 따를 수 없다. 업만이 나의 소유이다. 재물과 영화는 나의 소유가 아니다'라고 아는 지혜를 '업과 업의 결과를 믿는 지혜'라 한다. 자신에게 이 지혜가 일어난다면 견해를 곧게 세움이 일어난 것이다. 이보다 높고 깊은 위빳사나 지혜에서는 말할 필요성조차 없다. 견해를 바르게 취하는 순간, 즉 견해를 곧게함이 일어나는 순간이 '지혜와 결합한 욕계 선업 마음'이 일어나는 순간이다.

일부에서는 열 가지 공덕의 토대를 보시, 지계, 수행의 세 가지라고 한다. 이처럼 세 가지만 보인다면, 회향과 회향을 기쁘게 받아들임의 두 가지를 보시에, 공경과 봉사의 두 가지를 계율에, 법문을 경청함과 설법과 견해를 곧게함의 세 가지를 수행에 포함시켜야 할 것이다.

5가지 색계 선업

rūpāvacarakusalaṁ pana manokammameva tañca bhāvanāmayaṁ appanāpattaṁ jhānaṅgabhedena pañcavidhaṁ hoti.

색계 선업은 오직 의업意業 하나이며, 이 업은 수행으로 완성되어 본삼매에 도달한 것이다. 선정요소의 분류에 따라 5가지이다.

4가지 무색계 선업

tathā arūpāvacarakusalañca manokammaṁ. tampi bhāvanāmaya ṁ appanāpattaṁ ārammaṇabhedenacatubbidhaṁ hoti.

그와 같이 무색계 선업 역시 의업意業만 있다. 이 업 또한 수행으로 완성되어 본삼매에 도달한 것이다. 대상의 분류에 따라 4가지이다.

해설

색계 선업은 신업, 구업, 의업의 구분 없이 의업 하나만 있다. 보시, 지계, 수행의 셋으로 구분되지 않고 수행 한 종류만 있다. 욕계선善의 의업으로 수행이 완성된 것이 아니라, 선정을 획득하기 전 명상을 증진하는 것은 욕계 선善의 의업意業 에 의해서이다. 그러나 본삼매란 색계선善에 도달한 의업意業에 의해 완성된 수행이다. 색계 마음에서 언급했던 대로 다섯 가지 선정요소와 결합하였기에 색계선업 역시 5가지이다.

무색계 선업은 의업, 수행으로 완성됨, 본삼매에 도달함이 색계선업과는 다르다. 제1장 무색계 마음에서 보여주었던 대로 '허공이란 개념' 등의 대상으로 구분되어 무색계 선업은 4가지이다.

욕계 업이 과보를 주는 영역

etthākusalakammamuddhaccarahitaṁ apāyabhūmiyaṁ paṭisandhiṁ janeti.
pavattiyaṁ pana sabbampi dvādasavidhaṁ sattākusalapākāni sabbatthāpi kāmaloke, rūpaloke ca yathārahaṁ vipaccati.

이 중에서 들뜸(웃닷짜)을 제외한 불선업은 악처에서 재생연결을 일으킨다. 삶의 과정(빠왓띠)에서는 모든 12가지 불선마음은 욕계와 색계 영역 모두에서 적절하게 7가지 불선 과보를 성숙시킨다.

해설

12가지 불선 마음 중에서 들뜸(웃닷짜)을 제외한 나머지 11가지 마음의 의도(쩨따나)는 재생연결식의 과보를 준다. 세상에 어떤 사람이 월등하다할지라도 그 혼자만으로 성공적인 업적을 일루기는 힘들다. 탁월한 군의 통솔자라도 따르는 병졸의 힘이 약하면 적을 이기지 못하듯이 자신의 일을 할 때 적절한 동료를 얻어야 능력이 발휘할 수 있다. 의도(쩨따나)는 강력한 마음부수 중 하나이다. 어떤 일이든지 이 이름만으로 '업(깜마)'이라는 특별한 칭호를 받는다. 이 의도만이 다음에 재생연결식과 삶의 과정에서의 과보를 일으킨다. 재생연결의 과보를 일으켜 하나의 생을 만드는 일은 쉬운 자리가 아니다. 동반하는 마음부수들이 뛰어나야 일어날 수 있다.

들뜸(웃닷짜) 의도

들뜸(웃닷짜) 의도가 재생연결식이라는 과보를 일으킬 만큼 결합한 법들을 성숙시키기에 충분한가? 들뜸마음에는 탐심, 진심은 포함되지 않는다. 사견, 자만, 시기, 인색, 후회도 결합하지 않고,

부처님과 법에 의혹하는 의심 역시 결합하지 않는다. 강력한 마음부수는 하나도 결합하지 못한다. 이처럼 강력한 동료를 얻지 못하였기에 들뜸 마음에 결합된 의도는 재생연결의 과보를 주어 한 생을 만드는 것이 가능하지 않다. 이것이 『바사띠까』의 견해이다.

『앗타살리니』

『앗타살리니』 불선不善의 장에서 다음과 같이 해설하고 있다. '의심마음은 결정(아디목카)마음부수와 결합하지 못해 힘이 약함에도 불구하고 재생연결의 과보를 주는데, 왜 결정마음부수와 결합하여 힘이 있는 들뜸(웃닷짜)은 재생연결의 과보를 이끌어내지 못하는가?' '들뜸은 수다원 도道가 제거하는 법들 중에 포함되지 않았기에 재생연결의 과보를 이끌어낼 수 없었다' 즉 들뜸마음의 의도가 재생연결의 과보를 준다면 사악처 영역을 줄 것이다. 수다원 도가 들뜸마음의 의도를 제거하지 못하기에 수다원 사람들이 사악처에 떨어질 수도 있을 것이다. 하나 'catūhāpāyehi ca vippamutto – 4악처에서 벗어났다' 는 말에 따라 수다원이 사악처에 떨어지지 않음은 명백하다. 그러므로 수다원 도에 의해 제거된 번뇌에 들뜸이 들어있지 않기에 들뜸 마음의 의도가 사악처라는 재생연결식의 결과를 줄 수 없음을 알아야 한다.[수다원 도가 제거한 법에 들뜸이 포함되지 않음은 담마상가니 닉케빠깐따 장을 참조하라]

수다원 도가 제거한 법 중 들뜸마음의 의도(쩨따나)가 포함되지 않았을지라도 아라한 도가 제거한 법에는 포함된다. 그러므로 무엇으로 수다원 도가 제거한 법에 포함되지 않는 정도만으로 재생연결식이라는 과보를 주지 못한다고 증빙할 수 있겠는가? 빳타나

(24연기법) 경에서 나낙카니까깜마 연기법은[30] 과보를 주는 의도를 정선[겨냥]하여 설하신 연기법이다. 이 나낙카니까깜마 연기법에서는 상위 도가 제거하는 법은 보이지 않는다. 수다원 도가 제거하는 법과 상위 도와 하위 도가 일부[절반쯤] 제거한 법만을 보이고서, 수다원 도가 제거한 법들 중에 포함되지 않은 법들은 재생연결식의 과보를 줄 수 없다고 명백히 밝힌다.

나낙카니까깜마 연기법은 재생연결식과 삶의 과정(빠왓띠)의 결과 둘 모두든 혹은 삶의 과정의 결과만이든 과보를 줄 수 있는 법들을 보이는 연기법이다. 이 나낙카니까깜마 연기법에서 상위 도에 의해 제거되는 들뜸(웃닷짜)은 보이지 않는다. 그와 같다면 '들뜸 의도는 삶의 과정에서의 과보 정도도 일으킬 수 없는가' 하는 질문에, 이 빳타나 경에서는 보이지 않았지만 『위방가』 빠띠삼비다막가 장에서 '어떤 때에 중립적 느낌을 수반한 들뜸(웃닷짜)과 결합한 불선 마음은 일어난다. ‖중략‖ 이 원인의 법들에서 아는 지혜를 담마빠띠삼비다(원인의 법을 분석하는 지혜, 法無碍解)라 부른다. 저 법들의 결과를 아는 지혜를 앗타빠띠삼비다(결과의 법을 분석하는 지혜, 義務碍解)라 부른다' 라고 설하심으로써 [이 빳타나 경에서 '저 법들의 결과를 아는 지혜를 앗타빠띠삼비다(결과의 법을 분석하는 지혜, 義務碍解)라 부른다' 라는 말씀에 따라] 들뜸 의도가 과보를 줄 수 있다는 뜻이 된다. 이 결과로는 수다원이 사악처에 떨어질 수 없기에 삶의 과정 순간에

---

30. nānākkhaṇikakamma(나낙카니까깜마; 의도와 결과가 각각 다른 순간에 나타나 영향을 주는 연기법)

nānākkhaṇika kamma(나낙카니까깜마) — nānā(각각으로 구별되는) khaṇo(순간이다.) 그러므로 nānākkhaṇo라 부른다. nānākkhaṇe(각각으로 구별되는 순간에) pavattaṁ(일어나는 업이다.) 그러므로 nānākkhaṇikaṁ(나낙카니까깜마라 부른다.)

sahajātakamma(사하자따깜마; 결합한 법들에게 영향을 주는 의도(업))는 의도(업)와 동시에 일어나지만 이 나낙카니까깜마는 한순간에 함께 일어나지 않는다. 먼저 의도(업)가 일어난 뒤 조건이 성숙된 후에 과보를 준다. 이같이 과보를 주는 순간이 각각 구별되어 일어나는 의도(업)를 nānākkhaṇikakamma(나낙카니까깜마)라 부른다.

나쁜 과보만을 일으킨다고 알아야 한다. 그러므로 『아비담맛타상가하』에서 들뜸과 함께 '삶의 과정에서 12가지 모든 불선마음은' 이라고 언급한 것이다.

12가지 불선 의도는[들뜸 의도를 포함] 모든 욕계와 색계 15천[무상유정천을 제외]에서 적절하게 결과를 준다. '들뜸이 재생연결식의 과보로 사악처에서는 주지 않을지라도, 삶의 과정으로는 모든 욕계에서 줄 수 있다'는 의미이다. 뿌리 없는 7가지 불선 과보가 욕계 11천과 색계 15천에서 과보를 줄 수 있다할지라도 동일한 경우가 아니다. 색계에서는 코, 혀, 몸의 감각물질이 없기에 냄새, 맛, 감촉을 대상으로 하는 코의 의식, 혀의 의식, 몸의 의식인 3가지 과보마음이 일어날 수 없기에 'yathārahaṁ - 감각과 대상에 따라 적절하게' 라고 말한 것이다.

kāmāvacarakusalampi kāmasugatiyameva paṭisandhiṁ janeti. tathā pavattiyañca mahāvipākāni. ahetukavipākāni pana aṭṭh api sabbatthāpi kāmaloke, rūpaloke ca yathārahaṁ vipaccat i.

욕계 선업은 욕계 선처에서 재생연결식을 일으킨다. 그곳에서 삶의 과정에서도 욕계 선善의 과보마음들을 일으킨다. 뿌리 없는 8가지 선善의 과보마음은 적절하게 모든 욕계와 색계에서 결과를 준다.

해설

8가지 욕계 선업은 욕계 선처 7천에 재생연결식을 일으키고, 욕계 선처 7천에서만 삶의 과정에서의 과보를 일으킬 뿐 색계, 무색계, 사악처에서는 일으키지 못한다. 욕계 선善과보마음은 재생연결식, 바왕가, 죽음의식의 작용과 등록하는 마음의 작용에 적용된다. 색계, 무색계에서는 색계, 무색계 과보마음이 재생연결식 등의 3가지 작용을 수행한다. 사악처에서는 불선과보마음인 조사하는 마음이 재생연결식 등의 3가지 작용을 수행한다. 색계, 무색계 범천들의 의식에서 등록하는 마음을 얻지 못한 이유는 제4장의 '등록하는 마음 법칙 장章' 에서 보였다. 그러므로 색계, 무색계에서 욕계선善과보마음이 일어날 점이 없다. 사악처 영역에서는 등록하는 마음 작용이 있다. 그러나 제4장의 '존재의 구분 장章' 에서 보였듯이 4악처 존재가 욕계선善과보마음을 얻을 수 없기에 사악처에서의 등록하는 마음 작용은 조사하는 마음만이 맡아 수행한다.

뿌리 없는 8가지 선善과보마음은 ‖중략‖ 결과를 준다.

사악처 존재에 속하는 용왕, 봉황들의 부귀영화와 일부 혈통좋은 코끼리, 말 등에서 매우 아름다운 모양, 소리 등을 보게 되는데, 이는 선善과보의 삶의 과정(빠왓띠)의 결과이다. 이같은 부귀와 아름다운 형상, 소리를 대상으로 하여 선善과보의 눈의 의식 등이 일어날 수 있다. 원하는 대상인 업으로 생긴 물질(깜마자루빠), 업에 근원하는 기온으로 생긴 물질(우뚜자루빠)이 일어나는 모습, 욕계 선처와 색계 15천에서 욕계 선업 때문에 선善과보인 눈의 의식 등이 일어나는 모습은 이해할 수 있을 것이다.

수승한 마음 등으로 분류함

tatthāpi tihetukamukkaṭṭhaṁ kusalaṁ tihetukaṁ paṭisandhiṁ datvā pavatte soḷasa vipākāni vipaccati.

이 욕계 선업 중에서 3가지 뿌리를 가진 수승한(욱깟타) 선업은 3가지 뿌리의 재생연결식을 준 뒤 삶의 과정에서 16가지 과보마음을 결과로써 준다[성숙시킨다].

tihetukamomakaṁ, dvihetukamukkaṭṭhañca kusalaṁ dvihetukaṁ paṭisandhiṁ datvā pavatte tihetukarahitāni dvādasa vipākāni vipaccati.

3가지 뿌리를 가진 열등한(오마까) 선업과 2가지 뿌리를 가진 수승한 선업은 2가지 뿌리의 재생연결식을 준 뒤에 삶의 과정에서 3가지 뿌리 과보를 제외한 12가지 과보마음을 결과로써 준다.

dvihetukamomakaṁ pana kusalaṁ ahetukameva paṭisandhiṁ deti. pavatte ca ahetukavipākāneva vipaccati.

2가지 뿌리를 가진 열등한 선업은 뿌리 없는 재생연결식의 결과를 준다. 삶의 과정에서도 뿌리 없는 선善과보마음만을 결과로써 준다.

해설

욕계 선업은 3가지 뿌리, 2가지 뿌리로 두 가지가 있다. '지혜와 결합하는 4가지 욕계 선마음' 중 하나로 행한 선업을 3가지 뿌리라 한다. 탐욕 없음[alobha], 진심 없음[adosa], 어리석음 없음[amoha] 뿌리와 결합한 선업을 말한다. '지혜와 결합하지 않는 4가지 욕계 선마음' 중 하나로 행한 선업을 2가지 뿌리라 한다. 어리석음 없음이 포함되지 않은 탐욕 없음, 진심 없음 뿌리와 결합한 선업을 말한다. 선을 행할 때 업과 업의 결과를 믿는 '업만이 자신의 재산(깜마삿까따)'이라고 아는 지혜나 물질과 정신의 법에서 '무상, 고, 무아'라고 통찰하는 위빳사나 지혜가 일어난다면 지혜와 결합한 3가지 뿌리의 선업이 된다. 이러한 지혜 없이 선업을 행하였다면 두 가지 뿌리 선업이 된다.

수승한(욱깟타) 선업과 열등한(오마까) 선업

세 가지 뿌리와 두 가지 뿌리에서 선업을 행하기 전 앞의 의도(뿝바쩨따나)와 행한 뒤의 의도(아빠라쩨따나) 또한 무수히 일어날 것이다. 일부는 아낌없이 베풀고 보시하고자 하는 생각을 일으켜 보시하기 전 의도는 매우 강력하게 일어난다. 선善과 연관된 무수한 속행이 일어난다. 선업을 행한 뒤의 의도도 매우 만족하며 선행에서 기뻐한다. 이 선업은 앞과 뒤에서 선善에 둘러쌌기에 매우 힘이 있다. 수승한(욱깟타) 선업이라 부른다. 3가지 선업뿌리라면 '수승한 3가지 뿌리(띠헤뚜까욱깟타)', 2가지 선업근원이라면 '수승한 2가지 뿌리(두헤뚜까욱깟타)'라고 부른다. 어떤 이는 선업을 행하기 전 의도가 기쁘지 않고 아까워 움츠려들고 어떤 이유로 불만족스럽거나 자신의 공적을 높이려는 등의 불선한 마음들이 앞장선다. 선업을 행한 뒤의 의도 역시 '준 것이 아깝다' 등으로 마음이 편치 않는 이러한 선업은, 불선이 앞뒤로 둘러싸 힘이 약하기 때문에 열등한(오마까) 선업이 된다. 이 선업을 '열등한 3가지 뿌리(띠헤뚜까오마까)', '열등한 2가지 뿌리(두헤뚜까오마까)'라고 부른다.

선을 행하기 전 일어나는 선과 불선의 모습은 앞과 같다. 선을 행한 뒤에 그 선업과 연관되어 다시 선업이 일어난다면 수승한(욱깟타) 선업, 불선이 일어난다면 열등한(오마까) 선업이라 한다. 그 뒤 여러 달이 지나 그 선업을 기억할 때마다 기뻐한다면, 이처럼 선업이 다시 반복하여 충만하게 스며드는 것을 '아세와나빳짜야(연속성의 연기법, 數數修習緣)'라 부른다. 이처럼 아세와나빳짜야를 얻는다면 본래의 수승한 선업은 매우 훌륭해져 '보다 수승한 선업(욱깟툭깟타)' 상태에 이른다. 본래 열등한 선업이라면 제법 수승해져 '열등한 뒤 수승한 선업(오마꾹깟타)'이 된다. 이와 달리 선업을 행한 후 제법 시간이 지나 '보시한 것은 실수다' 라고 마음이 즐겁지 못하다면 이 마음은 근본 행한 선업의 힘을 약하게 만들기에 근본이 수승한(욱깟타) 선업이라면 '수승한 뒤 열등해진 선업(욱깟토마까)' 이 된다. 근본이 열등한(오마까) 선업이라면 '보다 열등한 선업(오마꼬마까)' 의 상태로 떨어진다.

그러므로 하나의 선업을 다음과 같이 구분할 수 있다.

1. 욱깟타(ukkaṭṭha) - 수승한 선업
2. 욱깟툭깟타(ukkaṭṭhukkaṭṭha) - 보다 수승한 선업
3. 욱깟토마까(ukkaṭṭhomaka) - 수승한 뒤 열등한 선업
4. 오마까(omaka) - 열등한 선업
5. 오마꾹깟타(omakukkaṭṭha) - 열등한 뒤 수승한 선업
6. 오마꼬마까(Omakomaka) - 보다 열등한 선업

수승한 등의 선업에서 희망(찬다), 정진(위리야), 마음(찟따), 지혜(위망사)가 강력하면 강력한 만큼 결과를 준다. 열등한 경우 열등한 만큼 결과는 열등해진다. 선을 행하기 전에 선한 의도에 둘러싸이거나 행한 뒤 불선한 의도가 둘러쌀 수도 있다. 이처럼 의도로 인해 갖가지 업이 만들어지는 것을 알고서 가장 최상의 선업이 되도록 노력하여야 할 것이다.

3가지 뿌리의 열등한 선업, 2가지 뿌리의 수승한 선업

어리석음은 선천적 장님(잣산다) 등의 나쁜 과보를 가져오는 원인이 된다. 지혜와 결합한 3가지 뿌리가 열등한(오마까)선업으로 일어나 열등할지라도 선천적 장님(잣산다) 등의 뿌리 없는 재생연결의 과보는 주지 않는다. 2가지 뿌리의 재생연결 과보만 준다. 그러

므로 '3가지 뿌리를 가진 열등한 선업과 ‖중략‖ 2가지 뿌리 재생연결식을 준 뒤에' 라고 언급한 것이다. 지혜와 결합하지 않는 2가지 뿌리선업 역시 3가지 뿌리를 지닌 재생연결의 과보를 줄 수 없다. 그러므로 2가지 뿌리의 수승한(욱깟타) 선업 역시 2가지 뿌리의 재생연결 과보만을 줄 수 있다. [열등한(오마까) 2가지 뿌리선업이 열등한 2가지 뿌리로 일어난다면, 2가지 뿌리 재생연결정도도 주지 못한 채 뿌리 없는 재생연결의 과보만을 준다]

일부 스승의 견해

asaṅkhāraṁ sasaṅkhāravipākāni na paccati.
sasaṅkhāra masaṅkhāravipākānīti kecana.
tesaṁ dvādasa pākāni dasā'ṭṭha ca yathākkamaṁ.
yathāvuttānusārena yathāsambhavamuddise.

일부 스승들은 다음과 같이 언급하고 있다. 자발적 선업은 자극받은 과보마음을 결과로 주지 않는다. 자극받은 선업은 자발적 과보마음을 결과로 주지 않는다.

이 견해에 따라 12가지, 10가지, 8가지 과보마음을 순서대로 적절히 보여야 한다.

해설

이것은 다수의 동의로 결정된 일반적 견해다. 자발적(아상카리까) 마음, 자극받은(사상카리까) 마음 등의 글은 모라와삐 지역에 거주하시는 마하닷따 존자의 견해를 보인 말이다. 스승들께서는 결과인 과보마음이 자발적, 자극받은 마음으로 일어나는 것은 업에 연관되고, 업에 따라 형성된다. 얼굴과 거울 속에 비친 영상은 동일하다. 그와 같이 '업이 자극받은 마음이라면 뒤의 생에서 과보 역시 자극받은 마음만이 적당하다. 업이 자발적 마음이라면 과보 역시 자발적 마음만이 일어나야 한다'는 견해를 가지셨다. 그러므로 '자극받은 선업은 자발적 결과를 주지 못한다. 자발적 선업은 자극받은 결과를 주지 못한다'라고 언급한 것이다. 이 견해는 수승한 3가지 뿌리[4가지 지혜와 결합하는 마음] 중 2가지 자발적 마음은 '4가지 욕계선의 과보인 자발적 마음, 8가지 뿌리 없는 선의 과보마음'으로 모두 12가지 과보가 일어날 수 있다.

이 견해를 아누룻다 존자와 다수의 분들이 좋아하지 않는다. 과보마음의 작용이란 재생연결식 등을 말한다. 이 중에서 자신의 노력, 친척, 동료 등의 자극 없이 나타나는 인지된 업(깜마), 업의 표상(깜마니밋따), 태어날 곳의 표상(가띠니밋따) 중 하나를 대상으로 하여 재생연결이 일어난다면 자발적 재생연결식이 일어나고, 주변의 자극하는 도움을 받아 재생연결이 일어난다면 자극받은 재생연결식이 일어난다. 일생을 통해 일어나는 바왕가와 죽음의식은 재생연결식과 동일하다. 그와 달리 등록 작용은 앞의 속행들과 연관된다. 앞의 속행들이 자발적 속행이라면 등록하는 마음 역시 자발적이 많다. 이와 같이 과보마음이 강력하거나 약한 이유는 인지된 업, 업의 표상, 태어날 곳의 표상의 대상이 나타날 때 주변의 자극이 있거나 없음, 등록에 적용될 때 앞 속행들이 자발적 혹은 자극받은 마음이냐에 따라 '업과 동일한 과보마음에서 자극이 적절하게 일어난다'라는 마하닷따 존자의 견해를 '일부 스승들의 견해'라고 언급하고 있다.[속행은 선, 불선, 작용만 하는 마음 중 하나이다. 등록은 속행의 뒤를 따라 일어나는 과보마음이다. 속행 뒤를 따르는 등록이 앞의 속행에 따라 자발적, 자극받은 마음으로 결정됨을 주장하는 마하닷따 존자의 견해를 '일부 스승들의 견해'라 하며 대다수의 스승들이 이 견해를 좋아하지 않는다]

'12가지 과보마음, 10가지 과보마음, ॥중략॥ 적절히 보여야 한다'

12가지란 - 수승한(욱깟타) 3가지 뿌리가 자발적으로 일어난다면 8가지 뿌리 없는 선의 과보, 욕계 선의 과보 중 4가지 자발적 마음으로 모두 12가지가 일어난다. [뿌리 없는 과보마음은 자발적, 자극받은 마음으로 구분되지 않았기에 양쪽 모두를 얻는다.]

10가지란 - 열등한(오마까) 3가지 뿌리와 수승한(욱깟타) 2가지 뿌리가 자발적으로 일어난다면, 8가지 뿌리 없는 선의 과보, 욕계 지혜와 결합하지 않은 2가지 자발적 마음, 이 10가지 결과를 일으키게 한다. 자극받은 마음으로 일어난다면 8가지 뿌리 없는 선의 과보, 지혜와 결합하지 않는 2가지 자극받은 마음, 이 10가지 결과를 준다.

8가지란 - 열등한 2가지 뿌리는 자발적, 자극받은 마음 모두 8가지 뿌리 없는 선善과보마음만을 일으킨다. 도표로 보면,

선 업		일반적 견해 과보마음	일부 스승의 견해 과보마음
3가지뿌리 수승한	- 자발적 자극받은 마음	16	12
3가지 뿌리 열등한 2가지뿌리 수승한	- 자발적 자극받은 마음	12	10
2가지뿌리 열등한	- 자발적 자극받은 마음	8	8

색계 업이 과보를 주는 영역

rūpāvacara kusalaṁ pana paṭhamajjhānaṁ parittaṁ bhāvetvā brahmapārisajjesu uppajjati.

tadeva majjhimaṁ bhāvetvā brahmapurohitesu.
paṇītaṁ bhāvetvā mahābrahmesu.

색계 선善은 초선을 작게 닦아 범중천梵衆天에 탄생한다. 이 초선을 중간으로 닦아 범보천梵輔天에 탄생한다. 훌륭히 닦아 대범천大梵天에 탄생한다.

tathe dutiyajjhānaṁ tatiyajjhānañca parittaṁ bhāvetvā parittābhesu.
majjhimaṁ bhāvetvā appamāṇābhesu.
paṇītaṁ bhāvetvā ābhassaresu.

그처럼 제2선, 제3선을 작게 닦아 소광천小光天에 탄생한다. 중간으로 닦아 무량광천無量光天에 탄생한다. 훌륭히 닦아 광음천光音天에 탄생한다.

catutthajjhānaṁ parittaṁ bhāvetvā parittasubhesu.
majjhimaṁ bhāvetvā appamāṇasubhesu.
paṇītaṁ bhāvetvā subhakiṇhesu.

제4선을 작게 닦아 소정천少淨天에 탄생한다. 중간으로 닦아 무량정천無量淨天에 탄생한다. 훌륭히 닦아 변정천變淨天에 탄생한다.

pañcamajjhānaṁ bhāvetvā vehapphalesu.
tadeva saññāvirāgaṁ bhāvetvā asaññasattesu.
anāgāmino pana suddhāvāsesu uppajjanti.

제5선을 닦아 광과천廣果天에 탄생한다. 이 선정에서 지각을 혐오하여 지각이 없는 존재인 무상유정無想有情에 탄생한다.

제5선을 성취한 아나함들은 정거천淨居天에 탄생한다.

무색계 업이 과보를 주는 영역

arūpāvacarakusalañca yathākkamaṁ bhāvetvā arūpesu uppajja nti.

무색계 선善 역시 그러한 방식에 따라 무색계천에 탄생한다.

요약

itthaṁ mahaggataṁ puññaṁ yathābhūmi vavatthitaṁ.
janeti sadisaṁ pākaṁ paṭisandhi pavattiyaṁ.
idamettha kammacatukkaṁ.

이와 같이 고귀한 마음(색계, 무색계선정) 선업은 이같이 구분된 영역에서 동일한 결과를 재생연결식, 삶의 과정에서 일으킨다. 이것이 벗어난 인식과정 장章에서 네 가지 업의 모임[kammacatukka]이다.

해설

'작게(paritta), 중간(majjhima), 훌륭히(paṇita) 닦은 선정의 분류'

작게 닦은 선정(빠릿따자나) 등으로 이름 붙인 것은 두 가지 방법에 근거한 것이다. 선정과 결합하는 원함(찬다), 정진력(위리야), 마음(찟따), 지혜(위망사)라는 4가지 통치(아디빠띠, 增上)의 법 중 하나는 언제나 통치한다. 선정을 획득할 때 이 통치하는 법이 약하다면 작게 닦은 선정(빠릿따자나)이 된다. 통치하는 법이 중간이라면 중간으로 닦은 선정(맛지마자나)이 된다. 통치하는 법이 강력하다면 훌륭히 닦은 선정(빤니따자나)이 된다. [일반적으로 통치에 적용되는 법이라면 강력한 것이다. 그러나 이 강력한 법 중에서도 작게, 중

간, 훌륭히 닦은 선정으로 구분된다.]

다른 방법은, 선정을 획득한 뒤, 선정에 자주 입정하지 않는다면 작게 닦은 선정이 된다. 중간 정도로 입정한다면 중간으로 닦은 선정이 된다. 자주 입정한다면 훌륭히 닦은 선정이 된다.

설명하면 연관된 영역에 탄생하기 위하여 구분할 때는 첫 번째 방법에 따라야 할 것이다. 상위 선정을 획득하기 위해 구분할 때는 두 번째 방법에 따라야 할 것이다.

초선을 획득한 뒤 제2선을 성취하기 위해 노력할 때 초선에서 5단계인 자유자재함(vasībhāva, 선정에서의 5가지 힘)에 이르도록 반복하여 훈련한다. 초선이 이처럼 훈련되지 못한 작게 닦은 선정이라면 제2선에 오를 수 없다. 중간으로 닦은 선정일지라도 쉽지 않다. 훈련하여 훌륭히 닦은 선정이라면 제2선에 오를 수 있다.

『위바위니띠까』

『위바위니띠까』에서는 연관된 영역에 탄생하기 위하여 두 방법 모두를 취하고 있다. 그러나 두 방법 모두를 취한다면 서로 상반되는 부분이 있다. 선정을 획득할 때 원함(찬다) 등이 약하다면 첫 번째 방법에 따라 작게 닦은 선정이 일어난다. 그 뒤 많이 훈련한다면 두 번째 방법에 따라 훌륭히 닦은 선정이 일어난다. 죽음직전 강력한 원함 등으로 선정을 획득한다면 첫 번째 방법에 따라 훌륭히 닦은 선정이 일어난다. 뒤에 다시 선정에 입정할 기회와 훈련할 기회를 얻지 못한다면 두 번째 방법에 따라 작게 닦은 선정이 일어난다. 이 사람은 어떤 방법으로 어떤 영역에 탄생하여야 할 것인가? 이와 같이 연관된 영역에 탄생하기 위하여 두 방법이 상반되기에 여기서는 첫 번째 방법만을 취하는 것이 적당할 것이다.

주의

'제2선, 제3선을 작게 닦아 소광천小光天에 탄생한다' 등의 글로 제2선, 제3선 모두가 한 영역에서 결과를 주는 모습은 '네 가지 재생연결식 장章'에서 '제2선 과보마음, 제3선 과보마음은 제2선 영역에서 그와 같다' 등의 구절로 설명하였다. '제5선을 닦아 광과천廣果天에 탄생한다'라는 구절은 제5선은 작게 닦은 선정이든 중간으로 닦은 선정이든 훌륭히 닦은 선정이든 광과천이라는 하나의 영역에서만 대겁 500겁에 이르는 결과를 준다. 그러나 힘이나 부귀영화, 공적 서로 간에 동일하지는 못할 것이다. 작게 닦은 선정보다 중간으로 닦은 선정을 가진 이가 보다 월등하며 중간으로 닦은 선정보다 훌륭히 닦은 선정을 가진 이가 월등하다.

제5선을 성취한 욕계에 사는 범부가 삶에서 원하고 분투하는 것은 지각 때문이며, 이로 인해 고통이 생겨난다. 지각은 종기와 같고 병과 같다고 마음에 두고서 제5선에 입정하고 다시 선정에서 나와 '지각은 종기와 같고 병과 같다'고 지각을 혐오하는 명상을 증가시킨다. 이 수행이 성취되면 지각에 대한 혐오 때문에 성취한 제5선이기에 내부에는 지각에 대해 혐오하는 성품이 이미 포함되어 있다. 여기서 지각에 집중하는 성품[upalakkhaṇa]이라 부를지라도 지각과 결합하는 일체의 마음을 혐오한다. 제5선이 과보를 줄 때 그 사람의 원함에 맞게 지각이 없는[의식이 없는] 무상유정無想有情 영역에 결과를 준다.

'아나함들은 정거천淨居天에 탄생한다'

이 구절에 따르면 아나함이라면 반드시 정거천淨居天에서 재생연결을 가진다고 생각할 것이다. 아나함만이 정거천 영역에 재생연결을 갖는다. 다른 존재는 탄생할 수 없다. 그러나 아나함은 자신의 희망에 따라 다른 색계천에도 탄생할 수 있고 정거천에도 탄생할 수 있다. 아나함들이 오근五根의 힘에 따라 정거천 5천에 탄생한다.

선정을 성취하는 것은 사마디의 문제다. 사마디의 적敵은 오욕에 대한 갈애[kāmacchanda]이다. 오욕에 대한 갈애를 완전히 제거한 아나함은 오욕에 대한 갈애의 방해가 없기에 사마디 힘이 강해진다. 최악의 경우 위빳사나 통찰 지혜만으로[사마타 선정이 없이] 아나함을 성취한 사람이[sukkhavipassaka] 잠들어 있을 때 적에게 죽음을 당할지라도 죽기 직전 선정을 획득하여 색계천에만 탄생한다. 욕계천상에서 아나함이 되면 천상에 오욕의 대상이 너무 많아 조용히 지낼 장소가 없기에 길게 머물지 않고 색계천으로 옮겨 간다. 옮겨가기 위한 선정도 쉽게 획득할 수 있다.

'여자는 대범천이 될 수 없다'

'여자가 성자든 아니든, 8선정을 획득한다할지라도 범중천梵衆天에만 탄생한다' 는 주석서 구절에 근거하여 여자가 성자든 범부든 모든 8선정을 성취할지라도 범중천 범천으로만 탄생한다. 이 말에서 범중천이란 초선 3天 중에서 첫 번째 범천으로 탄생한다고 『마니만주사띠까』에서 설명하고 있다. 이 설명은 적당하지 않다. 제2선 영역 등 상위 영역 안에서도 [정거천에 이르기까지] 범중천梵衆天, 범보천梵輔天, 대범천大梵天으로 구분한다. 여자는 근본적으로 네 가지 통치(아디빠띠, 增上)의 법이[원함, 정진력, 마음, 지혜] 남자만큼 강력하지 못하므로 여자의 생에서 임종하여 색계에 탄생할지라도 대범천왕大梵天王은 못된다. 획득한 선정에 따라 연관된 영역에서 범중천梵衆天만이 될 수 있다는 의미이다.

여기서 범중천에 범보천梵輔天도 포함시켜야 한다. 일부경에서 범보천을 범중천이라고 부르기도 한다. 여자가 태어날 수 없는 자리는 대범천왕이다. 아래의 두 존재로는 탄생할 수 있다. 그러므로 '원함 등의 통치의 강력함과 성별에 따른 근기를 원인으로 하여 대범천왕이 될 수 있는 조건은 여자에게 없다'

신통지(abbiññā)과 재생연결식의 과보

『나마루빠빠릿체다』에서 아누룻다 존자는 '제5선을 닦아' 란 구절을 해설하면서 덧붙여 신통지 작용에 적용되는 제5선이 재생연결의 결과를 주지 못하는 이유를 설명하고 있다.

> 아세와나빳짜야의 동일한 힘의 영향으로
> 큰 힘이 있어야만 고귀한 마음 선善은 과보를 준다.
> 신통지 선善은
> 그러한 조건을 얻지 못하기에
> 과보를 주지 못한다.

이 글에서 '고귀한 마음 선善은 동일한 아세와나빳짜야(연속성의 연기법, 數數修習緣)를 얻어 힘이 있기에 재생연결의 결과를 줄 수 있다. 신통지 선善은 그러한 동일한 아세와나빳짜야의 영향을 받지 못하기에 재생연결의 결과를 줄 수 없다' 는 말이다. 동일한 아세와나빳짜야를 얻는다는 것은 속행이 강한 여세로 일어날 때 고귀한 마음 속행 서로 간에 동일한, 선이면 선, 불선이면 불선의 연속성의 힘에 의해 앞 속행의 영향을 받는 것이다.

선정을 처음 획득한 사람의 인식과정(ādikammikavīthi)

의문意門전향마음(마노드와라왓자나) ➠ 기초작업(빠리깜마) ➠ 근접(우빠짜라) ➠ 수순(아누로마) ➠ 종성(고뜨라부) ➠ 선정 한 차례

선정 인식과정

의문意門전향마음 ➠ 기초작업 ➠ 근접 ➠ 수순 ➠ 종성 ➠ 선정 두 차례부터 무수하게 일어난다.

신통지 인식과정

의문意門전향마음 ➠ 기초작업 ➠ 근접 ➠ 수순 ➠ 종성 ➠ 제5선 한차례

'선정을 처음 획득한 사람의 인식과정(ādikammikavīthi)'

이 선정인식과정에서 기초작업(빠리깜마), 근접(우빠짜라), 수순(아누로마), 종성(고뜨라부)까지는 욕계 속행마음이다. 그러므로 한 차례 선

정 마음만이 일어나는 '선정을 처음 획득한 사람의 인식과정' 과 '신통지 인식과정' 에서는 앞의 마음이 욕계 속행이고 뒤의 마음이 고귀한 마음인 선정마음이기에 동일한 앞 속행의 힘을 받는 아세와나빳짜야(연속성의 연기법, 數數修習緣)의 영향을 받지 못한다. '선정 인식과정' 만이 무수한 고귀한 선정 마음이 일어나 서로 간에 동일한 앞의 속행으로부터 힘을 받는다. 그러므로 『나마루빠빠릿체다』 경에서 '선정을 처음 획득한 사람의 인식과정' 의 선정마음과 '신통지 인식과정' 은 제5선 재생연결식의 과보를 줄 수 없다고 한 것이다. 이때 선정을 처음 획득한 사람의 선정은 동일한 고귀한 마음(색계, 무색계) 속행으로부터 아세와나빳짜야의 영향을 받지 못하기에 결과를 줄 수 없다는 말은 생각해 보아야 한다. 오직 위빳사나만으로 아나함을 성취한 사람이 죽음직전에 선정을 획득한다. 죽음 직전의 한 차례 선정속행이 색계에서 재생연결식의 결과를 줄 수 없다고 말할 수 없다.

신통지 속행에서 생각해볼 점

신통지 속행은 무수한 차례로 인식과정이 일어나기에 힘이 없다고 말할 수 없다. 강한 힘이 있기에 즉시 갖가지 신통을 불릴 수 있지 않은가! 이처럼 힘이 있을지라도 자신이 제5선의 결과 자리에 머물기 때문에[제5선을 성취한 뒤 한 단계 올라가 분투한 제5선의 결과가 되기 때문에], 즉 갖가지 신통을 부리는 것 자체가 신통지(abbiññā)의 결과이기에 뒤에 다시 결과를 줄 기회를 얻지 못한다. '신통을 겨냥하여 분투된 신통지이기에 그 결과가 일어남과 동시에 겨냥한 의도가 완성되기에 신통지의 힘 역시 소멸된다.'

미세한 갈애[nikantitaṇā]

'초선을 작게 닦아 범중천梵衆天에 탄생한다' 등은 일반적 결과를 주는 자리를 보인 것이다. 만약 미세한 갈애(nikantitaṇhā)와 마음의 열망(cetopaṇidhi)이 있다면 이 구절대로 따르지 않고 다르게 일어난다. 이 중에서 미세한 갈애란 과거에 많이 살았던 영역을 갈망하는 것이다. 선정을 성취한 범부가 죽음직전에 미세한 갈애로 욕계를 갈망한다면 선정이 소멸되어 욕계천상에 탄생한다. [이러한 경우를 『삭까빤하』 경에서 보여준다.] 어떤 이는 선정이 소멸되지 않고도 미세한 갈애 때문에 욕계에 탄생한다고 말한다.

선정이 소멸되지 않았는데, 무거운 업(가루까깜마)인 선정을 압도하여 욕계선업이 과보를 줄 수 있는가? '8선정 모두를 성취한 범부, 수다원, 사다함들이 미세한 갈애 때문에 자신들이 원하는 색계천에 탄생할 수 있다' 고 한다. 하나 원하는 색계천에 탄생하는 것은 미세한 갈애 때문이 아니다. '빅쿠들이여! 계율을 지닌 빅쿠의 마음에 열망이 충만하다' 에 따라 마음의 열망 때문에 일어난다. 『위바위니띠까』에서 선정을 획득한 수다원, 사다함조차도 이러한 마음의 열망인 미세한 갈애 때문에 욕계에 탄생한다고 언급하고 있다. 선정을 획득한 성자에게 욕계에 집착할만한 미세한 갈애와 마음의 열망인 원함이 있으리라 생각지 않는다. 부주의로 망각하여 선정이 소멸되었다면 선정을 지녔다고 말할 수 없다. 하나 그처럼 성자들의 선정이 쉽게 소멸되리라 생각지 않는다. 각자 생각하여 취하여야 할 것이다. 아나함은 오욕에 대한 미세한 갈애가 없기에 검토할 점이 없다. 마음의 열망(cetopaṇidhi)에 따른다면 자신들의 희망에 따라 원하는 영역에 탄생할 수 있을 것이다.

주의

제5선을 획득한 사람이 아나함이 된다면 정거천淨居天에 탄생한다. 그러나 고정된 것은 아니다. 제5선을 획득한 일부 아나함은 색구경천色究竟天에 탄생한다. 하나 아나함이 아닌 존재가 정거천에 재생연결로 탄생할 수 없다. [정거천에서는 아나함 과果 사람, 아라한의 도道 사람, 아라한의 과果 사람 이 세 부류만이 존재한다. 그 중 아라한 도道의 상태에서 재생연결을 가질 수 없다. 아나함 과果에 머무는 사람만이 정거천에 재생연결식으로 탄생할 수 있다.]

그와 같이 재생연결식으로 탄생할 때 오근五根의 강력함에 따라 다음과 같이 정거천 다섯 영역에 탄생할 수 있다. 신심信根이 강력한 이는 무번천無煩天, 정진력精進根이 강력한 이는 무열천無熱天, 사띠念根가 강력한 이는 선현천善現天, 사마디定根가 강력한 이는 선견천善見天, 지혜慧根가 강력한 이는 색구경천色究竟天에 탄생한다.

죽음과 재생연결의 업

4가지 죽음

āyukkhayena, kammakkhayena, ubhayakkhayena, upacchedakakammunā ceti catudhā maraṇuppatti nāma.

죽음을 맞이하는 것은 네 가지인데 수명이 다함, 업이 다함, 수명과 업이 다함, 파괴시키는 업의 개입(우빳체다까깜마)이다.

해설

수명이 다함

명백히 생명기능물질[命根, jīvitarūpa]을 āyu라고 불러야 하지만 여기서는 생명(지위따)을 지속하는 시간의 경계인 수명을 āyu라 부른다. 이처럼 영역에 따라 정해진 수명이 있다. 인간의 수명은 간혹 아승지의 세월(asaṅkheyya)까지 증가한 뒤 다시 열 살까지 감퇴하기 때문에 불변하는 정해진 수명은 없을지라도, [증가하면 증가하는 만큼, 감퇴하면 감퇴하는 만큼] 각 시대에 따른 수명은 있다. 수명이 증가, 감퇴되는 모습과 원인은 '네 가지 영역의 장章'에서 언급하였다. 이처럼 영역과 시간에 따라 결정되는 수명이 차서 죽는 것을 '수명이 다한 죽음(āyukkhayamaraṇa)'이라 부른다.

비유하면 밝혀놓은 호롱불은
1. 심지가 다 타서도 고요해진다.
2. 기름이 소진되어서도 고요해진다.
3. 심지와 기름 둘 다 소진되어서도 고요해진다.
4. 심지와 기름이 남았지만 강한 바람이 불거나 고의로 꺼버려서도 고요해진다.

이 중에서 수명의 소멸은 심지와 같다. [불길은 중생들이 생명이라 부르는 생명기능물질[命根, jīvitarūpa]과 같다. 불의 꺼지는 것은 이 생명기능물질이라는 생을 마치는 것과 같다] 기름이 남아 있을지라도 심지가 소진되었다면 불이 고요해지는 것처럼, 생명을 지속시키는 업의 힘이 남아있는데도, 수명이 채워져 죽는 경우가 많다. 일부 업이 매우 좋거나 혹은 좋은 음식, 좋은 약을 섭취하는 이들만이 수명을 완전히 채울 수가 있다. 부처님 시대에 수명은 100살이라고 한다. 그 때 아난다존자와 마하깟사빠존자, 사원의 보시자인 위사카의 수명은 120살이었다. 바꿀라 존자는 160살까지 장수하셨다.

업이 다함

이 생에서 재생연결의 결과를 가져오는 '과보를 낳는 업(자나까깜마)'과 그 업의 결과물인 오온五蘊이 긴 시간 지속되도록 뒷받침하는 지지하는 업(우빳탐바까깜마)을 이 자리에서 '업(깜마)'이라 부른다. 기름의 소진됨과 같다. 심지가 남아 있을지라도 기름이 소멸된다면 죽음을 맞아야 하는 것처럼 100살의 수겁壽劫에 사람으로 태어날 지라도 업이 50살 정도라면 50에 죽어야 한다. [일부에서는 '업이 다함(kammakkhaya)'을 '선업이 다함(puññakkhaya)'이라고도 부른다]

수명과 업이 다함

ubhayesaṁ(수명과 업 두 가지의) khayo(소멸)을 ubhayakkay라 부른다.

심지와 기름 둘 모두 소진되어 불이 고요해지는 것처럼 수명과 업 둘 모두가 소진되어 죽음을 맞는다. 100살의 수겁壽劫에 100살의 업을 지닌 사람이 100살을 채우고 죽는 것을 말한다.

파괴시키는 업 때문에 죽음

'4가지 작용'의 장章에서 언급한 파괴하는 업(upaghātakakamma)만을 '파괴시키는 업의 개입(upacchedakakamma)'이라고 부른다. 수명도 업도 남아 있는데도 과거 생 혹은 현생에서 행한 하나의 업이 끼어들어 소멸시켜 죽음을 맞는다. 그러한 죽음을 '파괴시키는 업의 개입'이라 한다. 공덕이 큰 성자에게 불충을 범하고 그 죄로 '파괴시키는 업의 개입'으로 갑자기 죽는 경우를 파괴하는 업(우빠가따까깜마) 자리에서 언급하였다. 이 4가지 원인[수명이 다함, 업이 다함, 수명과 업이 모두 다함, 파괴시키는 업의 개입] 중에서 앞의 세 가지 때문에 죽는 것은 시간이 되어 죽는 것이기에 '시간을 채운 죽음(kālamaraṇa)'이라 부른다. '파괴시키는 업의 개입' 때문에 죽는 것은 죽음의 시간이 오지 않았음에도 죽음을 맞았기에 '시간을 채우지 못한 죽음(akālamaraṇa)'이라 부른다. 이 시간을 채우지 못한 죽음과 연관되어 주의할 점은 많다.

굶주림, 목마름, 뱀에 물림, 독
불과 물, 무기의 위험 때문에
죽음이 아직 오지 않은 시간에
죽음을 맞는구나!

바람, 담즙, 가래 때문에 생긴 병
위의 세 가지가 결합하여 생긴 병
기온 때문에 생긴 병
관리하지 못해 생긴 병
타인의 소멸시키는 노력(우빳체다까깜마) 때문에
죽음이 오지 않은 시간에 죽음을 맞는구나!
— 『밀린다』경의 아깔라마라나빤하

이처럼 시간이 아닌데도 죽음을 맞는 많은 원인이 있다. 이 원인 때문에 죽음을 맞는다 해도 근본 업에서 벗어날 수 없다. 설명하면 '대왕이시여! 이 세상에 어떤 이는 과거에 다른 사람들을 굶주리게 하여 죽였습니다. 그 사람은 무수한 십만 생에서 굶주림의 괴롭힘과 목마름 때문에 ‖중략‖ 어린 아이와 중년, 노인 역시 굶주림 때문에 죽습니다' 라는 『상윳따』 경에 따르면 과거 생에 다른 이를 굶겨 죽게 한 사람은 무수한 생에서 굶주려 죽는다. 즉 굶주려 죽음은 과거 업에서 벗어나지 못한다. 다른 무수한 원인에 기인한 죽음 역시 이처럼 과거생의 업에서 벗어날 수 없다. 업만이 오온의 연속을 끊어내기 때문에 스승들께서는 모든 '시간을 채우지 못한 죽음(akālamaraṇa)' 은 '파괴시키는 업의 개입(upacchedakakamma)' 때문이라고 결정내리셨다.

세 가지가 결합하여 생긴 병

이 원인들 중에서 '세 가지가 결합하여 생긴 병' 이란 바람, 쓸개, 가래가 두 가지 혹은 세 가지로 결합하여 일으키는 병이다. 기온 때문에 생긴 병에서도 바람 등이 조화를 잃는다. 그러나 기온이 아닌 단지 바람 등의 부조화 때문에 풍병, 쓸개병, 가래병이 생긴다.

관리하지 못해 생긴 병, 타인의 소멸시키는 노력

관리하지 못해 생긴 병이란 '생명은 지혜가 지킨다' 는 말처럼 몸이 건강하고 장수하도록 지혜로써 돌보지 못한 것이다. 장수하는 것은 과거의 업만을 의지할 것이 아니라 약과 규정식, 운동, 생활을 개선하는 것이 매우 중요하다. 중생들 중에서 근본적인 업이 큰 사람은 적다. 타인이 계획적으로 죽이려 할 때 죽일 수 없는 사람은 아주 극소수이다. 몸을 돌보지 못하여 죽을 시간이 되기 전에 죽는 사람은 아주 많다.

죽음직전 대상

tathā ca marantānaṁ pana maraṇakāle yathārahaṁ abhimukhī bhūtaṁ bhavantare paṭisandhijanakaṁ kammaṁ vā, taṁ kammakaraṇakāle rūpādikamupaladdhapubbamupakaraṇabhū tañca kammanimittaṁ vā, anantaramuppajjamānabhave upalabhitabbamupabhogabhūtañca gatinimittaṁ vā kammabalena channaṁ dvārānaṁ aññatarasmiṁ paccupaṭṭhāti.

앞의 4가지 죽음에 근거하여, 죽음을 맞는 이들에게 죽음직전 면전에 나타나는 것처럼 업의 힘에 의해 적절하게 육문 중 하나의 문에 나타난다.

1. 내생에 재생연결식을 일으키는 인지된 업(깜마) 혹은

2. 그 업을 행할 때 형상色 등의 업과 연관되어 취했거나 업을 완성시킨 도구인 업의 표상(깜마니밋따) 혹은

3. 죽음직후 탄생할 생에서 얻을 궁전 등의 사용품인 태어날 곳의 표상(가띠니밋따)이다.

해설

죽음 직전 대상이 나타나는 모습

'tathā ca(앞의 4가지 죽음에 근거하여)' 에서 ca의 의미가 eva(만)라는 의미이기에 'tathā ca(저 4가지 원인만으로)' 라고 해석해야 한다. '죽음을 맞는 것은 네 가지인데 수명이 다함 등의 4가지이외에 다른 원인은 없다' 는 의미이다. maraṇakāla의 의미로 죽는 순간인 죽음 의식을 취해서는 안 된다. 죽음직전의 시간을 취하여야 한다.

'적절하게'

띠까에서 '적절하게(yathārahaṁ)' 의 의미를 매우 우회해서 설명하고 있다. 글의 흐름을 생각하면 'yathārahaṁ kammaṁ vā kammanimittaṁ vā gatinimittaṁ vā paccupaṭṭhāti — 인지된 업(깜마) 혹은 업의 표상(깜마니밋따) 혹은 태어날 곳의 표상(가띠니밋따)가 적절하게 면전에 나타난다' 로 간추릴 수 있다. 업[의도]이 나타나기에 적절하다면 인지된 업(깜마)이 대상으로 나타날 것이다. 업의 표상이 나타나기에 적절하다면 업의 표상(깜마니밋따)이 대상으로 드러날 것이다. 태어날 곳의 표상이 적절하다면 태어날 곳의 표상(가띠니밋따)이 대상으로 나타날 것이다' 는 뜻이다. 그렇지만 이 띠까의 해설이 너무 포괄적이라 글의 흐름은 원만하지 못하지만 의미가 좋기에 그 해설을 보이겠다.

『위바위니띠까』

yathārahaṁ(적절하게)란 'taṁ taṁ gatisu(저, 저 존재계들에서) uppajjamānakasattānurūpaṁ(탄생할 중생에 따라)' 라고 풀이하고 있다. 존재계에서 탄생할 중생들에게 인지된 업, 업의 표상, 태어날 곳의 표상 중 하나가 나타난다. 존재계에 다시 탄생하지 않는 아라한은 업이 결과를 주지 못하기 때문에 인지된 업이 나타나지 못한다. 업의 근원이 된 업의 표상 역시 나타나지 않는다. 다음 생에 탄생할 존재계가 없기 때문에 태어날 곳의 표상 역시 나타나지 않는다. 자신이 확고하게 사유하는 물질과 정신 법만이 나타난다.

설명하면, 일부 선정을 성취한 아라한들 중에서 선정에 입정한 후 대열반에 든다면 연관된 선정의 대상인 까시나(kasiṇa) 등이 나타나야 한다. [여기서 선정 속행만이 죽음직전 속행으로 일어난다] 선정에 입정한 후 일어나 선정요소를 숙고하는 반조의 지혜(paccavekkhaṇā vīthi) 인식과정 끝에 대열반에 든다면, 이 반조 속행만이 죽음직전 속행이 되기에 선정요소는 죽음직전 속행의 대상으로 나타난다. 신통지 바로 뒤에 대열반에 든다면 신통지의 대상이 되는 四大를 의지하는 물질(karajakāya) 만이 나타난다. '아라한 과果를 성취한 즉시 대열반에 드는 사람(jīvitasamasīsīrahanta)'이 아라한 도道 바로 뒤에 반조 인식과정이 일어나 대열반에 든다면 이 반조 속행의 대상인 도, 과 등이 나타난다. 이처럼 대열반에 들기 전 '죽음직전 속행(마라나산나자와나)'는 물질과 정신, 개념 중 하나가 나타난다. '네 가지 재생연결식의 장章'에서 보였던 '한 생에서 재생연결식, 바왕가, 그리고 죽음의식은 한 종류이고 또한 동일한 대상을 가진다'는 앞의 글에 따라 대열반에 드는 마지막 죽음의식 역시 아라한이 된 마지막 생에 처음 받았던 재생연결식의 대상인 인지된 업, 업의 표상, 태어날 곳의 표상 중 하나만을 대상으로 한다.

anejo santimārabbha yaṁ kāla makarī muni - 갈애 없는 부처님께서는 열반을 대상으로 하여 대열반에 드실 때를 행하셨다.

이 『대열반경』에 근거하여 '부처님의 임종인 대열반마음은 열반을 대상으로 한다'고 말하기도 한다. 이렇게 주장하는 스승들은 『빠릿따람마나띠까』에 주의를 두지 않은 것 같다. 23가지 욕계 선善과보마음, 5문전향마음, 미소짓는 마음은 항상 욕계 법만을 대상으로 한다. 아비담마 법에서는 큰 얼굴을 따라 갈 필요는 없다.[유력한 것에 배려할 필요가 없다] 부처님의 죽음의식인 대열반은 재생연결식과 동일한 욕계선善의 과보인 첫 번째 마음이다. 이 욕계 선의 과보마음은 열반을 대상으로 할 수 없다. 처음 인간계라는 태어날 곳의 표상을 대상으로 하여 모태에 재생연결식으로 드셨기에 이 태어날 곳의 표상만을 다시 대상으로 취하신다. 앞의 경에서 'santimārabbha(열반을 대상으로 하여)' 라고 말한 뜻은 대열반에 드시기 전에 열반을 대상으로 하셨다는 의미이다. 그러므로 주석서에서 'santimārabbha(열반을 대상으로 하여)' 의 의미를 '열반을 대상으로 하여' 라고 해설하지 않고 'santimārabbhāti anupādisesaṁ nibbānaṁ ārabbha paṭicca sandhāya - santimārabbha(열반을 대상으로 하여)란 무여열반無餘涅槃을 대상으로 의지하여' 라고 해설하고 있다.

『테라가타앗타까타』

이 주석서는 'santimārabbhāti santiṁ anupādisesaṁ nibbānaṁ āramaṇaṁ katvā - santimārabbha(열반을 대상으로 하여)란 적정한 무여열반無餘涅槃을 대상으로 하여' 라고 해설하고 있기에 『대열반경』의 주석서와 상반된 것처럼 보인다. 그러나 대열반에 드시기 전에 열반을 대상으로 삼으셨다는 의미로 해석한다면 『테라가타』주석서 또한 적당하다. 선정에 입정하신 뒤 선정에서 나와 선정요소들을 숙고하는 인식과정을 끝으로 부처님의 죽음의식이 일어나야 하기에 죽음에 이르기 전 선정요소를 숙고할 때에 선정요소들이 나타나야한다. 선정에 입정할 때는 선정의 대상인 까시나 등은 나타나야 한다. 그 때 열반이 대상으로 나타날 수 없다. 그러므로 'santimārabbha(열반을 대상으로 하여)' 의 뜻을 선정에 입정하기 전 앞서서 열반을 대상으로 하셨다고 한다면 테라가타 주석서의 뜻이라 말할 수 있다. 직접적으로 대상으로 삼았든지 삼지 않았든지 열반으로 마음을 기울인 것은 진실이다. 그러나 임종 순간에는 그 어떤 식으로도 열반을 대상으로 할 수 없다.

'면전에 나타나는 것처럼 ‖중략‖ 내생에 재생연결식을 일으키는 인지된 업(업의 의도),,,,,,,'

많은 업들 중에서 재생연결의 과보를 주는 업은 임종직전에 다른 많은 업들보다 선명히 나타나는 것을 'abhimukhībhūtaṁ - 면전에 나타나는 것처럼' 라 한다. 면전에 나타나는 것처럼 일어나는 [많은 사람 중에서 얼굴이 선명히 떠오르는 사람처럼] 죽음직전 재생연결의 과보를 주는 업[의도] 역시 뚜렷하게 마음속에 나타난다.

'그 업을 행할 때 ‖중략‖ 업의 표상'

kammassaṁ(업의) nimittaṁ(원인이다) 그러므로 kammanimitta(업의 표상)라 부른다.

업을 행할 때 의도는 대상을 통해서 일어난다. 이 업을 행할 때에 모든 마주치고 경험한 연관된 대상을 업의 표상이라 부른다. 이 업의 표상은 형상, 소리, 냄새 등의 여섯 대상이기에 'rūpādikaṁ - 형상色 등의' 이라고 언급한 것이다. 형상色 등의 업의 표상을 요약하면 '직접대상(upaladdha)과 수단의 대상(upakaraṇa)' 두 종류가 있다. 이 중에서 직접대상(upaladdha)이 되는 업의 표상이란 직접적으로 연관되는 핵심 대상을 말한다. 수단의 대상(upakaraṇa)이 되는 업의 표상이란 업을 완성시키기는 도구, 조력자

정도의 핵심이 되지 못하는 대상이다. 사원을 보시할 때, 사원의 물품과 함께 음식, 가사 등을 포함한 부속물들을 공양한다. 그 중에서 사원이 나타난다면 직접대상이 되는 업의 표상이다. 사원의 물품과 함께 음식, 가사 중 하나가 나타난다면 수단의 대상이 되는 업의 표상이다. 탑, 불상 등에 음식, 향, 꽃을 보시할 때 탑은 직접대상인 업의 표상이다. 음식 등은 수단의 대상인 업의 표상이다. 짐승, 물고기들을 무기나 그물 등으로 죽일 때 짐승, 물고기는 직접대상인 업의 표상, 무기 등은 수단의 대상인 업의 표상이다. 『락카나상윳따』에서 소 등을 많이 살생한 사람에게 죽음직전 해골 무더기 업의 표상이 나타났다고 한다. 여기서 소는 직접대상인 업의 표상, 뼈는 수단의 대상인 업의 표상이다. 이와 같이 직접대상을 직접대상(upaladdha)인 업의 표상, 연관된 모든 대상을 수단의 대상(upakaraṇa)인 업의 표상이다.

'죽음직후 탄생할 생에서 ‖중략‖ 태어날 곳의 표상'

gatiyā(탄생할 생의) nimittaṁ(대상을) gatinimittaṁ(태어날 곳의 표상이라 부른다)

새로 탄생할 생의 대상 역시 죽음직전 미리 나타난다. 이 태어날 곳의 표상(가띠니밋따) 역시 '직접 획득할 장소(upalabhitabba)와 탄생할 곳에서 얻을 사물(upabhogabhūta)'으로 두 종류가 있다. 여기서도 직접적으로 탄생할 장소는 '직접 획득할 장소(upalabhitabba)'라 부른다. 탄생할 장소에서 마주하고 경험하게 될 물품, 사물들을 '탄생할 곳에서 얻을 사물(upabhogabhūta)'이라 부른다. 그 중 인간계에 탄생할 이들에게 붉은 깔개처럼 붉은색의 어머니 모태가 나타나면 직접 획득할 장소로써 태어날 곳의 표상이다. 연관된 다른 하나가 나타나면 탄생할 곳에서 얻을 사물로써 태어날 곳의 표상이다. 천상에 탄생할 이에게 자신이 얻을 궁전은 직접 획득할 장소이다. 천녀, 온갖 재물보화가 열린다는 나무, 정원, 호수는 탄생할 곳에서 얻을 사물이다. 지옥에 떨어질 이에게 지옥은 직접 획득할 장소이다. 개, 까마귀, 독수리, 지옥사자, 지옥의 불 등은 탄생할 곳에서 얻을 사물이다. 짐승으로 태어날 자에게 숲, 산의 장소는 직접 획득할 장소이다. 수풀 등은 탄생할 곳에서 얻을 사물이다. 아귀로 탄생할 이에게는 짙은 어둠이 나타난다고 한다. 여기서도 바다, 강, 호수 등의 아귀들이 사는 장소가 나타날 것이다. 이 언급한 태어날 곳의 표상은 형상色만으로 나타난다. 태어날 곳의 표상이 나타날 때 일부는 자신이 사는 장소에서 마주하는 것처럼 나타난다. 일부는 이것저것이 나타나는 것처럼 나타난다. 일부는 자신이 직접 지옥에 도착한 것처럼, 천상에 도착한 것처럼 생각된다. 현재순간에도 일부의 이들은 열이 나고 혼미하여 혼수상태로 지옥에 떨어지고, 천상에 도착한 모습이 나타나기도 할 것이다.

'업의 힘에 의해 육문 중 하나의 문에 나타난다'

이 대상들은 재생연결식의 결과를 가져다주는 '과보를 낳는 업(자나까깜마)'의 힘에 의해 나타난다. 육문 중 하나에 나타나는 모습은 뒤에 보일 것이다. 여기서 '업의 힘에 의해 나타난다'는 일반적인 의미라고 『빠라맛타디빠니』에서 언급한다. 일부에서 항상 익힌 습관이 된 대상, 아니면 죽음직전 순간에 행한 대상, 친척 등이 주의를 주어 기억해 낸 대상, 스스로 생각하여 나타난 대상들은 업의 힘 때문이 아니라 항상 익힌 습관 등의 원인들 때문에도 나타날 수 있다고 한다.

죽음직전 마음

tato paraṁ tameva tathopaṭṭitaṁ ārammaṇaṁ ārabbha vipaccamānakakammānurūpaṁ parisuddhaṁ upakkiliṭṭhaṁ vā upalabhitabbabhavānurūpaṁ tatthoṇataṁ va cittasantānaṁ abhiṇhaṁ pavattati bāhullena.

그 뒤 그와 같이 나타난 대상만을 대상으로 하여, 과보를 줄 업에 따라 청정하거나 오염된 탄생할 생에 따라, 그 생으로 기우는 것처럼 마음의 연속은 일반적으로 끊임없이 일어난다.

해설

'그 뒤 그와 같이 나타난 대상만을 대상으로 하여'

tathopaṭṭitaṁ(그와 같이 나타난) tameva ārammaṇaṁ(저 대상만을 혹은 인지된 업, 업의 표상, 태어날 곳의 표상 중에서 하나를) ārabbha(대상으로 삼아) cittasantānaṁ(마음의 연속은) pavattati(일어난다)

'임종 전에 나타나는 대상만을 대상으로 삼아 그 대상을 놓치지 못하고 마음의 연속은 일어난다' 는 의미이다. 여기서 '그와 같이 나타난 대상만을 대상으로 하여' 라는 말은 일반적인 의미이다. 죽기 얼마 전까지도 좋은 대상이 나타난 뒤 죽음직전에 와서는 나쁜 대상으로 바뀌어 나타난 이야기, 나쁜 대상이 나타난 뒤 친척이나 자식의 도움을 받아 좋은 대상으로 바뀌어 나타나는 이야기도 많이 있다.

예를 들어 보면, 소나기리 산의 사원에 머무는 아라한이셨던 소나존자의 부친은 젊은 시절부터 사냥꾼의 일로 생계를 잇다가 늙어 기력이 없자 아들 밑으로 출가하였다고 한다. 죽음직전에 이르러 산기슭에서 큰 개들이 달려와 자신을 무는 태어날 곳의 표상이 나타나 "쫓아라, 쫓아라, 아들아!" 라고 반복하여 외치는 것을 듣고 존자가 "무슨 일입니까?" 라고 묻자 "큰 개들이,

큰 개들이……" 라고 말하니 존자가 지옥의 태어날 곳의 표상이 나타난 것을 알고서 '나 같은 아들이 있는데 어찌 지옥에 떨어져야만 하겠는가?' 는 마음으로 사미승들에게 꽃을 구하게 하여 탑의 뜰에 꽃을 깐 뒤 늦깎이로 출가한 아버지를 침대에 실어와 탑 아래에 두었다. 그리고는 "스님을 위하여 꽃을 공양 올립니다. 부처님께 예배하십시오" 라고 격려하자 신심과 환희 때문에 지옥의 개가 아닌 천녀들이 나타나자 "어이쿠 아들아 저리 비켜라! 아들아 새엄마들이 오고 있다!" 라고 꿈결인 듯 말하고는 죽음을 맞아 천상에 탄생하였다고 한다.

법의 대왕이라 불렸던 아소까 대왕은 처음에 좋은 대상이 나타났음에도 불구하고 의사가 올린 구즈베리 열매 조각을 바라보면서 '인도 대륙을 통치하던 내가 지금은 작은 구즈베리 조각을 통치하는 자가 되었는가!' 라고 슬퍼하며 나쁜 대상을 취하여 죽음 뒤에 큰 구렁이가 되었다고 한다. 그 뒤 아들인 마힌다까 존자의 도움으로 구제되어 그 생에서 죽어 다음 생에 아라한이 되었다고 전한다. 그와 같이 앞에서 나타날 때 좋은 대상, 나쁜 대상의 변화와 인지된 업, 업의 표상, 태어날 곳의 표상의 변화[인지된 업이 나타난 뒤에 업의 표상으로 변화됨 등] 또한 있을 수 있다.

'과보를 줄 업에 따라 청정하거나 오염된'

나타나는 인지된 업, 업의 표상, 태어날 곳의 표상 중 하나를 대상으로 하여 마음의 연속이 일어날 때 과보를 주는 업에 따라 청정한 마음의 연속, 오염된 마음의 연속은 일어난다. '선업이 과보를 준다면 청정한 선善 마음의 연속이 일어난다. 불선업이 과보를 준다면 오염된 불선不善 마음의 연속이 일어난다' 이 같은 의미이다.

반론

선업 때문에 천녀, 궁전 등이 나타날 때 갈애로써 좋아할 수 있다. 소나존자의 부친은 천녀들이 나타나 기뻐하여 '아들아, 새엄마들이 오고 있다' 고 꿈결같이 말하고 있다. 이처럼 기뻐하는 갈애 마음이 포함되었는데 어떻게 선처에 탄생할 수 있었는가? 『아딧따빠리야야』 경에서 아래와 같이 설하고 있다.

> 빅쿠들이여!
> 남자, 여자의 외모나 팔, 다리 등의 세부적 상相에서
> 집착하는 마음으로 머문다.
>
> 빅쿠들이여! 그 때에 죽음을 맞는다면
> 지옥 혹은 축생계 두 존재계 중
> 하나의 존재계에 떨어질 것이다.
> 이러한 일은 명백히 존재한다.

천녀나 천상의 궁전 등을 보고 기뻐하는 것은 지옥 혹은 축생계에 떨어지는 탐착이 아닌가? 나타나는 선善의 과보인 천녀나 궁전을 보고 기뻐하는 갈애는 지옥, 축생계에 떨어뜨리는 원인이 될 수 없다. 선의 과보가 기회를 얻도록 길을 제시하는 것처럼 도운 것일 뿐이다. 그러므로 『빠띠삼비다막가』에서 '충만한 내생을 위하여 8가지 지혜와 결합한 마음을 근원으로 재생연결식이 일어난다' 등으로 설하고 있다.

이 경의 의도는, 꽃을 공양 올린 선업이 일어나는 순간 지혜와 결합한 선善 마음에 무탐 등의 3가지근원 ➠ 선을 행한 뒤 그 선에서 기뻐할 때 갈애로 좋아하기 때문에 탐욕, 어리석음의 2가지뿌리 ➠ 그 선업의 과보인 재생연결식 순간 욕계 선善의 과보인 지혜와 결합한 마음으로 일어난 탐욕 없음 등의 3가지뿌리, 이 8가지뿌리의 힘에 의해 선처에서 지혜와 결합한 재생연결식으로 탄생한다고 한다. 여기서 2가지 불선뿌리는 선업의 결과를 주는 자리에서 돕고 있다. 그러므로 선업이 나타나 기뻐하고 천녀나 궁전 등을 기뻐하는 갈애는 선의 과보가 기회를 얻도록 도운 것일 뿐이다.

설명하면 '남자, 여자의 외모나(nimittassādagadhita)' 란 구절에서 외모(nimitta)란 남자, 여자의 몸 전체를 말한다. 자신의 몸이든 타인의 몸이든 이 몸 전체에서 즐기고 탐착하는 것을 'nimittassāda gadhita' 라 한다. '세부적 상相(anubyañjana)' 이란 팔, 다리, 얼굴 등 몸의 세부적 부분이다. 이 몸의 부분을 즐기고 탐착하는 것을 anubyañjanassādagadhita라 한다. 이처럼 탐착하는 마음의 연속이 죽음직전 속행까지 지속된다면 반드시 지옥이나 축생계 중 적절한 곳에 떨어질 것이다. 천녀나 궁전 등을 탐착하는 것은 이 남자, 여자의 외모나 몸의 세부적 상相을 탐착하는 것만큼은 강력하지 않다. 강력하게 일어난다할지라도 죽음직전 인식과정까지 이 대상이 지속되는 것이 아니다. 마지막 인식과정에서는 선善의 속행이 일어날 것이다. 그러므로 '과보를 줄 업에 따라 청정하거나 오염된' 에서 선의 과보에 의해 청정한 마음의 연속이 일어날 때 천녀 등을 탐착하여 마음의 연속이 더럽혀졌다고 말할 수 없다. 불선이 선의 과보를 도운 것일 뿐이다.

'탄생할 생에 따라 그 생으로 기우는 것처럼'

죽음 직전에 일어나는 모든 마음의 연속은 그 어떤 대상을 대상으로 할지라도 탄생할 다음 생에만 기울게 된다. '인간 세상에 탄생할 이의 마음은 인간계로 기운다' 등으로 알라. 비유하면 다른 장소에 가기 위하여 이런저런 일을 준비하는 동안 현재하는 일을 대상으로 할지라도 마음은 가야할 장소로 기우는 것과 같다. 그러므로 부처님께서 대열반에 드시기 직전 열반을 대상으로 하지 않았지만 열반을 향해 기울고 있었음을 'anejo santimārabbha yaṁ kāla makarī muni - 갈애 없는 부처님께서는 열반을 대상으로 하여 대열반에 드실 때를 행하셨다' 고 『대열반경』에서 말씀하신 것이다. 이 의미에 따라 'upalabhitabbabhavānurūpaṁ(탄생할 생에 따라) tattha(그 생으로) oṇataṁva oṇataṁ iva(기우는 것처럼)' 라고 의미를 풀어라.

'마음의 연속은 일반적으로 끊임없이 일어난다'

언급한대로 나타나는 대상을 대상으로 하여 청정한 마음의 연속이든 오염된 마음의 연속이든 탄생할 생으로 기우는 것처럼 죽음직전에 끊임없이 반복하여 일어난다. 그러나 이 연속되는 마음의 연속은 서서히 죽음을 맞는 사람에 한해서이다. 일부 갑자기 죽음을 맞는 이에게는 해당되지 않는다. 돌판에 앉아 있는 파리 한 마리를 돌멩이로 내리쳐 죽일 때 인지된 업, 업의 표상, 태어날 곳의 표상 중 하나를 대상으로 하는 의문意門인식과정이 일어난다. 그 뒤 극심한 상처 때문에 몸의 인식과정(까야드와라위티)이 일어난다. 그 뒤 '지나간 감촉을 대상으로 하는 의문意門인식과정(tadanuvattikamanodvāravīthi)' 이 일어난다. 그 뒤 인지된 업 등 하나를 대상으로 하여 죽음직전인식과정에 떨어져 죽음을 맞는다. 이처럼 갑작스런 죽음에서 마음의 연속은 청정한 것인지 오염된 것인지 분명치 않다. 탄생할 새로운 생에도 기울지 못한다. 이처럼 갑작스런 죽음을 제외시키기 위하여 '일반적으로' 라고 언급한 것이다. 일반적으로 언급한 마음의 연속은 일어난다. 일부 갑자기 죽는 이에게 그와 같은 마음의 연속이 일어날 수 없다는 의미이다.

다른 식으로 업의 대상이 나타나는 모습

tameva vā pana janakabhūtaṁ kammaṁ abhinavakaraṇavasena dvārapattaṁ hoti.

재생연결식을 일으키는 그 업만이 새롭게 하는 능력으로 의문意門에 나타난다.

해설

이 말은 업의 대상이 나타나는 모습을 다른 식으로 보인 것이다. 업의 대상이 나타날 때 '과거에 행하였다는 인식(pubbekatasaññā)' 으로 나타나는 것도 있고 '현재 행하였다는 인식(sampatikatasaññā)' 으로 나타나는 것도 있다. 이 중에서 과거에 행하였다는 인식으로 나타나는 것은 절을 지어 보시 올렸을 때 환희한 선善의 의도가 일어났다면, 그 선善의 의도를 다시금 인식하는 것이다. 과거에 행한 적이 있는 인식(pubbekatasaññā)으로 나타나는 모습은 앞에서 보였었다.

현재 행하였다는 인식(sampatikatasaññā)으로 나타나는 것을 보이기 위하여 '그 업만이 새롭게 하는 능력으로' 라고 언급한 것이다. 죽음 직전 고통으로 혼미할 때 지금 절을 보시올리고 축언을 받고 있는 것처럼 매우 환희하는 선善의 의도가 새롭게 일어난다. 잠결에 꿈꾸듯이 일어나고 있다. 다른 사람을 살해한 적이 있다면 현재 죽이는 것처럼 매우 잔혹한 상황들이 나타난다. 과거에 칼로 찔러 죽였다면 지금 찔러 죽이는 것처럼 진심 속행들이 강한 여세로 일어난다. 이 의미를 겨냥하여 '재생연결식을 일으키는 그 업만이 새롭게 하는 능력으로 의문意門(마노드와라)에 나타난다' 라고 언급하고 있다.

죽음직전 인식과정

paccāsannamaraṇassa tassa vīthicittāvasāne bhavaṅgakkhaye vā cavanavasena paccuppannabhavapariyosānabhūtaṁ cuticittaṁ uppajjitvā nirujjhati.

죽음에 매우 근접한 중생의 인식과정의 끝에 혹은 바왕가의 종결에서 유전하는 힘에 의해 현생의 끝인 죽음의식은 일어난 뒤 소멸한다.

해설

'죽음에 매우 근접한 중생의 ‖중략‖ 죽음의식은 일어난 뒤 소멸한다'

죽음이 임박한 사람을 '죽음에 매우 근접한 중생(paccāsannamaraṇa)' 라고 부른다. 죽음직전 인식과정을 끝으로 하든지, 이 인식과정 뒤 바왕가에 떨어진 뒤든 죽음을 맞는 중생을 말한다. '인식과정의 끝에' 란 구절로 속행 뒤에 죽음을 맞는 것과 등록 뒤에 죽음을 맞는 것 두 가지 설을 보이고 있다. '바왕가의 종결에서' 라는 구절로 속행 뒤에 바왕가가 일어나고 죽음을 맞는 것, 등록 뒤에 바왕가가 일어나 죽음을 맞는 것으로 두 가지 설을 보인다. [『위바위니띠까』에서는 바왕가에 한 차례 빠진다고 보이고 있다. 그러나 업으로 생긴 물질들이 소멸되기 전이라면 한 차례보다 많은 바왕가에 빠질 기회가 있을 것이다.]

두 가지 인식과정을 얻는 곳

앞의 네 가지 인식과정[31] 중에서 욕계에서 죽음을 맞아 욕계에 다시 탄생하는 사람은 네 가지 인식과정 모두 얻을 수 있다. 욕계에서 죽어 범천계에 탄생할 존재, 범천 간에 탄생할 존재, 범천에서 죽어 욕계천으로 내려와 탄생하는 존재에게서 등록 뒤 죽음을 맞는 인식과정과 등록, 바왕가 뒤에 죽음을 맞는 두 가지 인식과정은 얻을 수 없다. 욕계 속행, 욕계 중생, 욕계 대상의 선명한 대상(위부따람마나) 혹은 매우 큰 대상(아띠마한따람마나)이 일어나야 등록에 빠질 수 있다. 범천계에 탄생할 죽음직전 인식과정은 욕계 중생이 아니기 때문에 등록에 빠지지 못한다. 욕계에서 범천계로 옮겨가는 죽음직전인식과정은 욕계 중생의 인식과정일지라도 까시나 등을 대상으로 하기에 등록에 빠질 수 없다.

네 가지 인식과정을 얻는 곳

같은 욕계천 간에 옮긴다면 욕계 속행, 욕계 중생이 맞고 대상도 욕계 선善의 과보인 재생연결식이 욕계 법만을 항상 대상으로 하기 때문에, 이 욕계 재생연결식에게 대상을 제공하는 죽음직전 속행 역시 욕계 법만을 대상으로 하여야 한다. 그러므로 이 욕계 대상이 선명한 대상이나 매우 큰 대상이 일어난다면 ①등록 뒤에 죽음의식, ②등록, 바왕가 뒤에 죽음의식으로 두 가지 인식과정이 일어날 수 있다. [업으로 생긴 물질이 등록에 빠지기 전에 소멸된다면 선명한 대상 혹은 매우 큰 대상이 일어날지라도 속행 뒤 죽음의식에 빠진다.] 이 욕계 대상이 선명한 대상 혹은 큰 대상(마한따람마나)이라면 ①속행

31. 네 가지 인식과정이란? — ① 속행 뒤에 죽음을 맞는 설, ② 등록 뒤에 죽음을 맞는 설, ③ 속행 뒤 바왕가가 일어나고 죽음을 맞는 설, ④ 등록 뒤 바왕가가 일어나고 죽음을 맞는 설.

뒤에 죽음의식 ②속행, 바왕가 뒤에 죽음의식으로 두 가지 인식과정이 일어날 수 있다.

재생연결식이 일어나는 모습

tasmiṁ niruddhāvasāne tassānantarameva tathāgahitaṁ āram maṇaṁ ārabbha savatthukaṁ, avatthukameva vā yathārahaṁ avijjānusayaparikkhittena taṇhānusayamūlakena saṅkhārena janiyamānaṁ sampayuttehi pariggayhamānaṁ sahajātānamadhi ṭṭhānabhāvena pubbaṅgamabhūtaṁ bhavantarapaṭisandhānavase na paṭisandhisaṅkhātaṁ mānasaṁ uppajjamānameva patiṭṭhāti bhavantare.

이 죽음의식이 멸하자마자 바로 뒤에, 그와같이 죽음 직전 속행이 취한 대상을 대상으로 하여 의지처인 심장이 있기도 하고 혹은 없기도 하며, 적절히 무명의 잠재된 번뇌에 에워싸이고 갈애의 잠재된 번뇌를 근원으로 하는 상카라(선, 불선의 업)가 일으킨, 결합한 마음부수법이 에워싼, 함께하는 마음부수법들이 머무는 곳이기에 앞서가는 선행자로 다른 생으로 연결시키는 능력 때문에 재생연결이라 불리는 마음이 일어난 순간 다음 생을 세운다.

해설

'이 죽음의식이 멸하자마자 바로 뒤에'

'죽음의식이 사라지면 이 마음 바로 뒤에 재생연결식이 일어난다' 는 의미이다. 이 구절에서 'anantarameva(죽음의식 바로 뒤에서만)' 으로 죽음과 재생연결식 사이에 다른 한 생이 있다는 중유中有설(antarabhavavādī)을 부정한다. 일부 중유설中有說을 주장하는 이들은 죽음과 재생연결식 사이에 잠시 머무는 임시의 생이 존재한다. 일부 중생은 죽음과 동시에 확정된 탄생하여야할 생에 재생연결식을 얻지 못한채 [재생연결식에 들 수 있는 조건이 갖추어 질 때까지] 모친이 될 여자의 월경주기, 부친이 될 남자와 결합할 때를 기다리면서 7일 혹은 그보다 적게 혹은 많은 날을 잠시 머무는 임시의 생[中有]에서 머물러야 한다. 이 중유의 생에 머물 때 천안통의 신통지를 지닌 자처럼 모든 장소를 볼 수 있고, 원하는 장소 역시 한순간에 갈수 있다고 한다. 아누룻다 존자께서는 이 견해를 부정하고자 '중간의 임시적인 생(中有)은 없다. 죽음의식 바로 뒤에서만 재생연결식이 일어난다' 라고 설명하고자 'anantarameva(죽음의식 바로 뒤에서만)' 라고 'eva(만)' 란 보조사로 제한시킨 것이다.

'그와같이 죽음 직전 속행이 취한 대상을 대상으로 하여'

다음 생인 재생연결식은 앞 생에서 죽음직전속행이 취한 대상을 연속하여 취하는 것이 통례이다. 앞에서 보여준 죽음직전의 대상 장章에서 'tathā ca marantānaṁ pana - 앞의 4가지 죽음에 근거하여 죽음을 맞는 이들에게' 등의 구절로 죽음직전속행이 인지된 업을 대상으로 한다면 새로운 재생연결식 역시 그 인지된 업만을 대상으로 삼는다. 죽음직전속행이 업의 표상을 대상으로 한다면 새로운 재생연결식 역시 그 업의 표상만을 대상으로 삼는다.

'의지처인 심장이 있기도 하고 혹은 없기도 하며'

이 구절은 욕계, 색계를 겨냥한 말이다. 욕계, 색계에 탄생한다면 이 영역에서는 의지처인 심장물질을 가지기 때문에 재생연결식은 의지처를 가지고 탄생한다. '의지처인 심장이 없기도 하며' 란 무색계를 겨냥한 말이다. 무색계에서 의지처인 심장물질이 존재하지 않기에 무색계 영역에 탄생한다면 재생연결식은 의지처 없이 탄생한다는 뜻이다.

'적절히 무명의 잠재된 번뇌에 ‖중략‖ 상카라(선, 불선의 업)가 일으킨'

선, 불선을 짓을 때 일반적으로 잠재되어 있는 갈애의 번뇌를 근원으로 하기 때문에 '갈애의 잠재된 번뇌(taṇhānusaya)' 만을 근원으로 한다고 암시했고, 갈망하지 말아야 할 것을 갈망하는 것은 무명이 허물(고통)을 보지 못하도록 감추기 때문에 무명의 잠재된 번뇌(vijjānusaya)가 에워싼다고 암시한 것이다.

상카라[형성]란 ①업을 행할 때 일어난 선, 불선의 업과 그 업과 결합하는 접촉 등의 법 혹은 ②죽음직전속행이 일어날 때 의도와 그 의도와 결합하는 접촉 등의 법으로 두 가지 취하는 방법이 있다.

이 중 첫 번째 방법을 설명해 보면, 선善의 상카라[선, 불선의 업]가 일어난다면 무명과 갈애는 직접 결합할 수 없다. 그러나 선을 행하는 사람에게도 아라한 도道로써 제거하지 못한 무명과 갈애가 잠재된 번뇌로 존재한다. 갈애와 무명이 없다면 선善조차도 일어나지 않는다. 단지 행함만이 있는 작용만 하는 마음(kiriya)만이 일어난다. 그러므로 무명과 갈애는 선善 상카라에게 빠까뚜빠닛사야(근본적으로 힘 있는 의지처가 되는 원인, 本性親依止) 연기법의 능력으로 영향을 주어 에워싸는 근원으로 존재한다.

불선 상카라(선, 불선의 업)

무명과 갈애의 잠재된 번뇌는 선善에서도 빠까뚜빠닛사야(근본적으로 힘 있는 의지처가 되는 원인, 本性親依止) 연기법의 능력으로 영향을 준다. 탐욕뿌리 상카라가 일어난다면 무명과 갈애 둘 모두가 결합한다. 진심뿌리, 어리석음뿌리의 상카라(선, 불선의 업)가 일어나도 무명이 결합되어 있다. 이와 같이 무명과 갈애는 사하자따빳짜야(함께 일어나는 연기법, 俱生緣) 연기법의 상태로도 불선不善 상카라를 에워싸 근원이 된다. 사하자따빳짜야 연기법으로 영향을 줄 때 잠재된 번뇌(anusaya)의 상태가 아니다. 생성, 머묾, 소멸로써 명백한 생멸로 일어난다. 그처럼 잠재된 번뇌와 무명, 갈애는 서로 간에 동일하기 때문에 무명의 잠재된 번뇌, 갈애의 잠재된 번뇌라고 말할 수 있다. 즉 무명, 갈애는 일부 상카라에서는 빠까뚜빠닛사야 연기법의 능력으로 에워싸 근원이 되고, 일부 상카라에서는 사하자따빳짜야 연기법의 능력으로 에워싸 근원이 되므로 '적절히(yathārahaṁ)' 라고 언급한 것이다. 이것이 상카라(선, 불선의 업)의 정의로 '업을 행할 때 의도와 접촉 등을 취하는 방법' 이다.

죽음직전 상카라를 취하는 방법

사악처에 떨어질 중생들의
함께하는 무명과 갈애의 상카라[行]는
나타나는 대상의 허물을 감추고
재생연결식의 대상으로 향하게 하여
재생연결식을 내던진다.

그 외 선처에 탄생할 중생의
제거하지 못한 잠재된 무명과 갈애는
대상의 허물을 감추고
재생연결식의 대상으로 향하게 한다.
이 선처에 태어날 중생을

내던지는 상카라는 선善이다.

'무명과 갈애의 상카라는 ∥중략∥ 재생연결식을 내던진다'

이 시문에서 사악처에 떨어지는 중생에게 무명과 갈애의 잠재된 번뇌와 불선의 죽음직전속행들이 재생연결식에게 영향을 주는 모습을 보이고 있다. 세 사람의 원수가 에워싸 한 사람을 괴롭힐 때 한 사람은 눈을 가린다. 또 한 사람은 "팔을 들어라! 앞에 가질 것이 있다" 고 말한다. 다른 한 사람은 밀어서 집어던진다. 그와 같이 인지된 업, 업의 표상, 태어날 곳의 표상 중 하나가 나타나는 곳에 그 대상의 허물(고통)을 무명의 잠재된 번뇌가 감춘다. 갈애의 잠재된 번뇌가 그 대상에 자신 스스로 기울어 재생연결식 역시 기울도록 빠까뚜빠닛사야 연기법의 힘으로 영향을 준다. 죽음직전 속행이라 이름하는 상카라[行, 선, 불선의 의도]는 그 대상을 향해 재생연결식을 집어던진다. 그 대상을 대상으로 하도록 재생연결식에게 빠까뚜빠닛사야 연기법의 힘으로 영향을 주는 것을 '집어 던진다' 는 암시로 사용한 것이다. [여기서 '함께하는 무명과 갈애의 상카라' 는 말은 탐욕뿌리로 죽음직전에 일어나는 상카라를 가리킨다. 진심뿌리와 어리석음 뿌리가 일어나는 것은 사하자따빳짜야, 빠까뚜빠닛사야 연기법의 힘으로 적절하게 영향을 준다.]

'제거하지 못한 ∥중략∥ 내던지는 상카라는 선善이다'

이 시문으로 선처에 태어날 이의 마음을 내던지는 모습을 보이고 있다. 여기서 상카라란 선善의 죽음직전속행이기 때문에 'saha jehi(함께하는)' 라고 말하지 않고 도道로 제거되지 못한 잠재된 번뇌의 성품으로 감추고 기울게 하는 것을 겨냥하여 '제거하지 못한 잠재된 무명과 갈애는' 라고 언급한 것이다. 여기서 잠재된 번뇌의 성품이 영향을 주는 것만이 특별하다. 감추고 기울게 하는 모습은 앞과 같다. 이 선처에 태어날 사람의 재생연결식은 선善의 상카라만이 인지된 업 등의 대상에 도착하도록 던지는 죽음직전속행 마음으로 일어난다.

주의

이 언급한 의미에 따라 상카라는 재생연결식을 일으키게 하는 선업, 불선업이라 불리는 '일으키는 상카라(janakasaṅkhāra)'와 죽음직전 순간에 일어나 인지된 업 등의 대상에 도달하도록 재생연결식을 내던지는 '던지는 상카라(khipanakasaṅkhāra)'[32] 두 가지가 있다. 이 두 가지의 정의를 의도라 하면 '무명을 원인으로 하여 상카라는 일어난다(avijjā paccayā saṅkhārā)'를 취한다. 의도와 결합한 접촉 등의 법을 취할 때는 상카라와 바와(bhava)의 차이를 'sabbā vā cetanā bhavo, saṅkhārā sampayuttakā - 모든 의도를 bhava(바와)라 부른다. 의도와 결합한 법들은 상카라이다' 라고 취하고 있다. 접촉 등의 결합한 법들 역시 빠까뚜빠닛사야 연기법의 영향으로 재생연결식을 일으켜 내던진다. 그러므로 'saṅkhārena janīyamānaṁ - 상카라가 일으킨' 에서 '일으킨' 의 정의로 일으키는 상카라(janakasaṅkhāra)와 내던지는 상카라(khipanakasaṅkhāra) 둘 모두를 취하여라. 주석서에서는 뒤의 방법만 나온다.

'결합한 법이 에워싼'

이 재생연결식을 접촉 등의 결합한 법들이 사하자따빳짜야(함께

32. khipanakasaṅkhāra(키빠나까상카라; 재생연결식을 인지된 업, 업의 표상, 태어날 곳의 표상이라는 대상에 집어던지는 상카라)

일어나는 연기법, 俱生緣), 안냐만냐빳짜야(상호간에 돕는 연기법, 相互緣)의 힘에 둘러싸인다. '재생연결식에는 접촉 등의 측근이 있다' 는 의미이다.

'함께하는 법들이 머무는 곳이기에 앞서가는 선행자로'

재생연결식은 함께하는 동반자인 접촉 등의 마음부수와 업으로 생긴 물질(깜마자루빠)들이 머무는 곳, 즉 사하자따빳짜야(함께 일어나는 연기법, 俱生緣), 닛사야빳짜야(의지하는 연기법, 依止緣)의 힘이 있기에, 함께하는 동반자 법들을 선도하는 선행자이기도 하다.

'다른 생으로 연결시키는 능력 때문에 재생연결식이라 불리는 마음이'

이 구절은 '재생연결식' 이라 부르는 원인을 보인 것이다. 낡은 생이 끝난 뒤에 다시 새로운 마음이 일어나지 않는다면 생의 종자가 소멸될 것이다. 과보마음은 그와 같이 끊어지지 못하도록 낡은 생의 죽음의식이 종결되며 다시 생을 연결시키기 때문에 'bhavantaraṁ paṭisandhahati - 다른 한 생을 연결시킨다' 는 어의풀이에 따라 'paṭisandhi(재생연결식)' 이란 이름을 얻는다.

'일어난 순간 다음 생을 세운다[uppajjamānameva patiṭṭhāti bhavantare]'

'uppajjamānaṁ(일어남)' 정도로 언급하지 않고 uppajjamānameva라고 'eva(순간)' 라는 한정사를 붙인 의도는 '재생연결식은 낡은 생에서 일어남(웁빠다)하여 머묾(티띠) 순간에 새로운 생으로 옮겨간다' 고 잘못 취하는 것을 제지하기 위한 것이다. 재생연결식이 일어난 순간 새로운 생에 도착해 있는 것이다.

사견

이 자리에서 상견常見과 단견斷見에서 벗어나는 것이 매우 중요하다. 이 두 가지 사견은 물질과 정신을 자아 혹은 영혼이라 집착하여 그것을 근원으로 하여 일어난다. 그러므로 '과거생에 아트만으로 존재했던 몸 혹은 정신은 새로운 생에서도 계속하여 들어가 있다' 라고 취한다면 '중생은 영원하다' 라고 취하는 상견이 된다. '앞 생에서 아트만으로 존재했던 육체와 정신과는 전혀 연관되지 않고 끝난다. 다음 생에서는 새로운 육체와 정신이 일어난다' 라고 취한다면 단견이 된다. 이 두 사견에서 벗어나도록 하기 위하여 '과거 생의 원인에서도 벗어나지 못한다. 하나 직접적으로 해당되는 것도 아니다' 라고 취하여야 한다.

육체와 정신의 법들은 일반적인 경우 한 장소에서 한 장소로 한순간에서 한 순간으로 옮겨갈 수 없다. 지금처럼 죽어 새로운 생으로 옮겨갈 때 '옮겨 들어갔는가!' 라고 어디에 의심의 여지가 있는가. 그러므로 새로운 생에서 재생연결식은 낡은 생의 육체와 정신이 직접 바꾸어 옮기는 것이 아니다. 그러나 '무명의 잠재된 번뇌에 에워싸이고' 등의 언급에 따라 무명과 갈애라는 상카라(선, 불선의 업)들에 둘러싸여 형성된 재생연결식을 일으키는 일어남(웁빠다)을 얻기에 과거 생의 원인에서도 벗어나지 못한다. 비유하면 가까운 산에서 외치는 소리가 산의 능선에 부딪치면 '산울림' 이라는 다른 하나의 소리가 산에서 되울려온다. 이 메아리는 본래 소리가 아니다. 하나 본래 소리에서 벗어나 단독으로 일어나지는 못하듯이 그와 같이 재생연결식은 낡은 생의 육체와 정신의 계속된 연결이 아니다. 낡은 생의 무명, 갈애라는 상카라(선, 불선의 업)의 원인에서도 벗어나지 못한다. 하나의 촛불에서 또 다른 촛불을 붙일 때 두 번째 불은 첫 번째 불의 지속이 아니다. 하나 첫 번째 불에서도 벗어나지 못한다. 도장을 찍을 때 도장을 찍은 자리는 근본 도장의 계속이 아니지만 본래 도장에서도 벗어나지 못한다.

욕계 재생연결식의 대상

maraṇāsannavīthiyaṁ panettha mandappavattāni pañceva javanāni pāṭikaṅkhitabbāni. tasmā ya야 paccuppannārammaṇesu āpāthamāgatesu dharantesveva maraṇaṁ hoti.

tadā paṭisandhibhavaṅgānampi paccuppannārammaṇatālabbhatī tikatvā kāmāvacara paṭisandhiyā chadvāraggahitaṁ kammanimittaṁ, gatinimittañca paccuppannamatītārammaṇaṁ upalabbhati.

kammaṁ pana atītameva tañca manodvāraggahitaṁ. tāni pana sabbānipi parittadhammabhūtānevārammaṇāni.

여기서 죽음직전인식과정에서는 속행이 다섯 차례만 느리게 일어나는 것이 기대된다. 그러므로 만약 현재 대상이 면전에 나타나 선명할 때 죽음을 맞는다면, 그 때 재생연결식과 바왕가 역시 현재의 대상을 취한다. 이를 근거하여 욕계 재생연결식의 경우 육문六門을 통해 취한 업의 표상이거나 태어날 곳의 표상이라면 현재거나 과거의 대상을 얻는다.

인지된 업의 대상은 과거 한 종류만이며, 그 업 역시 의문意門(마노드와라)으로 취한다. 이 모든 대상은 욕계법으로만 일어나는 대상이다.

해설

죽음직전 마음은 느리게 일어나기에 속행 역시 매우 느려 7차례가 일어나지 못하고 5차례만 일어난다. 그러므로 죽음직전인식과정에서 현재의 대상[업의 표상 혹은 태어날 곳의 표상이든]이 나타난다면, 그 대상은 17차례동안 수명이 지속되기에 대상이 소멸되기 전 죽음을 맞을 수 있다. 이같이 죽는다면 지나간 바왕가(아띠따바왕가)를 시작으로 죽음까지 헤아리면 형상色의 수명은 마음순간 12차례가 지났을 뿐이기에, 죽음 뒤에 한 차례 새로운 재생연결식과 4차례 바왕가는 과거 생에서 취했던 아직 소멸되지 않은 현재대상만을 연속하여 대상으로 삼는다. 이를 근거하여 욕계 재생연결식의 대상이 형상色, 소리聲 등의 업의 표상, 태어날 곳의 표상으로 일어난다면 6문을 통해 적절히 일어날 수 있다. 소멸되지 않았다면 현재로써 일어날 수도 있고 소멸된 뒤라면 과거로 일어날 수도 있다. 미래로는 일어날 수 없다.

죽음직전인식과정이 일어나는 모습

tī na da ma ja ja ja ja ja tad tad cu pa bha (15 ~ 16)

tī = 아띠따바왕가 - 과거바왕가
na = 바왕가짤라나 - 진동하는 바왕가
da = 바왕구빳체다 - 끊어내는 바왕가
ma = 마노드와라왓자나 - 의문意門에서 나타나는 대상으로 주의를 전향하는 마음
ja = 속행 - 속행
tad = 등록하는 마음 - 속행이 취한 대상을 대상으로 하는 마음
cu = 죽음의식
pa = 새로운 생에의 재생연결식
bha = 바왕가 - 끊임없이 생멸하는 물질과 정신의 연속성의 조건, 존재의 요소

속행이 죽음직전 순간 느린 여세로 일어나는 모습은 제4장 '속행의 법칙'에서 보였다. 즉 죽음직전인식과정의 대상은 인지된 업, 업의 표상, 미래의 영상 세 가지가 있다. 인지된 업이란 다음 생에 재생연결식의 결과를 주어야 할 업을 말한다. 그 업은 죽음직전속행에 도착하기 전 과거에 일어났던 것이어야 하기에 죽음직전인식과정에서 과거의 대상으로만 나타나야 한다. 이 인지된 업은 여섯 대상 중에서 법의 대상(담마람마나)이기에 의문意門에서만 나타난다. 그러므로 '인지된 업(업의 의도)은 과거의 한 종류이며, 그 업 역시 의문意門으로 취한다'라고 언급한 것이다. 그러므로 죽음직전인식과정을 위하여 현재 대상을 생각하는 자리에서 인지된 업은 고려할 대상이 아니다. 업의 표상이란 과거 업을 행할 때 마주했던 대상이다. 업의 표상은 현재와 과거 두 종류가 있다. 그 중 사원을 지어 보시했던 경험이 있는 사람에게 사원이 나타난다면 그 절은 업의 표상이다. 소를 살생한 사람에게 소가 나타난다면 그 소는 업의 표상이다.

'현재의 업의 표상(깜마니밋따)'

현재대상의 업의 표상은 진짜일 수 없다. 죽음직전속행이 재생연결의 과보를 주는 업으로 일어나야 업의 표상은 진짜 현재 대상이 될 수 있다. 그러나 죽음직전속행은 새로운 재생연결식에게 대상이 나타나도록 제공하는 책임을 지기에 재생연결식의 과보를 가져다주지 못한다. '자신 스스로가 대상이 나타나도록 하고 재생연결식이라는 과보를 준다'는 두 가지 작용을 동시에 행하는 것은 가능하지 않다. 업이 과보를 주는 모든 자리는 'katattā upacittā(행해지고 축척된 상태로)'라고 경에서 설하고 있다. kata란 한 차례 행함이다. upacitta란 반복해서 빈번하게 행함이다. 단 한

번으로 과보를 주기는 어렵다. 자주 행하여야 과보를 준다. 죽음직전속행이 일어날 때는 반복적으로 일어날 시간을 얻지 못한다. 『빠띠삼비다막가』에서도 하나의 선善을 행한 뒤 그 선업에서 즐거워해야 재생연결의 과보를 줄 수 있기에 'nikantikkhaṇe dve hetū - 선업에서 즐길 때 두 가지 탐욕, 어리석음이 일어난다' 라고 언급하고 있다. 죽음직전속행이 일어날 때 즐길 시간은 없다. 죽음직전속행이 눈 등의 오문五門에서 일어나는 속행(pañcadvārikajavana)이 일어난다면 매우 힘이 약하기 때문에 그 어떤 업의 길(선처, 악처에 이르게 하는 선업, 불선업의 길)도 완성시킬 수 없다. 때문에 죽음직전속행은 업을 완성시키지 못한다. 업을 완성시키지 못한다면 죽음직전속행의 현재대상 역시 진짜 업의 표상이 되지 못한다. 방편으로 연관시킨 모조의 업의 표상만이 일어날 수 있다.

업의 표상(깜마니밋따) 모조

한 사람이 임종을 맞을 침대에 누워 있고, 친척들은 그에게 마지막 선업을 짓게 하려고 꽃을 가져와 '이 꽃을 부처님께 올리세요' 라고 말한다. 환자는 누운 채 부처님[혹은 신]께 꽃을 공양한다. 선善의 속행이 반복하여 강한 여세로 일어나 kata(한 차례 행해진 업), upacita(반복해서 행해진 업)가 일어난다. 이 선善 속행들을 의지하여 자신의 선업에서 기뻐한다. 이 선업은 죽음 직전의 업(아산나깜마)이기에 실재로 과보를 줄 것이다. 꽃은 실재의 업의 표상이다. 서서히 맥박이 떨어져 정신을 잃어갈 때 죽음직전인식과정에 도달한다. 눈으로 꽃을 보고 있는 상태에서 그 꽃을 바라보면서 눈을 통해 죽음직전인식과정이 일어나 죽음을 맞는다. 여기서 눈을 통해 일어나는 죽음직전인식과정의 대상인 꽃이란 실재하는 현재대상이다. 눈을 통해 일어난 속행은 업을 완성시키지 못하기 때문에 업의 표상이 못된다. 그러나 죽음직전인식과정이 일어나기 전의 업의 표상인 꽃과 죽음직전인식과정의 대상인 꽃은 [궁극적 실재에 의하면 순간순간이 소멸되기에 하나의 인식이라고 말할 수 없을지라도] 마음의 연속성의 개념(santatipaññatti)으로 보면 분할할 수 없는 하나의 개념이기에 실재로 과거 표상의 대상인 된 꽃과 현재 죽음직전인식과정의 대상인 꽃은 동일한 대상에 근거하였기에, 죽음직전속행 대상인 꽃을 현재의 업의 표상이라 부른 것이다.

'소리 등은'

법문을 듣고 있을 때 죽는다면 소리聲, 공양올린 꽃 냄새를 대상으로 하여 죽는다면 냄새香, 음식을 승단에 공양하고 자신도 먹고 죽는다면 맛味, 자신의 손으로 깔개 등을 공양 올릴 때 죽는다면 감촉觸, 자신의 오온을 무상 · 고 · 무아라고 명상할 때 죽는다면 법法, 이러한 대상으로 귀의 인식과정 등이 일어난다. 이 방법으로 6문에서 6가지 대상들이 적절하게 현재의 업의 표상으로 일어날 수 있다.

pañcadvāre ca āpātamāgacchantaṁ paccuppannakammanimittaṁ āsannakatakammāramaṇsantatiyaṁ uppannaṁ taṁsadisaṁ ca daṭṭhabbaṁ- 5문의 면전에 나타난 현재의 업의 표상을 '죽음직전 행한 업(아산나깜마)의 대상의 연속'에서 일어나는 그와 동일한 업의 표상이라고 알아야 한다. — 『빠띳짜사뭅빠다위방가물라띠까』

여기서 '5문'이라고 말할지라도 의문意門에 포함시켜야 하는 이유를 과거 스승들께서 분석하신 것이다. 현재의 태어날 곳의 표상을 얻는 모습은 뒤에서 보이겠다. 이처럼 현재로써 취할 수 있는 업의 표상, 태어날 곳의 표상을 가리켜 '현재 대상이 면전에 나타나 선명할 때 죽음을 맞는다면' 라고 언급한 것이다.

'그 때 재생연결식과 바왕가 역시 현재의 대상을 취한다'

이처럼 죽음직전속행이 현재의 업의 표상, 태어날 곳의 표상을 대상으로 할 때 [새로운 생의 재생연결식과 바왕가는 죽음직전속행이 취했던 대상만을 취하기에] 이 현재의 업의 표상과 태어날 곳의 표상 중 하나가 소멸되기 전에 죽음을 맞는다면 새로운 재생연결식과 바왕가 역시 현재의 대상을 연속하여 취한다. 그러므로 '속행을 끝으로 하는 5문인식과정' 이 일어난다면 지나간 바왕가(아티따바왕가)를 시작으로 죽음까지 대상의 수명은 마음의 순간 14차례만 있기에 아직 현재의 대상은 소멸되지 않았다. 새로운 재생연결식과 2번의 바왕가가 현재대상을 연속하여 대상으로 삼는다. 3번째 바왕가부터 뒤의 바왕가들은 과거만을 대상으로 삼는 것이 된다.

tī na da pañ cak sam san vu ja ja ja ja ja **cu pa** bha bha

tī = 아띠따바왕가 - 지나간 바왕가
na = 바왕가짤라나 - 진동하는 바왕가
da = 바왕구빳체다 - 끊어내는 바왕가
pan = 빤짜드와라왓자나 - 5문전향마음
cak = 짝쿠윈냐나 - 눈의 의식
sam = 산빠띳차나 - 받아들임
san = 산띠라나 - 조사
vu = 옷타빠나 - 결정
ja = 자와나 - 속행
cu = 쭈띠 - 죽음의식
pa = 빠띠산디 - 새로운 생의 재생연결식
bha = 바왕가 - 물질과 정신의 연속성의 조건, 존재의 요소, 생의 연속체

tad = 따다람마나 - 속행이 취한 대상을 대상으로 하는 마음, 등록

ma = 마노드와라왓자나 - 의문意門전향마음

'등록을 끝으로 하는 5문인식과정'이 일어난다면 지나간 바왕가를 시작으로 죽음까지 대상의 수명은 16번이다. 새로운 재생연결식만이 현재대상을 대상으로 삼을 수 있다. 바왕가는 과거대상만을 대상으로 삼는 것이 된다.

tī na da pañ cak sam san vu ja ja ja ja ja tad tad cu pa

속행을 끝으로 하는 의문意門이 일어난다면 지나간 바왕가 ➡ 진동하는 바왕가 ➡ 끊어내는 바왕가 ➡ 의문意門전향마음 ➡ 5차례 죽음직전속행 ➡ 죽음의식까지 대상의 수명은 10차례이다. 새로운 재생연결식과 6차례 바왕가는 현재를 대상으로 삼는다.

tī na da ma ja ja ja ja ja cu pa bha bha bha bha bha bha

등록을 끝으로 하는 의문意門이 일어난다면 새로운 재생연결식과 4차례 바왕가는 현재대상을 대상으로 삼는다.

tī na da ma ja ja ja ja ja tad tad cu pa bha bha bha bha

속행, 등록에 이르기까지 아직 '업으로 생긴 물질(깜마자루빠)'이 소멸되지 않았다면 적절하게 바왕가에 빠진 뒤에 죽음의식을 얻을 것이다. 업으로 생긴 물질의 소멸만이 죽음의식에서 핵심이다. 그러므로 ①속행 뒤에 바왕가, 죽음의식에 빠지는 인식과정, ②등록 뒤에 바왕가, 죽음의식에 빠지는 인식과정에서도 재생연결식, 바왕가가 현재 대상을 취하는 모습을 검토해 보아라. [여기서 속행, 등록과 새로운 재생연결식 등은 대상 서로 간에 동일하지만 중간의 죽음의식은 앞생의 낡은 생의 재생연결식과 대상이 같은 사실에 주의하라.][33]

---

33. 지나간 바왕가➡ 진동하는 바왕가➡ 끊어내는 바왕가➡ 의문전향마음➡ 속행 5차례➡ 등록 2차례➡ 죽음의식➡ 새로운 생의 재생연결식 등으로 일어나는 죽음직전인식과정에서 속행 5차례, 등록, 새로운 생의 재생연결식은 죽음직전인

'이를 근거하여 욕계 재생연결식의 경우 ‖중략‖ 얻는다'

이 구절에서 육문을 통해 취한 대상이란 'chadvāraggahitañca chaṭṭhadvāraggahitañca chadvāraggahitaṁ - 6문을 통해 취한 대상 또한 6번째 의문意門을 통해 취한 대상이다. 그러므로 6문으로 취한 대상, 6번째 의문意門으로 취한 대상이다' 라고 두 가지 의미를 하나로 모아 업의 표상을 육문六門으로 취한 뒤, 태어날 곳의 표상을 의문意門으로만 취한다고 『위바위니띠까』에서 해설하고 있다. 『위바위니띠까』의 의도는 업의 표상은 형상色 등으로 6가지가 있기에 육문六門으로 적절하게 취할 수 있다. 태어날 곳의 표상은 다가올 생에서 마주할 대상이다. 주석서의 의도대로라면 이 대상은 형상色 한 종류로만 일어난다. 다음 생에서 마주할 사물色은 보통의 육안으로는 볼 수 없다. 의문意門을 통해서만 취할 수 있다.

『청정도론 마하띠까』, 『빠라맛타디빠니』에 의하면 '태어날 곳의 표상 역시 육문으로 취한다' 고 언급하고 있다. 담미까라 불리는 재가자와 둣타가미니 왕의 죽음 직전에 6천상에서 여섯 대의 마차가 하늘에서 나타났다. "우리의 마차로 모셔라! 이 마차에 태워라!" 라며 서로 태우려했다. 그 소리와 영상은 그 재가자와 왕만이 들을 수 있었다. 죽어 도솔천 마차를 타고 올라갔다. 그 때 천상의 향기로운 꽃향기도 났을 것이다. 무간지옥의 화염에 당기는 것처럼 땅에 빨려 들어간 데와닷따와 난다란 젊은이와 죽기 전 머리를 자르는 칼날의 형벌을 얻은 밋따윈다까[34]라

식과정이 대상으로 취하였던 인지된 업, 업의 표상, 태어날 곳의 표상 중 하나를 대상으로 삼는다. 죽음의식은 전생에서 대상으로 삼았던 인지된 업, 업의 표상, 태어날 곳의 표상 중 하나를 대상으로 한다. 이와 같이 속행 5차례, 등록, 새로운 생의 재생연결식이 새롭게 나타나는 대상을 대상으로 삼는 것과 죽음의식이 바로 전생의 죽음직전속행이 취한 대상을 대상으로 삼음이 서로 다름에 주의하라.

34. 경전에 나오는 이야기로, 밋따윈다까는 어머니의 만류를 모질게 근원치고 멀고 긴 여행길에 오른다. 갖은 향락을 즐기고 오욕의 쾌락을 만끽하던 밋따윈다까

불리는 사람들에게 다가올 생에서의 감각觸이 나타났다. 그러므로 태어날 곳의 표상 역시 업의 표상처럼 여섯 대상 모두가 있어야 할 것이다. 그 중 소멸되었다면 과거, 소멸되기 전이라면 현재이다. 죽음직전인식과정과 재생연결식, 바왕가가 태어날 곳의 표상을 조금 대상으로 취할 수 있다고 한다.

> 5문에서는 인지된 업은 제외되고
> 업의 표상, 태어날 곳의 표상 두 대상을 통해 재생연결식은 일어난다. - 『삿짜상키따』

『삿짜상키따』의 저자는 『청정도론마하띠까』를 저술한 담마빨라 존자이다. 그러므로 『삿짜상키따』의 의미 역시 『마하띠까』 그대로다. [의문意門에서는 인지된 업, 업의 표상, 태어날 곳의 표상의 셋 모두 일어난다.]

『아비담맛타상가하』의 의도

아누룻다 존자 역시 업의 표상과 동일한 의미로 언급하고 있기에 '태어날 곳의 표상 또한 육문으로 취할 수 있다' 고 해석하신 것 같다. '육문六門을 통해 취한 업의 표상이거나 태어날 곳의 표상이라면 현재거나 과거의 대상을 얻는다' 이 구절을 살펴보자. '육문六門을 통해 취한' 은 업의 표상, 태어날 곳의 표상 둘 모두를 수식하고 있다. '현재거나 과거의 대상을' 또한 업의 표상, 태어날 곳의 표상 모두를 수식한다. 그러므로 구절을 분리하면 '육문六門을 통

는 그의 전생에 쌓았던 선업이 바닥날 즈음 바닷가에서 특이한 장식을 머리에 두른 한 사람을 만난다. 밋따윈다까는 그의 눈에 화관처럼 불타오르는 듯한 장식을 얻어 자신의 머리에 쓴 뒤 그제야 비로소 그것이 '매순간 머리통을 싹둑 잘라내는 섬뜩한 칼날' 의 지옥 형벌임을 알게 된다.

해 취한 업의 표상이라면 현재거나 과거의 대상을 얻는다', '육문六門을 통해 취한 태어날 곳의 표상이라면 현재거나 과거의 대상을 얻는다'가 된다. 이에 대한 아누룻다 존자와 『청정도론마하띠까』의 견해는 동일하다. 그러나 주석서와 『물라띠까』는 태어날 곳의 표상 자리에 의문意門으로 취한 형상色 한 종류만을 언급하고 있기에 요즘 일부 스승들은 『청정도론마하띠까』 등의 견해를 받아들이지 않는다.

'업의 대상은 과거 한 종류만이며 ‖중략‖ 욕계법으로만 일어나는 대상이다'

인지된 업의 대상이 과거인 모습, 의문意門으로만 취할 수 있음은 이미 보였다. 지금 보이는 인지된 업, 업의 표상, 태어날 곳의 표상이란 이름을 얻는 대상들은 욕계 재생연결식과 죽음직전속행이 취한 대상만이다. 욕계 선善의 과보인 재생연결식 역시 욕계 법만을 대상으로 삼는다. 그러므로 지금 언급하는 인지된 업, 업의 표상, 태어날 곳의 표상들은 욕계법에 포함되는 대상이 되어야 한다. 무상, 고, 무아라고 명상하여 죽음직전인식과정에 빠질지라도 그 명상된 법은 심장토대 등의 욕계 대상만이다. 형상色 등이 욕계대상임은 말할 필요조차 없다.

색계 재생연결식의 대상

rūpāvacarapaṭisandhiyā pana paññattibhūtaṁ kammanimittame vārammaṇaṁ hoti.

색계 재생연결식의 대상은 개념인 업의 표상만이다.

무색계 재생연결식의 대상

tathā āruppapaṭisandhiyācamahaggatabhūtaṁ paññattibhūtañc a kammanimittameva yathāraha mārammaṇaṁ hoti.

asaññasattānaṁ pana jīvitanavakameva paṭisandhibhāvena pa tiṭṭhāti. tasmā te rūpapaṭisandhikā nāma.

āruppā arūpapaṭisandhikā.

sesā rūpārūpapaṭisandhikā.

그와 같이 무색계 재생연결식의 대상도 고귀한 마음 혹은 개념인 업의 표상으로 적절하게 일어난다.

무상유정無想有情들의 경우 생명물질구원소(지위따나와까깔라빠)만이 재생연결로 확립된다. 그러므로 이 존재를 물질의 재생연결을 가진다고 한다.

무색계 존재들은 정신의 재생연결을 가진다.

나머지 영역의 존재들은 물질과 정신의 재생연결을 가진다.

해설

'색계 재생연결식의 대상은 개념인 업의 표상만이다' 라는 구절로 색계에 탄생할 이와 색계 영역 간에 옮겨가 탄생할 이들의 죽음직전인식과정에는 항상 개념인 업의 표상이 대상으로 나타난다. '업의 표상만' 에서 '만(evā)' 으로 인지된 업, 태어날 곳의 표상을 대상으로 삼지 않는다고 제한하고 있다. 업의 표상 중에서도 개념임을 언급하고 있다. 여기에서 개념이란 색계 선정의 대상인 흙의 까시나(pathavīkasiṇa) 등의 개념이다. 개념의 법이기 때문에 현재 혹은 과거를 생각할 필요가 없다. 시간에서 벗어난 법(kālavimutti)일 뿐이다.

무색계 재생연결식의 대상 역시 업의 표상만이다. 무색계 재생연결식의 업의 표상은 무색계 선정마음과 개념으로 두 종류가 있기에 '적절하게 일어난다' 고 언급한 것이다. 공무변처空無邊處 재생연결식의 대상은 허공의 개념인 업의 표상이다. 식무변처識無邊處 재생연결식의 대상은 공무변처 선善인[과거 취했던 무색계 선정마음] 업의 표상이다. 무소유처無所有處 재생연결식의 대상은 '없음' 이라는 개념인 업의 표상이다. 비상비비상처非想非非想處 재생연결식의 대상은 식무변처 선善 업의 표상이다. [이러한 구분은 특별한 것이 아니다. 앞에서 언급되었던 것이다.] 첫 번째, 세 번째 무색계 재생연결식 대상은 순서에 따라 '허공' 개념과 '없음' 개념인 업의 표상이다. 두 번째, 네 번째 무색계 재생연결식의 대상은 순서에 따라 첫 번째 무색계 마음과 세 번째 무색계 마음인 업의 표상이다.]

무상유정無想有情의 존재들은 물질만 존재할 뿐 마음과 마음부수가 없기에 재생연결에 머물 때 '생명물질구원소(지위따나와까깔라빠)' 라 불리는 물질만 있다.

죽음과 재생연결식

āruppacutiyā honti heṭṭhimāruppavajjitā.
paramāruppasandhi ca tathā kāmatihetukā.
rūpāvacaracutiyā ahetu rahitā sayuṁ.
sabbākāmatihetumhā kāmesveva panetarā.
ayamettha cutipaṭisandhikkamo.

무색계에서 죽은 이는 하위 무색계를 제외한 무색계에서 재생연결을 가지거나 욕계에 세 가지 뿌리 재생연결식으로 태어난다.

색계에서 죽은 이는 뿌리 없는 마음을 제외한 재생연결식으로 태어난다. 욕계 3가지 선善뿌리 사람은 죽은 뒤에 모든 재생연결식으로 태어날 수 있다. 나머지 욕계 뿌리 없는 마음, 2가지 뿌리는 죽은 뒤에 욕계에만 태어난다.

이것이 벗어난 인식과정 장章에서 죽음과 재생연결의 순서를 보인 글이다.

바왕가와 죽음

iccevaṁ gahitapaṭisandhikānaṁ pana paṭisandhinirodhānant arato pabhuti tamevārammaṇamārabbha tadevacittaṁ yāvacuti cittuppādā asati vīthicittuppāde bhavassa aṅgabhāvena bha vaṅga santati saṅkhātaṁ mānasaṁ abbocchinnaṁ nadīsotovi ya pavattati.

pariyosāne ca vacanavasena cuticittaṁ hutvā nirujjhati.

이와 같이 재생연결을 받은 이들에게 재생연결식이 소멸한 직후부터 그 대상만을 대상으로 삼아 이 마음만이 죽음의식이 일어나기까지, 인식과정이 일어나지 않는, 한 생의 근원(요소)으로 바왕가의 연속이라 불리는 마음은 끊임없는 강의 흐름처럼 일어난다. 생의 끝에서도 내생으로 옮겨감의 능력으로 죽음의식은 일어나 멸한다.

윤회의 바퀴가 도는 모습

tato rarañca paṭisandhādayo rathacakkamiva yathākkamaṁ ev a parivattantā pavattanti.

paṭisandhi bhavaṅga vīthiyo cuticeha tathā bhavantare.

puna sandhi bhavaṅgamiccayaṁ parivattati cittasantati.

이 죽음의식 뒤에 재생연결식 등의 마음은 마차의 바퀴처럼 이러한 순서대로 회전한다.

이 생에서 재생연결식, 바왕가, 인식과정, 죽음의식이 도는 것처

럼 다른 생에서 그와 같이 재생연결식, 바왕가 등의 이 마음의 연속은 회전한다.

윤회의 바퀴가 소멸되는 모습

paṭisaṅkhāya panetamaddhuvaṁ adhigantvā padamaccutaṁ pudhā.
susamucchinnasinehabandhanā samamessanti cirāya subbatā.
iti abhidhammatthasaṅgahe vīthimuttasaṅgaha vibhāgo nāma pañcamo paricchedo.

잘 닦는 지혜로운 이들은 이 삶의 연속이 무상하다고 숙고하여 불멸의 장소를 지혜로서 알아 갈애의 족쇄를 끊고 적정한 열반에 도달할 것이다.

『아비담맛타상가하』에서 '벗어난 인식과정의 장章'이라 불리는 제5장이 끝났다.

해설

무색계에서 죽은 이는 ‖중략‖ 재생연결식으로 태어난다.

'하위 무색계를 제외한'란 '하위 무색계 재생연결식을 제외시켜야 한다'는 뜻으로 무색계 범천은 죽음을 맞아 자신의 영역에 다시금 태어날 수 있고, 상위 무색계에도 태어날 수 있다. '욕계에 3가지 뿌리의 재생연결식으로 태어난다'는 말로 무색계에서 죽어 욕계에 탄생하는 범천은 욕계 선善의 과보마음 중 지혜와 결합한 3가지 뿌리 재생연결식으로 탄생한다고 알 수 있다. 상위 무색계에 도달하면 앞 생에서 성취했던 하위 무색계 선정과 색계 선정은 사라진다. 색계 선정을 밑받침하여 공무변처 선정을 성취하고, 공무변처 선정을 밑받침하여 식무변처 선정을 성취하기에 밑받침이 된 하위 선정은 사라지기에 하위 선정을 수행할 수 없다. 새로 도달한 영역과 연관된 선정, 그 선정을 밑받침하여 상위 선정을 성취할 수 있다.

'욕계 3가지 선善뿌리 재생연결식'

새로운 선정을 전혀 획득하지 못했다면 과거 무색계 선정을 획득하기 전 근행정近行定[upacārabhāvanā] 욕계 명상의식이 있다. 그 마음은 매우 강력한 3가지 선 뿌리를 가진 수승한(욱깟따) 선업이다. 욕계의 업 중에서 저 근행정보다 강력한 힘 있는 업은 없다. 근행정의 힘으로 욕계 선처에서 3가지 뿌리 재생연결식으로 입태한다. 상위 무색계 천인들은 하위 선정을 노력하지 않는다. 욕계 근행정의 힘 때문에 욕계 3가지 뿌리로 재생연결은 일어난다.

'색계에서 죽은 이는 뿌리없는 마음을 제외한 재생연결식으로 태어난다'

색계 범천의 죽음의식은 뿌리 없는 재생연결식을 제외한 나머지 17가지 재생연결식[35]으로 탄생할 수 있다. 이때 색계 죽음의식으로 무상유정無想有情은 취할 수 없다. 색계에서 죽는다면 획득한 선정에 따라 색계, 무색계에 탄생할 수 있다. 색계에서도 다양한 신업, 구업이 행해지기에 선정을 얻지 못했다면, 그 업에 따라 욕계에 2가지 뿌리, 3가지 뿌리의 재생연결로 탄생한다. 번뇌를 고요히 가라앉혀두었기에 뿌리 없는 재생연결의 과보를 줄 업들은 기회가 없다.

---

35. 19가지 재생연결식을 주는 과보마음에서 근원이 없는 마음 2가지를 제외하여 17가지이다.

무상유정의 임종

『아비담맛타상가하』에서 무상유정 범천의 임종 뒤 재생연결은 명확히 밝히고 있지 않다. 무상유정천에서는 선정을 획득할 수 없기에 무상유정 범천들은 임종 뒤에 색계, 무색계 재생연결식을 가질 수 없다. 무상유정천에 도달하기 전 욕계에서 선정을 수행할 때 번뇌를 가라앉혀두었기에 뿌리 없는 재생연결의 과보를 줄 업들은 기회가 없다. 그러므로 무상유정 범천의 죽음 뒤에 욕계 2가지 뿌리, 3가지 뿌리의 재생연결식 8가지만이 일어날 수 있다.

성자들의 재생연결

'무색계에서 죽은 이는' 등은 범부와 성자를 모아 일반적으로 보인 말이다. 성자가 색계에 탄생하면 수다원, 사다함일지라도 욕계에 되돌아오지 않는다. 이러한 분들은 '선정을 획득한 불환자(不還子, jhānaanāgāmi)'라 부른다. 색계 중에도 상층에 도달했다면 다시 하위층의 재생연결을 취하지 않는다.

그 외에 '최상층(sīsa)'라 불리는 세 영역이 있다. 광과천廣果天는 정거천淨居天이외의 색계들 중에서 최상층이다. 색구경천는 정거천들의 최상층이다. 최상층 영역에 머무는 성자들은 다른 영역으로 옮겨가지 않는다. 아라한이 되지 않는다면 광과천과 비상비비상처천에 다시 탄생한다. 색구경천 천인들은 다시 탄생하지 않는다. 색구경천에 도달했다면 반드시 아라한이 된다. 색구경천뿐만 아니라 하위 정거천 4천도 다시금 탄생하는 경우가 없다. 아라한이 되지 않는다면 상층으로만 옮겨간다.

광과천, 색구경천,
영역의 끝인 비상비비상처천에 머무는
모든 성자들은 다시 다른 영역에 탄생하지 않는다.
모든 정거천 범천들도
한번 태어난 정거천에 다시 탄생하지 않는다.
색계에 도달한 성자들은
하위층에 탄생하지 않는다.

제6장

물질

루빠상가하 ‖ RūpaSaṅgaha

6장 물질

서약

ettāvatā vibhattā hi
sappabhedappavattikā.
citta cetasikā dhammā
rūpaṁ dāni pavuccati.
이제까지 마음과 마음부수법들을
분류하여 일어남을 분석하였다.
이제 물질을 풀어나갈 것이다.

요지

samuddesā vibhāgā ca
samuṭṭhānā kalāpato.
pavattikkamato ceti
paṭhcadhā tattha saṅgaho.
여기서 물질의 장章은 열거, 분석, 일어나는 원인, 깔라빠, 일어나는 방법의 다섯 가지로 요약될 것이다.

해설

'이제까지 마음과 마음부수법들을 ‖중략‖ 분석하였다' 고 말한 이글에서 pabheda(분류하여)란 마음 89가지 또는 확장하면 121가지와 마음부수 52가지로 분류했다는 뜻이다. pavatti(일어남)이란 4장 인식과정과, 5장 벗어난 인식과정에서 보여준 재생연결식, 바왕가, 죽음의식으로 일어남이다[sapavattika]. '이렇게 분류되고 일어나는 마음과 마음부수들을 언급했던 다섯 장에서 설명하였다.

'여기서 물질의 장章은 ‖중략‖ 다섯 가지로 요약될 것이다' 에서 아누룻다 존자는, 1. 물질의 종류를 열거하고 2. 분석하며 3. 생성 원인을 규명하고 4. 구성하는 깔라빠와 5. 일어나는 방법을 설명하고 있다.

물질의 열거

사대四大와 사대에서 파생된 물질

cattāri mahābhūtāni, catunnañca mahābhūtānaṁ upādāyarūpan ti duvidhampetaṁ rūpaṁ ekādasavidhena saṅgahaṁ gacchat i.

물질은 사대四大[마하부따]와 이 사대에서 파생된 물질[우빠다야루빠]로써 두 종류이며 모두 11가지로 분류된다.

사대四大

kathaṁ?

pathavīdhātu, āpodhātu, tejodhātu, vāyodhātu bhūtarūpaṁ n āma.

어떻게 분류되는가?

땅의 요소地大, 물의 요소水大, 불의 요소火大, 바람의 요소風大를 사대四大라 부른다['mahābhūta(마하부따; 사대)' 라 부른다].

해설

물질은 사대四大와 사대에서 파생된 물질 두 종류로 구분된다. 사대란 근본을 이루는 물질이다. 사대에서 파생된 물질이란 이 사대를 의지하여야 하는 걸 외형을 꾸미는 물질이다. 즉 땅, 물, 불, 바람이라는 사대는 형상色, 냄새香 등 사대에서 파생된 물질과 근원적으로 동일할 수 없다. 사대는 이 형상色, 냄새香 보다 거대하다. 깔라빠(물질다발)의 모임에서 일반인들이 볼 수 있고 체감할 수 있을 정도로 형체를 지니는 것은 형상, 냄새 등 사대에서 파생된 물질들의 결합 때문이 아니라, 사대四大의 무수한 결합 때문이다.

띠미라, 띠삥가라라 등의 큰 물고기, 큰 거북이, 다노나찰 비루 등의 거대한 생명체와 시네루, 히말라야, 철위산, 바다, 염부수 등 거대한 물체는 무수한 사대四大의 결합으로 형성된 것이다. 사대는 물질로써 거대할 뿐 아니라, 성품으로도 사대에서 파생된 물질보다 선명하다. 세상의 땅, 바람, 물이 거대하고 뚜렷한 것은, 근원이 되는 사대四大의 특성 때문이다.

mahantāni hutvā bhūtāni pātubhūtānīti mahābhūtāni - 성품이 거대하기에 뚜렷한 물질이다. 그러므로 사대四大라 이름한다. [사대라 이름하는 이유를 앗타까타, 띠까에서 다양하게 해설하고 있다.]

'사대에서 파생된 물질이라 부르지 않는 이유'

사대에서 파생된 물질이라 부른다면 하나의 사대[물]가 세 개의 사대[바람, 땅, 불]에, 세 개의 사대[바람, 땅, 불]가 하나의 사대[물]에, 두 개의 사대[바람, 불]가 두 개의 사대[땅, 물]에 의지하는데, 왜 사대四大 또한 사대에서 파생된 물질이라 부르지 않은가? 모든 문장은 'sāvadhāraṇa(eva(만)란 보조사와 함께할 수 있다)' 는 말에 따라 upādāya(우빠다야)에 eva(만)를 포함시켜 upadāyeva(의지하는 정도만으로) pavattaṁ(일어나는) rūpaṁ(물질이다). 그러므로 upadārūpaṁ(오직 사대에서만 파생된 물질)이다. 이 풀이에 따라 땅의 요소地, 물의 요소水 등의 사대四大가 서로 의지하기는 하지만 다른 물질의 의지 또한 받아들이므로 '오직 사대에서 파생된 물질'라는 뜻에 적용되지 않는다. 때문에 '사대에서 파생된 물질'이라 부를 수 없다.

또는 '사대를 의지하는 물질'이라는 말은 사대에서 파생된 물질의 특징을 보인 말이다. 이 특성상 사대에서 파생된 물질은 사대의 네 가지 요소 모두에 의지하여 존재한다. 그러나 사대四大가 서로 의지하지만 네 가지 모두에 의지하는 것은 아니다. 사대 하나가 다른 사대 세 가지에 의지하기도 한다. 이것은 사대 모두에 의지하는 사대에서 파생된 물질의 특성에 어긋나므로 사대[마하부따]를 사대에서 파생된 물질이라 부를 수 없다.

땅의 요소(빠타위다뚜, pathavīdhātu)

pathati patiṭṭhānabhāvena pakkhāyatīti pathavī - 머무는 곳[장소]으로 드러난다. 그러므로 땅(地, 빠타위)이라 부른다.

attano sabhāvaṁ dhāretīti dhātu - 자신의 본성을 지닌다. 그러므로 요소(다뚜)라 부른다.

고유한 특성을 뚜렷하게 지닌 것을 "자신의 본성을 지닌다"라고 한다.

pathavī eva + dhātu = pathavīdhātu[빠타위다뚜; 땅 그 자체가 요소이다]

땅의 요소는 단단한 특징을 가진다.
결합한 물질들이 머무는 곳으로써의 작용을 한다.
또한 결합하는 물질을 수용한다고
수행자의 지혜에 드러난다.
가까운 원인은 자신을 제외한 삼대이다.
[예>자신이 물이라면 땅, 불, 바람이 가까운 원인이 된다]

단단한 특징

입자가 단단한 것이 땅 요소의 특징이다. 대지가 단단한 것은 헤아릴 수 없이 무수한 땅의 요소들의 결합 때문이다.

'작용, 지혜에 나타나는 모습, 가까운 원인'

대지가 만물이 머무는 장소로서 만물을 지탱하듯 땅의 요소는 함께하는 물질들의 터전이다. 수행자들이 위빳사나 지혜로 숙고할 때 '함께하는 법들을 수용하는 물질'로 드러난다. 다른 사대의 요소 없이[물, 불, 바람] 홀로 존재할 수 없기에 땅의 요소가 일어나기 위한 가까운 원인은 나머지 사대의 요소이다.

물의 요소(아뽀다뚜, āpodhātu)

āpeti sahajātarūpāni pattharatīti āpo - 동반하는 물질을 퍼지게 한다. 그래서 물(āpo)이라 한다.

물은 자신과 접촉하는 사물에 스며들어 퍼지는 성질이다. 동반하는 물질이 퍼지게 하는 요소를 물(āpo)이라 한다.

> 물은 흘러내리는 특징이 있다.
> 함께하는 물질을 확장시키는 작용이 있다.
> 함께하는 물질을 응집시키는 법이라고
> 수행자의 지혜에 나타난다.
> 자신을 제외한 사대(地 · 火 · 風)를 가까운 원인으로 한다.

특징, 작용, 지혜에 나타나는 모습

'흘러내린다'는 것은 물이 흐르는 것처럼 흐르는 의미가 아니라 동반하는 물질에 스며드는 것을 말한다. 퍼지고 흘러가는 물의 성품 때문에, 물질의 입자들은 결합하고 증가하여 많아진다. 함께하는 물질을 증가시키는 물의 작용 때문에 나무, 숲, 산, 자연이 번창하고 생명체들이 풍성해진다. 흩어져 날리지 않게 밀가루를 결합시키듯, 물의 요소는 함께하는 법들을 흩어지지 않게 결속시킨다고 수행자의 지혜에 드러난다.

불의 요소(때조다뚜, tejodhātu)

tejeti paripācetīti tejo - 익힌다. 성숙케 하는 것을 불이라 한다.

불이 사물을 익히고 숙성시키는 것처럼 함께하는 물질을 익히는 열기가 불(tejo)이다. '불의 요소가 동반하는 물질을 익힌다'고 하지만 바싹 마르도록 익힌다는 것은 아니다. 물의 요소가 결합하는 물질을 적시기 때문에 축축하고 끈적이지 않을 정도로 마르게 익힌다. 불이 바싹 마르도록 익힌다는 것은 불의 요소가 조화를 넘어 과도했기 때문이다. 몸에는 우스마(usmā)라는 '몸의 열기'가 있는데 겨울철에는 따뜻하고 여름철에는 시원하다. 그 더운 기온과 찬 기온이 불의 요소이다.

> 불의 요소는 열기를 특징으로 한다.
> 함께하는 물질을 익히는 작용이 있다.
> 함께하는 물질을 부드럽게 만든다.

열기의 특징(uṇhattalakkhaṇā)

우나(uṇha)의 뜻이 '열기'이지만 『thomanidhi』 사전에는 '열' 외에도 일상의 기온이란 뜻도 있다. 그러나 'tejodhātuyā(불 요소에) usmāsabhāttā(열기의 성품이 있기에) uṇhabhāvo(열기는) lakkhaṇaṁ(불의 특징이다)' 라고 『청정도론 마하띠까』에서 해설하고 있기에 '열기'라는 뜻으로 새긴다.

작용, 지혜에 나타나는 모습

'paripācanarasa - 함께하는 법을 익히는 작용이 있다'

불이 초나 밀랍을 부드럽게 녹이듯, 불의 요소가 지닌 열기는 함께하는 물질을 부드럽고 유연하게 만든다고 수행자의 지혜에 나타난다. 불기운이 좋은 사람들의 피부가 부드럽고 유연한 것은 불의 요소 때문이다.

4가지의 불

보통 지니는 체내의 열기를 '우스마때조(usmātejo)'라 한다. 우스마때조 외에도 santappana(산땁빠나), dahana(다하나), jīraṇa(지라나), pācaka(빠짜까)의 네 가지가 있다. 우스마때조가 전도될 때 체온이 높아져서 하루, 이틀간격으로[말라리아에 걸린 것처럼] 발산되는 열을 산땁빠나 열이라 한다. 산땁빠나를 넘어서 "덥다, 찌는구나, 부채질 하라. 백단향을 발라라. 목욕하고 싶다" 등 짜증스러울 만큼 타는 열기를 다하나 열이라 한다.

머리가 희어지고, 이가 부러지고, 눈이 희미해지고 피부에 주름이 지게 만드는 불기운을 지라나 열이라 부른다. 세 가지 열이 항상 체내에 머무는 것은 아니다. 산땁빠나와 다하나는 열이 날 때만 기초 체온을 소멸하며 오르는 열이다. 지라나 열은 병 때문이나 나이 들어 몸이 쇠약해지면 전도되는 열이다.

빠짜까 열은 음식물을 소화시키는 열로서 '소화 기능'이라고도 한다. 위장과 밀착되어 항상 체내에 머문다. 과거의 업에 기인한 것으로서 빠짜까 열이 조화를 이룬 사람들은 소화기능이 강하지만, 부조화한 사람은 소화기능이 약하다. 또한 마음, 기온, 자양분도 소화기능과 밀접한 연관이 있다.

바람의 요소(와요다뚜, vāyodhātu)

vāyati desantaruppattitetubhāvena bhūtasaṅghātaṁ pāpetīti vāyo - 다른 곳으로 옮겨 일어남生起함의 원인이기에 동료인 사대(地 · 水 · 火)를 옮겨가도록 한다. 그러므로 바람(vāyo)이라 한다.

발생 장소로부터 조금씩 옮겨가 물질의 미립자들이 일어나는 것은, 뒤에 일어난 물질입자에 포함되어 있는 바람의 요소 때문이다. 팔을 올릴 때 새로 일어난 입자들이 함께 일어난 '마음에 기인한 바람의 요소(cittajavāyodhātu)' 때문에 발생했던 장소에서 의도에 맞추어 조금씩 위로 옮겨가며 일어난다. 나무가 흔들리는 것은 움직이는 미립자들 속에 포함되어 있는 바람의 요소 때문이다. 움직이지 않는 입자들에 있는 바람의 요소는 아래의 특징이 있다.

> 바람의 요소는 지지하는 특징이 있다.
> 함께하는 물질을 이동시키는 작용이 있다.
> 함께하는 물질을 다른 곳으로
> 향하게 하는 법이라고 지혜에 나타난다.

자신을 제외한 사대(地 · 水 · 火)를 가까운 원인으로 한다.

지지하는 특징(vitthambhanalakkhaṇā)

함께하는 물질이 풀리지 않고 단단하게 만드는 것이 바람의 요소의 성품이다. 바람의 요소가 강하게 밀어 지탱하고 빵빵하게 부풀어지는 것은 물질입자에 포함된 바람의 요소 때문이라 할 수 있다. [작용, 지혜에 나타나는 모습, 가까운 원인들은 명백하다.]

흙으로 빚은 사람의 형상을 만든다고 가정해 보자. 흙가루만으로 인간의 모습이 생겨날 수 있는가? 당연히 생겨날 수 없다. 흙가루는 금세 바람에 흩어져 버릴 것이다. 물이 있어야 한다. 흙가루와 물이 섞인 것으로 사람의 형체가 생겨날 수 있는가? 아직 생겨날 수 없다. 물에 젖은 흙가루가 덩어리져 모여야 하고, 젖은 것을 볕에 말려야 할 것이다. 이처럼 흙의 요소, 물의 요소, 바람의 요소, 불의 요소들이 조화를 이룬 진흙으로 형상을 빚어야 인간의 모습이 드러날 것이다.

체내에도 사대의 흐름이 존재한다. 몸속 흙의 요소가 흩어지지 않도록 물의 요소가 적시고 스며있다. 너무 습하지 않게 불이 항상 열기를 주고, 바람의 요소는 덩이져 결합되도록 눌러 응집시킨다. 사대四大를 보통의 눈으로는 볼 수 없다. 극미(極微paramāṇu), 극소의 미립자로 구성된 사대를 육안으로는 식별할 수 없다. 무수한 사대의 모임들이 결합될 때 육안으로 식별되는 살, 뼈 등 형상이 드러난다. 사대가 모여 '인간'이라는 형상이 일어남은 것은 과거 업의 작용이다. 이같은 입자의 덩어리들이 이들이 뒤섞이지 않는 것은 두 개의 물질 입자 사이마다 하나의 허공요소(아까사다뚜)가 끼어있기 때문이다.

가고, 오고, 앉고, 서고, 눕는 등 육신의 움직임은 바람의 요소 때문이다. 바람의 요소가 갖가지로 만들면 '마음'인 마음의 기능意根이 관리하고 창조한다. 마음의 기능은 갖가지 대상을 알고 인식한다. 몸의 중심이 무엇인가 생각해보면 흙, 물, 불, 바람, 허공, 의식의 여섯 요소임을 알 수 있다. 그러기에 'chadhāturo ayaṁ puri sapuggalo - 이 남자라 불리는 사람은 여섯 요소의 무더기일 뿐이다'라고 설하셨다.

24가지 사대에서 파생된 물질

5가지 감각물질

cakkhu, sotaṁ, ghānaṁ, jivhā, kāyo pasādarūpaṁ nāma

시각물질, 청각물질, 후각물질, 미각물질, 몸의 감촉물질들을 감각물질(빠사다루빠)라 부른다.

해설

감각물질(빠사다루빠)

pasīdatīti pasādo - 투명하기에 빠사다[감각물질]라 한다.

대상들 드러내는 다소의 깔라빠(물질다발)에 감각물질이 포함되어 있으며, 이를 '투명물질, 혹은 감각물질[빠사다]'이라 부른다.

눈(짝쿠)

viññāṇādhiṭṭhitaṁ hutvā samavisamaṁ cakkhati ācikkhantaṁviya hotīti cakkhu - 안식眼識이 머무는 장소여서 조화로운 대상과 조화롭지 못한 대상을 알리듯이 일어난다. 그러므로 눈이라 부른다.

시각물질(짝쿠빠사다)로 좋고 나쁜 형상色을 분별할 수 있고, 굳이 가리키지 않더라도 누가 말해준 것처럼 알 수 있다. 눈의 의식이 시각물질에 의지하기 때문이다. 눈의 의식은 형상色의 좋고 나쁨을 안다. 의식이 머물기 때문에 시각물질 또한 좋은 대상과 나쁜 대상을 식별할 수 있다.

시각물질이 머무는 곳

시각물질(빠사다)은 검은 눈동자의 정중앙에 자리하고 있으며, 크기는 머리카락에 사는 머릿니의 머리만큼 극소하다. 그곳에 일곱 겹의 얇은 면을 포갠 듯한 것이 있으며, 맑은 기름이 고루 퍼지듯, 시각물질이 고르게 퍼져 있다. 머릿니의 머리만큼 극미한 장소에 십만, 백만 이상의 무수한 시각물질이 일곱 겹의 세포층에 고루 퍼져 존재한다. 『rūpakaṇḍamulatikā』에 '눈의 일곱 겹에 퍼져 있다'는 것은 시각물질은 숱한 입자의 다발[깔라빠]로 이루어져 있다는 것이다.

> 이 시각물질로 형상色을 본다.
> 이 시각물질은 매우 극소하며 섬세하다.
> 머릿니의 머리에 비유된다.

혹 어떤 이는 위 시문의 '머릿니의 머리 크기를 가진다'는 말에 근거하여 하나의 시각물질이 머릿니의 머리정도의 크기라고 잘못 생각할 수 있다. 그런 생각은 아비담마와는 매우 먼 견해이다. '시각물질이 위치한 곳은 머릿니의 머리 크기이다'란 말은 단지 일반의 이해를 돕기 위함이다. 사람보다 거대한 아수라 등 천인들의 시각물질은 더 커야 할 것이다. 머릿니의 시각물질이 머릿니의 머리만큼 크다라고 한다면 웃음거리가 될 것이다.

'머릿니의 머리크기에 시각물질이 머문다'지만, 그곳에 시각물질 하나만 있는 것은 아니다. 한 시각물질에 사대四大와 형상色, 냄새香, 맛味, 자양분과 생명물질(命根, 지위따루빠)들이 모두 결합되어 있다. 이 물질을 '눈의 십원소(cakkhudasakakalāpa)'라 부른다. 또 하나의 눈의 십원소 입자 주변에는 마음으로 생긴 물질, 기온으로 생긴 물질, 자양분으로 생긴 물질의 깔라빠(다발)들이 무수히 둘러싸고 있다. 즉 '머릿니의 머리크기만한 곳에 마음으로 생긴 물질, 기온으로 생긴 물질, 자양분으로 생긴 물질의 깔라빠들과 연관된 업으로 생긴 물질의 입자 다발들이 존재한다'는 의미이다. 청각물질 또한 마찬가지다.

귀(소따)

suṇātīti sotaṁ - 듣고 경청한다. 그러므로 귀(소따)라 한다.

청각물질은 듣지 못하지만, 이 감각물질을 의지한 귀의 의식이 듣고 경청하기 때문에 은유하여 들을 수 있다고 한 것이다. 귓속에 손가락 굵기 정도의 섬세하며 부드럽고 불그스름한 솜털들이나 있으며, 이곳에 많은 청각물질이 퍼져 있다.

코(가나)

ghāyatīti ghānaṁ - 냄새 맡는다. 그러므로 코라 한다.

후각물질은 냄새 맡지 못한다. 코의 의식이 냄새 맡지만 은유하여 청각물질이 냄새 맡는다고 한 것이다. 콧속 염소 발굽 같은 곳에 숱한 청각물질이 퍼져 있다.

혀(지화)

jīvitaṁ avhāyatīti jivhā - 생명을 연장시키는 맛을 부르는 것처럼 일어난다. 그러므로 혀(지화)라 한다.

6가지 달고, 시고, 맵고, 쓰고, 텁텁하고, 짠맛을 지닌 음식물을 섭취하며 생명을 연장시킬 수 ,생명(지위따)을 원인인 맛에 은유하여 맛을 jīvita라 한다. 미각물질은 혀의 의식이 좋아하는 맛에 기울어져 있기 때문에, 이 맛을 끊임없이 부르는 듯 하다. 혀의 중앙 연꽃잎과 같은 곳에 무수한 깔라빠로 미각물질이 퍼져 있다.

몸(까야)

[√ku + ayo] √ku란 어원은 혐오, 염증이다. kucchitānaṁ(혐오스러운 머리카락 등의 모임이나, 불선의 나쁜 법들이) āyo(일어나는 장소이다) iti(그러므로) kāyo(까야라 부른다).

몸의 감촉물질[까야빠사다]은 위장 아래 있는 위장의 열기(pācakatejo kalāpa), 머리카락, 솜털, 발톱, 손톱, 말라붙은 딱딱한 살점 등을 제외한 몸 전체에, 결합한 물질들과 함께 퍼져있다. 눈, 귀, 코, 혀 등의 십원소36를 '일부분의 깔라빠[pedesavutti]'라 하고, 몸의 십원소는 '전체에 퍼진 깔라빠[sabbatthakavutti]'라 한다.

---

36. dasakakalāpa(다사까깔라빠; 십원소)는 눈의 기관 등이 구성될 수 있는 최소 구성 입자이다. cakkhudasakakalāpa(짝쿠다사까깔라빠) - 물질의 최소 구성요소 8가지와 생명 물질 1가지, 시각물질 1가지로써 모두 10가지의 모임을 짝쿠다사까깔라빠(눈의 십원소다발)라 부른다.

몸의 감촉물질은 눈동자 속, 귓속, 콧속, 혀 위 등 온몸에 퍼져 있으므로, 여타의 감각물질들이 자리 잡은 곳과 뒤섞일 염려는 없는가? 의지처인 사대四大의 능력과 특징으로 구분되므로 몸의 감촉물질과 시각물질 등이 뒤섞일 수가 없다.

시각물질 등은 사대四大를 의지하는 파생물질이다. 자신의 의지처인 사대로부터 일어난다. 시각물질의 의지처를 몸의 감촉물질이 의지할 수 없다. 몸의 의지처인 사대 또한 눈이 의지할 수 없다. 의지처인 사대끼리 구분된다. 시각물질의 특징을 언급하겠지만, 시각물질은 'daṭṭhukamyanidānakammajabhūtapasādalakkhaṇā - 보고자하는 갈애를 근원으로 한, 업에 기인한 사대를 맑히는 특징'이 있다. 귀 등도 그런 특징 한 가지씩을 갖는다. 이같이 특징으로도 구별되므로 몸의 감촉물질과 시각물질 등이 뒤섞일 수 없다. 하나의 깔라빠 안에 동일한 사대四大를 에워싼 형상, 냄새, 맛, 자양분에도 각자가 지닌 특징 때문에 성품이 서로 구별된다. 자신의 깔라빠에 머물면서 그 의지처인 사대四大에 의지하는 감각물질들이 어떻게 뒤섞일 수 있겠는가. 확실하게 뒤섞이지 않는다.

감각물질[빠사다]은
보고자 하는 등의 갈애를 근원으로 한,
업에 기인한 사대를 맑히는 특징이 있다.
형상 등을 끌어당기는 작용이 있다.
눈의 의식 등이 머무는 곳으로 지혜에 나타난다.
사대四大라는 가까운 원인이 있다.

'daṭṭhukamyādinidānakammajabhūtapasādalakkhaṇā'

daṭṭhuṁ kāmetīti daṭṭhu kāmo - 보기를 원하는 사람이다.

daṭhu kāmassa + bhāvo daṭhukamyaṁ - 보기를 원하는 사람이 가진 형상色에 대한 갈애이다. daṭṭhukamyādi(보기를 원하는 사람의 상태 등)에서 'ādi(등)'으로 sotukamya(듣기를 원하는 이의 소리에 대한 갈애), ghāyitukamya(냄새 맡으려는 이의 냄새에 대한 갈애), sāyitukamya(맛보려는 이의 맛에 대한 갈애), phusitukamya(접촉하려는 이의 접촉에 대한 갈애)가 있다. 다섯 가지 갈애를 근원으로 한 욕계 업을 'daṭṭhukamyādinidānakamma - 보고자하는 등의 갈애를 근원으로 한 업'이라 한다. 욕계 업을 행하는 모든 사람은 색, 성, 향, 미, 촉 다섯 대상을 원하는 갈애에서 벗어나지 못한다. 다섯 가지 갈애를 근원으로 하기에 사대四大와 다섯 감각물질이 일어날 때 감각물질이 각 연관된 사대를 청정하게 하는 특징이 있다. '형상에 대한 갈애를 근원으로 업에서 생긴 사대를 시각물질이 맑힌다. 소리에 대한 갈애를 근원으로 하는 업에서 생긴 사대를 청각물질이 맑게 한다'라고 새길 수 있다.

'형상 등에는 끌어당기는 작용이 있다'

'형상 등'에서 '등'에는 소리, 냄새, 맛, 촉감을 뜻한다. 다섯 감각물질은 갈애를 근원으로 하는 업에서 기인하기에 중생을 형상 등으로 끌어당긴다. 욕계 중생들은 시각물질이 당겨서 형상을 보게 된다. 보지 않겠다고 통제하다가도 갑작스럽게 보이면 잠시라도 보게 된다. 청각물질 등이 끌어당겨서 소리를 듣게 되는, 원치 않는 냄새임에도 맡게 되며, 맛없는 줄 알면서도 맛보게 되고, 감촉에 접촉하는 모습 등을 관하면, 지혜에 나타나는 모습과 가까운 원인이 명백히 드러난다.

대상의 물질 7가지

rūpaṁ, saddo, gandho, raso, āpodhātu vivajjitaṁ bhūtatta yasaṅkhātaṁ phoṭṭhabbaṁ gocararūpaṁ nāma.

형상, 소리, 냄새, 맛과 물水요소가 제외된 삼대(地 · 火 · 風)라 불리는 감촉을 대상의 물질(고짜라루빠)라 부른다.

해설

gāvo caranti etthāti gocaraṁ - 이 형상, 소리 등에 시각기능(眼根, cakkhundriya) 등 기능(根, indriya)이 일어난다. 그러므로 이 형상, 소리 등을 대상(고짜라)이라 부른다. [이 자리에서 go란 단어는 indriya란 의미를 지닌다.]

이 말에 따라 눈 등의 기능(根, indriya)이 일어나는 곳[대상]인 형상, 소리 등을 '대상(고짜라)' 이라고 한다. 대상(고짜라)과 대상(아람마나)이란 단어는 의미가 동일하기에, 대상이 되는 물질만을 대상의 물질(고짜라루빠)이라 부른다.

형상[루빠]

rūpayati hadayaṅgatabhāvaṁ pakāsetīti rūpaṁ - 마음에서 일어나는 성품을 명백하게 보인다. 그러므로 형상이라 한다.

즐거운 느낌일 때는 맑고 깨끗한 얼굴이다가, 진심이 일어나면 얼굴이 붉어지고 찌푸려지는 등 마음의 일어남을 형상色 명백히 드러내 보인다는 뜻이다. 이는 생명 있는 중생들의 형상에만 적용된다. 모든 무생물의 형상에도 연관되도록 'rūpayati dabbaṁ pakāsetīti rūpaṁ - 사물을 명백히 나타낸다. 그러므로 형상이라 부른다'라고 뜻을 풀이할 수도 있다. 형상이 머무는 사물은 형상을 통해서만 명백히 나타난다는 의미이다. 흰색, 붉은색, 얼룩얼룩한 잡색, 검정색 등 색상의 다양함을 형상(色, 루빠)이라 한다.

소리[삿다]

saddayati uccārīyatīti saddo - 말한다. 그러므로 소리라 한다.

이 뜻풀이 또한 생명체의 소리에만 적합하다. 그러므로 무생물체의 소리 모두와 연관되도록 'sappati sotaviññeyyabhāvaṁ gamīyatīti saddo - 자신을 원인으로 하여 귀의 의식이 앎에 도달한다. 그러므로 소리(삿다)라 부른다'라고 모든 귀의식의 대상이 되는 생명체, 무생물체의 소리 모두를 소리(삿다)라 한다.

냄새[간다]

gandhayati attano vatthuṁ sūcetīti gandho - 자신의 존재를 명백하게 보인다. 그러므로 냄새(간다)라 한다.

꽃 등 사물을 감추어두어도 향이 있는 것처럼, 향은 자신의 존재인 꽃이란 사물을 명백히 드러내 보인다. 이처럼 '숨겼는데도 향은 드러나기에 중상하지 않았는데도 중상한 것처럼 되었다'라고 한다. 실재하는 것을 실재하지 않는 것에 은유한 방법이다. 사실이 아닌 것을 사실인 것처럼 과장하여 말하는 종류로, 'idamettha atthīti pesuññaṁ karontaṁ viya hoti - 이 사물은 이 자리에 숨겨져 있다. 이같이 중상하는 것처럼 되었다'고 'sūcetīti - 명백하게 보이도록 한다'란 단어의 의미를 다른 식으로 해설하고 있다. 좋든 나쁘든 여러 가지 다양한 냄새를 냄새(간다)라 부른다.

맛[라사]

rasīyati assādīyatīti raso - 맛본다. 그러므로 라사(맛)라 부른다.

좋든 나쁘든 혀의 의식으로 맛볼 수 있는 대상의 맛 여섯 가지를 라사(맛)라 한다. 달고, 시고, 맵고, 쓰고, 떫고, 짠맛 여섯 가지이다. 고소한 맛은 단맛의 성품이기에 단맛에 포함된다.

'물水요소가 제외된 삼대三大라 불리는 감촉'

phusitabbamti phoṭṭhabbam - 부딪히고 부딪친다. 그러므로 감촉(폿탑바)이라 부른다.

여기서 부딪힌다는 접촉[수동형]이란 땅地, 불火, 바람風으로 구성된 삼대三大의 감촉 물질이다. 물요소의 성품은 매우 섬세해서 부딪히거나 만질 수 있는 것이 아니다. 그러므로 'āpodhātu vivajjitaṁ - 물요소가 제외된'이라 말씀하셨다.

물에서 차가운 성품을 경험하고 '차갑다'고 말할 만큼 감각이 뚜렷한데 이런 차가운 성질은 물요소가 아닌가? 차가운 성질이 주는 느낌은 뚜렷하다. 그러나 차가운 성품은 물의 요소가 아니라 그저 '차가운 기온의 불의 요소(sītatejo)'일 뿐이다.

사대 중에서 불의 요소에는 차가운 불성질(sitatejo)과 뜨거운 불성질(uṇhatejo)의 두 종류가 있다. 물질의 깔라빠에 차가운 기온이건 뜨거운 기온이건 언제나 한 종류는 지니고 있다. 차가운 성질이 분리된 다른 물질로 존재하는 것은 아니다. 펄펄 끓는 물에는 뜨거운 불의 성질이 들어있다. 불과 멀어져 서서히 식으면 차가운 성질이 된다. 지켜보면 '차갑다'는 생각이 일어난다. 그 물을 다시 가열하면, 차가운 성질이 감소하고 뜨거운 성질이 일어난다. 살펴

보면 '뜨겁다'는 생각이 든다. 그러므로 동쪽에 있는 부두를 서쪽에 사는 사람들은 저편 부두라 하고 동쪽에 사는 사람들은 이쪽 부두라 부르듯, 불요소라는 동일한 성품이 때에 따라 '뜨겁다와 차갑다'로 불린다. 또 차가운 성질이 불요소가 아닌 물요소라면, 다른 삼대三大와 분리될 수 없는 분리할 수 없는 최소 물질(아위닙보가루빠)이기 때문에, 뜨거운 불성질에 압도되어 펄펄 끓는 물에 차가운 성질이 물요소로서 포함되어야 할 것이나 그렇게 될 수가 없다. 그러므로 차가운 성질은 물의 요소가 아니다. 차갑지만 불의 성질일 뿐이다. 물을 만진다고 물의 요소와 접촉하는 것이 아니다. 차갑게 느낀다면 차가운 불의 성질과 부딪히는 것이고 뜨겁게 느낀다면 뜨거운 불성질에 부딪히는 것이다.

일부 오류

√dru란 어원은 paggharaṇe(흘러나오다에서 생겼다)' 라고 분석한 경이 있어, 흐르는 물질의 깔라빠(입자다발)를 'drava'라 부른다. 흐르는 물질 깔라빠의 원인인 물(액체)을 'dravatā(드라와따)'라 한다. 그 액체의 성질이 정확한 물의 요소이다. 더러는 물이라는 물요소에 부딪힐 수 있다고 여기기도 하는데, 물론 잘못된 생각이고 그릇된 앎이다. 물을 만지면 물에 포함되어 있는 땅요소나 불요소 및 바람요소 중의 한 가지가 먼저 몸의 인식과정으로 접촉되고, 저 오문인식과정을 연속하여 잇는 의문意門인식과정[tadanuvattikamanodvāravīthi]으로 접촉을 인식한다. 그 후 액체인 물의 요소라고 의문인식과정으로 알게 된다. 마음의 연속으로 일어남은 차이를 이해하지 못하면 '몸의 인식과정으로 접촉될 때, 물의 요소 또한 동시에 알 수 있다'라고 잘못 생각하기도 한다.

물요소와 함께하는
땅, 불, 바람 삼대三大를
접촉하는 사람들은
흐르는 성질의 근원인 물요소를
접촉과 동시에 부딪쳐 안다고 잘못 생각한다.

세상에는 많은 잘못된 생각과 그릇된 시각이 있다. 예를 들면 긴 연필을 쥔 사람은 긴 물건을 잡고 있다고 여긴다. 그러나 사실 형태란 만져지는 감촉[폿탑바람마나]이 아니다. 연필을 잡았을 때 연필에 있는 땅, 불, 바람의 삼대三大 중에서 가장 뚜렷한 땅요소를 감각한 것이다. 그런 후, 눈의 인식과정을 통해 형상이라 여겨지는 형상色을 본 뒤, 의문인식과정을 통해 형상을 인식한다. 이같은 마음의 진행과정을 모르면 잡는 동시에 형상에 접촉했다고 생각한다. 물을 만지며, '물'이라는 물요소를 느꼈다고 잘못 생각하는 것과 똑같은 경우이다.

사대에 접촉한 뒤 형상을
마음의 인식과정을 통해
인식하는 사람은 직접 형상을 만진다고 생각하듯
그와 같이 물요소를 이해한다.

주의

감촉(폿탑바람마나)인 삼대三大가 감각에 동시에 부딪치더라도 ①특별히 주의를 기울이는 하나의 요소만을 몸의 인식과정이 대상으로 취하여 모습, ②역량이 월등한 사대 중 하나가 뚜렷한 대상으로 인식되는 모습, ③특별한 주의도 두지 않고 사대 또한 별 차이 없어 상처를 깃털로 소독하듯 동시에 무수히 접촉된다면, 힘이 뚜렷하게 접촉되는 감촉만을 대상으로 취한다고 『rūpakaṇṭa』 앗타까타에서 언급하고 있다.

대상의 물질(고짜라루빠)

gocarānaṁ lakkhaṇādi pasādaabhighaṭṭanaṁ
viññāṇavisayabhāvo tesaṁ gocaratāpi ca.

대상의 물질(고짜라루빠)의 특징 등이란
감각물질에 부딪치고
안식眼識 등의 대상으로 일어나고
이 안식 등의 대상이다.

형상色은 눈의 의식에 부딪치는 특징이 있다. 형상은 안식眼識의 대상으로 작용하고, 소리는 이식耳識의 대상으로 작용한다. 이같은 연관된 마음들의 대상이 됨이 대상의 작용이다. 안식 등의 대상이라고 수행자의 지혜에 드러난다. 가까운 원인은 자신들의 의지처인 사대四大이다.[앞으로 모든 '가까운 원인'을 굳이 언급치 않았다면 가까운 원인은, 의지처인 사대四大라고만 이해하면 된다].

성性물질 2가지

itthattaṁ, purisattaṁ bhāvarūpaṁ nāma.

여성물질, 남성물질 이 법들을 성性 물질(바와루빠)이라 부른다.

해설

성性 물질(바와루빠)

성性물질은 감촉물질(까야빠사다)처럼 재생연결식에 드는 순간 이미 몸속에 포함되기 때문에 감촉물질처럼 온 몸에 퍼져있다. 나무에서 나뭇가지와 잎사귀들은 종자에 따라 돋아나오는 것처럼 재생연결식 순간부터 포함되어 있는 성性물질의 종자에 따라 모양(liṅga), 징표(nimitta), 행동(kutta), 행동거지(ākappa) 등이 남자와 여자 몸에 명백히 드러난다.

모양(liṅga)이란?

[여자에게서]
손 등의 모양을 모양(**liṅga**)이라 부른다.
수염, 콧수염 등이 없는 상태를 징표(nimitta)라 한다.
쟁반, 작은 광주리 등을 가지고 노는 것을 행동(kutta)라 한다.
걸어가는 모습 등을 행동거지(ākappa)라 부른다.

[남자에게서]
손 등의 모양을 모양이 부른다.
수염, 콧수염 등을 가진 상태를 징표라 부른다.
작은마차 등으로 노는 것을 행동이라 부른다.
걸어가는 모습 등을 행동거지라 부른다.

모양(liṅga)

liṅgeti ñāpetīti liṅgaṁ - 알게 한다. 그러므로 모양(liṅga)이라 부른다.

여자들의 손, 발, 얼굴, 몸매는 남자만큼 크지 않다. 그러므로 크지 않은 손, 발 등은 보는 사람에게 여자임을 알리고, 큰 손, 발 등이 남자라고 알게 하기 때문에 모양(liṅga)라 부른다. 생식기 또한 여자, 남자라고 알게 하는 모양이다.

징표(nimitta)

nimināti sañjānāti etenāti nimittaṁ - 이 징표로 잘 알 수 있다. 이처럼 알게 하기에 니밋따라 한다.

여자, 남자라고 알게 하는 징표를 '징표(nimitta)'라 부른다. 링가의 징표는 몸에 근본 물질형태로 포함된 표식이다. 징표란 뒤에 겉 표면에 나타나는 표시이다. 『마니만쥬띠까』에서 항상하는 징표는 liṅga, 항상하지 않은 징표를 nimitta라 한다. 그러므로 수염, 콧수염이 없는 것은 여자의 징표가 되고 수염, 콧수염을 지니는 것은 남자의 징표가 된다. 이는 『앗타살리니』주석서를 의지한 것이다. 『위바위니띠까』에서는 'nimittaṁ mihitādikaṁ - 웃음 등을 징표라 부른다'고 언급한다.

행동(kutta)

karaṇaṁ kuttaṁ - 행동을 kutta(꿋따)라 부른다.

어린 시절 작은 쟁반, 광주리로 소꿉놀이를 하고 물레질하는 놀이 등은 여자들의 행동이다. 작은 마차, 서까래 등을 좋아하고,

무역상인 등의 놀이를 하는 것은 남자들의 행동이다.

행동거지(ākappa)

오가는 행동, 제스처를 '행동거지'라 한다. 여자들이 오고 가고 먹고 마시고 말하는 모습은 남자들만큼 무게 있지 못하다. 남자에게 그러한 행동거지는 깨끗하다.

두 가지 성물질(바와루빠)은 여자남자라는 특징이 있다.
여자남자라는 명백한 작용이 있다.
모양, 징표, 행동, 행동거지의 상태로
수행자의 지혜에 드러난다.

심장토대 물질 1가지

hadayavatthu hadayarūpaṁ nāma.

심장토대는 심장토대물질(하다야루빠)이라 부른다.

해설

hadanti taṁ taṁ atthaṁ vā anatthaṁ vā pūrenti etenāti hadayaṁ - 이 물질로 이런저런 이익이나 불이익을 완성시킨다. 그러므로 심장이라 부른다.

심장이라는 물질이 포함되어 있기 때문에 좋은 결과, 나쁜 결과를 완성시킬 수 있다. 그러므로 이 심장이라는 물질을 '심장[하다야]'이라 부른다. 심장의 중앙에 용하수씨37 정도 크기의 작은 웅덩이가 있고, 거기에 피가 고여 있다. 이 피가 퍼지게 하는 토대(v

37. punnāga(뿐나가) - 용하수씨[tee seed of the Alexander laurel]

atthu)를 '심장[하다야]'라 부른다. 이 물질을 직접 '심장토대물질(하다야왓투)'라 이름 붙여 설한 빨리경은 없다. 『담마상가니』 경의 물질의 장은 모든 물질을 설하여 보이신 경이다. 그 경전에서도 이 이름을 사용한 적이 없다. 그러나 이런저런 경들을 실마리로 토대물질(왓투루빠)이 존재한다는 적합한 이유를 앗타까타와 띠까들에서 추론하고 있다.

빨리 경전

yaṁ rūpaṁ nissāya manodhātu ca manoviññāṇadhātu ca pavattanti, taṁ rūpaṁ manodhātuyā ca manoviññāṇadhātuyā ca taṁsampayuttakānañca dhammānaṁ nissayapaccayena paccayo - 토대물질(vatthurūpa)을 의지하여 의계[意界, 마노다뚜], 의식계[意識界, 마노윈냐나다뚜]는 일어난다. 이 물질은 의계, 의식계와 함께 결합하는 마음부수법에 닛사야빳짜야[nissayapaccayena, 의지처로써 도움을 주는 연기법]로 영향을 준다.

이 구절에 근거하면, 눈의 의식眼識의 의지처인 눈의 토대, 귀의식, 코의식, 혀의식, 몸의식의 의지처인 귀, 코, 혀, 몸의 토대가 있는 것처럼, 의계[意界], 의식계[意識界]의 의지처인 토대물질도 존재할 것이라고 추론하게 된다.

구체적인 물질(nipphannarūpa)에서 의지할 곳을 찾아라.

토대물질은 사대四大가 아니다. 파생된 물질(upādāyarūpa)이 사대를 의지한 뒤이기 때문이다. 24가지 파생된 물질 중에서도 '추상적 물질(anipphannarūpa)'[38]들은 형태가 분명한 물질이 아니다. 궁극적으로

---

38. anipphannarūpa(아닙판나루빠) - 업, 마음, 기온, 자양분이라는 원인의 법들에

실체하는 것 또한 아니기 때문에, 추상적 물질에서 검토할 점은 없다. 구체적인 물질에서 사대를 제외한 14가지 물질에서만 고려할 점이 있다.

> 욕계, 색계 존재에게
> 두 가지 의계, 의식계는
> 눈의 의식 등에서처럼 물질을
> 따라 연속하여 일어나기에
> 구체적인 물질을 의지처로 가진다.

시각기능眼根을 의지하지 않는다.

14가지 구체적인 물질 중 눈, 귀, 코, 혀, 몸의 5가지 감각 물질(빠사다루빠)은 눈의 의식 등 다섯 마음의 의지처이다. 때문에 의계[意界], 의식계[意識界]는 다섯 감각 물질을 의지하지 못한다. 형상, 소리, 냄새, 맛과 자양분 또한 의지하지 못한다. 왜인가? 물질들이 몸의 외부에 있기 때문이다. 형상 등에 의지한다면, 형상 등이 외부에 존재하기에 이 두 가지 계界마음 또한 외부로 따라가 일어나야하지 않겠는가.

> 이 두 가지 계界는 눈 등을 의지하지 않는다.
> 왜인가? 이 눈 등의 감각물질은
> 하나의 눈의 의식 등의 토대가 되기 때문이다.
> 형상色 등도 의지하지 않는다.
> 왜인가? 형상 등은
> 몸의 외부에서 일어나기 때문이다.

의하여 조건지어진 것이 아닌 물질. 추상적 물질

생명기능命根과 성性물질을 의지하지 않는다.

의계, 의식계 두 가지는 생명물질[命根, jīvitindriya]에 의지하지 않는다. 무엇 때문인가? 생명물질은 함께 결합하는 물질들을 지켜야 하기 때문이다. 이미 일을 하고 있는 사람이 또 다른 일에 나설 수 없듯이, 생명물질은 피할 수 없는 자신의 일을 이미 가졌기에 타인이 의지함을 감당할 수 없다. 두 가지 성性물질(바와루빠)이 없는 중성(나뿡사까빤뚜까)에게도 이 의계 의식계는 일어나기에, 두 가지 성性물질에 의지하지 못한다는 것도 명백하다. 그러므로 언급한 구체적인 물질 외에, 이 두 가지 계界마음이 의지할 토대물질은 파생된 물질뿐임을 알아야 한다. '파생된 물질이 바로 심장토대(하다야왓투)이다.'

생명기능[명근]에도 의지하지 않는다.
무엇 때문인가?
생명물질은 함께 결합하는 물질을 지켜야하기 때문이다.
두 가지 성性물질 또한 의지하지 않는다.
무엇 때문인가?
두 가지 성물질이 없는
중성中性에게서 일어날 수 있기 때문이다.
그러므로 언급한 물질 외에
다른 한 종류의 의지처는 있다.
이 토대물질을
파생된 물질이라 알아야 한다.

『담마상가니』 경에서 설하시지 않은 이유

이상과 같이 토대물질 한 종류가 있을 수 있다면, 『담마상가니』물질의 장에서 무엇 때문에 설하지 않으셨는가? 『담마상가니』 물질의 장에서 대상2개조(āramaṇaduka) 설법이 훼손될 것을 염려하여, 토대2개조(vatthuduka)는 설하시지 않고 남기셨다. 물질의 장(rūpakaṇṭa)에서 1개조ekaka, 2개조duka, 3개조tika부터 시작하여 11개조ekādasaka에 이르기까지 설하셨다. 이 중에서 2개조 설법에서 'atthi rūpaṁ chakkuviññāṇassa vatthu - 눈의식의 의지처인 토대물질은 있다 [눈의 토대를 보이고자 하신 것이다]' 'atthi rūpaṁ chakkuviññāṇassa na vatthu - 눈의 의식의 토대가 아닌 물질 또한 있다. [눈의 토대 외에 나머지 물질을 보이고자 하심이다]' 이런 등으로 귀, 코, 혀, 몸의식이 귀의 토대, 코의 토대, 혀의 토대, 몸의 토대로 각각 적용되고 적용되지 않는 물질로 구별시킨 뒤 'atthi rūpaṁ manoviññāṇassa vatthu, atthi rūpaṁ manoviññāṇassa na vatthu - 마음意識의 토대인 물질은 있다. 마음의 토대가 아닌 물질이 있다'는 이 여섯 번째 토대2개조(vatthuduka)를 보이지 않으셨다.

만약 설하셨다면 'atthi rūpaṁ manoviññāṇassa vatthu - 마음意識의 토대인 물질은 있다'에 따라 심장토대를 취하여 'atthi rūpaṁ manoviññāṇassa na vatthu - 마음의 토대가 아닌 물질이 있다'에 따라 심장토대 외에 나머지 모두를 취하여야 할 것이다. 이렇게 취할 만한 물질이 있을지라도 이 토대2개조(왓투두까)와 연속하여 설하여야 할 대상2개조(āramaṇaduka)에서 'atthi rūpaṁ cakkhuviññāṇassa āramaṇaṁ - 눈의 의식의 대상이 되는 물질은 있다'에 따라 형상色을 취하고, 'atthi rūpaṁ cakkhuviññāṇassa na āramaṇaṁ - 눈의 의식의 대상이 되지 않는 물질은 있다'에 따라 형상色을 제외한 모든 물질을 취하여야 한다. 이같이 소리, 냄새 맛, 감촉과 나머지 모든 물질을 취하기 위하여 다섯 종류의 2개조(두까)를 설하신 뒤 'atthi rūpaṁ manoviññāṇassa āramaṇaṁ - 마음의 대상이 되는 물질은 있다'에 따라 마음의 대상이 되는 물질은 모든 물질이 되고, 'atthi rūpaṁ manoviññāṇassa na āramaṇaṁ - 마음의 대상이 아닌 물질이 있다'에 의하면 마음의 대상이 아닌 물질은 없다. 이럴 경우 6번째 대상 2개조(āramaṇaduka)에서 한쪽이 소멸될 위험이 있게 된다. 이를 고려하셔서 토대의 설법(vatthudesana)과 대상의 설법(āramaṇadesanā)을 동일한 방법으로 설하셔야 중생들이 이해할 수 있었기에, 토대의 설법에서 6번째 2개조를 얻을 수 있는데도 불구하고 제외시켜 설하셨다.

> 부처님께서는
> 토대2개조, 대상2개조의
> 설법이 소멸될 것을 우려하셔서
> 이 심장토대물질을 『담마상가니』 물질의 장에서 설하지 않으셨다.

심장 안에 머무는 이유

위와 같은 논리에 따르면 토대물질이 반드시 존재해야 한다. 토대물질이 심장 안에 머무는 것도 위와 같은 이치이다. 어떤 것에 골몰할 때, 마음에 좋지 않은 일이 생겼을 때 마음의 열기가 의지처인 토대에 영향을 주고 토대의 열기 또한 토대물질에 머무는 피와 심장에 영향을 주어, 가슴에 열이 차는 상태를 생각해 볼 수 있다. 또는 강력한 대포소리를 듣고 놀라 마음이 동요되어 심장의 피와 가슴이 뛸 때, 극심한 슬픔으로 심장이 파괴되는 듯할 때, 너무 행복해서 가슴이 터질듯할 때 등으로 미루어보면 마음의 의지처인 토대물질은 심장주머니 안에 머문다고 믿는 것이 적당하다. 이같이 심장주머니 하다야(심장) 안에 머물기 때문에 이 토대물질을 '심장토대(하다야왓투)'라 이름 붙인다.[현대 과학자들은 심장에서 더운 피, 더운 바람들이 위로 올라가 머리를 어지럽히는 것에 근거하여 '마음은 머리에 있다'고 말하고 있다]

심장토대는
의계[意界], 마음계[意識界]
두 가지의 의지처라는 특징이 있다.
이 두 가지 界마음이 머무는 곳이라는 작용이 있다.
이 두 가지 界마음을 지니는 법이라고
수행자의 지혜에 나타난다.
[두 가지 界마음이 머무는 곳이기에 위빳사나 지혜로 숙고할 때 두 가지 계界를 자신 위에 두고 지니는 것처럼 지혜에 나타난다]

생명물질 1가지

jīvitindriyaṁ jīvitarūpaṁ nāma.

생명기능(命根, 지위띤드리야)을 생명물질(지위따루빠)이라 부른다.

해설

[단어의 뜻, 특징 등은 마음부수장에서 이미 설명했다.]

생명기능(命根, 지위띤드리야)은 함께 일어나는 업으로 생긴 물질(깜마자루빠)들을 지키는 그러한 물질의 생명이다. 마음으로 생긴 물질(찟따자루빠), 기온으로 생긴 물질(우뚜자루빠), 자양분으로 생긴 물질(아하라자루빠)들은 마음, 기온, 자양분이 명백히 존재하고 있으므로 [어머니와 함께 있는 아이를 다른 사람이 지키고 돌볼 필요가 없는 것처럼] 다른 법의 보호가 필요 없다. 마음, 기온, 자양분이 확고하게 돌본다. 업으로 생긴 물질(깜마자루빠)은 원인이 된 근본 업이 소멸하고 제법 긴 시간이 흐른 뒤 [일부 업으로 생긴 물질은 업業과 수많은 생이 떨어진 뒤에] 과보를 줄 기회를 얻었기에 [어머니 없는 아이를 유모가 지키는 것처럼] 그 물질의 수명이 다할 때까지 계속 존속케 하는 생명기능이 필요케 된다. 즉 눈의 십원소39에 있는 아홉 물질은 깔라빠에 포함되어 있는 생명물질이 지킨다. 귀의 십원소에 있는 아홉 물질도 그 속에 포함된 생명물질이 지킨다. 이런 식으로 아홉 가지 업으로 생긴 물질에 포함된 생명물질, 이같은 깔라빠 속에 있는 물질들을 지킨다는 것을 알 수 있다. 생명물질은 감촉물질이나 성性물질조차 머물지 못하는 소화액[40]에까지 고루 퍼져있다. 온몸에 퍼져있는 감촉물질과 성性물질처럼, 몸의 구석구석 생명물질이 고루 퍼져있다.

자양분물질

kabaḷīkāro āhāro āhārarūpaṁ nāma.

한 움큼으로 만든 음식자양분(아하라)을 자양분물질(아하라루빠)라 부른다.[41]

해설

kabaḷaṁ karīyatīti kabaḷīkāro - 음식을[혹은 한 움큼을] 만든다. 그러므로 까발리까라[자양분]라 부른다.

까발라kabaḷa란 한 움큼, 한 주걱의 밥 같은 작은 분량만을 뜻하는 것이 아니라 모든 음식물 전체를 뜻한다. 'sakapaḷena mukhena - 한 움큼의 밥이 든 입으로'라고 『sekhiya』 경에서는 입안에 들어오는

39. 짝쿠다사까깔라빠 - 최소 물질의 구성요소 8가지와 생명을 지속시키는 물질 1가지, 시각물질 1가지로써 모두 10가지 모임으로 구성되는 눈의 시각물질을 이루는 10가지 물질다발이다. 눈의 십원소(짝쿠다사까) - 눈의 시각물질이 주도하는 10가지 모임이라 부른다.

40. pācakatejo(빠자까때조) - '익히는 열기'라 직역할 수 있다. 이는 업으로 생긴 물질로써, 위액 속에 포함된 열 기운이라 생각된다. 이 열기로 인해 먹고 마시는 모든 음식을 소화시킨다.

41. āhārarūpa(아하라루빠; 자양분) — kabaḷikāra(까발리까라; 한 웅큼으로 덩어리지게 만든) āhāra(아하라; 음식이란 자양분)를 āhārarūpa(아하라루빠; 자양분이란 물질)라 불린다. 전통적 인도의 식사법에서 손가락으로 밥을 작은 덩어리를 만들어 먹는데서 기인한 암시임.

모든 음식을 '까발라'란 단어로 나타낸다. 산스끄리트 사전에서도 먹고 마실 수 있는 모든 음식을 가리켜 까발라라고 알라.

자양분(아하라)

'āhārīyatīti āhā개 - 입안으로 운반된다. 그러므로 자양분(아하라)라 한다'

'한 움큼으로 만든 음식자양분(kabaḷīkāro āhāro)'이란 풀이에 따라 더 분명하게 먹고 마시는 음식물이란 뜻을 얻는다. 여기는 실체인 궁극적 실재의 자양분을 보이는 자리여서 자양분에 포함되는 정분精分, 에센스 자양분만을 뜻한다.

자양분물질(아하라루빠)은
정분精分, 에센스로 알아야 한다.
자양분으로 생긴 물질(아하라자루빠)을
지니는 작용이 있다.
몸을 지탱시키는 법이라고 수행자의 지혜에 나타난다.
먹고 삼킨 자양분은 가까운 원인이다.

자양분의 특징

음식에 포함되어 있는 자양분이 자양분물질(아하라루빠)의 특징이다. 음식에 들어있는 여섯 가지 단맛, 신맛, 매운 맛, 쓴맛, 짠맛, 떫은 맛 중 하나이다. 이 맛은 자양분물질이 아닌, 맛[rasā]이라는 한 대상일 뿐이다. 자양분물질은 음식에 포함되어 있는 정분精分이자 에센스이다. '정분精分이 많이 포함된 쌀이 찰지고 기름지다' 등의 말은 이 자양분물질의 성질에 의거한 암시다.

'작용, 지혜에 나타나는 모습, 가까운 원인'

이 자양분은 'ojāsaṅkhāto āhāro āhārasamuṭṭhānarūpaṁ - 에센스라 부르는 자양분은 자양분으로 생긴 물질을' 등으로 자양분으로 생긴 물질(아하라자루빠)을 일으키게는 작용을 한다. 먹음으로 몸이 단단해지고 힘이 일어남이기에, 자양분물질은 '몸을 지탱시키는 법'이라고 수행자의 지혜에 나타난다. 음식 속에 포함된 정분精分이 자양분물질이며, 이 자양분물질의 가까운 원인은 섭취한 음식이다.

iti ca aṭṭhārasavidhampetaṁ rūpaṁ sabhāvarūpaṁ, salakkhaṇarūpaṁ, nipphannarūpaṁ, rūparūpaṁ, sammasanarūpanti ca saṅgahaṁ gacchati.

이 18가지 물질은 고유물질(사바와루빠), 일반적 특징물질(사락카나루빠), 구체적인 물질(닙판나루빠), 변화의 물질(루빠루빠), 숙고할 수 있는 물질(삼마사나루빠)이라 불린다.

해설

sabhāvarūpa(사바와루빠) - 자신의 고유한 본성을 가진 물질.

salakkhaṇarūpa(사락카나루빠) - 무상 · 고 · 무아 등 일반성에 연관된 특징을 가진 물질.

nipphannarūpa(닙판나루빠) - 업, 마음, 기온, 자양분이라는 원인의 법들에 의해 조건지어져 일어나는 물질. 구체적인 물질

rūparūpa(루빠루빠) - 앞의 연속과는 다르게 변질하는 성품의 물질.

sammasanarūpa(삼마사나루빠) - 무상 · 고 · 무아의 특징인 열반으로 숙고할 수 있는 물질.

이 말은 18가지 물질을 다시 총체 하는 결론의 말이다.

고유물질(사바와루빠)

bhāvīyati lakkhīyati etenāti bhāvo - 이 특징으로 표시된다. 이같이 표시됨으로 인하여 이 특징을 바와(bhāva)라 한다'

이 어의풀이에 따라 표시되는 특징을 '본성(bhāva)'이라 한다. sas sa bhāvo sabhāvo - 자신 만의 특징을 고유본성(sabhāvo)라 한다. 예를 들면 단단한 특징(kakkhaḷatthalakkhāṇā)을 가진 것은 땅인 것처럼 이렇게 고유한 특징을 지닌 물질을 '고유물질(사바와루빠)'이라 부른다. 'sabhāvo yassāti sabhāvaṁ - 자신만의 특징을 가진 물질이다. 그러므로 고유본성(sabhāvo)라 부른다'라고 뜻을 풀이해야 할 것이다. 이것이 띠까의 견해이다. 바사띠까에 의하면, 바와(bhāva)란 본성을 지닌 실체로서의 사물을 뜻한다. santo bhāvo sabhāvo - 명백히 존재하는 것이 사바와(명백한 물질)이다. '궁극적 실재로써 명백히 실체를 얻을 수 있는 물질'라는 의미이다.

비고유 물질(아사바와루빠)

허공계(ākāsadhatu) 등 물질은 이러한 실체로서의 사물을 명확히 지니지 못하기 때문에, 비고유 물질이라 부른다. 허공 등 열 가지 물질 중 허공은 실재하지 않지만, 물질의 깔라빠 두개가 결합하면, 자연스럽게 드러나는 것이 허공계이다. 이같이 위의 열 가지 물질은 궁극적으로 실재하는 물질들 사이에 포함되기에 물질이라고 부른다. 즉, 실제로 존재하는 궁극적 물질이 아닌 개념으로 존재하는 것들이다. 열 가지 비고유 물질 중, 한 예로 암시(윈냣띠)가 궁극적 실재가 아님은 명백한 사실이다. 즉, 암시가 궁극적 실재가 아닌 이유는 'sā aṭṭharūpāni viya na cittasamuṭṭhāno ‖중략‖ citta samuṭṭhānānaṁ rūpānaṁ viññattitāya sāpi cittasamuṭṭhānā nāma hoti - 이 암시는 함께하는 팔원소 물질처럼 마음으로 생긴 물질이 아니다.[42] ‖중략‖ 마음에서 생긴 동반 물질들의 암시[윈냣띠] 상태로 인하여 암시 또한 마음으로 생긴 물질(cittasamuṭṭhāna)이란 이름을 얻는다'고 『앗타살리니 물라띠까』에서 'na cittasamuṭṭhānāti etena paramatthato abhāvaṁ dasseti - '마음으로 생긴 물질이 아니다'는 이 구절로 궁극적 실재의 상태로서 존재하지 않음을 알 수 있다'고 설하셨다. '금, 귀걸이로 치장하고 나니 얼굴이 환하다'란 말처럼, 동반 물질인 팔원소(avinibbhogarūpa)가 마음으로 생긴 물질이기에 암시 또한 마음으로 생긴 물질이란 이름을 얻게 되었다.

일반적 특징물질(사락카나루빠)과 무특징 물질(아락카나루빠)

무상, 고苦, 무아의 세 가지 성품, 생성(upacaya), 증장(santati), 성숙(jaratā), 소멸(aniccatā)의 단계 즉, 생성(uppāda), 지속(ṭhiti), 소멸(bhaṅga)의 특징, 물질법의 무상한 성품, 고통의 성품, 무아의 성품을 알리는 표징이 뚜렷하기 때문에, 아래의 18가지 물질을 '일반적 특징물질' 이라 부른다. 그리고 언급할 허공계 등은 무상이나 생성과 같은 특징이 없으므로 '무특징 물질'이라 부른다. 허공계에는 생성과 소멸이 없다. 이처럼 생성과 소멸이 없으니 무상, 고苦, 무아의 성품이 어디에 있겠는가!

---

42. 몸의 암시 구원소(kāyaviññattinavakakalāpa) 중에서 분리할 수 없는 최소 물질 단위(아위닙보가루빠)인 팔원소만이 마음으로 생긴 물질이다. 윈냣띠(몸의 행위와 말의 암시)를 고의적으로 일으키게 하는 것이 아니다.— 이 같은 의미이다.]

avinibbhogarūpa(아위닙보가루빠; 분리할 수 없는 최소 팔원소 물질) -모양, 냄새, 맛, 자양분, 지地, 수水, 화火, 풍風의 팔원소를 말한다. 이는 모든 물질입자에 기본요소로써 반드시 포함되는 최소단위 깔라빠(입자다발)이다.

구체적인 물질(닙판나루빠)

'nipphādīyate(원인의 법들이 일으킨다) iti(그러므로) nipphannaṁ(구체적인 물질이라 부른다)'에 따라, 업으로 생긴 물질, 마음으로 인한 물질, 기온으로 생긴 물질, 자양분으로 생긴 물질 등은 각자 연관된 업, 마음, 기온, 자양분이란 일으키는 원인이 있다. 이를 뒤에서 자세히 설명할 것이다.

허공계 등은 원인의 법에 의해 일어난 것이 아니기에 추상적인 물질(아닙판나루빠)이라 부른다. 원인에 의해 형성된 두 개의 물질 깔라빠들이 나타나면, 허공계라는 공간[틈]이 어떤 원인 없이도 자연 발생으로 나타난다. 암시 등이 추상적인 물질(아닙판나루빠)인 까닭도 이 물질을 설명하는 자리에서 명백해질 것이다.

변화의 물질(루빠루빠)

변하는 성품이기에 물질(루빠)이라 부른다. 'rūpaṁ assa atthīti rūpaṁ - 이 물질에 변하는 성품이 있다. 그러므로 물질이라 부른다'고 풀이하고 있다. 허공계 등은 이러한 변화가 없기 때문에 '변하지 않는 물질'43이라 부른다. 허공계 등 추상적인 물질들을 '물질'이라 부르는 것도 실제로 변하는 성품이 있어서가 아니다. 변하는 진짜 물질에 붙어 포함되기 때문에, 벗어나지 못하는 방법[avinābhāva]44에 의지하여, 스스로 변하는 능력은 없지만 변하는 능력이 있는 것으로 추정하여 taddhammūpacāra(명백히 존재하는 법의 성품을 명백하지 않은 법에 상정함)으로 물질이라 부른다.

---

43. arūparūpa(아루빠루빠) - 앞의 연속에서와 다른 식으로 변화, 전도하지 않는 성품의 물질.
44. 덩굴을 당기면 딸려서 붙어 나오는 방법.

숙고할 수 있는 물질(삼마사나루빠)

무상 등 특징이 있기에 위빳사나를 명상하는 수행자들이 이같은 구체적인 물질을 대상으로 하여 무상, 고, 무아의 지혜를 숙고할 수 있기에 숙고할 수 있는 물질이라 부른다. sammasīyate - 위빳사나 지혜로써 숙고된다. iti - 그러므로 sammasanaṁ - 숙고라 부른다. 허공계 등은 무상 등의 특징이 없기 때문에 위빳사나 지혜로 숙고하기에 적당하지 않다. 또 숙고하더라도 일어나지 않기에 숙고할 수 없는 물질이라 부른다.

분할하는 물질 1가지

ākāsadhātu paricchedarūpaṁ nāma.

허공계를 분할하는 물질(빠릿체다루빠)**라 부른다.**

해설

na kassatīti akāso, akāsoyeva ākāso - 어떤 장소에 긁어 부딪칠 수 없다. 그러므로 이 장소를 허공이라 부른다.

어떤 사물로 부딪치거나 긁을 수 없는 장소를 '허공'이라 부른다. 이 허공은 아래의 네 종류이다.

'엉키지 않은 허공'
'사물로 분할된 공간'
'까시나를 제거한 뒤 얻어지는 허공이란 개념'
그 외 '두 물질을 분할시키는 공간(틈)'
이와 같이 네 종류의 허공이 있다.

엉키지 않은 허공(ajaṭa)

현재 보이는 허공인 하늘, 색계영역 위의 하늘, 땅, 땅 아래의 물, 물 아래의 바람, 그 아래에 있는 허공[지구 내부가 층층이 이루어진 모습] 등 그 어떤 사물에 의해서도 엉켜 있지 않기에 '엉키지 않은 허공' 이라 부른다.

사물로 분할된 공간(paricchinna)

어떤 사물로 둘러싸여 분할된 사이나 틈을 허공이라 부른다. 장독 구멍, 창문, 문구멍, 벽구멍, 아홉 구멍(눈구멍 등) 등이다.

까시나를 제거한 뒤 얻어지는 허공이란 개념(kasiṇugghāṭima)

명상의 장章에서 무색계 제1선 수행법 그대로, 아홉 가지 까시나(명상대상이 되는 원판) 중 하나를 제거한 뒤 얻어지는 허공의 개념이다.

두 물질을 분할시키는 틈(paricchedākāsa)

paricchindati(물질 깔라빠를 분할시킨다) iti(그러므로) paricchedo(분할이라 부른다)는 풀이에 따라, 두 가지 물질입자가 결합할 때 서로 뒤섞이지 않도록 중간에 분할하는 틈이 있다. 물질의 입자(깔라빠)가 부딪쳐 서로 밀착해 있어도 둘 사이에 틈이 반드시 존재한다. 두 손가락을 밀착시켜 보아라. 그 사이의 틈이 '분할시키는 틈(빠릿체다루빠)'이라 부르는 허공계이다.

허공계는 깔라빠들을
분할시키는 특징이 있다.
깔라빠들의 경계를
명백히 보이는 작용이 있다.
깔라빠들을 분할시킨다고
수행자들의 지혜에 나타난다.
분할된 깔라빠라는 가까운 원인이 있다.

암시물질 2가지

kāyaviññatti, vacīviññatti viññattirūpaṁ nāma.

몸의 암시(까야윈냣띠), 말의 암시(와찌윈냣띠) 이 법들을 암시(윈냣띠)이라 부른다.

해설

adhippāyaṁ viññāpetīti viññtti - 희망하는 의도를 알린다. 그러므로 암시라 부른다'는 풀이에 따라 팔, 다리 등을 흔들어 보이는 것, 말하는 이들의 내적 상태나 의도를 알게 하는 특별한 행위 등을 암시라 부른다. 특별한 행위란 궁극적으로 존재하는 실재의 물질은 아닐지라도, 세상 사람들이 그같이 특별한 움직임을 통해 알게 되기 때문에 'viññāyatīti viññatti - 알게 된다. 그러므로 암시라 부른다'라고 해석하기도 한다.

몸의 암시(까야윈냣띠)

내부의 생각이나 의도를 알리는 특별한 몸의 움직임을 몸의 암시라 부른다. kāyena viññtti kāyaviññatti - 몸짓으로 알리는 암시의 특별함이다. 그러므로 몸의 암시라 한다. 까야(몸)란 몸 전체를 뜻하는 말이지만, 여기서의 까야kāya란 흔들어 움직이는 팔, 다리, 머리 등 몸의 부분을 말한다. 부분을 몸이란 전체에 비유한 것이다. 몸짓으로 의도를 나타내는 암시를 몸의 암시라 부른다.

한 제자를 부르려하는데, 손을 흔들어 오게 하려는 마음이 일어난다. 그 생각이 일어남과 동시에 마음으로 생긴 물질인 깔라빠들이 몸이 움직인 자리에서 무수히 일어났다. 마음으로 생긴 물질의 깔라빠들 중 바람요소가 다른 사대四大보다 훨씬 우세해졌다. 그로 인해 보통 때와 달리 바람요소에 특별한 행위가 포함되었고, 그 바람요소의 특별한 행위 즉, 손을 흔드는 동작이 생겼는데 그 동작이 바로 몸의 암시이다. 눈 깜짝할 사이에 10^{12}(1조) 정도의 마음이 일어날 수 있는데, 그 속에 암시를 일으키는 마음 또한 많이 포함되어 있다. 즉, 마음이 일어날 때마다 마음으로 생긴 물질들이 압도적인 바람요소의 작용에 의해 연속적으로 일어나므로 손이 조용히 있지 못하고 흔들려 움직이는 것이다.

이런 움직임은 나무가 바람에 부딪쳐 흔들리듯 그렇게 이유 없이 움직이는 것이 아니라, 마음의 의도와 희망에 맞추어 바람요소와 암시가 일어난다. 마치 노 젓는 사람이 원하는 장소에 배가 도착토록 노를 저어 조절하듯 바람요소와 암시가 함께하는 동료 물질들을 조정한다.

제자는 흔들리는 스승의 손을 보며 제자가 '선생님께서 나를 부르시는구나!'라고 스승의 의도와 희망을 알게 된다. 제자의 인식에는 '마음, 마음으로 생긴 물질, 움직임, 행위의 특별함'이란 네 가지가 들어있다. 마음은 스스로 의도를 알릴 수 있는가? 마음이 알릴 수 있다면, 움직임 없이 단지 마음만 일으켜도 아직 표출되지 않은 의도를 타인이 알 수 있어야한다. 그러나 타인이 알지 못한다. 즉 마음 혼자서는 내부의 의도를 타인에게 알릴 수 없다.

그러면 마음으로 생긴 물질들이 의도를 알릴 수 있는가? 마음으로 생긴 물질이 알리려면 움직임 없이 고요히 있을 때 무수한 마음으로 생긴 물질이 무수히 일어나므로 알릴 수 있지 않겠는가? 그러나 모른다. 일반적인 마음으로 생긴 물질만으로는 내부의 의도를 알릴 수 없다. 그러면 움직임은 의도를 알릴 수 있는가? 단지 움직임만으로 의도를 알릴 수 있다면 잠든 동안 일어남은 팔, 다리의 움직임만으로 의도를 알릴 수 있어야 할 것이다. 그러나 알 수 없다.

팔이 움직이는 까닭은, 마음으로 생긴 물질들에 포함된 바람요소의 작용 때문이다. 이 바람요소의 특별한 암시로 인해 내부의 의향, 의도를 알릴 수 있게 되며, 그 특별한 행위를 암시(윈냣띠)라 부른다.

말의 암시(와찌윈냣띠)

vaciyā(말로써) viññatti(의도를 알리는 행위를) vacīviññatti(말의 암시라 부른다)

내부의 의도를 말로써 알리는 암시의 특별함이다. 이 암시의 특별함을 '특별하게 만드는 물질(vikārarūpa)'라고도 부른다.

제자를 부르려할 때, 먼저 오게 하려는 마음이 일어난다. 부르기 위한 말을 궁리한다. 이것을 사전준비(pubbābhisaṅkhāra)라 한다. 아직 소리 내어 부르는 단계가 아니다. 그 뒤 '와!'라고 말하는 의문意門인식과정이 일어나면, 첫 번째 속행으로 인한 마음으로 생긴 깔라빠에 포함된 땅요소가 우세해진다. 평상시와 달리 땅요소에 특별한 표출이 일어나는데, 그 특별한 암시가 말의 암시[와찌윈냣띠]

이다. [소리가 나는 목, 입 등에서는 업으로 생긴 물질, 기온으로 생긴 물질, 자양분으로 생긴 물질이 항상 일어나고 있다] 목구멍 등의 장소에서 이 암시의 특별함이 더해진 마음에 기인한 땅요소와, 업, 기온, 자양분에서 생긴 땅요소들 끼리 부딪치므로 소리가 일어난다. 그러나 많은 사람이 듣게 할 만큼 분명한 소리는 아니다. 이같이 두 번, 세 번 땅요소들이 반복하여 부딪쳐야 손가락 한 번 튕길 정도의 시간동안 '와!'라는 불분명한 소리가 먼저 나온 뒤 손가락 두 번 튕길 정도의 시간이 지난 후에 완전하게 '와!'라는 소리가 나온다. 이같이 땅요소가 서로 부딪치는 것은 우연한 사건이 아니라 말의 암시의 작용에 의하여, 의도대로 소리가 나게끔 부딪친 것이다.

'와!'라는 소리가 나면 소리를 들은 제자가 '선생님께서 나를 부르신다'며 선생님의 의도를 안다. 비록 땅요소 끼리 부딪쳐 소리가 생겨났을지라도 말의 암시가 작용해야 충분히 전달될 만큼의 성량으로 발성되어 듣는 이에게 의도가 전달된다. 'adhippāyaṁ viññāpeti - 의도를 알린다'는 말의 암시가 의도를 알린다는 뜻이다. 술집깃발이 휘날리는 것을 보고 그 집안에 술이 있음을 알게 되듯, 말을 통해 소리를 듣고 인식하므로 의도를 알게 되기에 말의 암시(와찌윈낫띠)라 한다. 'viññāyatīti viññatti - 알게 된다. 그러므로 암시라 한다'에서 의문意門인식과정으로 알게 되는 것을 잊지 말 것이다.

특별한 암시란 특징을 지닌 암시(윈냣띠)는
내부의 의도를 분명히 나타내는 작용을 한다.
움직임, 말의 원인이라고 수행자의 지혜에 드러난다.
마음에 기인한 사대四大라는
가까운 원인이 있다.

특별하게 만드는 물질 5가지

rūpassa lahutā, mudutā, kammaññatā, viññttidvayaṁ vikārar ūpaṁ nāma.

물질의 가벼움(라후따), 부드러움(무두따), 순응성(깜만냐따), 두 가지 암시(윈냣띠), 이 법들을 특별하게 만드는 물질(위까라루빠)이라 부른다.

해설

특별하게 만드는 물질(위까라루빠)

vikāra - vi(특별한) + kāra(행위)

따로 궁극적 실재 실체로써 얻어질 수 있는 물질이 아니다. 구체적인 물질들이 근본보다 특별한 상태를 'vikāra'라 부른다.

가벼움(라후따)

구체적인 물질들이 가볍게 일어나는 상태를 라후따라 부른다. 기온, 마음, 자양분 이 세 가지 원인 때문에 일어나는 구체적인 물질들이 근본보다 특별한 상태의 가벼움을 '가벼운 물질(라후따루빠)'라 이름한다.

부드러움(무두따)

구체적인 물질들이 부드럽게 일어나는 상태를 무두따라 부른다. 기온, 마음, 자양분 이 세 가지 원인 때문에 일어나는 구체적인 물질들의 근본보다 특별한 상태의 부드러움을 '부드러운 물질(무두따루빠)'이라 이름한다.

순응성(깜만냐따)

구체적인 물질들이 일에서 훌륭한 상태를 순응성(깜만냐따)이라 부른다. 일을 행할 때 구체적인 물질들이 근본보다 특별히 순응하는 것을 '순응하는 물질(깜만냐따루빠)'이라 이름한다.

가벼움 등의 물질은 생명 있는 존재에게서만 얻을 수 있다. 'lahutādittayaṁ utucittāhārehi sambhoti - 가벼움 등의 세 가지 물질은 기온, 마음, 자양분에 의해 일어난다'는 말과 부합되게 마음이 상쾌하지 못하고 기온과 자양분이 적절하지 못하면, 몸의 4대요소가 변화하고 소멸되어 가래, 쓸개즙, 피, 바람 등의 부조화 상태가 일어난다. 결합시키는 성품인 물요소가 크게 변형되면 구체적인 물질들은 피로하고 기진맥진하게 되어 도저히 가벼움이 생겨날 수 없다. 단단한 성품인 땅요소가 압도적으로 소멸되면 구체적인 물질들은 거칠고 단단해지며, 그때 부드러움 또한 찾아볼 수 없다. 지탱시켜주는 특징인 바람요소가 크게 변화되면 구체적인 물질들은 지나치게 빳빳하고 단단하여 그때 순응성이 일어날 수 없다. [물질을 일으키는 불요소는 모든 변화에 포함되어있다.]

어느 순간 마음이 맑고 깨끗하며 기온 및 자양분이 조화를 이루면 마음, 기온, 자양분에서 생긴 사대四大는 조화되고 안정을 이룬다. 가래, 쓸개즙, 피, 바람 등의 흐름이 규칙적이며 정화되어, 구체적인 물질에서 가벼움의 성품이 뚜렷해진다. 구체적인 물질에게서 무두질한 부드러운 가죽처럼, 부드러움의 성품 또한 선명해진다. 정련된 금, 은이 세공사의 손길에 순응하여 훌륭한 장신구로 수렴되듯, 훌륭히 순응하는 것처럼, 몸이 맡은 바 임무를 움츠

리거나 물러섬 없이 훌륭하게 순응하는 것이 순응하는 성품이다. 가벼움 등 세 성질은 따로 분리되어 일어나지 않고, 기회가 되면 세 가지가 함께 일어난다. 그러나 상태의 특징으로 하나씩 구별될 수 있기에 세 가지 물질로 이름 붙였다.

라후따는 가벼움의 특징이 있다.
물요소의 소멸로 무거워지는 상태를
제거하는 작용을 한다.
가볍게 일어난다고 수행자의 지혜에 나타난다.
가벼운 구체적인 물질이라는 가까운 원인이 있다.

무두따는 부드러움의 특징이 있다.
땅요소의 소멸로 거칠게 단단해지는 상태를
제거하는 작용을 한다.
몸의 거동에 거스르지 않는 상태라고
수행자의 지혜에 나타난다.
부드러운 구체적인 물질이라는 가까운 원인이 있다.

깜만냐따는 훌륭히 행할 수 있는 상태라는 특징이 있다.
바람요소가 소멸되어
행동이 순응하지 못하는 상태를 제거하는 작용을 한다.
힘이 약하지 않은 상태라고 수행자의 지혜에 나타난다.
몸이 행동에서 훌륭한 구체적인 물질이라는 가까운 원인이 있다.

특징물질 4가지

rūpassa upacayo, santati, jaratā, aniccatā lakkhaṇārūpaṁ nāma.
jātirūpameva panettha upacaya santatināmena pavuccatīti kodasavidhampetaṁ rūpaṁ aṭṭhavīsatividhaṁ hoti sarūpavasena.

물질의 생성(우빠짜야), 증장(산따띠), 성숙(자라따), 소멸(아닛짜따) 이 법들을 특징물질(락카나루빠)라 부른다. 이와 같이 11가지 물질은 각각의 특성에 따라 28가지가 된다.

katam?
bhūtappasāda visayābhāvo hadayamiccapi.
jīvitāhārarūpehi aṭṭhārasavidhaṁ tathā.
paricchedo ca viññatti vikāro lakkhaṇanti ca.
anipphannā dasā ceti aṭṭhavīsatividhaṁ bhave.
ayamettha rūpasamuddeso.

어떻게 28가지인가?

사대四大, 감각물질, 대상물질, 성性물질, 심장토대물질과 생명물질, 자양분물질을 합하여 18가지 구체적인 물질이다. 그 외 분할하는 물질, 암시물질, 특별하게 만드는 물질, 특징물질 등 10가지 추상적인 물질로써 모두 28가지가 된다.

이것이 물질의 장에서 물질을 열거하여 보인 것이다.

해설

원인이 형성되면 일어난다. 일어나면 성숙하고 성숙한 뒤 소멸된다. 이같이 생성, 성숙, 소멸함을 보고 어떤 물질이 원인에 의해 형성된 상카따(조건지어진 법)구나! 라고 알게 된다. '조건지어진 법'임을 알게 하는 '생성(우빠짜야)' 등을 특징물질이라 부른다. 특징물질은 궁극적 실재가 아닌 개념일 뿐이다. 생성(우빠짜야)과 증장(산따띠)은 일어남(웁빠다)에 해당되고, 성숙(자라따)은 머묾(티띠), 소멸(아닛짜따)은 소멸(방가)에 해당된다.

생성(우빠짜야)

이 'upacaya(우빠짜야)'에서 'upa(우빠)'란 접두어는 시작, 처음이란 뜻을 지닌다. 태내중생의 재생연결 순간 몸의 십원소(kāyadasaka), 성性의 십원소(bhāvadasaka), 토대의 십원소(vatthudasaka)가 처음 일어난다. 습생濕生중생, 화생化生중생에게 눈, 귀 등 7종류의 십원소가 처음 일어나는 것 또한 '우빠짜야'라 부른다.

upa(우빠)는 '위로'란 뜻도 있다. 모든 신체가 완전히 갖추어지기 전까지 위로 증장하듯 생겨나는 것을 '우빠짜야'라 한다. 태내중생들에게 11번째의 7일째에[77일째] 눈, 귀, 코, 혀의 십원소가 생겨난다. 이때 한 생을 통해 얻을 수 있는 모든 물질이 갖추어진다. 눈, 귀, 코, 혀 등 십원소가 일어나기까지 모든 물질이 생성, 증장하는 것을 '우빠짜야'라고 한다.

증장(산따띠)

sambandhā(연속하여) tati(확장하는 것을) santati(증장이라 부른다)

한 생에 필요한 모든 물질이 갖추어진 뒤, 계속 증장하는 것을 '산따띠'라 부른다. 태내중생에게 눈의 십원소 등이 처음 생겨난 뒤부터 죽기 전까지 물질의 깔라빠들이 일어나는 것을 산따띠라 부른다. 습생濕生중생, 화생化生중생의 경우 재생연결 순간 이미 필요한 모든 물질이 구족한 뒤이기에 재생연결의 순간 뒤에 일어나는 모든 물질을 '증장(산따띠)'라고 불러야 할 것이다. '강 언덕에 손으로 구멍을 파서 맨 처음 물이 솟아오르는 것은, 처음의 생성인 우빠짜야와 같다. 구멍 전체에 물이 가득 차 위로 솟아오르는 것 또한 upari(위로)란 의미를 가진 우빠짜야와 같다. 물이 가득 찬 뒤 구멍에서 넘쳐흐르는 것은 산따띠와 같다'고 앗타까타에서 비유하고 있다.

주의

생성(우빠짜야), 증장(산따띠)을 신체의 외부인 나무, 숲, 산에서도 볼 수 있다. 한 그루의 나무가 처음 생겨나 번창하고 자라남을 '생성'이라 부르고, 성장이 끝나 근본 그대로 연속하여 유지됨을 '증장'이라고 부르기도 한다. 생성(우빠짜야), 증장(산따띠)의 의미는 미얀마 책들에서 다양하게 보이니 앗타까타, 띠까, 『위바위니띠까』, 『아비담마와따라띠까』의 견해가 서로 상응하는지 비교해 보면 유익할 것이다.

성숙(자라따), 소멸(아닛짜따)

물질들이 일어난 뒤 소멸되기 전까지 49번의 작은 찰나는[머묾] 성숙하는 성품이기에 '자라따'라고 부른다.

소멸(아닛짜따)이란, 항상하지 못한 구체적인 물질들의 특징을 말한다. ['sabbe saṅkhārā aniccā - 원인의 법들에 의해 조건지어져 일어나는 물질과 정신의 법들은 항상하지 못하다'에서 무상aniccā이란 조건에 영향 받는 일체의 물질과 정신이다.]

jātirūpameva panettha upacayasantatināmena - 이 특징물질에서 일어남(자띠) 하나로 생성(우빠짜야), 증장(산따띠)의 두 이름으로 나누고 있다.'

다른 경들에서 일어남(웁빠다)을 모두 '자띠(jāti)'라고 일반적으로 설하셨다. 『담마상가니』 물질의 장에서는 한생에서 '처음 일어남, 완전할 때까지 증가하여 일어남, 완전해진 뒤 연속하여 계속 일어남'으로 생성하는 상태를 구분하기에 upa(우빠)란 단어가 '처음'이라는 의미와 '위'란 뜻을 함께 지니기에 앞의 두 종류를 '우빠짜야'라 이름하고 있다. 증장(산따띠)이란 말은 연속하여 번성, 번창함을 뜻하기에 '연속하여 계속 일어난다'로써 산따띠라 정의하고 있다.

요지

일어나는 상태로 구분하여 『담마상가니』 경을 익힌 선남자들은 우빠짜야, 산따띠라고 구분하여 처음 일어남, 위로 증가하여 일어남, 연속하여 계속 일어남을 이해하고 그것에 동의할 것이다. 일어나는 상태를 구분하신 것은 중생들의 성향에 맞추어 일어나는(자띠) 물질을 생성(우빠짜야), 증장(산따띠)의 두 이름으로 연속하여 말씀하신 것이다.

일부 경장에서는 모태에 입태함을 탄생(jāti)이라 부른다. 탄생한 생에서 다음 생으로 이동하는 것을 죽음(maraṇa)이라 부른다. 죽기 전 사이에 머무는 시간을 성숙(jarā)이라 부른다. 탄생, 성숙, 죽음은 개념으로 지정된 jāti(탄생), jarā(성숙), maraṇa(죽음)이다. 성숙은 '숨기는 성숙(paṭicchannajarā)'과 '극명한 성숙(pākaṭajarā)' 의 두 가지가 있다. 이 중에서 숨기는 성숙이란 이가 부러지고 흰머리가 나고 귀먹고 시력이 떨어지고 피부가 주름지는 것이 선명히 나타나기 전을 말한다. 이가 부러지고 흰머리가 나고 귀먹고 시력이 떨어지고 피부가 주름지는 것이 선명하여 쇠퇴하는 늙음을 극명한 성숙이라 부른다. 정신의 성숙은 분명히 드러나지 않기 때문에 '숨기는 성숙' 에 속한다. 땅, 물, 숲, 산, 달, 해 등 자연계에도 성숙은 있다. 이러한 성숙의 종류를 '틈이 없는 성숙(avīcijarā)'이라 부른다. 알기 어려운 틈이 없는 성숙이라는 뜻인데, 숨기는 성숙의 한 종류이다.

물질의 분류

sabbañca panetaṁ rūpaṁ ahetukaṁ, sappaccayaṁ, sāsavaṁ, saṅkhataṁ, lokiyaṁ, kāmāvacaraṁ, anārammaṇaṁ, appahātabbamevāti ekavidhampi ajjhattikabāhirādivasena bahudhā bhedaṁ gacchati.

모든 물질은 뿌리 없음, 원인을 가짐, 유루有漏의 대상, 조건지어진 법, 세상의 법, 욕계의 법, 대상을 취할 수 없는 법, 제거하지 못하는 법일 뿐이다. 이같이 하나의 묶이 있지만 내부물질, 외부물질 등으로 구분된다.

해설

뿌리 없음(아헤뚜까)

mūlaṭṭhena lobhādiko alobhādiko ca ‖중략‖ nāssa hotu atthīti ahetukaṁ - 탐욕 등 법 혹은 무탐 등 법들은 뿌리와 같은 상태이기에 뿌리(헤뚜)라 부른다. 이 물질의 법에 결합하는 뿌리는 없다. 그러므로 뿌리 없음(아헤뚜까)이라 부른다.

『위바위니』에서는 물질의 법들은 무기법無記法(선, 불선으로 설하지 않은 법)종류이기에 무기법뿌리(abyākatahetu)와 결합하는지 혹은 결합하지 않는지가 모호해서 'sampayittassa alobhā야 hetuno abhāvā - 결합하는 탐욕없음 등 뿌리가 없기에'라고 탐욕 없음 등 뿌리와 결합하지 않는다고 해설하고 있다. 탐욕 등 불선뿌리와도 결합하지 않음이 명백하다고 취한 것이다. 그렇지만 '불선마음에 기인하여 일어나는 물질들이 불선뿌리와 결합하는가?'라는 의문이 있을 수 있기에, 『마하띠까』에서 탐심 등 불선뿌리와 결합하지 않는다고 재차 해설하고 있다.

원인을 가짐(삽빳짜야), 유루有漏의 대상(사사와)

업, 마음, 기온, 자양분 중에서 하나의 연관된 원인에 기인하여 생겨나기 때문에 모든 물질은 원인을 가진다(삽빳짜야).

'saha paccayena yaṁ vattatīti sappaccayaṁ - 물질은 업, 마음, 기온, 자양분인 원인의 법들과 함께 일어난다. 그러므로 이 물질을 삽빳짜야라 부른다'

유루有漏를 정의하면 탐욕, 사견, 어리석음이다. 이 탐욕 등이 세속의 모든 물질과 정신을 대상으로 한다. 자신을 대상으로 하는 이 유루(有漏, āsavo)의 법들과 함께 일어나기에 모든 물질은 유루有漏의 대상(sāsava)이다. '함께 일어난다'란 결합[sampayutta]으로써 일어나는 것이 아니다. 유루가 대상으로 삼는 대상이 되는 법(마음, 마음부수, 물질들은 대상이 되는 법이다. āramaṇika)이다. 물질은 대상이 되는 대상의 법이기에 대상(āramaṇika)의 상태로써 함께 일어난다는 뜻이다. yaṁ(물질은) āsavena(자신을 대상으로 행하는 유루법과) saha(함께) vattati(일어난다) 그러므로 sāsavaṁ(사사와)라 한다.

조건지어진 법(상카따), 세상의 법(로끼야)

업, 마음, 기온, 자양분 등 연관된 원인에 의해 만들어지기에 모든 물질은 조건지어진 법(상카따)이다. paccayehe(원인의 법들에 의해) saṅkharīyati(형성된다) 그러므로 saṅkhata(상카따)라 부른다. 초세속마음에서 언급되었던 세 종류의 세상 중 이 물질의 법은 조건지어진 세상에 속하기 때문에 '조건지어진 세상에 속하는 법(lokiya)'이라 부른다. loke(조건지어진 세상에) niyuttaṁ(속하는 법을) lokiyaṁ(세상의 법)이라 부른다.

욕계의 법(까마와짜라), 대상을 취할 수 없는 법(아나람마나)

욕계를 정의하면 오욕의 갈애이다. 오욕의 갈애는 물질의 법을 대상으로 거주한다. 모든 물질은 욕계(까마와짜라)이다. kāmassa(오욕의 갈애가) avacaraṁ(들어가 거주하는 장소인 물질). 물질은 정신처럼 대상을 취할 수 있는 법이 아니다. 그러므로 물질에는 대상이 존재하지 않기에 '대상을 취할 수 없는 법(아나람마나)'이라고 한다.

제거하지 못하는 법(압빠하땁바)

불선업의 과보를 가져오는 저열한 법은 제거하여야 한다. 그러나 물질은 저열한 법이 아니기에 세 가지 종류의 선善 즉 tadaṅgappahāna(욕계 선의 부분으로 불선을 제거하는 법), vikkhambhanapahāna(색계, 무색계 선정으로 번뇌를 제거하는 법), samuccedapahāna(도道로써 번뇌를 남김없이 제거하는 법)에 의해 제거되거나 제거할 수 없다. 모든 물질은 '제거하지 못하는 법(압빠하땁바)'이다.

'이같이 하나의 몫이 있지만'

이같이 하나의 몫을 지닌다는 점에서 동일한 '모든 물질은 윤회계의 족쇄(saṁyojanīya)일 뿐이다. 윤회 속에 삼키는 폭류(oghanīya)일 뿐이다' 하나의 몫이란 '모든 물질은 뿌리없음으로 오직 하나이다. 뿌리 없는 물질(아헤뚜까루빠), 뿌리와 결합하는 물질(사헤뚜까루빠)의 두 종류가 아니다. 원인을 가지는 물질(삽빳짜야루빠), 원인 없는 물질(압빳짜야루빠)로써 두 종류가 아니다. 유루有漏의 대상이 되는 물질(사사와루빠), 유루의 대상이 아닌 물질(아나사와루빠)로써 두 종류가 아니다. 조건지어진 물질(상카따루빠), 조건지어지지 않은 물질(아상카따루빠)로써 두 종류가 아니다. 세상에 속하는 물질(로끼야루빠), 출세간에 속하는 물질(로꿋따라루빠)로써 두 종류가 아니다. 욕계물질(까마와짜라루빠), 색계물질(루빠와짜라), 무색계물질(아루빠와짜라)로써 세 종류가 아니다. 대상을 취할 수 없는 법(아나라마나), 대상을 취하는 법(사라마나)라는 두 종류가 아니다. 제거할 수 없는 물질(압빠하땁바루빠), 제거할 수 있는 물질(빠하땁바루빠)로써 두 종류가 아니다' 이 같은 의미이다.

내부물질, 외부물질

katarh?
pasādasaṅkhātaṁ pañcavidhampi ajjhattikarūpaṁ nāma. itaraṁ bāhirarūpaṁ.

어떻게 구분되는가?

감각물질이라 불리는 다섯 가지 물질을 내부물질이라 부른다. 나머지 23가지 물질을 외부물질이라 부른다.

해설

attānaṁ(아트만을) adhikicca(집착하여) pavattā(일어나는 법들을) ajjhattaṁ(내부라 부른다)

'우리들 안에서 일어나고 있다면 우리들의 아트만이라고 집착할 것이다' 이처럼 '아트만을 겨냥하여[아트만을 집착하여] 일어나는 법'이란 의미이다. 정의하면 몸에서 일어나는 모든 마음, 마음부수, 물질이다. 'ajjhatte bhavaṁ ajjhattikaṁ - 내부 법의 모임에서 일어나는 물질' 에서 '일어나는' 이란 '포함되는' 의 뜻이다. 그러므로 '내부 법에 해당되는 다섯 감각물질(빠사다)을 내부의 물질[ajjhattikarūpa]'이라 한다.

마음, 마음부수와 다른 물질들도 내부 법속에 포함되기에 내부 물질(앗잣띠까루빠)이라 불릴 수 있다. 그러나 'ajjhatte bhavā' 라는 어의풀이에서 다섯 감각물질(빠사다)임이 분명하기에, 감각물질만을 내부의 물질[ajjhattikarūpa]이라 부른 것이다. 그러므로 『담마상가니』 물질의 장章 삼 개조 한 쌍을 해설한 띠까에서 ajjhatte bhavā ajjhattikāti niyakajjhattesupi abbhantarā cakkhādayo vuccanti - '내부 법의 모임에서 일어나는 물질'이란 구절로써 몸에 집착하여 일어나는 내부의 법 중에서도 내부에 속하는 눈 등을 말한다.'

내부(앗자따)의 상태는 동일한데 왜 오근만을 내부의 물질[ajjhattikarūpa]이라 하고, 나머지를 외부의 물질이라 이름했나? 다른 의식 등이 함께 존재할지라도 눈 등의 감각물질이 없다면 몸뚱이는 나무등걸같이 쓸모없어질 것이다. 어떤 분야에서 유능한 사람의 공헌이 크듯, 몸에서 가장 쓰임새 많고 유용한 눈 등이 'ajjhatte bhavaṁ ajjhattikaṁ - 내부 법의 모임에서 일어나는 물질' 임이 명백하다.

외부물질(바히라루빠)

비록 외부에 있는 것은 아니지만, 어떤 조직에서 기여도가 크지 않은 사람을 '외부사람'으로 간주하듯, 오근만큼 몸에서의 쓰임이 크지 않기에, 다섯 감각물질을 제외한 나머지 물질들을 외부물질(바히라루빠)이라 은유하여 말한다.

내부물질(앗잣띠까루빠), 외부물질(바히라루빠)의 성품

비유하면 일반적으로 금, 은, 루비, 에메랄드 등 보석은 대문밖에 묻어두고 그릇, 장독, 냄비, 광주리 등을 집안에 둔다고 하자.

그러나 다급한 상황에서는 그릇, 장독 등은 팽개쳐도 금, 은, 루비 등 보석 안전하게 간수하려 애쓸 것이다. 보석들이 비록 외부에 있을지라도, 견실한 갈애로 탐착하는 오히려 더 중요한 것이기에 내부의 물품이라 이름하고, 그릇, 장독 등은 외부의 물품으로 간주한다. 이 비유로 눈 등을 내부의 물질(앗잣띠까), 형상 등은 외부(바히라)의 물질이라 부름을 알 수 있다.

눈과 같은 내입처內入處는 누구에게나 필요불가결한 도구이다. 만약 육근六根이 없다면 중생이라 말할 수 없을 것이다. 마치 나무토막, 작대기와 같은 상태가 될 것이다. 눈 등에서 벗어난다면, 어쩌면 오온五蘊에서 나, 나라는 집착조차 일어나지 않을 것이다. 눈, 귀 등으로 인해, 몸은 견실한 생명체로 존재할 것이다. 그러므로 눈, 귀 등이 핵심인 감각기관을 내부의 물질이라 부른다.

토대 물질, 토대가 아닌 물질

pasāda vhadaya saṅkhātaṁ chabbidhampi vatthurūpaṁ nāma. itaraṁ avatthurūpaṁ.

감각 물질, 심장토대물질이라 불리는 여섯 가지 물질을 토대물질이라 부른다. 나머지 22가지 물질은 토대가 아닌 물질이라 부른다.

해설

토대물질이란 다섯 감각물질과 심장토대물질(하다야루빠)의 여섯 물질을 말한다. vatthu란 토대를 뜻하는데 시각물질은 눈[眼識]의 토대, 청각물질은 귀[耳識]의 토대, 후각물질은 코[鼻識]의 토대, 미각물질은 혀[舌識]의 토대, 몸의 감촉물질은 몸[身識]의 토대, 심장토대물질[하다야루빠]은 나머지 의계意界[마노다뚜], 마음계意識界[마노윈냐나다뚜]의 토대이다.

정신의 법은 모두 이 7가지 마음계意識界이다. 물질을 의지해야만 7가지 마음계意識界가 일어날 수 있는데, 이같이 마음과 마음부수법들의 의지처를 토대물질(왓투루빠)이라 부른다. 아들딸이 부모를 의지하고, 제자가 스승을 의지하듯이 그같이 원인과 결과의 관계로 서로 의지한다. 자신의 의지처가 견실하면 의지하는 사람조차 굳건히 설 수 있다. 토대물질이란 7가지 마음계意識界의 의지처이다. 나머지 22가지 물질은 토대가 아닌 물질(아왓투루빠)이라 부른다.

문門물질, 문이 아닌 물질

pasāda viññttisaṅkhātaṁ sattavidhampi dvārarūpaṁ nāma. itaraṁ advārarūpaṁ.

감각물질, 암시물질이라 불리는 7가지 물질을 문門물질(드와라루빠)이라 부른다. 나머지 22가지 물질은 문이 아닌 물질(아드와라루빠)이라 부른다.

해설

dvāra[문]이란 단어는 '원인'이란 의미이다. 시각물질[cakkhupasāda]은 안식眼識[cakkhudvārikavīthi]이 일어나는 원인이다. 눈이 없다면 안식眼識의 인식과정이 일어날 수 없다. 시각물질에 형상色이 나타나야 안식眼識 또한 일어날 수 있다. 귀, 코, 혀, 몸의 감촉물질에서도 같은 방법이다. 그러므로 다섯 감각물질을 '인식과정이 일어나는 원인(upapattidvāra)'이라 부른다. 몸짓과 말의 암시물질(윈냣띠루빠)은 업의 원인이 되기에 업의 원인(깜마드와라)이라 부른다. 몸의 암시(까야윈냣띠)은 신업身業에 도달하는 원인이 되기에 신업의 원인이라 하고, 말의 암시(와찌윈냣띠)은 구업口業에 도달하는 원인이 되기에 구업口業의 원인이라 부른다. 나머지 물질을 문(원인)이 아닌 물질(아드와라루빠)이다.

기능根물질, 기능이 아닌 물질

pasāda bhāva jīvitasaṅkhātaṁ aṭṭhavidhampi indriyarūpaṁ nāma. iyaraṁ anindriyarūpaṁ

감각물질, 성性물질, 생명물질이라 불리는 8가지 물질을 기능根물질(인드리야루빠)이라 부른다. 나머지 20가지 물질은 기능이 아닌 물질(아닌드리야루빠)이라 부른다'

해설

기능根[indriya]이란 단어는 '다스림'이라는 뜻을 지니며, 감각물질(빠사다), 성性물질(바와루빠), 생명물질(지위따루빠)을 '기능根물질(인드리야루빠)'이라 부른다. 시각물질은 보는 작용을 주관한다. 눈의 의식으로 보지만, 마음이 보고픈 대로 보는 게 아니라, 시각물질의 힘에 따라 보게 된다. 시각물질의 힘이 좋으면 보는 힘이 강력하나, 시각물질이 힘이 약하면 보는 힘도 약하다. 이같이 보는 기능에서 시각물질이 다스린다. 듣는 기능, 냄새 맡는 기능, 맛보는 기능, 부딪치는 기능에서도 마찬가지로 각자의 감각물질들이 다스리는 모습을 유추해 볼 수 있다.

성性물질(바와루빠)

성물질(바와루빠)은 모양, 징표, 행동, 행동거지에서 드러난다. 여성물질을 지닌 사람은 여성 특유의 모양, 징표, 행동, 행동거지가 나타나고, 남성물질을 지닌 사람에게는 남성만의 모양 등이 나타난다. 예외적으로 극소수의 사람에게는 성물질에 따른 모양, 징표 등이 나타나지 않을지라도 기능根(인드리야)이라는 기본 틀은 흔들릴 수 없다.

생명물질(지위따루빠)

생명물질은 자신과 함께 일어나는 업으로 생긴 물질들을 지키는 기능을 통해 다스린다. 생명물질이 지키고 지지하기에 업으로 생긴 물질들은 50번의 작은 찰나동안 수명을 지속할 수 있다. 다섯 감각 물질[五根], 두 가지 성물질, 생명물질을 제외한 나머지 20가지 물질은 다스리지 못하기에 기능根이 아닌 물질(아닌드리야)이라 한다.

거친 물질, 섬세한 물질

pasāda visaya saṅkhātaṁ dvādasavidhampi oḷārikarūpaṁ, santikerūpaṁ, sappaṭigharūpañca. itaraṁ sukhumarūpaṁ, dūre rūpaṁ, appaṭigharūpañca.

감각물질, 대상의 물질이라 불리는 12가지 물질을 거친 물질, 가까운 물질, 부딪치는 물질이라 부른다. 나머지 16가지 물질은 섬세한 물질, 멀리 있는 물질, 부딪치지 않는 물질이라 부른다.

해설

거친 물질을 oḷārikarūpa, 섬세한 물질을 sukhumarūpa라 부른다. 여기서 거칠고 섬세하다는 것은 전오식을 일으키는데 직접 관여하여 나타나므로 '거칠다, 두껍다'라고 한다. 형상色이 시각물질에 부딪치는 모습을 보면, 두 물질의 성품이 선명하게 드러난다. 소리와 청각물질 등도 그와 같다. 섬세한 물질 중 물의 요소는 시각물질만큼 분명치 않으며, 성물질(바와루빠) 또한 그렇다. 그러므로 감각물질과 형상 등 대상의 물질(visayarūpa)들을 거친 물질이라 부르고, 나머지를 섬세한 물질이라 부른다.

가까운 물질, 멀리 있는 물질

지혜로 취하면 쉽게 얻을 수 있고 알 수 있기 때문에 거친 물질을 가까운 물질(santikerūpa)이라 부른다. 세상에서 얻기 쉬운 대상을 '어렵지 않다. 가까이 있다'라고 말하는 것과 같다. 본성을 꿰뚫어 알기 어렵기 때문에 섬세한 물질(sukhumarūpa)을 멀리 있는 물질(dūrerūpa)이라 부른다. 세상에서 얻기 어려운 대상은 비록 가까이 있을지라도 '얻기에 멀다, 너와는 아주 멀다'는 식으로 말하는 것과 같다.

부딪치는 물질, 부딪치지 않는 물질

시각물질과 형상은 계界(다뚜)의 성품상 서로 부딪친다. 형상이 시각물질에 부딪히면 시각물질에 눈의 인식과정이 일어나도록 특별한 능력이 생겨난다. 소리, 청각물질 등에서도 이와 같다. 다섯 대상五境 중 감촉의 사대四大는 계界(다뚜)의 성품으로, 부딪치고 접촉하므로, 거친 물질을 부딪치는 물질(sappaṭigharūpa)이라 부른다. 이런 부딪침이 없는 나머지 물질을 부딪치지 않는 물질(appaṭigharūpa)이라 부른다.

업의 결과 물질, 다른 원인에 기인한 물질

kammajaṁ upādinnarūpaṁ, itaraṁ anupādinnarūpaṁ

업으로 생긴 물질을 업의 결과물질이라 부른다. 나머지 세 가지 다른 원인에[마음, 기온, 자양분] 기인한 물질이라 부른다.

해설

upādinna(우빠딘나)는 'upa + ādinna'의 합성어이다. upa란 upeta(밀착하다)의 뜻이다. upetena(갈애와 사견에 밀착된 업에 의해) ādinnaṁ(과보로 얻어진 물질이다) 그러므로 upādinnaṁ(업의 결과물질이라 부른다)

갈애와 사견을 원동력으로 세속의 선업, 불선업이 일어난다. 갈애와 사견은 세속의 선업, 불선업을 대상으로 삼아 밀착한다. 갈애, 사견에 밀착된 업이 업으로 생긴 물질을 '나의 과보다'라고 집착하기에 '업의 결과물질(upādinnarūpa)'이라 부른다. 마음으로 생긴 물질, 기온으로 생긴 물질, 자양분으로 생긴 물질을 '다른 원인에 기인한 물질(anupādinnarūpa)' 이라 부른다.

대부분 업으로 생긴 물질만 업의 결과물질이라 하지만, 일부에서는 몸에 있는 모든 물질[업, 마음, 기온, 자양분으로 생긴 물질]을 업의 결과물질이라 하기도 한다. 이렇게 몸에 있는 모든 물질을 업의 결과물질이라 부르기에 taṇhāmānadiṭṭhivasena upādīyatīti upādinnaṁ - 갈애, 교만심, 사견의 능력으로 집착한다. 그러므로 업의 결과물질이라 부른다. 몸에 있는 물질들을 갈애가 '나의 물품(소유물)'이라고 집착한다. 교만심이 '나'라고 집착한다. 사견이 '나의 자아'라고 집착한다. [sarīraṭṭhakaṁ hi upādinnaṁ vā hotu anupādinnaṁ vā, adinnagahitaparāmaṭṭhavasena sabbaṁ upādinnameva nāma - 온몸의 물질이 업의 결과 혹은 다른 원인에 기인한 물질이든지, 모든 취하고 집착하고 접촉되는 것을 upādinna(업의 결과)라 부른다. 『앗타살리니』 니케빠깐다 중에서]

볼 수 있는 물질, 볼 수 없는 물질

rūpāyatanaṁ sanidassanarūpaṁ. itaraṁ anidassanarūpaṁ

형상色은 볼 수 있는 물질이라 부른다. 나머지 27가지 물질은 볼 수 없는 물질이라 부른다.

해설

nidassīyati(보인다) 그러므로 nidassana(니닷사나)라 부른다.

뜻풀이에 따라, 보이는 형상을 'nidassana'라 부를 수 있다. 그러나 볼 수 있는 물질(sanidassanarūpa) 또한 형상을 얻을 수 있다. 따라서 'sanidassanarūpa'와 'nidassana'의 두 단어가 구분되도록 nidassana의 정의를 '보이는 대상의 능력'이라 해야 할 것이다. 그 뒤 'sahanidassanena yaṁ vattatīti sanidassanaṁ - 물질은 보이는 대상의 능력을 수반하고 일어난다. 그러므로 그 물질을 sanidassanarūpa라 부른다'라고 풀이한다.

또는 nidassīyate(본다) nidassanaṁ(본다)란 뜻에 따라 눈의 의식의 보는 작용을 nidassanarūpa(볼 수 있는 물질)라 부른다. 보는 작용은 형상에서 일어나기에 'sahanidassanena yaṁ vattati - 형상은 보는 작용을 수반하고 일어난다' 라 한다. 형상 외에 나머지 물질은 보는 능력이 없기 때문에 볼 수 없는 물질(anidassanarūpa)이라 한다.

대상을 취하는 물질, 대상을 취하지 못하는 물질

cakkhādidvayaṁ asampattavasena, ghānādittayaṁ sampattavasenāti pañcavidhampi gocaraggāhikarūpaṁ. itaraṁ agocaraggāhikarūpaṁ

눈과 귀는 도달하지 않은 대상을 취하는 능력으로, 코 등 세 가지는 도달한 대상을 취하는 능력으로써, 이 다섯 가지 물질은 대상을 취하는 물질(고짜락가히까루빠)이라 부른다. 나머지 23가지 물질은 대상을 취하지 못하는 물질(아고짜락가히까루빠)이라 부른다.

해설

gocara(대상을) gāhakaṁ(취하는 물질)

눈 등 다섯 감각물질은 대상을 취할 수 있기에 대상을 취하는 물질(gocaraggāhikarūpa)이라 부른다. 다섯 감각물질 외에 나머지 물질들은 대상을 취하지 못하기 때문에 대상을 취하지 못하는 물질(agocaraggāhikarūpa)이라 부른다.

물질의 열거 장章에서 모든 물질은 대상을 취하지 못하기 때문에 '대상을 취할 수 없는 법(anāramaṇa)'이라 언급한 뒤 여기서는 대상을 취하는 물질(gocaraggāhikarūpa)이라고 다시 말한 것은 앞뒤가 상반되지 않은가? 모든 물질은 실제로 대상을 취하지 못하기에 대상을 취할 수 없는 법(anāramaṇa)이라 하였다. 그러나 시각물질 등에 의지하는 눈의 의식 등은 대상을 취하기 때문에 다섯 감각물질을 '대상을 취하는 물질'이라 이름한 것이다. 대상을 취할 수 없는 법이란 말은 직접적 의미를 암시한 말(nītattha)이다. 대상을 취하는 물질이라는 용어는 은유하여 추론한 말(neyyattha)이기에 앞뒤가 모순된 말이 아니다.

대상을 취할 때 눈, 귀는 자신에게 도달하기 전, 부딪치기 전,

붙기 전에 대상을 취한다. 눈의 의식이 일어나는 원인은 시각물질, 형상, 빛, 주의를 둠의 네 가지이다. 형상이 시각물질에 도달하여 부딪치면 빛의 요소가 소멸된다[빛이 들어올 틈이 없게 된다]. 엄지와 검지 손가락을 붙여 빛이 들어올 수 있는지 없는지를 보면, 형상이 시각물질에 부딪치지 않고 들러붙지 않아야만 빛의 요소가 일어남을 알 수 있다.

즉 눈의 의지처인 시각물질이 자신에게 부딪치고 달라붙지 않아야 형상을 취할 수 있다. 귀의식이 일어나는 원인도 청각물질, 소리, 공간, 주의를 둠의 네 가지이다. 여기서 소리가 청각물질에 도달하여 들러붙으면 공간의 요소가 소멸되므로, 귀의 의지처인 청각물질에 도달하기 위해서는 공간이 적절히 있어야 소리를 들을 수 있다.

'코 등의 세 가지는 도달한 대상을 취하는 능력으로써'

코, 혀, 몸의 이 세 감각물질은 자신들에게 와서 접촉하고 부딪치는 대상만을 취할 수 있다. 코의식이 일어나려면 후각물질, 냄새, 바람, 주의를 둠의 네 가지 요소가 필요하다. 냄새가 코 가까이 도달해도 콧구멍을 막으면 냄새를 맡지 못한다. 콧구멍을 열어 외부의 바람이 운반하는 냄새를(들숨의 바람) 맡아야만 냄새 입자(깔라빠)에 포함된 사대四大와 후각물질의 입자(깔라빠)에 포함된 사대四大가 접촉하게 된다. 이에 냄새가 도달 접촉되기에 후각물질이 냄새를 맡을 수 있다. 혀의식이 생겨나는 원인 또한 미각물질, 맛味, 물요소, 주의를 둠의 네 가지이다. 비록 눈앞에 음식물이 차려져 있더라도 아직 맛을 모른다. 미각 기관의 의지처인 사대四大에 맛의 의지처인 사대가[음식물] 부딪치고 접촉하여 물요소인 침에 적서져야 맛을 알게 된다. 몸의식이 일어나는 원인도 감각물질, 촉감, 땅요소, 주의를 둠의 네 가지이다. 부딪치는 감촉이 가까이 와 있어도 알 수가 없다. 감촉물질의 의지처인 사대에 부딪쳐야만 감촉을 인지할 수 있다.

분리할 수 없는 물질, 분리할 수 있는 물질

vaṇṇo, gandho, raso, ojā, bhūtacatukkañceti aṭṭhavidhampi avinibbhogarūpaṁ. itaraṁ vinibbhogarūpaṁ

형상, 냄새, 맛, 자양분, 사대四大 이 8가지 물질을 분리할 수 없는 물질(아위닙보가루빠)이라 부른다. 나머지 20가지 물질은 분리할 수 있는 물질(위닙보가루빠)이라 부른다.

요약

iccevamaṭṭhavīsatividhampi ca vicakkhaṇā.
ajjhattikādibhedena. vibhajanti yathārahaṁ.
ayamettha rūpavibhāgo.

이같은 구분으로 지혜 있는 이들은 28가지 물질을 내부물질(앗잣띠까루빠) 등으로 분류하였다. 이것이 물질의 장에서 물질의 분류이다.

해설

nibbhoga = vi + ni + √bhuja이다. nibhuja란 생성 혹은 분리의 의미를 지닌다. 그러므로 'visuṁ visuṁ nibhuñjanaṁ pavattanaṁ vinibbhogo. yassa atthīti vinibbhogaṁ - 각각 분리되어 일어난다. 그러므로 vinibbhoga라 한다. 어떤 물질에 분리된 물질이 있다. 그러므로 vinibbhoga라 한다.

4가지 사대와 형상, 냄새, 소리, 맛, 자양분 이 8가지는 항상 결합하고 있다.

시간, 장소, 원인을 막론하고 입자다발은 함께 묶여있다. 대상에 따라 한 원소가 압도적이어도 나머지 7원소들이 약하게나마 모두 포함되어 있다. 예를 들면 태양빛에서는 불기운이 압도적이고 형상인 색상 또한 선명하나, 냄새, 맛, 자양분과 땅, 물, 바람 등의 요소는 선명치 않다. 불의 경우도 마찬가지이다. 땅에서는 땅요소가 압도적이며 형상인 색상 또한 선명하지만, 다른 물질들은 선명하지 않다. 물에는 물요소가 우세하고, 바람에는 바람요소가 압도적이다. 냄새에는 냄새요소가 압도적이고, 음식에는 맛과 자양분이 압도한다. 그러나 다른 물질들 또한 미미하게나마 반드시 포함되어 있다. 그러므로 이 8가지 물질을 '분리할 수 없는 물질(아위닙보가루빠)'이라 부른다. ['압도한다'는 것은 물질이 크고 거대한 것이 아니다. 성품의 능력으로써 압도한다는 뜻이다.]

분리할 수 있는 물질(위닙보가루빠)

나머지 물질은 분리하여 얻어질 수 있기에 분리할 수 있는 물질(위닙보가루빠)라고 부른다. 시각물질과 청각물질은 결코 결합하지 않는다. 감각물질과 성性물질, 심장토대물질, 생명물질 또한 결합하여 일어날 수가 없다. 특별하게 만드는 물질(위까라루빠)45, 특징물질(락카나루빠)들은 궁극적 실재로 실체하는 법이 아니기 때문에 특별히 함께 일어나고 일어나지 않음을 분석할 필요도 없다. 허공물질은 궁극적 실재로 실재하지도 않으려니와 물질 깔라빠들의 사이(틈)라서 그 어떤 물질과도 함께 일어날 수 없다.

---

45. 5가지 위까라루빠(특별하게 만드는 물질) — 라후따(가벼움), 무두따(부드러움), 깜만냐따(순응성), 2가지 윈냣띠(암시)

물질을 일으키는 원인

4가지 물질을 일으키는 원인의 법

kammaṁ, cittaṁ, utu, āhāro ceti cattāri rūpasamuṭṭhānāni nāma.

업, 마음, 기온, 자양분 이 4가지를 물질을 일으키는 원인이라 부른다.

해설

'물질이 일어나는 방법(rūpapavattikkama)'의 장章에서 물질을 일으키는 원인 중 업과 마음은 정신의 법으로 동일하니 업, 마음의 두 가지를 첫 순서로 보인 뒤, 두 가지 물질 중 기온이 먼저 물질을 일으키므로 앞에 두고, 자양분을 뒤에 두어 '업(깜마), 마음(찟따), 기온(우뚜), 자양분(아하라)의 4가지를 물질을 일으키는 원인이라 부른다'고 설하셨다.

업(깜마)

근원인 업으로 인하여
손 등의 모양(링가)인
성의 특징으로써 지각(liṅgasaññā)이 일어난다.
이런 모양을 가진 이는 여자다.
이같은 모양을 가진 이는 남자다라고 명칭으로 구별한다.

이 『앗타살리니』의 해설에 의하면 업 때문에 모습, 형태, 태도의 구별로 남자를 한 종류로, 여자를 다른 한 종류로 지각하여 '성의 특징으로서 지각(liṅgasaññā)' 이 생긴다. 이런 지각의 구별로 남자, 여자라 하고 명칭이 구별되고, 이러한 구분이 여자나 남자가 되려하는 원함을 일으키고, 그 원함이 갖가지 다양한 업을 행하고 만든다. 이렇게 생긴 업은 근본 의도와 부합되는 남자의 모습, 여자의 모습을 만든다. 불선의 업은 지옥, 축생, 아귀, 아수라의 몸으로 만들거나 비록 인간, 천상에 탄생했더라도 삶의 과정에서 아름답지 못하고 좋지 않은 맵시로 살아가게 한다. 선업은 인간, 천상, 범천의 몸을 만들며, 비록 가축, 아귀계에 탄생하였더라도 사는 동안 가축, 아귀로서 보다 나은 삶을 누리게 한다.

마음(찟따)

마음 또한 물질을 일으킨다. 마음이 행복하면 모습은 맑고 깨끗하다. 정신적 육체적 건강을 북돋우고 살찌운다. '마음이 부드러우면 몸도 부드럽다'는 말은 맞는 말이다. 마음이 행복하지 못하면 몸이 시들해진다. 건강도 쇠퇴한다. '마음이 상하면 몸도 상한다'는 말도 맞는 말이다. 대화할 때조차 상대의 마음을 추측해 볼 수 있다. 마음에 맞으면 얼굴이 밝다. 마음에 안들면 얼굴이 구겨진다. 이 모든 일들은 마음만이 일으킨다.

기온(우뚜)

기온도 물질을 일으킨다. 기온이 맞으면 몸이 맑고 건강하고 살찐다. 정갈한 잠자리와 옷은 침구와 옷에서 발산되는 청결한 기온 덕분에 건강에 보탬이 된다. 기온이 좋지 않다면 몸도 시들해지고 지저분해진다. 건강도 잃는다. 깨끗하지 않은 잠자리와 옷은 몸에 저열하고 거친 물질을 증가시킨다. 다양한 방법으로 좋지 않은 기온이 부딪치지 않게 함이 장수의 한 방법이다. 그외 기온으로 생긴 물질(우뚜자루빠)인 숲, 산, 나무 등의 기온에 따른 변화 및 상간 관계를 숙고해 보는 것도 유익할 것이다.

자양분(아하라)

음식에 포함되어 있는 정분精分 및 에센스 등의 자양분도 물질을 일으킨다. 알맞고 좋은 음식, 음료, 약을 섭취하면 우수한 물질이 증가하여 살찌고 맑고 건강하게 된다. 열악한 음식과 적합하지 못한 약은 해로운 물질을 증가시켜 기력을 떨어뜨리고 병을 얻게 할 것이다. 그러므로 자신에게 맞는 좋은 음식과 음료, 적합한 약을 섭취하며 주의한다면 건강하게 장수할 것이다. 이상이 4가지 물질을 일으키는 원인의 법에 기인하여 물질의 모습을 대략적으로 이해할 수 있는 내용이다.

업이 물질을 일으키는 모습

tattha kāmāvacaraṁ, rūpāvacarañceti pañcavīsatividhampi kusalākusalakammamabhisaṅkhataṁ ajjhattikasantāne kammasamuṭṭhānarūpaṁ paṭisandhimupādāya khaṇekhaṇe samuṭṭhāpeti.

이중에서 욕계와 색계의 과보를 형성시키는(abhisaṅkhātaṁ) 25가지 선善, 불선不善의 업은 자신의 흐름에서 재생연결식(빠띠산디)이 일어나는 순간부터 매순간에 업에 기인한 물질을 일으킨다.

해설

물질을 일으키는 네 가지 원인 중 업[깜마]은 20가지 욕계 선, 불선의 의도와 5가지 색계 선善에 포함된 의도로서 모두 25가지이다. 무색계 선善은 물질이 없기에 물질을 일으키지 못한다. 출세간 선의 의도 또한 자신의 뒤에 바로 과果라는 결과를 주기에 업으로 생긴 물질(깜마자루빠)을 일으키지 못한다.

과거에 살생, 보시, 지계持戒, 수행, 선정을 성취하는 등을 '과보를 형성시키는 업(abhisaṅkhāta)' 이라 부른다. 과거에 행하여 형성된 업은 자신의 흐름에서 업으로 생긴 물질들을 재생연결이 일어나는 순간을 시점으로, 매 순간 온몸에서 무수히 일으키게 한다.

일부 앗타까타와 『물라띠까』에서 '마음의 머묾 순간은 없다'고 주장한다. 『찟따야마까』에서 'uppannaṁ uppajjamānaṁti(마음은 도착 중이다, 일어나는 중이다)란, - bhaṅgakkhaṇe(소멸 순간에) uppannaṁ (마음은 도착 중이다.) no ca uppajjamānaṁ(일어나는 순간이 아니다.) uppādakkheṇe(일어나는 순간에) uppannañceva(마음은 도착 중이다) uppajjamānañca(일어나는 중이다)' 라고 일어나는 순간과 소멸순간만을 설하고 머묾 순간을 설하지 않으셨다. 머묾 순간이 있다면 'ṭhitikkhaṇe bhaṅgakkhaṇe ca uppannaṁ, no ca uppajjamānaṁ(머묾 순간, 소멸 순간에 마음은 도착 중이다. 일어나는 중이 아니다)' 등으로 설하셨을 것이다. 마음의 머묾 순간은 없다. 마음은 일어난 뒤에 즉시 소멸된다. 허공에 던진 막대기는 던진 힘이 끝나면 허공에서 한 순간도 멈추지 않고 즉시 아래로 떨어지므로 '올라감과 떨어짐'의 두 상태만 있듯 마음도 일어남과 소멸의 두 가지만 있다. 순간 자체도 일어남과 소멸 두 종류의 순간만 존재한다. 일어난 뒤 멈추는 머묾 순간은 없다.

[uppanna(마음은 도착 중이다)란 마음의 일어남, 머묾, 소멸이라는 큰 순간 전체와 연관된다. uppajjamāna(일어남 중이다)란 일어나는 순간만 연관된다. 그러므로 소멸 순간을 uppanna라 이름한다. uppajjamāna(일어나는 중이다)라 이름하지 않는다. 일어나는 순간에 마음은 uppanna, uppajjamāna 두 종류 모두로써 이름한다.]

경장 방법

『앙굿따라』 세 개의 모임 장章에서 'uppādo paññāyati, vayo paññāyati, ṭhitassa aññathattaṁ paññāyati - 생겨남은 명백하다. 소멸은 명백하다. 머묾이 변한다는 것은 명백하다'고 설하신 것을 뒷받침하여 'ṭhitassa aññathattaṁ - 머묾이 변한다는 것은'에 따라 머묾 순간이 있다고 주장한다. 그러나 경에 의하여 머묾을 두 종류로 구분하여야 한다. 머묾은 일반적인 찰나순간의 머묾이 있다. 그리고 마음이 '계속적인 연속선상에서 머묾(pabandhaṭhī)'이란 개념의 머묾(santati paññatti) 또한 있다. 비유하면 형상을 대상으로 탐심이 일어날 때, 무수히 많은 마음이 일어날지라도 형상에 근거한 마음이 바뀌지 않고 탐심이 견실하게 머무는 것을 '계속적인 연속선상에서 머묾(pabandhaṭhī)'이라 부른다.

계속적인 연속선상의 머묾(pabandhaṭhī)

두 종류의 머묾에서 '생겨남은 명백하다. 소멸은 명백하다. 머묾[지속]이 변한다는 것은 명백하다'에서 '명백하다'는 말을 통해 찰나의 머묾을 밝히려는 것이 아니라, '계속적인 연속선상에서 머묾(pabandhaṭhī)'을 설하시려는 의도임을 알아야 할 것이다. 왜인가? 찰나의 변화는 명백히 알아차릴 수 없으나, 하나의 마음에서 또 하나의 마음으로 변하는 것은 명백히 관찰할 수 있다. 비유하면 탐심이 일어난 것을 봤는데 진심의 마음이 또 일어났다면 보는 사람도 명백히 알 수 있을 것이다. 그러므로 '머묾이 변하는 것은 명백하다'에서 찰나의 머묾을 보이려는 것이 아니라, '계속적인 연속선상에서 머묾'을 보이려는 의도이다. 이것이 『상윳따』앗타까타에 나오는 스승들과 『물라띠까』스승들의 견해이다.

『아누띠까』 등의 반박

한 마음의 일어나는 순간 및 소멸순간은 구분된다. 일어나는 것과 동시에 소멸될 순 없다. 일어나는 멈춤이 반드시 있어야 한다. 일어남의 멈춤, 머묾은 소멸(방가)로 향하는 머묾 순간이다. 위로 던진 막대기는 올라가는 동안 아래로 떨어지지 않는다. 올라가서 멈춤이 있어야 방향을 바꾸어 떨어질 수 있다. 이처럼 막대기가 올라가서 머물러 떨어짐에도 세 단계가 있듯 마음에도 일어남, 머묾, 소멸이라는 세 찰나가 있다. 『찟따야마까』 경에서는 일어남과 소멸의 순간으로 설하여야만 호응할 천인과 범천들의 희망에 따라, 시작의 일어남과 끝의 소멸만을 설하셨다. 중간의 머묾(티띠)을 짐승발자국의 비유로 이해할 수 있을 것이다. 바위의 서쪽과 동편 끝에서 짐승의 발자국을 본 사냥꾼은 이어진 흔적 없이도 바위 위로 짐승이 지나갔음을 추측할 수 있듯이, 일어남의 시작과 소멸의 끝 사이에 존재하는 중간의 머묾(티띠)을 추측하여 아는 것을 짐승발자국 비유라 부른다.

'uppādo paññāyati - 생겨남은 명백하다' '빅쿠들이여! 세 가지의 원인에 조건지어진 육체와 정신이 상카따 법임을 알려주는 특징이 있다' 는 서두를 설하심으로써, 상카따(조건지어져 생멸하는 법)란 진리의 특성을 보이셨다. 여기서는 '머묾' 을 계속적인 연속선상에서 머묾(pabandhaṭhī)이라 여기지 않고, 궁극적 실재인 찰나순간의 머묾만을 취하고 있다. 'paññayati(명백하다)'에서 'pa'는 √ña의 의미를 따르는 접두사이기에 √ña의 의미에 따라 'paññayati(알아진다)'고 해석하지, '명백하다'로 새겨서는 안 된다. 'ṭhitassa aññathattaṁ paññayati'에 의하면 '머묾의 변화를 위빳싸나 명상의 지혜로써 안다'는 의미이다. 그러므로 경장, 아비담마에서는 머묾 순간이 있다고 알아야 한다. 이것이 지속순간이 있다는 견해를 가진 스승들의 반증이다.

이같이 다양한 견해에도 불구하고 앗타까타 스승들은 『다뚜까타』 경에서 탄생(jāti), 성숙(jarā), 죽음(maraṇa)을 물질과 정신에 비유하셨다. 즉, 물질과 정신의 일어남(웁빠다)을 탄생(jāti), 머묾(티띠)을 성숙(jarā), 소멸(방가)을 죽음(maraṇa)이라고 명백히 주장하고 있기에 머묾 순간이 있다는 견해가 유력한 주장이다.

마음의 소멸(방가)에서의 물질

『물라띠까』에 의하면 마음의 소멸순간 물질은 일어날 수 없다. 그러나 『아누띠까』 등에 의하면 일어날 수 있다. 설명하면, 'yassa samudayasaccaṁ nirujjhati, tassa dukkhasaccaṁ uppajjatīti no - 어떤 이에게 집성제가 소멸 중이다. 그렇다면 그 사람에게 고성제가 일어나고 있는 중인가? 일어날 수 없다. ― 『saccayamaka』 경을 뒷받침하여 '마음의 소멸순간에 어떠한 물질도 일어날 수 없다'고 『물라띠까』에서 언급하고 있다. '어떤 이에게 집성제가 소멸 중이다'는 구절로 집성제인 갈애가 소멸하는 소멸순간을 보인다. '그 사람에게 고성제가 일어나는 중인가?' 는 구절로 '갈애가 소멸 중인 소멸순간에 고성제란 세속의 마음[갈애를 제외한] 마음부수, 물질의 법들이 일어날 수 없다'고 답변한다. 이를 뒷받침하여 '탐심이 소멸될 때 일체의 마음, 마음부수가 일어날 수 없듯 모든 물질 또한 일어날 수 없다'고 『물라띠까』 스승들은 주장한다. [본래 머묾 순간이 없다고 여기므로, 『물라띠까』에서는 '모든 물질은 마음의 일어남 순간에만 일어난다'란 견해를 가진다]

『아누띠까』 등

'일어날 수 없다'는 마음으로 생긴 물질을 겨냥한 주장이다. 마음의 소멸(방가)순간에 마음으로 생긴 물질 하나만 일어날 순 없다. 다른 물질들도 일어날 수 있다는 견해이다. 마음은 일어나는 순간 힘이 가장 강하다. 마음의 힘이 약한 소멸순간에 마음으로 생긴 물질이 일어나지 않음은 설득력 있는 주장이다. 업으로 생긴 물질, 기온으로 생긴 물질, 자양분으로 생긴 물질들은 마음과 연관됨이 없다. 멸진정에 입정할 때 마음이 일어나지 않아도 업으로 생긴 물질 등은 일어난다. 마음의 소멸순간 일어나지 못함이 맞는다면 전혀 마음이 없을 때 어떻게 일어날 수 있겠는가? '일어날 수 없다'는 『야마까』경의 견해는 마음으로 생긴 물질을 중심으로 한 시각이다. 업으로 생긴 물질 등 다른 물질들은 마음의 일어나는 순간, 머묾 순간, 소멸 순간, 멸진정 순간 등 원인에 따라 일어날 수 있다.[무색계에서는 일체의 물질이 일어나지 못하니 '일어날 수 없다'는 주장은 무색계 영역을 겨냥한 것이라고 설명하는 것은 논리성이 결여된 것이다]

마음이 물질을 일으키는 모습

arūpavipāka dvipañcaviññāṇa vajjitaṁ pañcasattatividhampi cittaṁ cittasamuṭṭhānarūpaṁ paṭhamabhavaṅgamupādāya jāyan tameva samuṭṭhāpeti.

무색계 과보마음과 한 쌍의 전오식前五識이 제외된 75가지 마음은 첫 번째 바왕가가 일어난 순간부터 마음의 일어남(웁빠다) 순간마다 마음으로 생긴 물질(찟따자루빠)을 일으킨다.

해설

4가지 무색계 과보마음, 10가지 전오식五識 등 14가지마음을 제외한 75가지 마음은 재생연결식 뒤를 따르는 첫 번째 바왕가가 일어난 순간부터 마음으로 생긴 물질(찟따자루빠)을 일으킨다. 마음의 자연적 법칙에 따라 일어남(웁빠다)순간에 힘이 있기에, 일어나는 매순간 마음으로 생긴 물질을 일으킨다. 하나의 마음이 일어나면 마음에서 생긴 깔라빠는 무수하게 일어난다. 'cittādhipati cittasampayuttakānaṁ dhammānaṁ taṁsamuṭṭhānānañca rūpānaṁ adhipatipaccayena paccayo - 통치자인 마음(찟따아디빠띠)은 결합하는 마음부수법들과 마음으로 생긴 물질들에게 아디빠띠빳짜야(통치의 연기법, 增上緣)로 영향을 준다'에서 '이 마음으로 생긴 물질들'라고 복수형으로 설하신 것을 유념토록 한다.

무색계 과보마음은 무색계에서만 재생연결, 바왕가, 죽음의식에 적용되어 일어난다. 무색계는 물질을 혐오하는 무색계인들이 머무는 곳으로서 물질을 일으킬 필요가 없기 때문에 과보마음들은 물질을 일으키지 못한다.

전오식五識은 물질을 일으키지 못한다.

선정요소, 도道요소, 근원과 결합하지 못한 요소의 힘이 약해 전오식(dvipañcaviññāṇa)은 물질을 일으키지 못한다. 자나빳짜야(선정연기법, 禪緣), 막가빳짜야(도道연기법, 道緣), 헤뚜빳짜야(뿌리연기법, 因緣)에서 'jhānaṅgāni jhānasampayuttakānaṁ dhammānaṁ taṁsamuṭṭhānānañca rūpānaṁ jhānapaccayena paccayo - 선정의 요소들은 선정과 결합하는 법들과 이 결합하는 법에 기인하여 일어나는 물질들에게 자나빳짜야(선정연기법)로써 영향을 준다' 등으로 선정요소, 도道요소, 뿌리(헤뚜)들이 물질을 일으키는 것을 보이셨다. 선정은 대상을 집중하여 일심으로 취하므로 마음의 힘이 강하다. 도道요소와 뿌리 또한 지지하고 뒷받침한다. 팔, 다리가 온전치 못한 사람은 일을 성한 사람만큼 능력을 발휘하여 일을 해내지 못하듯, 요소가 완전하지 못한 마음 또한 물질을 일으키지 못한다. 『위방가』 앗타까타에서 'dvipañcaviññāṇesu pana jhā naṅgaṁ natthi maggaṅgaṁ natthi hetu natthīti cittaṅgaṁ dubbalaṁ hotīti cittaṅgadubbalatāya tāni rūpaṁ na samuṭṭhāpenti - 전오식에 선정 요소는 없다. 도道요소도 없다. 뿌리도 없다. 그러므로 마음의 요소는 힘이 약하다. 마음요소의 힘이 약해서 전오식(dvipañcaviññāṇa)은 물질을 일으킬 수 없다'고 언급하고 있다. 『물라띠까』에서도 'jhānaṅgāni hi citte na saha rūpasamuṭṭhāpakāni, tesaṁ pana baladāyakāni maggaṅgādīni, tesu vijjamānesu visesa rūpapavattidassanato - 선정요소들은 마음과 함께 물질을 일으키게 한다. 도道요소들은 선정요소에 힘을 준다. 왜? 도道요소들이 명백할 때 특별한 물질의 일어남을 보게된다'고 뒷받침하고 있다.

무색계 과보마음, 10가지 전오식뿐 아니라 재생연결식과 아라한의 죽음의식 또한 물질을 일으키지 못한다. 그러나 이 마음들은 재생연결과 아라한의 임종에서만 물질을 일으킬 수 없다. 바왕가 및 범부와 유학들의 임종에서는 물질을 일으키기 때문에 여기 숫자에서 줄어들지 않는다. 그러므로 불변하게 물질을 일으키지 못하는 4가지 무색계 과보마음과 10가지 오식五識(dvipañcaviññāṇa)만을 제외시킨 것이다.

재생연결식이 물질을 일으키지 못하는 모습

1. 의지처인 심장토대물질(왓투)의 힘이 약함.
2. 아직 확고하게 머물지 못함.
3. 뿌레자따빳짜야(먼저 일어난 연기법, 前生緣)46 등이 결핍됨.
4. 새로운 생에 처음 도착하였기에 손님 정도로만 일어남.
5. 마음으로 생긴 물질(찟따자루빠)을 존속시키는 원인을 업으로 생긴 물질(깜마자루빠)들이 취하게 된다.

---

46. purejātapaccaya(뿌레자따빳짜야) - 연관된 결과의 법에 의지처의 상태로든, 대상의 상태로든 은혜를 베풀기 위하여 이 결과의 법들이 일어나기 전 먼저 일어나 머무는 능력의 연기법. 前生緣.

이 같은 원인들로 인하여 모든 재생연결식은 물질을 일으키지 못한다.

해설

1. 물질이란 일어나는 순간 힘이 약하다. 재생연결식이 일어날 때 의지처인 심장토대(하다야왓투) 또한 일어나는 중이다. 이같이 힘이 약한 심장토대를 의지하여 일어나는 재생연결식은 물질을 일으키지 못한다. 『칸다위방가』 앗타까타에서 'tattha hi sahajātaṁ vatthu uppādakkhaṇe dubbalaṁ hotīti vatthuno dubbalatāya na samuṭṭhāpeti - 함께 일어나는 심장토대 물질은 일어남 순간에 힘이 약하다. 그러므로 심장토대의 힘이 약한 상태로 인하여 물질을 일으키지 못한다'고 해설하고 있다. 이 앗타까타에서 '심장토대 물질은 일어남 순간에 힘이 약하다'에 따라 심장토대나 재생연결식의 일어남 순간만 힘이 약하다고 여겨서는 안 된다. 재생연결이든 삶의 과정(빠왓띠)이든 일어나는 순간 빳차자따빳짜야(뒤에 일어난 연기법, 後生緣)47의 지지와 원조를 얻지 못하기에 모든 물질이 힘이 약한 것은 자연의 법칙이다. 『물라띠까』에서 다음과 같이 해설하고 있다.

'vatthu uppādakkhaṇe dubbalaṁ hotīti sabbarūpānaṁ uppādakkhaṇe dubbalataṁ sandhāya vuttaṁ. tadā taṁ pacchājātapaccayarahitaṁ āhārādīhi ca anupathaddhaṁti dubbalaṁti vuttaṁ - 심장토대물질이 일어나는 순간 힘이 약하다는 말은 모든 물질의 일어나는 순간 힘이 약함을 겨냥하여 언급한 것이다. 이때 이 심장토대물질은 빳차자따빳짜야(뒤에 일어난 연기법, 後生緣)에서 벗어나고 자양분 등의 지원을 받지 못한다. 그러므로 힘이 약하다고 언급하였다'

2. 재생연결 순간 심장토대물질의 힘은 약하다. 업의 의해 던져

47. pacchājātapaccaya(빳차자따빳짜야) - 뒤에 일어나서 앞에 일어나 있는 결과의 법들을 지지하고 도와 도움을 주는 연기법, 혹은 결과의 법들이 일어나기 전 먼저 일어나 머무는 능력의 연기법.

져 새로운 생에서 아직 확고하게 머물 수 없이, 가파른 절벽에서 떨어지고 있는 남자가 다른 이의 의지처가 되지 못하는 것처럼, 그와 같이 마음으로 생긴 물질(찟따자루빠)들이 일어나도록 사하자따빳짜야(함께 일어나는 연기법, 俱生緣), 닛사야빳짜야(의지하는 연기법, 依止緣)48 등으로 영향력을 발휘할 수 없다.

3. 재생연결 뒤의 첫 바왕가 등 과보마음 또한 업의 강한 힘에 의해 던져져 일어나기에 확고하게 머물 수 없다. 그러나 앞 마음은 아난따라빳짜야(바로 뒤따라 일어나 영향을 주는 연기법, 無間緣)49 등의 영향을 받고, 재생연결 등과 함께 일어나는 심장토대물질은 뿌레자따빳짜야(먼저 일어난 연기법, 前生緣) 등의 영향을 받기에 첫 바왕가 등은 힘이 있어 물질을 일으킬 수 있다. 재생연결식에서는 이같이 뿌레자따빳짜야 및 아난따라빳짜야 등의 지원을 얻지 못하였기에 물질을 일으킬 수 없었다.

4. 낯선 곳에 처음 온 사람이 다른 이를 성의껏 도울 수 없는 것처럼, 재생연결식 또한 이생에 처음 도착한 손님 같은 상태여서 마음으로 생긴 물질이 일어나도록 영향력을 발휘하기 어렵다.

5. 삶의 과정에서의 마음, 마음부수들은 마음으로 생긴 물질에게 아하라빳짜야(자양분의 연기법, 食緣), 인드리야빳짜야(다스림의 연기법, 根緣)50 등으로 함께 일어나는 연기법인 사하자따빳짜야(함께 일어나는 연

---

48. sahajātapaccaya(사하자따빳짜야) - 자신의 일어남과 동시에 결과 법들의 일어남이 일어나도록 은혜를 베풀 수 있는 능력의 연기법.
 nissayapaccaya(닛사야빳짜야) - 이 원인의 법에 결과법들은 의지하고 머문다. 이같이 의지처로써 도움을 주는 연기법.
49. anantarapaccaya(아난따라빳짜야) - 자신의 바로 뒤에서(빈틈없이) 연관된 마음(識), 마음부수(受, 想, 行)들이 일어나도록 은혜를 베푸는 능력의 연기법.
50. āhārapaccaya(아하라빳짜야) - 자신의 결과 법들을 지원, 지탱시킴으로써 도움을 주는 연기법,
 indriyapaccaya(인드리야빳짜야) - 연관된 일(작용)에서 자신의 원함만큼 통치하여 압도함으로써 도움을 주는 연기법.

기법, 俱生緣)의 영향을 준다. 재생연결은 이 힘으로 동반하는 업으로 생긴 물질에 영향을 주었다. '마음으로 생긴 물질에게 입힌 영향은 함께 동반하는 업으로 생긴 물질들이 입었다' 이 같은 의미이다. [이 의미는 『칸다위방가』 앗타까타에 나온다. 많은 연기법(빳짜야)들에 적용되므로 연기의 장을 능숙하게 배웠을 때 이해할 수 있을 것이다.]

아라한의 죽음의식은 물질을 일으키지 못한다.

무명과 갈애의 윤회의 강을 거슬러 오른 분이여서 새로운 생의 물질과 무관하기에 아라한의 죽음은 물질을 일으키지 못한다.

『위바위니』

'윤회의 강을 거스른 뒤이기에 아라한의 죽음의식은 매우 고요하여 물질을 일으킬 수 없다'고 말한다. 이 말은 앗타까타, 띠까의 의도가 아니다. 『칸다위방가』 물라띠까와 『앗타살리니』 물라띠까에서, '상카라야마까' 장章에 근거하여 일체 중생들의 죽음의식도 물질을 일으키지 못한다고 언급하고 있다. 이에 대한 설명은 저 띠까들에서 찾아보면 알 수 있다.

행주좌와行住坐臥를 지탱하는 모습

tattha appanājavanaṁ iriyāpathampi sannāmeti.

이중에서 본삼매속행(압빠나속행)는 행주좌와도 지탱한다.

해설

자세(iriyā)와 행동(kiriya)은 같은 뜻이다. 행동(kiriya)의 모든 작용을

'자세(iriyā)'라 부른다. patha란 '원인'을 뜻한다. 몸의 행위, 행동이 일어나는 원인을 행주좌와(iriyāpatha)라 부른다. 행주좌와는 가고 서고 앉고 누움의 네 가지이다. 몸과 연관된 모든 작용은 이 네 가지 자세에서 벗어날 수 없다. 선정, 도道, 과果속행을 본삼매(압빠나) 속행이라 부르며, 본삼매 속행은 근본 자세가 훼손되지 않도록 확고하게 유지시킨다.[선정에 입정하기 전 상태로 지탱시킨다] '본삼매 속행 스스로 행주좌와(이리야빠타)를 일으키지는 못한다'란 뜻이다. [뒤에 신통지에 대해 따로 언급할 것이다. 여기서 본삼매 속행을 의지한 신통지(아빈냐)가 일어나는 제5선은 포함되지 않는다.]

일부 견해

어떤 분들은 본삼매 속행 스스로 행주좌와를 일으킬 수 있다고 말한다. 그러나 행주좌와의 행을 일으킬 때, 앞을 향해 걷게 하려면 움직임의 암시(윈낫띠)가 포함되어야 할 터인데, 본삼매속행들은 암시를 일으키지 못한다. 그러므로 암시가 포함되지 않으면 안 되는 행주좌와를 시작조차 일으킬 수 없다. 결정하는 마음(옷타빠나), 욕계 속행, 신통지 때문에 일어나는 행주좌와를 지지하고 지탱시키는 정도만 가능하다. 지지하고 지탱함이란 근본자세 그대로를 훼손치 않고 지탱시키는 뜻이라고 『루빠깐다물라띠까』에서 설명하고 있다.

api(도)

행주좌와도에서 '도'란 보조사는 앞 문장에서 언급한 일반적인 물질과 합쳐진다. [행주좌와(이리야빠타), 암시(윈낫띠)가 포함되지 않은 물질을 일반적 물질이라 부른다] '본삼매 속행은 일반적 물질을 일으키는 정도뿐만 아니라 행주좌와까지 지탱시킨다' 이같은 의미이다. 이 의미를 겨냥하여 아누룻다 존자께서 집필하신 『나마루빠빠릿체다』에서

'고귀한 마음, 출세간마음인
모든 본삼매 속행은 행주좌와와
일반적 물질을 일으킨다.
이같이 말한다.'

'iriyāpatharūpāni(행주좌와와 일반적 물질들을) janenti(일으킨다)' '행주좌와를 지탱시키고, 일반적 물질을 일으키게 한다'는 의미이다. 『청정도론』 막가막가냐나닷사나닛데사에서도 이러한 의미이다.

암시(윈냣띠)를 일으키는 모습

voṭṭhabbana kāmāvacara javanābhiññā pana viññattimpi samuṭṭhāpenti.

결정하는 마음, 욕계 속행, 신통지의 마음은 윈냣띠(암시) 또한 일으킨다.

해설

'viññattimpi - 윈냣띠(암시) 또한' 에서 'pi(또한)' 이란 일반적 물질과 행주좌와를 합한 것이다. 그러므로 1가지 결정하는 마음(옷타빠나), 29가지 욕계 속행, 2가지 신통지 마음 등 32가지 마음은 일반적 물질을 일으키고 행주좌와를 지지하며 지탱시킬 뿐 아니라, 몸짓과 말의 2가지 암시(윈냣띠) 또한 일으킨다. 몸의 암시(까야윈냣띠)가 일어나면 몸이 움직여진다. 그러므로 마음이 가고 오는

움직임인 행주좌와를 일으킬 수 있다.

주의

'결정하는 마음, 욕계 속행마음'이라 일반적으로 말하지만 의문意門인식과정에 포함되는 욕계 속행만을 취해야한다. 오문五門인식과정에 포함되는 결정과 속행들은 암시를 일으킬 수 없으므로 행주좌와 또한 지탱시킬 수 없다. 뒤에 올 미소를 일으키는 마음 또한 의문意門인식과정에 기인한다.

미소를 일으키는 모습

somanassajavanāni panettha therasa hasanampi janenti.

이중에서[결정하는 마음, 욕계 속행, 신통지 마음 중] **즐거움과 함께하는 13가지 속행마음은 미소를 일으킨다.**

해설

앞에서 보여준 결정하는 마음, 욕계 속행, 신통지 중, 4가지 즐거운 느낌과 함께하는 탐심뿌리마음, 1가지 미소마음, 4가지 욕계 즐거운 느낌과 함께하는 선善마음, 4가지 욕계 즐거운 느낌과 함께하는 작용만 하는 마음 등 13가지 마음은 미소를 일으킨다.

여덟 범부, 여섯 유학, 다섯 아라한의
미소를 짓는 마음은 이 13가지이다.

이 시에서 범부는 4가지 즐거운 느낌과 함께하는 탐심뿌리마음, 4가지 욕계 즐거운 느낌과 함께하는 선善, 이 8가지 중 하나로 미소 짓는다. 유학有學들은 2가지 사견과 결합하지 않는 탐심뿌리마음, 4가지 욕계 즐거운 느낌과 함께하는 선善 등 6가지 마음 중 하나로 미소 짓는다. 부처님, 아라한들은 1가지 미소 짓는 마음, 4가지 욕계 즐거운 느낌과 함께하는 작용만 하는 마음 등 5가지 중 하나로 미소 짓는다.

일부 스승들은 아라한에게 미소 짓는 마음이 있음은 인정하지만 부처님께는 인정하지 않는다. 이들이 제시한 근거는 'buddhassa bhagavato sabbaṁ kāyakammaṁ ñāṇānuparivattittaṁ - 일체의 법을 아시는 부처님의 모든 신업身業에는 지혜가 따른다'는 부처님의 공덕(aveṇikaguṇa)에서 'ñāṇānuparivattittaṁ - 지혜가 따른다'는 말에 근거한 것이다. 미소지음은 소리를 내지 않기에 신업身業에 해당된다. '지혜가 따른다'란 말처럼 신업에 지혜가 따라야 할 것이다. 그러나 지혜가 배제된 미소 짓는 마음에 어떻게 지혜가 따를 수 있겠는가? 그러므로 부처님은 언제 어느 때에도 미소짓는 마음으로 미소짓지 않으신다는 견해를 취했다.

반박

이 말에 대한 반박은 아래와 같다. 부처님께서 어떤 사람의 특별한 선업, 불선업을 보실 때는 숙명통51으로 과거 혹은 과거에 일어난 모습을 대상으로 하시거나 아니면 미래에 일어날 징표를 미래분지未來分智로 보실 때 이 미소 짓는 마음으로 간혹 미소 지으신다. 이 숙명통 혹은 미래분지와 전능지 뒤에 이 미소 짓는 마

51. pubbenivāsañāṇa(뿝베니와사냐나) - 과거에 지낸 적이 있는 오온五蘊의 연속과 이름, 혈족 등을 연속하여 기억해 내는 사띠와 결합하는 지혜. 숙명통.
anāgataṁsañāṇa(아나가땅사냐나) - 미래에 일어날 오온五蘊의 연속과 이름, 혈족 등을 아는 지혜.

음이 일어나기 때문에 부처님께서 미소 짓는 신업身業은 실로 'ñāṇ ānuparivattittaṁ - 지혜가 따른다'이다.

진심으로 미소짓지 않는다.

어떤 경우에 이길 수 있는 적과 마주한다면, 진심으로 미소짓지 않겠는가? 적을 대상으로는 진심이 일어나지만 진심은 미소를 일으키지 못한다. 이길 수 있는 상황에서 '이놈을 내가 원하는 대로 처치할 수 있을 거야'란 만족감의 즐거운 느낌과 함께하는 속행이 일어나야, 즐거운 느낌의 속행 때문에 미소짓게 된다. 진심과 즐거움이 뒤섞여 일어나는 마음의 실상을 모르는 사람들은 진심으로도 미소 지을 수 있다고 생각한다.

기온이 물질을 일으키는 모습

sītuṇhotusamamaññātā tejodhātu ṭhitippattāva utusamuṭṭhāna rūpaṁ ajjhattañca bahiddhā ca yathārahaṁ samuṭṭhāpeti.

차고 더운 것으로 알려진 불의 요소는 머묾(티띠)순간에 도달해야만 기온으로 생긴 물질을 내부와 외부에서 적합하게 일으킨다.

해설

사대四大의 하나인 불요소 속에 차가운 입자(깔라빠)를 시따우뚜(차가운 기온), 뜨거운 입자를 우나우뚜(뜨거운 기온)라 한다.

'머묾(티띠)순간에 도달해야만 기온으로 생긴 물질'

물질은 소멸이 느려 머묾(티띠)이 길다. 때문에 근원적으로 머묾

(티띠)은 힘으로 충만할 수 있다. 불요소는 일어난 뒤 머묾에 도달해서야 새로운[new] 기온으로 생긴 물질을 생성시킨다. 이같은 각각의 깔라빠 안에 포함된 불의 요소는 생성한 뒤 머묾에 도달해서야 기온으로 생긴 물질을 새롭게 일으킨다. 이때 하나의 기온으로 생긴 물질은 하나의 기온으로 생긴 물질 깔라빠를 생성시킨다.

『위바위니띠까』

'pacchājātādi paccayupat thambhalābhena ṭhit ikkhaṇeyevautuojānaṁ bal avabhāvo - 빳차자따빳짜야 등 연기법의 지원을 얻어 머묾 순간에 기온, 자양분은 힘있게 일어난다'는 구절이 있다. 빳차자따빳짜야(뒤에 일어난 연기법, 後生緣), 아하라빳짜야(자양분의 연기법, 食緣) 등의 도움을 머묾 순간에 와서야 얻을 수 있기에 기온, 자양분은 머묾 순간에야 힘이 강해져 물질을 일으키게 한다. 그렇지만 멸진정에 입정할 때 빳차자따빳짜야의 지원을 얻지 못하고, 무상유정의 영역에서는 빳차자따빳짜야, 아하라빳짜야 지원 모두를 받지 못한다. 외부 기온 또한 빳차자따빳짜야의 지원을 받지 못하지만 기온들은 물질을 일으킬 수 있다. 그러므로 기온이 물질을 일으킬 때, 빳차자따빳짜야 등 연기법들은 큰 힘이 되지 못한다. 물질의 자연적 성품은 머묾 순간에 와서 힘이 강해지므로 연관된 물질을 일으킬 수 있다. 빳차자따빳짜야 등 지원을 얻는다면 근본 능력보다 더욱 힘이 커진다고 추론할 수 있다.

내부기온은 내부(앗잣따)에서 얻을 수 있는 일체의 '기온으로 생긴 물질(우뚜자루빠)'을 알맞게 일으킬 수 있고, 외부기온 또한 외부에서 얻을 수 있는, 기온에서 생긴 일체의 물질을 일으킨다.[내부기온은 자신 스스로 물질을 일으키지 못한다. 외부기온의 도움을 얻어야 일으킬 수 있다고 경에 언급되어 있다. 외부기온 또한 몸

에 접촉하고 침투하기에 내부기온을 언제나 돕고 지원할 기회를 갖는다.]

자양분이 물질을 일으키는 모습

ojāsaṅkhāto āhāro āhāra samuṭṭhānarūpaṁ ajjhoharaṇakāle ṭhānappatteva samuṭṭhāpeti.

자양분이라 불리는 음식물은 입안에 삼켜지는 머묾(티띠)순간에 자양분으로 생긴 물질을 일으킨다.

해설

먹고 마시는 모든 것을 '자양분(아하라)'이라 부를 수 있어도 물질을 일으키려면, 영양분이나 에센스만을 취해야 하기에 '자양분이라 불리는 음식물' 이라 언급하고 있다.

'입안에 삼켜지는 ‖중략‖ 일으킨다'

일반적 경우 'ajjhoharaṇakāle - 삼킨 순간 자양분으로 생긴 물질을 일으킨다'는 뜻이다. 실제 삼키기 전의 씹는 과정에서부터 일부 음식의 맛은 혀에서 몸으로 퍼져간다. 양분이 훌륭하면 몸으로 퍼지는 속도도 빠르고, 양분을 운반하는 신경이 깨끗하면 퍼지는 속도 또한 빠르다. 저열한 음식은 이빨로 씹고 삼켜야 퍼진다. 삼킨 뒤 위장에 도달하면 위액과 함께 일부의 양분은 찌꺼기로 남고 일부는 신경을 따라 온몸에 액체 상태로 퍼진다. 이 자양액이 퍼지는 곳에 포함되어 있는 양분(오자)이 물질을 일으킨다. 그러므로 먹고 안 먹고, 혹은 삼키고 삼키지 않음이 관건이 아니라, 양분액이 퍼지고 퍼지지 않음이 핵심이다.[kabaḷīkārāhāro tāva mukhe thapitamatt ova aṭṭharūpāni samuṭṭhāpeti - 한 움큼으로 만든 음식자양분은 입안에 삼켜지는 것만으로 8가지 물질을 일으킨다. dantavicuṇṇitaṁ pana ajjhoharīyamānaṁ ekekaṁ sitthaṁ aṭṭharūpāni samuṭṭhāpeti - 이빨로 씹혀 삼켜진 한 알 한 알의 밥알들은 8가지 물질을 일으킨다. ―『물라 빤나따까』삼마딧티숫따 앗타까타.]

이시싱가수행자가 삼년동안 의식을 잃었을 때, 솜털 구멍으로 천인들이 천상의 양분을 주입하자 자양분으로 생긴 물질이 생겨났다. 음식을 먹지 못하는 병자에게 콧구멍으로 음식을 주입시킴으로써 자양분으로 생긴 물질이 생겨나게 된다. 어머니 모태에 있는 아기의 작은 몸에 어머니가 먹고 마신 음식물이 연결되어 자양분으로 생긴 물질이 생겨난다. 사람들이 섭취하는 음식에 포함된 양분은 7일정도 퍼져있을 수 있기에 7일정도 몸을 지지하며 자양분으로 생긴 물질을 생성시킬 수 있다. 천인들이 섭취하는 자양분은 한 달, 두 달까지도 영향을 준다고 한다.

ekadivasaṁ paribhuttāhāro sattāhampi upatthambheti. dibbā pana ojā ekamāsaṁ dvimāsampi upatthambheti. mātarā paribhuttāhāropi dārakassa sarīraṁ pharitvā rūpaṁ samuṭṭhāpeti. sarīre makkhitāhāropi rūpaṁ samuṭṭhāpeti - 하루 먹은 자양분은 7일 동안 지탱시킨다. 천상의 자양분은 한 달, 두 달 동안 지탱시킨다. 어머니가 먹어 삼킨 자양분은 아기의 몸에 퍼져 물질을 일으킨다. 몸에 발라진 자양분도 물질을 일으킨다. 『청정도론』막가막가냐나닷사나위숟디닛데사.

머묾(티띠)순간에 도달해서야 ‖중략‖ 물질을 일으킨다.

여기서 'ṭhānapattova - 머묾(티띠)순간에 도달해서야' 란 말을 특별하게 생각할 필요가 없다. 물질의 본성대로 머묾순간에 도달해야 힘이 있기에 '머묾순간에 도달해서야 ‖중략‖ 물질을 일으킨다.' 라고 말한 것이다. 물 컵에 든 물에서 조차 '물은 근본이 소멸되지 않은 상태로 담겨있다'고 여길지라도 조사해 보면 오래된 물은[액체의 입자(깔라빠)들이] 소멸되고 새로운 물이 생성되듯 자양액도 온몸에 퍼져 오래된 자양액은 계속 소멸되고 새로운 자양액은 계속 일어남하여 머묾 순간에 자양분으로 생긴 물질입자들을 하나씩 생성시킨다.

음식 속에 포함된 자양분은 몸에 있는 업으로 생긴 물질들의[특별히 업에서 생긴 자양분(깜마자오자)의] 원조를 받아야 물질을 생성시킬 수 있다. '자양액이 몸에 퍼질 때 그곳에 있던 업으로 생긴 물질(깜마자루빠)들과 결합한다. 그 물질의 지원을 얻어 자양액에 포함되어 있는 양분이 물질을 일으킬 수 있다'

āhārasamuṭṭhānaṁ nāma? upādinnaṁ kammajarūpaṁ paccayaṁ labhitvā tattha patiṭṭhāya ṭhānappattāya samuṭṭhāpitaṁ ojāṭṭhamakaṁ - 자양분으로 생긴 물질이란? 업의 결과 물질[upādinnaṁ]인 깜마자루빠의 지원을 얻어, 이 도움으로 머묾에 도착하여 생성된 자양분을 여덟 번째 원소로 하는 분리할 수 없는 물질(ojāṭṭhamakaṁ)이다' 등『청정도론』 막가막가냐나닷사나위숫디닛데사에서 언급하고 있다.

『마하띠까』의 견해

『청정도론마하띠까』에서 '음식에 포함된 외부자양분(바힛다오자)은 몸 안에서 직접적으로 물질을 생성시킬 수 없다. 몸 안에 항상 머무는 업, 마음, 기온, 자양분에서 생긴 양분(ojā)만이 자양분으로 생긴 물질을 일으킨다. 외부의 자양분은 내부의 자양분을 생성시키도록 도울 수만 있다'고 한다. 이런 추론과 상반된 견해를 『빤나사상윳따』, 『빳타나앗타까타』에서 피력하고 있다. 음식에 포함된 외부자양분이 몸속에서 물질을 생성시킨다는 것은 명백한 사실이다. 건강하지 못한 사람은 나쁜 음식을 맛보기만 해도 병은 악화되거나 적합한 음식을 섭취하여 건강을 되찾는다. 좋은 약 한 컵으로 건강을 되찾기도 하고, 음식이 훌륭하고 맛있다면 머지않아 살과 피부 또한 윤택해질 것이다. 이것이 외부음식에 포함된 외부자양분의 능력이 아니겠는가.

이같이 내부자양분의 후원에 힘입어[upattambhakasatti] 외부자양분의 발생력[janakasatti]으로 '자양분으로 생긴 물질'을 일으키는 것이 명백한 사실이다. 즉, '외부자양분 홀로 물질을 생성시키지 못하고, 지원하는 정도로만 도울 수 있다'는 담마빨라 존자의 견해를 대부분의 스승들은 찬성하지 않는다.

업으로 생긴 물질 등의 특질

업으로 생긴 물질

tattha hadaya indriyarūpāni kammajāneva.

이 물질들 중에서 심장토대물질, 기능根물질(인드리야루빠)들은 업에 기인한다.

해설

심장토대물질, 눈 등 5가지 감각 물질, 2가지 성性물질, 생명물질, 이 9가지는 과거에 행한 업 때문에 생겨난다. 'kammajāneva - 업만을 기인하여 일어나는 물질들이다.'에서 'eva만'이란 보조사로 마음, 기온, 자양분에 기인하지 않는다고 한정하고 있다. 마음, 기온, 자양분들은 9가지 물질을 직접 일으키진 못해도 지원하거나 지지할 수 있음을 시각물질(짝쿠빠사다루빠)에서 이미 언급하였다.

마음으로 생긴 물질

viññttidvayaṁ cittajameva.

두 가지 암시(윈냣띠)는 마음에 기인한다.

해설

2가지 암시가 마음에서 생긴 것임을 암시물질(윈냣띠루빠)에서 보였다. 사대四大가 일어나는 순간(웁빠다)에만 명백히 나타나는 특별한 행위[암시]이기에 물질의 작은 찰나순간 51번까지 지속되지 못하고 마음이 소멸될 때마다 사라진다. 2개조 서문[dukamātika]에서 '마음을 연속하여 따르는 법(cittānuparivattino dhammā)' 에 두 가지 암시가 포함된다. 'cittajāneva – 마음만을 기인하여 일어나는 물질들이다.'에서 'eva만'이란 보조사로 업으로 생긴 물질 등을 제한하고 있다.

두 가지 원인에 기인하는 물질

saddo cittotujo.

소리물질은 마음, 기온에서 기인한다.

해설

'소리물질은 마음, 기온 두 가지 때문에 일어난다'고 하지만 마음, 기온 두 가지가 한꺼번에 일으킨다고 여겨서는 안 된다. 중생들의 말소리, 웃음소리, 우는 소리 등은 마음에서 생긴 소리이나 뱃속소리, 축음기 소리, 바람 소리, 빗소리, 피리소리 등은 기온으로 인하여 일어남을 구분하여야 한다.

음성이 좋고 나쁜가?

중생들의 소리가 마음에 기인한다면 왜 어떤 음성은 좋고 어떤 음성은 나쁜가? 마음에서 생긴 것은 모두 같다면 음성 또한 동일해야 하지 않은가? '중생들의 소리는 마음에 기인하여 일어난다' 는 말은, 좋은 음성, 나쁜 음성은 마음 하나만 연관된 것이 아니라 업과도 연관됨을 설명한 것이다. 업은 음성이 생겨나는 곳에서, 업에서 생긴 땅요소(깜마자빠타위)가 훌륭하게 형성된다면 음성이 좋다. 업에서 생긴 땅요소가 저열하다면 음성은 나쁘다.

마음이 일어나지 않는 이상, 소리는 생겨나지 않는다. 말하려는 마음이 일어나야 소리가 생겨난다. 따라서 마음은 음성이 생겨나기 위한 가장 가까운 원인이다. 소리가 일어남은 자리에는 수많은 업으로 생긴 물질(깜마자루빠)이 있다. 업이 '업에서 생긴 땅요소(깜마자빠타위)'를 훌륭하게 형성하였다면 말하려는 의도와 동시에 마음에서 생긴 땅요소(찟따자빠타위다뚜)와 업에서 생긴 땅요소(깜마자빠타위)들이 부딪쳐 접촉해야 좋은 소리가 생겨날 수 있다. 저열한 업은 나쁜 땅요소를 형성시켜 땅요소들과의 접촉으로 나쁜 음성이 나온다. 즉 좋은 음성, 나쁜 음성은 업에서 생긴 땅요소와 연관된다. 업에서 생긴 땅요소가 좋고 나쁜 것은 근본 업과 연관된다. 비유하면, 악기의 소리가 좋고 나쁜 것은 악기 재료의 품질과 연관된다. 악기의 좋고 나쁨은 악기를 만드는 사람과도 연관된다. 그러므로 쿳다까 『니디깐다숫따』 경에서 다음과 같이 말씀하셨다.

> 좋은 피부색, 좋은 음성
> 좋은 외모, 좋은 몸
> 우두머리가 됨, 따르는 많은 권속,

모든 것은 선업에 기인하여 얻어진다.

마음에서 생긴 땅요소와 업에서 생긴 땅요소가 접촉할 때 가까이 있는 기온, 자양분에서 생긴 땅요소, 마음에서 생긴 땅요소 또한 서로 부딪칠 것이다. 그러므로 기온이 좋고 음성을 맑게 하는 약 등을 섭취하여 자양분으로 생긴 물질이 좋을 때, 마음이 행복할 때 음성이 좋다. 기온 등이 나쁘면 소리 또한 나쁘게 나온다.

세 가지 원인에 기인하는 물질

lahutādittayaṁ utucittāhārehi sambhoti.

가벼움(라후따) 등 3가지 물질은 기온, 마음, 자양분에서 기인한다.

해설

가벼움 등 세 가지 물질이 기온, 마음, 자양분에서 생긴다고 앞에서 알았다. 만약 가벼움 등이 업에서 기인하여 일어날 수 있다면 시각물질 등의 물질(깜마자루빠)들처럼 항상 얻을 수 있을 것이다. 그러나 건강하지 못하고 마음이 행복하지 않고 섭취한 음식물이 적합하지 못할 때 가벼움 등 세 가지 물질은 존재할 수 없다. 따라서 가벼움 등의 물질은 업으로 생긴 물질이 아니라, 마음, 기온, 자양분에 기인하여 일어난 물질이다.

네 가지 원인에 기인하는 물질

avinibbhogarūpāni ceva ākāsadhātu ca catūhi sambhūtāni.

분리할 수 없는 물질과 허공계는 네 가지 원인에서 기인한다.

해설

아위닙보가루빠(avinibbhogarūpa) - 분리할 수 없는 최소 단위의 물질은 8가지이다. 물질의 최소 단위인 땅地, 물水, 불火, 바람風 4대요소와 형상, 냄새, 자양분, 맛 등 8가지이다.

분리할 수 없는 물질은 물질다발(깔라빠) 중 '업에서 생긴 깔라빠'에 포함된다. 마음, 기온, 자양분에서 생긴 깔라빠에도 포함된다. 분리할 수 없는 물질에서 벗어난 깔라빠란 존재하지 않는다. 즉 분리할 수 없는 물질은 업, 마음, 기온, 자양분의 네 가지 원인에 의하여 일어난다. 이런 원인이 형성되어 두 가지 물질다발(깔라빠)이 결합할 때 허공계라 불리는 틈이 자연적으로 형성된다. 실제로 허공계는 어떤 원인 때문에 생겨나는 것이 아니다. 그러나 원인에 의해 생겨난 물질다발들과 연관되어 나타난다. 즉, 넝쿨 하나를 당기면 모두 딸려 나오는 '벗어나지 못하는 방법[avinābhāva]' 과 같다. '4가지 원인에 기인하는 물질[catusambūta]'을 의지하여 생겨나는 허공계를 의지처에 비유하여 4가지 원인에 기인하는 물질이라 부른 것이다.

어떠한 원인도 없는 물질

lakkhaṇarūpāni nakutoci jāyanti.

특징물질(락카나루빠)은 어떠한 원인에도 기인하지 않는다.

요약

aṭṭhārasa pannarasa terasa dvādasāti ca.
kammacittotukāhārajāni homti yathakkamaṁ.

jāyamānādi rūpānaṁ sabhāvattā hi kevalaṁ.
lakkhaṇāni na jāyanti kehicīti pakāsitaṁ.
ayamettha rūpasamuṭṭhānanayo.
18가지, 15가지, 13가지, 12가지
이러한 순서로
업, 마음, 기온, 자양분으로 생긴 물질들은 일어난다.
특징물질(락카나루빠)들은
일어남 등은 물질의 자연적 성품일 뿐이기에,
어떠한 원인에 의해서도 일어난 것이 아니라고 설하셨다.
이것이 물질을 일으키는 원인이다.

해설

생성(우빠짜야), 증장(산따띠) 등 네 가지 특징물질(락카나루빠)은 어떠한 원인으로도 일으키지 못한다. '일어남 등은 물질의 자연적 성품일 뿐이기에'에서 하나의 물질다발(깔라빠)이 일어나면 '일어남'이라는 생성, 증장은 자연법칙에 따라 생겨난다. 머묾(티띠)에 물질다발이 머물면 '익음'이라는 성숙(자라따)이 포함된다. 물질다발이 소멸될 때 소멸(아닛짜따) 또한 포함된다. 생성, 증장이라 부르는 자띠(생성), 자라따(성숙), 아닛짜따(소멸)를 인위적으로 일으키면, 생성(자띠)의 생성물질(자띠루빠), 생성(자띠)의 성숙물질(자라따루빠), 생성(자띠)의 소멸물질(아닛짜따루빠) 또한 있어야 할 것이다. 이와같이 성숙(자라따)의 생성물질(자띠루빠), 소멸(아닛짜따)의 생성물질(자띠루빠) 등도 있어야 할 것이다. 그러나 그렇게 만들 수 없다. 생성(자띠), 성숙(자라따), 소멸(아닛짜따)는 실재하는 궁극적 물질이 아니라, 물질다발들의 개념으로 존재하기 때문이다.

아비담마경에서는 '생성, 증장은 업 등의 원인으로 일어난다'고 방편으로만 설하셨다. 실제로는, 반드시 업 등 원인에 의해 일어나는 것이 아니어서 '어떠한 원인에도 기인하지 않는다' 고 말하고 있다.

『루빠깐다』 경과 『빳타나』 경에서 생성(우빠짜야), 증장(산따띠)을 업 등의 원인에 의해 일어나는 물질 속에 포함시켜 설하셨다. 이런 부처님의 의도는 물질을 일으켜야 할 업이 업으로 생긴 물질(깜마자루빠)을 형성하지 못한다면, 자신이 해야 할 일에서 벗어날 수가 없다. 마치 어떤 일을 하는 사람이 그 일을 마치기 전까지는 노력[걱정]에서 벗어날 수 없는 것과 같다.

업의 힘은 업으로 생긴 물질의 일어남이 끝나야 [자신의 책임이 끝났다고 안도하고서] 고요해진다. 이같이 원인인 업력에서 벗어나기 전 생성(우빠짜야)과 증장(산따띠)이 더욱 선명히 드러나기에 이들을 업으로 생긴 물질(깜마자루빠)이라고 방편으로 설하셨다. 마음, 기온, 자양분에 기인한다 하신 것도 같은 이유에서이다. 성숙(자라따), 소멸(아닛짜따)는 업력이 고요해진 뒤에 선명해지기에 아비담마 경에서는 업으로 생긴 물질(깜마자루빠) 등으로 부르지 않는다.

'18가지, 15가지, 13가지, 12가지'

업으로 생긴 물질 18가지 - 9가지 반드시 업이 기인하는 물질과 8가지 분리할 수 없는 물질(아위닙보가루빠), 1가지 허공계(아까사다뚜).

마음으로 생긴 물질 15가지 - 2가지 암시(윈냣띠루빠), 1가지 소리, 3가지 가벼움 등 특별하게 만드는 물질(위까라루빠), 8가지 분리할 수 없는 물질(아위닙보가루빠), 1가지 허공계(아까사다뚜).

기온으로 생긴 물질 13가지 - 앞의 15가지에서 2가지 암시(윈냣띠루빠)을 제외시킴.

자양분으로 생긴 물질 12가지 - 앞의 13가지에서 소리물질을 제외시킴.

물질 깔라빠

깔라빠의 특징

ekuppādā, ekanirodhā, ekanissayā, sahavuttino ekavīsatirū pakalāpānāma.

함께 일어나고 함께 소멸하고 동일한 의지처를 가짐으로써 집합하여 일어나는 물질을 21가지의 깔라빠(물질다발)라 부른다.

해설

물질다발(루빠깔라빠)

kalā[avayavā] aponti pāpuṇanti etthāti kalāpo - 이 모임에 부분[요소]의 법들은 도달한다. 그러므로 이 모임을 깔라빠라 부른다.

위의 뜻풀이에 따라 부분(요소)들이 도달하고 모이고 집합하는 다발을 '깔라빠'라 부른다. 물질들이 일어날 때 하나씩 구별되어 일어나지 않는다. 최소 8가지인 분리할 수 없는 물질(아위닙보가루빠)들이 결합하여 다발(깔라빠)을 이루어 생성되고 소멸된다.

함께 일어나고 ‖중략‖ 21가지의 깔라빠라 부른다.

'함께 일어나고 함께 소멸하며'라고 마음부수心所의 특징을 보인 글과 같다. 다만 물질이 대상을 취할 수 없기에 '동일한 대상'이란 말이 포함되지 않았다는 것만 다른 점이다. '함께 일어나고 함께 소멸하고 동일한 의지처를 가짐으로'의 세 가지로 다발(깔라빠)을 구성하는 요소를 꼽는다. 마음부수心所의 특징에서 'cetoyuttā - 마음識과 결합한' 란 구절로 마음부수의 뜻을 설명했듯이 여기서는 'sahavuttino - 집합하여 일어나는 물질을' 란 구절로 다발(깔라빠)의 뜻을 설명했다. 함께 일어나고 함께 소멸하고 동일한 의지처를 가짐은 '집합하여 일어나는 물질(sahavuttino)' 의 세 가지 요소이다. sahavuttino와 kalāpa(깔라빠)란 단어는 동일한 뜻으로 위의 세 가지를 깔라빠의 요소라 말한다. 일부는 '집합하여 일어나는 물질(sahavuttino)' 을 다발(깔라빠)의 요소로 취하기도 한다.

'eko samāno uppādo yesaṁti ekuppādā - 물질에는 함께 일어남이 있다. 이 물질들은 함께 일어난다고 부른다' 등으로 풀이한다. 함께 일어나는 것은 일어남(웁빠다), 함께 소멸하는 것은 소멸(방가)이다. 하나의 다발(깔라빠)에 포함된 일어나는 물질들은 사대四大를 의지한다. 이 사대는 상호간에도 서로 의지한다. 이와 같이 동일한 의지처를 가지는 것을 '동일한 의지처'라 부른다.

'함께 일어나고 함께 소멸하고'에서 eka(함께)란 '하나'란 숫자의 의미도 지닌다. 하나의 깔라빠에 8개 혹은 9개 물질모임 등 많이 포함하더라도, 한 깔라빠에는 일어남(웁빠다), 머묾(티띠), 소멸(방가) 하나씩만 존재한다. 왜냐하면 하나의 깔라빠는 구분할 수 없도록 눌러 채워져 서로 붙어 있기 때문에, 하나의 팔원소(앗타깔라빠)물질에 8개의 일어남, 8개의 머묾, 8개의 소멸로 있을 수 없다. ekeka kalāpapariyāpannānaṁ rūpānaṁ saheva uppādādippavattito ekassa kalāpassa uppādādayo ekekāva honti - 하나의 다발(깔라빠)에 포함되어 있는 물질들이 함께 모여 일어남, 머묾, 소멸이 일어난다. 그로 인하여 하나의 깔라빠에 일어남(웁빠다), 머묾(티띠), 소멸(방가)는 하나씩만 일어난다. -『루빠깐다물라띠까』

'sahavuttino - 집합하여 일어나는 물질' 을 다발(깔라빠)의 요소라 하는 이들은 '함께 일어남(ekuppāda)과 집합하여 일어남(sahavuttino)'의 차이를 말하고 있다. 원래 '집합하여 일어남(sahavuttino)'은 요소가 아니기에 특별히 고려할 부분은 없다. 함께 일어남(ekuppāda)은 하나의 다발(깔라빠)에서 함께 일어난다는 것이다. '집합하여 일어남(sahavuttino)'의 경우 8가지 물질 등이 하나의 다발(깔라빠)에서 함께 일어나고 소멸된다는 뜻이다. 이 함께 일어남(ekuppāda) 등의 요소는 실제로 일어남, 머묾, 소멸을 얻을 수 있는 궁극적 실재인 구체적인 물질(닙판나루빠)을 말한 것이기에, 추상적인 물질(아닙판나루빠)을 설명하는데 이 요소는 합당한지 못하다.

악기 하나하나를 두들기면 소리가 나오듯 '하나씩 두들기면 얼마나 되는 물질을 얻을 수 있는가?'는 질문에 '극히 미세한 물질 백 개를 얻는다'고 과거 스승께서 답한 것에는 잘못이 많다. 그러나 여기에서 틀린 것에서 틀린 점을 알고 올바름에서 올바른 점을 알 수 있는 흥미로운 것이 있다.

두들기는 막대기에서 순수한 팔원소가[52] 일어난다. 두들겨진 사물에서 소리의 구九원소가[53] 일어난다. 그러므로 악기를 두들길 때 모두 17가지 물질이 일어난다.

이 17가지를 구분하기 위해 15가지 허공계(아까사다뚜)가 있어야 한다. 줄지어 가지런히 두면 총 15개의 허공계[틈]가 있어야 한다고 한다. 이 말은 잘못된 것이다. 하나의 깔라빠에 8가지 물질이 있다면, 틈인 허공계가 7개 있다고 잘못 생각한 것이다. 허공계는 깔라빠 안에 포함되어 있는 물질을 구분하지 않는다. 2가지 깔라빠를 하나씩 구별되도록 할 뿐이다. 'kalāpānaṁ pariccheda lakkhaṇattā vicakkhaṇā - 깔라빠의 경계와 구별되는 특징으로써 지혜 있는 분들은 말씀하셨다'에서 '깔라빠의 경계'라는 구절에 근거하여, 두들기는 막대기와 두들겨지는 사물의 틈 사이에 허공이 있을지라도 이 허공은 분할하는 물질(빠릿체다루빠)의 허공종류가 아니다. 엉킴이 없는 허공(ajaṭākāsa)의 종류이다. 그러므로 순수한 팔원소와 소리의 구九

52. suddhaṭṭhaka(숫닷타까) - 순수한 물질 8가지인 분리할 수 없는 물질(아위닙보가루빠)을 말함.

53. saddanovaka(삿다나와까) - 아홉 번째 소리물질이 주도하는 8가지 분리할 수 없는 물질(아위닙보가루빠)과 함께하는 물질의 모임.

원소를 위하여 하나의 허공조차 얻지 못한다.

순수한 팔원소와 소리의 구九원소, 15개의 허공을 합하면 32개를 얻는다고 한다. '나무근원이 넘어가면 가지는 장작이 된다'는 말처럼 시작이 잘못되었기 때문에 합계를 헤아리는 일이 나뭇가지 장작감만 못하다.

32가지 물질의 가벼움, 부드러움, 일에서 순응하는 능력을 찾아내어 가벼움(라후따), 부드러움(무두따), 순응성(깜마냐따) 3가지를 곱하면 96가지를 얻게 된다. 일어나야 일어날 것이다. 이 가벼움(라후따) 등 물질은 어떤 상황에서도 몸의 외부에서 얻어질 수 없다고 앞에서 언급했었다.

96가지 중 4가지 특징물질(락카나루빠)을 포함시켜 100개가 완성된다고 한다. 순수한 팔원소와 소리의 구九원소에서 일어남, 머묾, 소멸 하나씩을 얻을 수 있다고 말한다. 참으로 지나친 억측이다. 그 외 생성(우빠짜야), 증장(산따띠) 또한 하나의 다발(깔라빠) 속에 포함될 수 있는가? 이 100개의 물질 계산법에조차 포함시키지 못했을 정도로 빗나갔으니 무슨 말이 필요하겠는가.

9가지 업에 기인한 깔라빠

tattha jīvitaṁ, avinibbhogarūpañca cakkhunā saha cakkhuda sakanti pavuccati.
tathā sotādīhi saddhiṁ sotadasakaṁ, ghānadasakaṁ, jivhā dasakaṁ, kāyadasakaṁ, itthibhāvadasakaṁ, pumbhāvadasaka ṁ, vatthudasakañceti yathākkamaṁ yojetabbaṁ.

21가지 깔라빠 중에서 1가지 생명물질, 8가지 분리할 수 없는 물질, 1가지 시각물질과 함께하는 물질을 눈의 십원소라 부른다.

그와 같이 청각물질 등 물질과 함께하는 귀의 십원소, 코의 십원소, 몸의 십원소, 여성십원소, 남성십원소, 심장토대십원소로 방법대로 결합시켜야 한다.

해설

눈의 십원소(짝쿠다사까)

1가지 생명물질(지위따루빠), 8가지 분리할 수 없는 물질(아위닙보가루빠)에 시각물질(짝쿠빠사다)을 포함시키면 '눈의 십원소(짝쿠다사까)'인 하나의 깔라빠가 일어난다. 10가지 물질 안에 시각물질이 핵심이다. 나머지 9가지 물질은 시각물질을 지키는 측근일 뿐이다. 그러므로 다음과 같이 풀이한다. dasānaṁ(열 가지) samūho(모임은) dasakaṁ(물질의 십원소이다), cakkhunā(시각물질로) upakakkhitaṁ(식별되는) dasakaṁ(물질의 십원소를) cakkhudasakaṁ(눈의 십원소라 부른다), vā(또는) cakkhupadhānaṁ(시각물질이 주도하는) dasakaṁ(물질의 십원소를) cakkhudasakaṁ(눈의 십원소라 부른다)

avinibbhogarūpameva jīvitena saha jīvitanavakanti pavaccati. ime nava kammasamuṭṭhānakalāpā.

8가지 분리할 수 없는 물질은 생명물질과 함께 생명물질구원소라 부른다. 이 아홉 가지가 업에서 생긴 깔라빠이다.

해설

생명물질구원소(지위따나와까)

8가지 분리할 수 없는 물질에 1가지 생명물질을 포함시켜 생명물질구원소가 된다. 생명이 주도하는 9가지 물질 모임이라는 뜻이다. 생명물질구원소(지위따나와까깔라빠)를 욕계에서 얻을 수 없다는 견해, 욕계에서 얻을 수 있지만 음식을 소화시키는 업에서 생긴 위액의 열기[pācakatejo]에서만 얻을 수 있다는 견해, 욕계에서 얻을 뿐만 아니라 몸 전체에 퍼져 있는 물질이라는 견해, 이 세 가지로 갈라진다. 이 중에서 마지막 견해에 나, 『바사띠까』 저자는 동의한다.

> 네 가지 원인에 기인하여 일어나는
> 모든 물질이 욕계에 존재한다.
> 생명물질구원소를 제외한
> 20가지 다발(깔라빠)은 일어난다. —『나마루빠빠리체다』
>
> 욕계에서 눈의 십원소 등
> 7가지 십원소다발(다사까깔라빠) 안에
> 생명물질은 얻어진다.
> 개별적인 생명물질구원소는 얻지 못한다.
> 생명물질구원소란 색계에 개별적으로 일어난다.
> — 『빠라맛타위니체야』

이 경에서 '생명물질구원소(지위따나와까깔라빠)를 욕계에서 따로 얻지 못하고 몸의 십원소(까야다사까), 성性의 십원소(바와다사까), 눈의 십원소(짝쿠다사까) 등 깔라빠 속에 생명물질이 포함되어있다'고 아누룻다존자께서 언급하신다. 일부 과거 스승들은 '생명물질구원소를 빠자까때조[pācakatejo]라는 위에서 분비되는 소화액의 열기에서만 얻을 수 있다'고 한다. 그러나 욕계 사람에게 생명물질구원소는 몸의 십원소(까야다사까), 성性의 십원소(바와다사까)처럼 온몸에 퍼져 있다고 앗타까타, 띠까에서 말씀하신다.

6가지 마음에 기인한 깔라빠

avinibbhogarūpaṁ pana suddhaṭṭhakaṁ, tadeva kāyaviññatti yā saha kāyaviññātti navakaṁ, vacīviññattisaddehi saha vacīviññtti dasakaṁ, lahutādīhi saddhiṁ lahutādekādasakaṁ, kāyaviññattilahutādi dvādasakaṁ, vacīviññatti saddalahutādi terasakañceti cha cittasamuṭṭhānakalāpā.

8가지 분리할 수 없는 물질을 순수한 팔원소라 부른다. 분리할 수 없는 물질이 몸의 암시와 함께 일어나면 '몸의 암시구원소'라 부른다. 말의 암시, 소리물질과 함께 일어나면 '말의 암시 십원소'라 부른다. 가벼움 등 3가지와 함께 일어나면 '가벼움 등의 11원소'라 부른다. 몸의 암시, 가벼움 등 3가지와 함께 일어나면 '몸의 암시 가벼움 등의 12원소'라 부른다. 말의 암시, 소리, 가벼움 등 3가지와 함께 일어나면 '말의 암시 소리 가벼움 등의 13원소'라 부른다. 이 6가지가 마음에서 생긴 깔라빠이다.

4가지 기온에 기인한 깔라빠

suddhaṭṭhakaṁ, saddanavakaṁ, lahutādekādasakaṁ, saddalahutādidvādasakañceti cattāro utusamuṭṭhānakalāpā.

순수한 팔원소, 소리구원소, 가벼움 등 11원소, 소리 가벼움 등 12원소 이 4가지가 기온에서 생긴 깔라빠이다.

2가지 자양분에 기인한 깔라빠

suddhaṭṭhakaṁ, lahutādekādasakañceti dveāhārasamuṭṭhānakalāpā.

순수한 팔원소, 가벼움 등 11원소 이 2가지가 자양분에서 생긴 깔

라빠이다.

해설

다발(깔라빠)들에서 8가지 분리할 수 없는 물질과 함께 말의 암시와 소리, 2가지 물질이 특별히 포함되었기에 말의 암시와 소리 십원소다발(vacīviññattisaddadasakakalāpā)이라 하는 것이 적합할 수도 있다. 그러나 소리물질(saddarāpa) 없는 말의 암시란 불가능하며, 말의 암시 십원소(vacīviññattidasaka)에 소리물질이 포함된 것 또한 명백해서 말의 암시와 소리 십원소다발이라 하지 않고 '말의 암시 십원소'라 이름하였다.

8가지 마음으로 생긴 물질

『아비담맛타상가하』 경에서는 마음에서 생긴 깔라빠를 6가지로 간주하지만 앗타까타에서는 깔라빠를 8가지라고 한다. 'cittaje assāsapassāsakoṭṭhāsepi ojāṭṭhamakañceva saddo cāti nava - 마음에서 생긴 들숨, 날숨에서 자양분을 여덟 번째로 한 다발(ojāṭṭhamaka), 소리물질 이 9가지 들은'라고 언급했던 『청정도론』에서 들숨, 날숨의 바람을 [암시물질이 포함되지 않은] 마음에서 생긴 소리 구원소다발(cittajasaddanavakakalāpā)이라 언급하고 있다. 잠들어 있을 때는 바왕가만 일어난다. 바왕가는 암시를 일으키지 못한다. 숨소리, 콧소리는 바왕가 때문에 일어나는 '마음에서 생긴 소리 구원소다발'이다. 기침 소리, 재채기 소리, 코푸는 소리 등에도 암시가 포함될 수 없는 소리 구원소다발(saddanavakakalāpā) 중 하나이다. 소리 구원소다발은 간혹 가벼움 등 특별하게 만드는 물질(vikārarūpa)들과 결합한 소리, 가벼움 등 12원소다발(saddalahutādidvādasakakalāpā)도 얻을 수 있다. 그러므로 마음에서 생긴 8가지 물질이 있어야 한다. 도표로 보이면,

◈ 9가지 업에서 생긴 물질다발[깜마자깔라빠]

	생명구원소	눈의 십원소	귀의 십원소	코의 십원소	혀의 십원소	몸의 십원소	여성 십원소	남성 십원소	토대 십원소
분리할수 없는물질 8	#	#	#	#	#	#	#	#	#
생명1	#	#	#	#	#	#	#	#	#
눈1		#							
귀1			#						
코1				#					
혀1					#				
몸1						#			
여성1							#		
남성1								#	
심장토대 1									#
물질합계 17	9	10	10	10	10	10	10	10	10

*생명구원소(지위따나와까깔라빠) - 생명물질이 주도하는 구원소.

*눈의 십원소(짝쿠다사까) - 시각물질이 주도하는 십원소

*귀의 십원소(소따다사까) - 청각물질이 주도하는 십원소

*코의 십원소(가나다사까) - 후각물질이 주도하는 십원소

*혀의 십원소(지화다사까) - 미각물질이 주도하는 십원소

*몸의 십원소(까야다사까) - 몸의 감촉물질이 주도하는 십원소

*여성십원소(잇티바와다사까) - 여성 물질이 주도하는 십원소

*남성십원소(뿜바와다사까) - 남성 물질이 주도하는 십원소

*토대십원소(왓투다사까) - 심장토대물질이 주도하는 십원소

*분리할 수 없는 물질(아위닙보가루빠) 8가지란? - 땅地, 물水, 불火, 바람風 4대와 형상, 냄새, 자양분, 맛으로 구성된 8가지 분리할 수 없는 최소 단위물질이다.

* 생명물질(지위따루빠) - 생명을 지속시키는 물질, 생명기능물질

*눈(짝쿠), *귀(소따), *코(가나), *혀(지화), *몸(까야), *여성 물질(잇티바와루빠), *남성 물질(뿜바와루빠), *심장토대물질(하다야왓투)

◈ 6가지 혹은 8가지 마음으로 생긴 물질(찟따자깔라빠)

허공을 제외한 마음으로 생긴 물질 14가지	순수8원소	몸의 암시	말의 암시	가벼움 등	몸의 암시, 가벼움 등	말의 암시, 소리 가벼움 등	소리 구원소	소리 가벼움 등
분리할 수 없는 물질 8	#	#	#	#	#	#	#	#
몸의 암시 1		#			#			
말의 암시 1			#			#		
소리 1			#			#	#	#
몸의 가벼움 등 3				#	#	#		#
물질합계 14	8	9	10	11	12	13	9	12

* 숫닷타까 - 분리할 수 없는 물질이라는 순수8원소.

* 까야윈냣띠 - 몸의 암시.

* 와찌윈냣띠 - 말의 암시.

* 라후따디에까다사까 - 가벼움 등의 물질 3가지가 주도하는 11원소.

* 까야윈냣띠라후따디드와다사까 - 몸의 암시, 가벼움 등의 물질이 주도하는 12원소.

* 와찌윈냣띠삿다라후따디떼라사까 - 말의 암시, 소리, 몸의 가벼움 등의 물질이 주도하는 13원소.

* 삿다나와까 - 소리 물질이 주도하는 9원소.

* 삿다라후따디드와다사까 - 소리, 가벼움 등이 주도하는 12원소.

◈ 4가지 기온에서 생긴 깔라빠와 2가지 자양분에서 생긴 깔라빠

허공을 제외한 기온에서 생긴 물질 12, 자양분에서 생긴 물질 11	순수팔원소	소리구원소	가벼움 등	소리, 가벼움 등
분리할 수 없는 물질8가지	#	#	#	#
소리물질 1가지		#		#
몸의 가벼움 등 3가지			#	#
물질합계 12가지	8	9	11	12

*숫닷타까 - 분리할 수 없는 물질인 순수 8원소

*삿다나와까 - 소리물질이 주도하는 9가지 물질다발

*라후따디에까다사까 - 가벼움 등의 물질 3가지가 주도하는 11가지 물질다발

*삿다라후따디드와다사까 - 소리, 몸의 가벼움 등이 주도하는 12가지 물질다발

내부, 외부의 깔라빠의 구분

tattha suddhaṭṭhakaṁ, saddanavakañceti dve utusamuṭṭhānaka lāpā bahiddhāpi labbhanti. avasesā pana sabbepi ajjhattik amevāti.

이 21가지 중, 순수팔원소, 소리구원소인 기온에서 생긴 깔라빠 두 가지는 외부에서도 얻는다. 그 외 나머지 깔라빠는 모두 내부에서 얻는다.

요약

kammacittotukāhārasamuṭṭhānā yathākkamaṁ.

nava cha caturo dveti kalāpā ekavīsati.

업으로 생긴 물질, 마음으로 생긴 물질, 기온으로 생긴 물질, 자양분으로 생긴 물질 등 깔라빠들은 순서에 따라 9가지, 6가지, 4가지, 2가지이다. 이와 같이 깔라빠는 21가지이다.

해설

'이 21가지 중, 순수팔원소(suddhaṭṭhaka)' 등으로 내부에서 일어나는 깔라빠와 외부에서 일어나는 깔라빠를 구분하고 있다. 4가지 기온으로 생긴 물질 중 순수한 팔원소, 소리 구원소는 외부에서도 얻을 수 있다. 여기서 '외부에서도'의 pi(도)를 통해 내부에서도 얻을 수 있음을 알게 된다. 즉, 두 가지 기온으로 생긴 물질을 내부에서도 얻을 수 있다는 뜻이다. 외부란 신체 외부인 나무, 숲, 땅, 물, 바람, 불, 집 등으로서 이들은 기온 때문에 일어남은 순수팔원소로서, 즉 8가지 분리할 수 없는 물질로 구성된다. 시체란 순수팔원소만 있는 상태이다. 바람이 불어 나무끼리 부딪쳐 소리가 난다면, 이때의 물질이란 기온에서 생긴 소리구원소깔라빠이다.

그 외 나머지 모든 깔라빠는 내부에서 얻어진다.

2가지 물질(우뚜자루빠)을 제외한 19가지 깔라빠는 내부에서만 얻을 수 있다. 2가지 기온으로 생긴 물질은 내부에서도 얻을 수 있으므로 19가지와 2가지를 합하면 사실상 21가지 모두를 내부에서 얻을 수 있게 된다.

kalāpānaṁ paricchedalakkhaṇattā vicakkhaṇā.
na kalāpaṅgamiccāhu ākāsaṁ, lakkhaṇāni ca.
ayamettha kalāpayojanā.

허공계와 특징물질은 깔라빠의 경계와 특징이기에 깔라빠의 요소가 되지 못한다고 현자들은 말한다.

이것이 물질에서 깔라빠의 구성형태이다.

해설

이 글은 허공계와 특징물질(락카나루빠)이 깔라빠 속에 포함되지 않는 원인을 설명한 것이다. 다른 물질과 결합하는 물질만 깔라빠에 포함될 수 있다. 허공계는 깔라빠들의 틈일 뿐 어떤 물질과도 결합할 수 없기에 허공계를 깔라빠의 요소라 할 수 없다. 특징물질들 또한 실제로 존재하는 물질이 아니기에 깔라빠에 포함되지 못한다.

특별하게 만드는 물질(위까라루빠)들이 깔라빠 속에 포함되는 모습

특별하게 만드는 물질(위까라루빠)이 포함될 때와 포함되지 않을 때 깔라빠들이 일어나는 모습이 특별하다. 5가지 특별하게 만드는 물질은 자연적 물질은 아니지만 깔라빠 속에 포함된다. 암시가 들어가면 행위(암시)의 특별함이 일어나고, 가벼움 등이 포함되면 가벼운 상태 등의 특별함이 생겨난다. 이렇게 근본 깔라빠를 보다 특별하게 만들기 때문에 5가지 특별하게 만드는 물질(위까라루빠)을 깔라빠의 요소에 포함시킨다.

물질이 일어나는 연속

욕계에서 물질이 일어나는 연속

sabbānipi panetāni rūpāni kāmaloke yathārahaṁ anunāni pavattiyaṁ upalabbhanti.

욕계에서는 모든 물질이 적절하게 모자람 없이 삶의 과정에서 얻어진다.

해설

욕계에서 삶의 과정에 결핍됨 없이 완전하게 물질을 얻는다. '욕계에서 완전하게 얻는다' 하여 한 사람에게 완전히 구족되는 것은 아니다. 여자는 남성물질을 얻지 못하고, 남자는 여성물질을 얻지 못한다. 즉, 사람에 따라 얻기도 하고 얻을 수 없기도 하므로 'yathārahaṁ - 적절하게'라고 말씀하셨다. 일부는 성性물질(bhāvarūpa)과 눈의 기능眼根 등은 온전한 사람들이 확실하게 얻을 수 있기에 '적절하게'라고 말씀하셨다고 해석한다. '적절하게'란 완전하게 모두 얻는다는 뜻이 아니라 얻을 수 없을 수도 있다는 의미이다. 아누룻다 존자는 『나마루빠빠릿체다』경에서 다음과 같이 설하고 있다.

> 욕계에서 性물질을 지닌 중생들에게
> 적절하게 모든 물질은 얻어진다.
> 삶의 과정에서 완전한 12입처를 지닌 중생들에게
> 네 가지 원인에 기인하는 물질들이 일어난다.

시문에서는 성물질과 눈 등을 온전히 갖춘 중생에[결핍되지 않은 중생] 대해 '적절하게'라고 암시하고 있다. 여기서 '적절하게'란 여성물질, 남성물질을 얻을 수 있는가 없는가 하는 것 외에 다른 검토할 점은 없다.

paṭisandhiyaṁ pana saṁsedajānañceva opapātikānañca cakkhu, sota, ghāna, jivhā, kāya, bhāva, vatthudasakasaṅkhātāni satta dasakāni pātubhavanti ukkaṭṭhavasena.
omakavasena pana cakkhu, sota, ghāna, bhāvadasakāni kadāci pi na labbhanti. tasmā tesaṁ vasena kalāpahāni veditabbā.

재생연결 순간에 습생濕生, 화생化生의 존재들에게 눈, 귀, 코, 혀, 몸, 성性, 심장토대의 최대 7가지 십원소가 나타난다.

간혹 하등하여 눈, 귀, 코, 성性의 십원소들은 얻지 못하므로 이들 십원소와 연관된 깔라빠의 결핍을 알 수 있다.

해설

재생연결식(빠띠산디)

여기서는 재생연결식識, 마음부수受· 想· 行, 물질色의 일어남만을 재생연결식 순간이라 부른다[일어남(웁빠다)만을 말하는 이유는 뒤에서 설명할 것이다]. 재생연결식에 머무는 중생은 습생濕生, 화생化生, 태생胎生의 세 종류이다. 태생에는 알이나, 자궁으로 입태하는 두 종류로 구별된다. 네 종류의 중생을 4부류의 탄생(yoni)이라 부른다. 탄생이란 알 등 의지처로 구별하며 몸이 일어남은 모습의 특별함을 말한다. 몸이 일어남은 다양함으로써 알, 자궁, 습생, 화생의 4종류로 나눌 수 있다.

습생濕生

saṁsīdatīti saṁsedo - 잘 젖어서 축축하다[suṭṭhu sinehati]. 그러므로 습생濕生이라 부른다. saṁsede jātā saṁsedajā - 젖고 축축한 자리에서 탄생하는 중생들을 습생濕生이라 부른다.

빠두마 연꽃 봉우리 속, 모태의 불순물, 썩은 쓰레기더미, 썩은 생선, 썩은 물, 배설물 등과 같은 장소이다. 연꽃봉우리 속에서 재생연결에 든 빠두마와띠 왕비와 뽁카라사띠 브라만, 대나무에서 재생연결에 든 웨루와띠 왕비, 빠루마와띠 왕비의 499명의 아들과 일부 벌레는 습생濕生으로 탄생했다[빠두마와띠 왕비의 아들 500명 중에 빠두마 왕자만이 모태에 입태했고 나머지 499명의 아들은 빠두마 왕자가 출산할 때 모태에서 나온 불순물에서 탄생했다고 한다.]

화생化生

upapatanaṁ upapāto - 과거 생에서 뛰어내리듯 떨어진다. 그러므로 화생이라 부른다. yesaṁ atthīti opapātikā - 어떤 중생들은 과거 생에서 뛰어내리는 것처럼 떨어진다. 그러므로 화생중생이라 부른다.

몸이 갑자기 나타나기 때문에 과거 생에서 뛰어내려 떨어지는 것처럼 생겨나는 중생을 화생化生 중생이라 부른다. 지옥, 아귀, 일부 동물, 창세기 사람, 천인, 범천들이다.

'7가지 십원소는 나타난다'

습생濕生으로 탄생하는 중생들은 미세한 것에서 서서히 크게 성장한다. 화생化生으로 탄생하는 중생들은 생명체의 크기에 따라, 한 순간에 크고 완전한 모습으로 나타난다. 그러므로 '7가지 십원소가 나타난다'는 말로써 화생化生하는 중생들의 재생연결 순간 총 7가지 십원소가 갖추어져 있음을 알 수 있다.

'최대치로'

'7가지 십원소가 나타난다'는 최대치로 일어날 수 있는 것이다. 재생연결 순간 7가지 십원소를 넘어서 일어날 수는 없다는 뜻이다.

'하등하여 ‖중략‖ 얻지 못한다'

최소로 한정하여 헤아리면 일부 습생濕生, 화생化生에게 눈, 귀, 코, 성의 십원소 4가지 중 하나 혹은 둘, 셋, 넷이 결핍될 수 있다. 이처럼 결핍된 십원소 때문에 재생연결 순간 깔라빠들이 결핍된 모습을 알 수 있다.

gabbhaseyyaka sattānaṁ pana kāya, bhāva, vatthu dasaka saṅkhātāni tīṇi dasakāni pātubhavanti. tatthāpi bhāvadasakaṁ kadāci na labbhati.
tato paraṁ pavattikāle kamena cakkhudasakādīni ca pātubhavanti.

태생 중생에게 몸, 성性, 심장토대 십원소라 불리는 세 가지 십원소가 나타난다. 이들 중 성性의 십원소는 간혹 얻지 못한다.

재생연결 뒤에 삶의 과정에서 점차적으로 눈의 십원소 등이 [눈, 귀, 코, 혀의 십원소들은] **나타난다.**

해설

gabhe sentīti gabbhaseyyakā - 모태에 머문다. 그러므로 태생胎生이라

부른다.

태생중생에는 알에 드는 중생과 자궁에 입태하는 중생의 두 종류가 있다. 알에 드는 중생을 안다자(aṇṭajā)라 부르며, 갖가지 종류의 새, 뱀, 거북이, 물고기 등 생명체이다. 'jalābumhi(자궁에서)+jātā(탄생하는 중생이다) 그러므로 jalābujā(태생중생이다)' 는 뜻처럼 자궁을 통해 탄생하는 사람, 코끼리, 말, 개 등이다.

태생중생에게는 재생연결 순간 몸의 십원소(kāyadasaka), 성의 십원소(bhāvadasaka), 심장토대십원소(vatthudasaka)인 세 가지 깔라빠가 나타난다. 세 가지 깔라빠[30개의 물질]을 깔라라(kalala, 입태 순간의 미세한 크기의 태아)라고 부르며, 깔라라의 크기를 『위방가』 앗타까타에서 여러 가지로 설명하고 있다.

3가지 재생연결에 드는 원인

태생 중생이 재생연결에 들려면 3가지 원인이 있어야 한다.

1. 어머니가 될 사람이 월경 후 배란기에 들어감
2. 이 때 부모 두 사람의 성적교류
3. 생명체가 노후한 생[과거생]에서 새로운 재생연결로 향함.

위 3가지 원인이 부합되어야 재생연결에 들 수 있다. 3가지 원인 중 핵심은 재생연결식에 머물 존재가 노후한 생을 마치고 새로운 생으로 옮겨가는 것이다. 그리고 모친이 될 이의 자궁이 깨끗하고 그 자궁에 깔라라(입태 순간의 미세한 크기의 태아) 액체가 붙을 수 있는 일부의 정액만 있다면 재생연결에 들 수 있다.

부모 두 사람이 한 차례 성적교류를 가진 후 7일동안 재생연결이 이루어 질 수 있다. 『위마띠띠까』, 『와지라붓디띠까』 경에서는 15일동안 가능하다고 언급하고 있다. '7월 보름날 어머니 되시는 마야부인께서 지계持戒를 지키실 때 부처님 되실 싯달타 왕자께서 입태 하셨다'는 언급에 '이것은 불가능한 일이 아닐까!'고 만제스님께서 말씀하셨다. 이에 '부모 두 분의 한 차례 교류 후 7일 혹은 15일 동안 재생연결에 들 수 있기에 어머니 되실 마야부인께서 지계持戒를 지키기 전 앞의 요소들을 완전하게 갖추셨다'고 우둠바라또라스님께서 설명하셨다.

과거 업에 따라 모태에서 깔라라 액체로서 재생연결을 얻었더라도 부모의 정액은 매우 중요하다. 즉, 깔라라 액체는 종자와 같고 부모의 정액은 진흙, 땅, 물과 같다. 깔라라 액체를 일으키는 과거 생의 업은 씨앗을 뿌리는 사람과 같다. 깔라라 액체가 재생연결에 들기 위해서는 깨끗한 자궁과 병이 없는 정액이 중요하다. 자궁과 정액이 건강하지 못하면 재생연결에 드는 아이가 건강할 수 없다. 붉은 흙에 사는 도마뱀의 색이 붉은 것처럼, 재생연결에 든 아이에게는 부모의 정액에서 기온으로 생긴 물질(우뚜자루빠)로 옮겨가므로 부모의 피부색, 팔, 다리의 모양 등을 아기가 닮는다. 그러므로 『칸다위방가』 물라띠까에서 'purimarūpassāpihi paccayabhāvo atthi, puttassa pitisadisatādassanato - 앞서 생겨났던 물질도 원인이 된다. 아들에게서 아버지와 닮은 모습을 보게 된다.'라고 말씀하고 있다.

모양, 피부색만 아니라 부모의 마음가짐, 자질, 지혜 또한 자식에게 영향을 주며 퍼져 나간다. 마음의 성품이 영향을 미치는 까닭은 재생연결에 든 후부터는 부모 마음에 기인한 기온으로 생긴 물질이 영향을 주기 때문이다. 태어난 후 부모의 마음가짐, 행동을 많이 보게 된 환경적 연유도 있다. 종자에서 나무가 자라 과일이 열리듯 훌륭한 혈통에서 훌륭한 자식이 번성하고, 좋지 못한 혈통에서 하등한 자식들이 탄생한다. 그렇기 때문에 양쪽 모두 훌륭한 혈통에서 부모의 깨끗한 정액에 붙은 깔라라 액체는 값진

보물 자손을 얻게 하는 가장 좋은 물질입자이다.

재생연결 뒤 삶의 과정에 깔라라 액체는 서서히 자라난다. 깔라라 액체에서 업으로 생긴 물질의 입자들이 각각으로 증가한다. 증가할 때마다 업에서 생긴 깔라빠들 속의 '기온(우두)'이라 불리는 불요소가 포함되어 있다. 이 기온 때문에 기온으로 생긴 물질의 입자들이 매순간 증가한다. 마음으로 생긴 물질들 또한 각각으로 생겨나며, 그 속에 포함된 '기온' 때문에 기온에서 생긴 깔라빠가 생긴다. 어머니 체내의 온기 또한 태아에게 부딪친다. 그 온기 때문에 기온으로 생긴 물질들은 매순간 또 증가한다. 자양분으로 생긴 물질이 또한 증가되며, 그 속에 포함된 기온 때문에 자양분을 원인으로 한 기온에서 생긴 깔라빠들이 증가한다. 이렇게 서서히 성장한다. 이같은 형상의 변화를 『약카상윳따』경에서 다음과 같이 보이고 있다.

> 처음 7일에 깔라라 액체가 생겨난다.
> 깔라라 액체 뒤에 거품이 생겨난다.
> 거품 뒤에 살덩어리가 생긴다.
> 살점 뒤에 단단한 물질이 생겨난다.
> 단단한 물질 뒤에 팔, 다리, 머리라는
> 큰 가지 물질이 생겨난다.
> 머리카락, 손톱 발톱, 솜털 등도 생겨난다.

재생연결에 드는 처음 7일 동안 깔라라 액체라 불리는 작은 깔라빠들이 서서히 성장한다. 그 후 7일 동안 깔라라 액체의 상태가 변하여 쇠고기 씻은 물에 작은 거품이 일듯 기포가 생긴다. 기포가 7일 정도 성장하면 불그스름한 작은 살점의 상태가 된다. '페시(pesi)'라 불리는 작은 살점은 아직 부드럽고 연약한데 7일정도 성장하면 계란처럼 길다란 모습이 생겨나 단단한 덩이의 작은 살점덩이로 변화한다. 덩어리 상태에서 7일정도 성장하면 머리, 양쪽 발, 양쪽 팔이 되기 위한 작은 마디가 생겨난다. 머리, 팔, 다리는 나무의 큰 가지들처럼 몸 덩이에 생겼기에 '큰 가지'라고 부른다. 이같이 다섯의 큰 가지가 나타나서 7일이 지나면 작은 태아는 7x5=35일의 생명체가 되었다.

이렇게 꾸준히 성장하며 7x11=77일에 재생연결 순간 일어남이지 않았던 눈, 귀, 코, 혀의 네 가지 업으로 생긴 물질들이 생긴다고 물라띠까와 다른 스승들께서 말한다. 눈, 귀, 코, 혀의 네 가지 십원소가 77일째에 한순간 일어난다고 하여, 그 '한 순간'을 동일한 순간으로 여기는 것은 적당치 않다. 77일 안에 생겨나기에 그 7일간 서로 겨루듯 생겨난다고 이해하는 것이 옳다. 목에서 위로 서서히 성장하는 태아에게 눈, 귀, 코, 혀가 한순간에 생겨날 수 없다. 눈이 생겨나야 시각물질이 생겨날 수 있다. 그와 같이 귀, 코, 혀가 생겨난 뒤에 귀, 코, 혀의 기관이 생겨날 수 있다. 귀, 코, 혀가 생겨난다면 청각물질 등은 반드시 포함되어 있어야 한다. 귀, 혀의 자리가 나타나며 위로는 눈동자와 코가 아직 일어남이지 않아서 눈, 코가 생김과 동시에 귀, 혀의 감각물질들이 일어남은 것이 아니다. 이렇게 눈, 귀, 코, 혀의 감각물질들이 7x11=77일안에 적절히 나타난다. 머리카락은 42x11=290일[9달이 지난 후의 10달, 즉 태어나기 직전]에 생겨난다. 가끔 9달 만에 출산해도 태어난 아기의 머리카락 등이 완전히 갖추어짐을 보게 된다고 띠까에서 해설하고 있다. 그러므로 머리, 팔, 다리가 성숙할 때 42x11=290일이 되기 전(9달이 되기 전) 머리카락 등이 생길 수 있다고 스승들은 추정한다.

깔라라 액체로 인한 위의 순서는 사람을 기준으로 한 것이다.

개, 새, 닭 등 태생 중생은 사람만큼 모태에 머무는 기간이 길지 않아서 깔라라 액체 등이 7일이나 머물지 못한다. 그리고 모든 사람들이 지금 보여준 과정대로 머무는 것도 아니다. 릿치위 왕족 중 처음 탄생한 왕과 왕비들은 이런 순서가 아니었다. '처음 7일에 깔라라 액체' 등이 생겨나 일주일 간격으로 구분되는 모습은 일반 사람에게 적합한 기준이다.

태생 중생의 재생연결 순간 세 가지 깔라빠[30개 물질]가 생겨나는 것은 같은데 왜 쥐 같은 생명체는 작은 몸을 가지며 코끼리 같은 생명체는 거대한 몸을 가지는가? 업 때문에 쥐, 코끼리 같은 크고 작음이 생긴다. 재생연결 순간의 30개 물질은 서로 같지만, 삶의 과정에서 새로운 업으로 생긴 물질과 새롭게 생겨나는 깔라빠가 얼 만큼이나 일어나야 한다는 제한이 없다. 온 몸에 퍼진 몸의 십원소, 성의 십원소들은 과거 업 때문에 쥐의 몸에서는 아주 조금만 증가하고, 코끼리 몸에서는 많이 증가한다. 업으로 생긴 물질에 포함된 기온 때문에 기온으로 생긴 물질의 증가도 작고 많음의 차이가 생긴다.

또 어머니 체내열기와의 접촉에서도 몸이 작다면 접촉도 적어서 온기로 인한 기온으로 생긴 물질의 증가 또한 적을 것이다. 몸집이 크면 접촉이 많아져 기온에서 생긴 깔라빠들도 많이 증가한다. 자양분이 퍼질 때도 몸집의 작고 큼에 따라 퍼지는 것이 다르고, 자양분으로 생긴 물질 또한 작고 많음이 구별된다. 이렇게 물질이 생겨나는 모습에서 적고 많음이 구별되므로 쥐가 작고 코끼리 등이 거대한 이유는 오직 업 때문임을 알 수 있다. 모든 중생들은 업만을 자신의 재산으로 가진다. 업은 중생들의 높고 낮음, 작고 큼 등 많은 것을 좌우한다.

4가지 물질이 처음 일어나는 모습

iccevaṁ paṭisandhimupādāya kammasamuṭṭhānā, dutiya cittam upādāya cittasamuṭṭhānā, ṭhitikālamupādāya utusamuṭṭhānā, ojāpharaṇamupādāya āhārasamuṭṭhānā ceti catusamuṭṭhānarūpakalāpasantiti kāmaloke dīpajālā viya, nadīsoto viya ca yāvatāyukamabbocchinnā pavattati.

이런 순서로 재생연결식의 일어남 순간부터 업에 기인한 물질(깜마사뭇타나), 첫 번째 바왕가의 일어남 순간부터 마음에 기인한 물질(찟따사뭇타나루빠), 재생연결식의 머묾(티띠)순간부터 기온에 기인한 물질(우뚜사뭇타나루빠), 자양분이 퍼질 때부터 자양분에 기인한 물질(아하라사뭇타나루빠), 이 네 가지 원인에서 생긴 깔라빠는 욕계에서 등불처럼 강물의 흐름처럼 생명이 지속되는 동안 끊이지 않고 일어난다.

해설

'물질이 일어나는 원인의 장章'에서 재생연결식이 일어남을 시작으로 업으로 생긴 물질(깜마자루빠)들이 생겨난다. 재생연결 직후 많은 바왕가가 일어나는데, 그 첫 번째 바왕가는 재생연결식에 근거하면 두 번째 마음이 된다. 두 번째 마음이 일어나면서 마음으로 생긴 물질(찟따자루빠)들이 생겨난다. 재생연결식의 머묾(티띠)부터 기온으로 생긴 물질(우뚜자루빠)들이 생겨나는데, 기온으로 생긴 물질이란 내부의 기온 때문에 생겨난 물질이다.

재생연결식의 일어남(웁빠다) 순간 업으로 생긴 물질(깜마자루빠)들이 생겨난다. 그 속에 기온(우두)이라 불리는 불요소가 있다. 재생연결식의 머묾 순간 불요소 또한 머묾에 도달한 뒤라 충분한 힘이 있기에 기온에서 생긴 깔라빠들을 일으킨다. 이와 같이 내부에 있는 기온 때문에 재생연결의 머묾부터 기온에서 생긴 깔라빠들이 생겨난다. 내부기온은 외부기온의 지원을 얻어 물질을 일으킨다는 말이 있다. 외부기온의 지원은 어머니의 체내열기로써 일정하게 지원된다. 그 외 모태에 머물 때 어머니의 온기 등 기온과 태어난 뒤에 물, 바람들이 침투할 때 포함되는 기온은 외부기온이다. 외부기온과의 접촉 때문에 몸에서 외부 '기온으로 생긴 물질(우뚜자루빠)'들이 [내부기온의 지원을 얻지 않고도] 생겨날 기회를 가진다.

'자양분이 퍼질 때부터 자양분으로 생긴 물질'

여기서 자양분이란 음식에 포함되어 있는 외부자양분을 말한다. 외부 자양분이 몸에 퍼지는 모습은 '물질이 일어나는 원인의 장章'에서 밝혔다. 언제부터 자양분이 퍼질 수 있는가? 습생濕生중생과 화생化生중생들이 재생연결에 든 뒤 자신들 근처에 있는 음식을 먹고 마실 때부터, 음식을 얻지 못하는 아귀 등은 자신의 침을 삼킬 때부터 자양분은 퍼진다. 이렇게 퍼진 자양분은 몸의 위아래로 퍼져 자양분에 기인한 물질(아하라사뭇타나루빠)을 일으킨다. 태생중생들은 어머니가 섭취한 음식에서 자양분이 퍼져 나가 탯줄로 연결된 태아의 몸에서 자양분에 기인한 물질을 일으킨다. 이를 『약카상윳따』에서 다음과 같이 설하셨다.

> 아기의 어머니는 밥 혹은 음료 등 음식을 먹는다.
> 모태에 머무는 아기는
> 어머니가 섭취한 음식으로
> 모태에서 생을 유지한다.

'등불처럼 강물의 흐름처럼'

심지와 기름으로 빛을 내는 등불은 근본 불길이 소멸되지 않고 항상 머무는 것처럼 보이더라도 앞의 심지와 기름이 소멸되면 불길도 소멸되고 뒤의 심지와 기름에 의해 뒤의 불길로 나타난다. 강둑에 멈추어 물을 바라보면 물이 일정하게 머문다고 생각되지만 실제로는 물이 흘러가 새로운 물이 다시 흘러들어오는 것과 같다.

이처럼 네 가지 원인으로 생긴 깔라빠도 소멸되지 않고 일정하게 머문다고 생각되지만, 실은 앞의 깔라빠가 일어나 소멸되면, 뒤의 원인으로 새로운 깔라빠들이 생겨나는 과정이 생명이 지속되는 한 계속해서 일어난다.

4가지 물질이 마지막 소멸되는 모습

maraṇakāle pana cuticittoparisattarasamacittassa ṭitikāla mupādāya kammajarūpāni na uppajjanti. puretaramuppannāni ca kammajarūpāni cuticittasamakālameva pavattitvā narujjh anti.
tato paraṁ cittajāhārajarūpañca vocchijjati.

죽음 직전, 죽음의식 이전의 17번째 마음의 머묾(티띠)순간부터 업으로 생긴 물질들은 일어나지 않는다. 머묾(티띠)직전 일어남(웁빠다)순간에 일어났던 업으로 생긴 물질들 또한 죽음의식과 동일한 시간까지 일어났다가 소멸한다. 그 뒤 마음으로 생긴 물질, 자양분으로 생긴 물질들 또한 끊어진다. 그 뒤에 기온에 기인한 물질의 연속은 죽음 뒤에 시체에 이르러서도 일어난다.

요약

iccevaṁ matasattānaṁ punadeva bhavantare.
paṭisandhimupādāya tathā rūpaṁ pavattati.

이와 같이 죽음을 맞는 중생들에게 다음 생에서 재생연결식 순간부터 언급했던 대로 물질은 다시 일어난다.

해설

임종 뒤 기온으로 생긴 물질들이 남는 모습과 업으로 생긴 물질, 기온으로 생긴 물질, 자양분으로 생긴 물질들이 소멸되는 시간을 보인 글이다. 업으로 생긴 물질이 소멸되어야 임종을 맞는다. 죽음과 경쟁하듯 파괴하는 업으로 생긴 물질들은 임종에서 뒤로 헤아려 17번째 마음의 일어남(웁빠다)순간 마지막으로 일어난다. 만약 물질들이 17번째 마음의 머묾(티띠) 뒤에 다시 일어나면 죽음의식이 소멸(방가)에 이르러도 17번 물질의 수명이 다하지 못해 소멸할 수 없을 것이다. 업으로 생긴 물질이 소멸되기 전에는 죽음의식이 일어날 수 없다. 그러나 17번째 마음의 머묾 뒤에 다시 업으로 생긴 물질은 생겨나지 않는다. 마음의 인식과정이 일어나지 않으면 과보마음이 바왕가로 생을 연결시킨다. 과보마음들과 물질의 생명(루빠지위따), 정신의 생명(나마지위따)이라 불리는 수명, 업에서 생긴 불요소(깜마자때조다뚜)라 불리는 몸의 온기의 세 가지가 없으면 죽음을 맞게 된다.

생명, 업에 기인한 온기, 과보마음은
이 몸을 버려야 할 때에
쓸모없는 나무토막처럼
버려져 묘지에 눕히리라.

업으로 생긴 물질(깜마자루빠)

업으로 생긴 물질(깜마자루빠)은 끊임없이 생멸하다가 업으로 생긴 물질이 소멸되어야 한생이 끝나기에, 임종에서 거꾸로 헤아려 17번째 마음의 머묾(티띠)부터는 더 이상 새로운 업으로 생긴 물질이 생겨날 수 없다. 이 17번째 마음의 일어남(웁빠다)순간 일어난 물질들은 물질의 수명을 채운 뒤 죽음의식과 함께 소멸된다.

업으로 생긴 물질 속에 생명물질(지위따루빠)이 포함되어 있다. 생명물질을 '물질의 생명'이라 부른다. 마음과 결합한 마음부수 중에 생명기능命根(지위떤드리야)도 있으며, 생명기능을 '정신의 생명'이라 부른다. 생에서 물질의 생명과 정신의 생명이 완전히 종식되어야 '명이 끝났다, 죽었다'라고 한다.

마음으로 생긴 물질(찟따자루빠)

아라한의 죽음의식을 제외한 나머지 죽음의식은 마음으로 생긴 물질을 일으킨다. 죽음의식의 일어남 순간 마음으로 생긴 물질들은 업으로 생긴 물질이 소멸된 뒤[임종 후에] 작은 찰나 48번 지속된 후 소멸한다. 아라한들의 마음으로 생긴 물질은 작은 찰나 45번 지속된 후 소멸될 것이다.

✿ 물질의 17번을 각각 일어남, 머묾, 소멸로 구분하면 작은 찰나 51번이 된다.

자양분으로 생긴 물질(아하라자루빠)

자양분으로 생긴 물질들은 마음이 아직 남아 있으면 죽음의식의 소멸(방가)에 이르기까지 일어날 수 있다. 그러므로 임종 후 작은 찰나 50번 지속된 후 자양분으로 생긴 물질들은 소멸된다.

기온으로 생긴 물질(우뚜자루빠)

기온으로 생긴 물질들은 깔라빠라서 세상이 소멸되는 순간까지도 남을 수 있다. 그러나 한 생을 통해 받은 육신이 소실되기 전 모습에 근거하여 '죽음 뒤에 시체에 이르러서도 일어난다' 라고 언급한 것이다.

마음으로 생긴 물질(찟따자루빠)의 소멸시간

'sabbasattānaṁ paṭisandhicittaṁ khīṇāsavānaṁ cuticittaṁ cattāri āruppavipākānīti soḷasacittāni neva rūpaṁ janayanti - 모든 중생들의 재생연결식, 아라한의 죽음의식, 4가지 무색계 과보마음, 이 16가지 마음은 물질을 일으키지 못한다'는 『청정도론』막가막가냐나닷사나닛데사 등을 뒷받침하여 '아라한의 죽음의식은 물질을 일으키지 못한다. 다른 중생들의 죽음의식은 물질을 일으킨다'고 말하기도 한다. 이 말에 따라 아라한이 아닌 사람들의 죽음의식의 일어남 순간 마지막으로 일어나는 '마음으로 생긴 물질'들은 죽은 뒤 큰 마음순간 16번, 작은 찰나로는 48번이 충만해져야 소멸된다.

물라띠까

'yassacittassa anantarā pacchimacittaṁ uppajjissati ‖중략‖ no ca tesaṁ kāyasaṅkhāro nirujjhissati - 어떤 마음 바로 뒤 마지막마음이 일어날 것이다. ‖중략‖ 이 순간 까야상카라가 소멸될 것은 아니다'라는 『상

카라야마까』를 근거하여 '죽음의식에 이르기 전 18번째 마음은 마지막 물질을 일으키는 마음이다. 그 뒤의 마음들은 물질을 일으키지 못한다' 고 해석한다. 경을 분석하면 'yassacittassa anantarā pacchimacittaṁ uppajjissati' 란 구절로써 마지막마음[죽음의식]의 앞 마음을 보인다. 'no ca tesaṁ kāyasaṅkhāro nirujjhissati- 이 순간 까야상카라가 소멸될 것은 아니다' 란 구절로 죽음의식 전의 앞 마음 순간에 들숨날숨이라는 까야상카라들은 소멸될 것이 아니라고 보인다.[까야상카라란 마음 때문에 일어나는 들숨날숨의 바람이다] 이 죽음의식의 앞 마음에서 소멸될 것이 아니라면 마지막 마음에서 소멸 중이 되어야 할 것이다. 마지막 마음에서 소멸하는 중이라면 죽음의식에서 이전으로 18번째 마음은 까야상카라를 마지막으로 일으키는 마음이 될 것이다. 까야상카라와 '마음으로 생긴 물질(찟따자루빠)'로써 동일한 다른 물질들도 18번째 마음의 일어남 순간에 마지막으로 일어나야 할 것이다.

생각할 점

이 물라띠까의 주장은 까야상카라와 다른 마음으로 생긴 물질(찟따자루빠)을 같은 성질로 여겼는데, 이는 적합하지 않은 견해이다. '까야상카라'는 매우 거친 마음으로 생긴 물질이다. 까야상카라는 임종 직전에 일어나지 않을 뿐 아니라 모태에 있을 때, 물에 빠졌을 때, 멸진정에 들었을 때, 제5선에 입정했을 때, 혼절하여 임종 직전의 사람들 및 범천들에게는 일어나지 않는다. 그때 까야상카라는 일어나지 않지만 다른 마음으로 생긴 물질은 일어난다. 그러므로 임종 전의 18번째 마음 뒤에 까야상카라가 일어나지 않기 때문에, 다른 마음으로 생긴 물질들이 일어나지 않는다고 말할 수 없다.

주의

『마니만주』에서 '까야상카라는 임종 전 33번째 마음의 일어남(웁빠다) 순간에 마지막으로 일어나므로, 임종 전 16번째가 되기 전 소멸된다'는 스승들의 견해 '임종 전 세 번째 마음과 동시에 소멸한다'는 일부 견해들도 보이고 있다.

◈ 맨 마지막 일어나는(웁빠다) 업으로 생긴 물질

17

⬇⬇ ◉ 새로운 생

" bha bha bha bha ti na da pan cak sam ti vo ja ja ja ja ja cu" pa bha 15~16"

bha = 바왕가	sam = 삼빠띳차나(받아들이는 마음)
ti = 지나간 바왕가	ti = 산띠라나(조사하는 마음)
na = 진동하는 바왕가	vo = 옷타빠나(결정하는 마음)
da = 끊어내는 바왕가	ja = 속행
nan = 오문전향마음	cu = 죽음의식
cak = 눈의 의식	pa = 재생연결식
	bha 15~16 = 바왕가(생의 첫 바왕가)

◈ 네 가지 물질이 처음 일어나는 모습과 마지막 소멸하는 모습

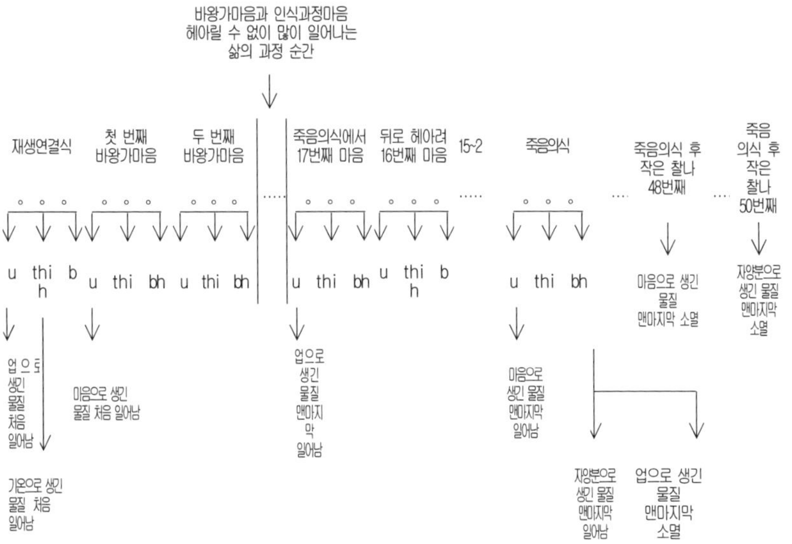

u= uppada – 웁빠다: 일어남

thi= thiti – 티띠: 머묾

bh =bhanga – 방가: 소멸

빠왓띠 = 재생연결식, 죽음의식을 제외한 삶의 과정을 통해 생멸하는 육체와 정신의 순간들. 삶의 과정

색계에서 물질이 일어나는 모습

rūpaloke pana ghāna, jivhā, kāyabhāvadasakāni ceva āhārajakalāpāni ca na labbhanti. tasmā tesaṁ paṭisandhikāle cakkhu sota vatthuvasena tīni dasakāni, jīvitanavakañceti cattāro kammasamuṭṭhānakalāpā.
pavattiyaṁ cittotusamuṭṭhānā ca labbhanti.

색계에서는 코, 혀, 몸, 성性의 십원소와 자양분에서 생긴 깔라빠를 얻지 못한다. 색계범천들은 재생연결순간 눈, 귀, 심장토대의 세 가지 십원소, 생명구원소 이와 같이 4가지 업에 기인한 깔라빠를 얻는다.

삶의 과정에서 마음에 기인한 물질, 기온에 기인한 물질의 깔라빠들을 얻는다.

해설

이 글은 무상유정(無想有情, 아산냐삿따)을 제외한 색계에서 얻을 수 있는 모든 깔라빠를 보인 글이다. 색계에서는 9가지 업으로 생긴 물질(깜마자깔라빠) 중 코와 같은 네 가지 깔라빠는 얻지 못한다. 무엇 때문인가? 후각물질이 있어서 냄새 맡고자 하는 마음이 일어난다. 미각물질이 있기에 먹고자 하는 마음이 일어난다. 감각이 있으므로 접촉하고자 하는 마음이 일어난다. 성性물질이 있기 때문에 성적 행위를 원한다. 이처럼 코 등의 깔라빠들은 오욕으로 향하는 마음을 증가시킨다. 색계란, 오욕을 혐오하는 범천들의 장소이다. 따라서 코 등의 깔라빠들을 얻을 수 없다.

시각물질과 청각물질은 성자를 뵙고 법을 듣는 도구로서 남겨둔다. 색계 범천은 재생연결 때 눈의 십원소, 귀의 십원소, 심장토대 십원소, 생명 구원소 이렇게 네 가지 깔라빠만 얻는다.

몸 전체에 퍼질 수 있는 몸의 십원소와 성의 십원소가 없어서, 색계 범천들의 몸에는 이를 대신한 생명구원소가 퍼져있다. 아누룻다존자께서 '생명구원소 깔라빠는 색계에서만 독립적으로 얻는다. 욕계 존재의 경우 몸의 십원소, 성의 십원소에 생명(命根, 지위따)이 포함되어 있으므로, 생명구원소는 필요치 않다'라는 견해를 보인다. 생명구원소깔라빠(지위따나와까깔라빠)는 욕계영역에서는 언급하지 않고 색계 존재의 자리에 와서야 보였다. 그러나 욕계에서 생명구원소깔라빠를 얻기에 적합한 이유는 깔라빠 장章에서 보였다.

생명 육원소, 눈의 칠원소 설說

물라띠까에서 'rūpadhātuyā upapattikkhaṇe pañcāyatanāni pātubhavanti cakkhāyatanaṁ sotāyatanaṁ rūpāyatanaṁ manāyatanaṁ dhammāyatanaṁ, tayo āhārā pātubhavanti phassāhā개 manosañcetanāhāro viññāṇāhāro' 라는 『담마하다야 위방가』 경에서는 '색계에는 생명구원소(지위따나와까)나 눈의 십원소(짝쿠다사까) 등이 아니라, 생명 육원소(지위따짝까), 눈의 칠원소(짝쿠삿따까) 등이 있을 뿐이다' 고 언급하고 있다. 'upapattikkhaṇe pañcāyatanāni pātubhavanti - 재생연결 순간 오처五處(빤짜아야따나)가 나타난다' 는 구절로 '색계 재생연결 순간 눈, 귀, 형상, 마음, 법의 다섯 입처[入處, 아야따나]와 움큼으로 만든 음식물[까발리까라아하라]을 제외한 세 가지 자양분만 나타난다.' 고 언급하고 있는데 삶의 과정에서 얻을 수 있기에 소리입처[聲處]는 삶의 과정에야 얻을 수 있기에 말하지 않았다고 하자, 냄새, 맛, 자양분은 분리할 수 없는 물질이기에 재생연결식 순간에 포함되어야 한다. 그러나 언급하지 않았다. 이를 근거하면 색계에 생명구원소(지위따나와까)가 아니라 냄새, 맛, 자양분을 제외시킨 생명 육원소(지위따짝까)만 있어야 한다. 눈의 십원소 또한 눈의 칠원소, 귀의 칠원소 등의 물질이 되어야 한다.

그러나 물라띠까의 견해를 현재 스승들은 찬성하지 않는다. 색계에 땅, 불, 바람의 삼대三大가 반드시 있다. 삼대가 있지만 감촉입처(폿탑바야따나) 또한 이 경에서 언급하고 있지 않았다. 그렇지만 경에서 언급하고 있지 않은 정도로 '얻을 수 없다' 고 결정 내려서는 안된다. 언급하지 않은 이유를 찾아야 할 것이다. 색계 범천들의 몸에 냄새, 맛은 반드시 포함되어 있다. 그러나 후각물질, 미각물질이 없기에 냄새 입처, 맛의 입처 작용을 행할 수 없다. 자양분도 있다. 그러나 외부의 음식물을 섭취하지 않기에 자양분으로 생긴 물질(아하라자루빠)이 생겨나기 위한 지원을 받지 못한다. 이에 이 세 가지 물질을 냄새 입처, 맛의 입처, 움큼으로 만든 음식물[까발리까라아하라]라는 이름으로 말하지 않고 궁극적 실재의 일반적 법칙으로써 법처(담마야따나)에 포함시켜 설했다고 알아야 한다.

'삶의 과정에서 ‖중략‖ 깔라빠들을 얻는다'

범천은 삶의 과정에서 마음으로 생긴 물질, 기온으로 생긴 물질 모두를 얻을 수 있다. 범천들은 음식물을 섭취하지 않기에 몸의 내부에 양분물질(ojārūpa)이 있을지라도 외부의 자양분[음식물]과 결합하지 못하기에 '자양분으로 생긴 물질(아하라자루빠)'을 얻지 못한다. 그러므로 범천은 업, 마음, 기온에서 생긴 깔라빠만이 있다.

색계 범천들은 자신들의 선정에서 즐거워하는 희열로 만족되기에 음식을 먹지 않고도 지낼 수 있다. 사람들이 어떤 일에 희열이 일어나면 아무것도 먹지 않고서 지낼 수 있는 것과 같다. 범천에게 성물질(바와루빠)은 없지만 남자의 형상을 지닌다.

asaññasattānaṁ pana cakkhu sotavatthu saddāpi na labbhanti. tathā sabbānipi cittajarūpāni. tasmā tesaṁ paṭisandhikāle jīvitanavakameva.

iccevaṁ kāmarūpāsaññīsaṅkhātesu tīsu ṭhānesu paṭisandhipavattivasena duvidhā rūpapavatti veditabbā.

무상유정(無想有情) 범천은 눈, 귀, 심장토대의 십원소와 소리구원소를 얻지 못한다. 이같이 일체의 마음으로 생긴 물질도 없다. 그러므로 이 범천의 재생연결 순간 생명구원소(지위따나와까)만 있고, 삶의 과정에서는 소리가 제외된 기온으로 생긴 물질이 남는다.

이러한 순서로 욕계, 색계, 무상유정이라 불리는 세 영역에서 두 종류의 재생연결식, 삶의 과정으로 물질이 일어나는 모습을 알아야 한다.

해설

무상유정(無想有情, 아산냐삿따) 범천

색계 범천들에게 없는 코, 혀, 몸, 성의 십원소와 자양분으로 생긴 물질다발(아하라자깔라빠)뿐 아니라 시각물질, 청각물질, 심장토대, 소리물질을 얻지 못한다. 마음이 없기 때문에 일체의 마음으로 생긴 물질도 없다. 무상유정 범천들은 재생연결 순간 생명 구원소깔라빠(지위따나와까깔라빠)만으로 재생연결식을 가진다. 삶의 과정에서는 생명 구원소깔라빠 외에, 소리를 제외시킨 기온으로 생긴 물질(우두자루빠)만 존재한다.

범천들은 임종 때 기온으로 생긴 물질(우두자루빠)인 시체를 남기지 않는다. 호롱불이 꺼지듯 사라진다. 죽음의식이 소멸한 뒤 마음으로 생긴 물질, 자양분으로 생긴 물질들은 작은 찰나 40-50번까지 남는다. 이 물질들에 포함된 기온, 근본 기온으로 생긴 물질들은 작은 찰나 얼마동안 기온으로 생긴 물질을 만들어낸다. 그러나 손가락을 한번 튕기는 순간 수십 만억의 작은 찰나들이 지나간다. 죽음의식조차 소멸된 후의 얼마간의 작은 찰나쯤은 손가락을 튕기는 찰나에도 못 미친다. 임종 후에 즉시 모든 물질이 소멸된다고 볼 수 있다. 천인, 지옥 등 화생하는 중생들 또한 이와 같다.

무상유정 범천은 삶의 과정에서 4가지 기온에서 생긴 깔라빠 중 소리와 연관된 것을 얻지 못한다. 따라서 순수한 팔원소(숫닷타까)와 가벼움 등 11원소(라후따디 에까다사까라후따) 두 가지만 얻는다. 무상유정 천에서는 8가지 분리할 수 없는 물질, 1가지 생명물질, 가벼움 등 3가지, 4가지 특징물질, 1가지 허공계의 모두 17가지 물질을 얻는다.

요약

aṭṭhavīsati kāmesu honti tevīsa rūpisu.
sattaraseva saññīnaṁ arūpe natthi kiñcipi.
saddo vikāro jaratā maraṇañcopapattiyaṁ.
na labbhanti pavatte tu na kiñcipa na labbhati.
ayamettha rūpapavattikkamo

욕계에서 28가지 물질이 일어난다.
무상유정을 제외한 색계에서
23가지 물질이 일어난다.
무상유정 범천에게
17가지 물질만이 일어난다.

무색계에서는 그 어떤 물질도 일어나지 않는다.

재생연결식의 일어남 순간에
소리, 특별하게 만드는 물질,
성숙(자라따), 소멸(아닛짜따)은
얻지 못한다.
삶의 과정에서 얻지 못하는 것은 없다.

이것이 물질이 일어나는 연속이다.

해설

'색계에서 23가지 물질이 일어난다'

어떤 견해로는 가벼움(라후따), 부드러움(무두따), 순응성(깜만냐따) 물질을 얻지 못한다고 한다. '가벼움은 물요소가 변화하는 성질로 무거움의 반대편에 있다. 부드러움은 땅요소가 변화하는 단단함의 반대편에 있다. 순응성은 바람요소가 변화하는 거침의 반대편에 있다. 색계에는 이렇게 변화시키는 마음, 기온이 존재하지 않는다. 모두가 조화롭다. 그러므로 무거움 등이 변화하지 않기에 이러한 변화를 제거하는 가벼움 등도 얻을 수 없다' 고 주장한다.

이 견해는 옛날부터 선호할만한 점이 없었다. 색계천인의 물질은 마음이 행복하고 기온 또한 조화롭기에 언제나 가벼움, 부드러움, 순응성이 일어난다. '제거할만한 변화가 없기 때문에 가벼움 등이 없어야 한다'고 한다. 아라한에게는 제거할만한 혼침, 무기력 등이 없다. 그렇다면 혼침, 무기력 등을 제거하는 마음부수의 가벼움(까야라후따), 마음의 가벼움(찟따라후따) 등 마음부수들이 아라한의 마음과 결합할 수 없다는 뜻이 되지만, 실제로는 항상 결합한다. 그러므로 '제거할만한 변화가 없기 때문에 가벼움 등의 물질을 색계범천에게서 얻을 수 없다'는 견해를 지금도 좋아하지 않는다.

열반

nibbānaṁ pana lokuttarasaṅkhātaṁ catumaggañāṇena sacchikātabbaṁ maggaphalānamārammaṇabhūtaṁ vānasaṅkhātāya taṇhāya nikkhantattā nibbānanti pavuccati.

tadetaṁ sabhāvato ekavidhampi saupādisesanibbānadhātu, anupādisesanibbānadhātu ceti duvidhaṁ hoti kāraṇapariyāyena.

tathā suññataṁ, animittaṁ, appaṇihitañceti tividhaṁ hoti ākārabhedena.

열반은 출세간이라 불리고, 네 가지 도道 지혜로 현증現證 할 수 있고 도, 과의 대상이고 꿰매는 법(와나)이라 부르는 갈애에서 해탈시키기에 열반이라 부른다.

이 열반은 본성으로 하나지만 방편으로는 유여열반有餘涅槃의 성품과 무여열반無餘涅槃의 두 가지로 나눌 수 있다.

형태에 따라 세 가지이니 공함(순냐따)과 형상 없음(아니밋따)과 갈구함 없음(압빠니히따)이다.

요약

padamaccutamaccantaṁ asaṅkhatamanuttaraṁ.
nibbānamiti bhāsanti vānamuttā mahesayo.
갈애에서 해탈한 대선현들은 열반은
도달해야 할 불멸의 경지이고
경계를 초월한 곳이며 조건지어지지 않은
위없는 성품이라 하신다.

4가지 궁극적 실재의 결론

iti cittaṁ, cetasikaṁ rūpaṁ, nibbānamiccapi.
paramatthaṁ pakāsenti.
catudhāva tathāgatā.
iti abhidhammatthasaṅgahe rūpasaṅgahavibhāgo nāma chaṭṭo p
aricchedo.

이와같이 마음, 마음부수, 물질, 열반이라는 네 가지 궁극적 실재의 법을 여래께서는 밝혀 보이셨다.

아비담맛타상가하에서 물질을 분류한 여섯 번째 장은 끝났다.

해설

'네 가지 도道 지혜로 현증現證 할 수 있고'

수다원 도道지혜 등 네 가지 도의 지혜로써 현증한다. 'sacchikātabbaṁ - 현증한다' 란 직접 눈으로 보듯 알고 본다는 것이다. 도의 지혜를 성취하기 전 욕계 지혜로는 직접 볼 수 없다. 단지 추정하여 알뿐이다.

'도, 과의 대상이고'

'maggaphalānamārammaṇabhūtaṁ - 도, 과의 대상이고'라고 하여 도道, 과果를 성취하지 못한 범부들은 열반을 대상으로 할 수 없음을 밝혔다. 열반을 소원하고 수행을 증진시키는 등, 추측하여 열반의 평화와 적정한 상태를 개념정도로 대상으로 삼을 수는 있다.

‘꿰매는 법(와나)’

갈애를 ‘vāna(와나)'라 부른다. vāna란 ‘꿰매는 법’이란 뜻이다. 바느질꾼이 원단의 조각과 조각을 연결하며 꿰매듯 갈애는 현재의 생과 미래의 생을 연결시킨다. 갈애를 소진하지 않고는 윤회의 수레바퀴에서 벗어날 수 없다.

‘갈애에서 해탈시키기에’란 구절로 nibbāna(열반)에서 ‘ni+vāna’로 ni란 ‘nikkhanta(해탈)’의 의미로 ‘vānato(갈애에서) nikkhantaṁ(해탈하는 법이다). 그러므로 nibbānaṁ(열반이라 부른다)’고 뜻을 풀이한다.

갈애가 꿰매는 모습

‘vinati saṁsibbatīti vānaṁ - 연결시켜 꿰맨다. 그러므로 vāna(와나)라 부른다’라고 하듯, 갈애가 삶을 꿰매는 모습은 다음과 같다. 범부와 학인들은 모든 존재계에서 갈애의 얽매임 때문에 세상을 끊지 못한채 머문다. 중생에게 윤회계를 확장, 증폭시키기에 papañca(빠빤짜)란 법에는 사견, 자만심, 갈애 세 종류가 있다. ‘유신견有身見’은 조건에 따라 변하는 오온五蘊을 ‘본체, 본질로써 불변하는 아트만이 있다’라고 착각하여 집착한다. 자만심은 그 자아(아트만)를 ‘나!’라고 생각한다. ‘나는 능숙하다, 나는 고귀하다’며 자만에 빠진다. 사견과 자만을 바탕으로 육체와 정신의 법에 온힘을 다해 갈애로 집착한다. ‘나보다 사랑할 이는 없다’는 말처럼 누구도 자신보다 더 좋아할 수 없다. 나를 사랑하기에 내게 베푸는 사람 혹은 베풀 사람이라 생각하여 떨어질 수 없고, 떨어지지 못하도록 집착하여 얽매인다.

자신과 연관된 모든 것에 집착하며 백세까지 살고서도 임종에서조차 숱한 집착에서 놓여나지 못해 갈애의 번뇌로 생을 갈망하며 얽어매고 연결시킨다. 이 내재된 갈애(딴하누사야)로 생을 얻은 뒤, 새로 얻은 생에 애착하여 똑같은 방법으로 다시 생을 만들어 간다. 사견과 자만이 부채질하기에 갈애가 모든 것을 연결시켜나가는 것이다. 이 세 가지는 윤회를 증폭시키는 뿌리 깊은 마군들이다. 육체와 정신의 더미가 소진된 곳이 불멸의 빛으로 찬연히 빛나듯, 부패함의 언저리를 맴도는 파리가 타오르는 숯불덩이 위에 앉지 못하듯, '조건에 형성됨이 없는 열반(asaṅkhatadhātu nibbāna)'에는 갈애가 달라붙을 수 없다. 그러므로 열반을 '갈애에서 해탈시키는 법'이라 말한다.

'이 열반은 본성으로 하나이지만'

'열반은 적정함santi이다'고 언급했었다. 적정한 성품은[santi] 열반 하나뿐이다. 하나뿐이라는 말은 '모든 성자의 열반은 공동 소유의 사물처럼 하나만 있다'고 이해해서는 안된다. 마음의 성품은 대상을 아는 능력만 있고[āramaṇavijānanalakkhaṇā], 접촉은 접촉하는 특징 하나만 있는 것처럼[phusanalakkhaṇā] 열반은 적정의 성품 하나만 있다[santilakkhaṇā]는 뜻이다. 사람마다 마음이 있는 것처럼 모든 성자들 또한 자신만의 열반을 가진다. 적정의 성품으로는 하나지만 현생의 열반(diṭṭhadhammanibbāna)과 내생의 열반(samparayikanibbāna) 두 가지로 구분된다. 현생의 열반을 유여열반有餘涅槃, 내생의 열반을 무여열반無餘涅槃이라 부른다.

유여열반有餘涅槃

kammakilesehi upādīyatīti upādi - 업, 번뇌에 의해 나라고 집착한다. 그

러므로 우빠디(upādi)라 부른다.

중생들이 항상 지니는 내재된 성품으로 과보마음과 업으로 생긴 물질이다. 이 조건 속에 있는 업뿐인 것을 '나의 소유, 나'라고 육신과 정신에서 집착한다. 육근을 통하여 일어나는 번뇌를 '내가 대상으로 삼는 법'이라는 강한 신념으로 나의 대상이라 취한다. 이처럼 taṇhādiṭṭhīhi upādīyatīti upādi - 갈애와 사견으로 집착한다 그러므로 우빠디(upādi)라 한다. 갈애, 사견으로 대상을 취하여 집착하게 되는 다섯 취온取蘊(우빠다나칸다)을 'upadi(우빠디)'라 부른다.

sissati avasissatīti seso, upādi ca so seso cāti upādiseso - 남겨진다. 그러므로 sesa라 부른다. 이 과보마음과 업으로 생긴 물질을 우빠디(upādi)라 부른다. 남겨진 것이기도 하다. 그러므로 우빠디세사(upādisesa)라 부른다. 시작을 알 수 없는 윤회계에서 과보마음과 업으로 생긴 물질들은 번뇌와 뒤섞여 있었다. 도道의 법으로 소멸되는 순간 번뇌에서 떨어져 남겨지는 과보마음과 업으로 생긴 물질을 우빠디세사(upādisesa)라 부른다.

saupādisesanibbānadhātu = [sa + upādi + sesa]
sesa(번뇌에서 남겨진) upādi(과보마음, 업으로 생긴 물질) sa(있다)

도道로 번뇌를 제거할 때 육신의 번뇌는 소진되지만 항상 일어나는 과보마음과 업으로 생긴 물질은 남는다. 번뇌에서 남겨진 과보마음과 업으로 생긴 물질로 인식하는 열반을 'saupādisesanibbānadhātu - 유여열반有餘涅槃'이라 부른다. '과보마음과 업으로 생긴 물질(깜마자루빠)이 소멸되기 전에 [대열반에 들기 전에] 대상으로 하는 열반'이란 뜻이다.

무여열반無餘涅槃

anupādisesanibbānadhātu = [na + upādi + sesa]

번뇌가 소멸된 뒤 남겨진 과보마음과 업으로 생긴 물질이 없는 열반의 성품을 말한다. '과보마음인 정신의 무더기와 업으로 생긴 물질이 소멸한 뒤[대열반에 든 뒤] 얻는 열반'이란 뜻이다.

공함(순냐따)

'suñña' 란 공空, 소멸, 없음을 뜻한다. 열반이란 탐욕, 진심, 치심과 함께하는 물질의 육신과 정신의 더미로부터 공하다. 적정하다. 이처럼 탐욕, 진심, 치심과 함께하는 모든 육체와 정신의 공한 성품, 소멸한 상태를 가리켜 suññatanibbāna(순냐따닙바나; 공한 열반)이라 부른다.

형상 없음(아니밋따)

'nimitta' 는 길고 짧고 둥글고 덩어리진 등 형상을 뜻한다. 육신이란 무수한 물질입자로 모아진 갖가지 형상으로 이루어진 것이다. 그러나 정신의 무더기는 육신의 형상을 보는 것처럼 일반적 지혜로는 볼 수 없고 부처님의 지혜로만 알 수 있다. 열반은 그처럼 형상의 종류가 아니다. 이처럼 형상이 없는 상태를 가리켜 animittanibbāna(아니밋따닙바나: 상카라 법에서 모양, 형상이 없음의 상태라는 열반)이라 부른다.

갈구함 없음(압빠니히따)

'paṇihita' 란 갈망하다, 원한다는 뜻을 지닌다. paṇidhi와 동일한 뜻이다. 열반은 갈애로 갈망하는 것이 아니며, 갈망하는 갈애는 존재조차 없다. 이처럼 뜨거운 불처럼 갈망하는 갈애가 없는 상태를 가리켜 appaṇihitanibbāna(압빠니히따닙바나: 갈구하는 탐·진·치가 없는 상태인 열반)라 부른다.

색인

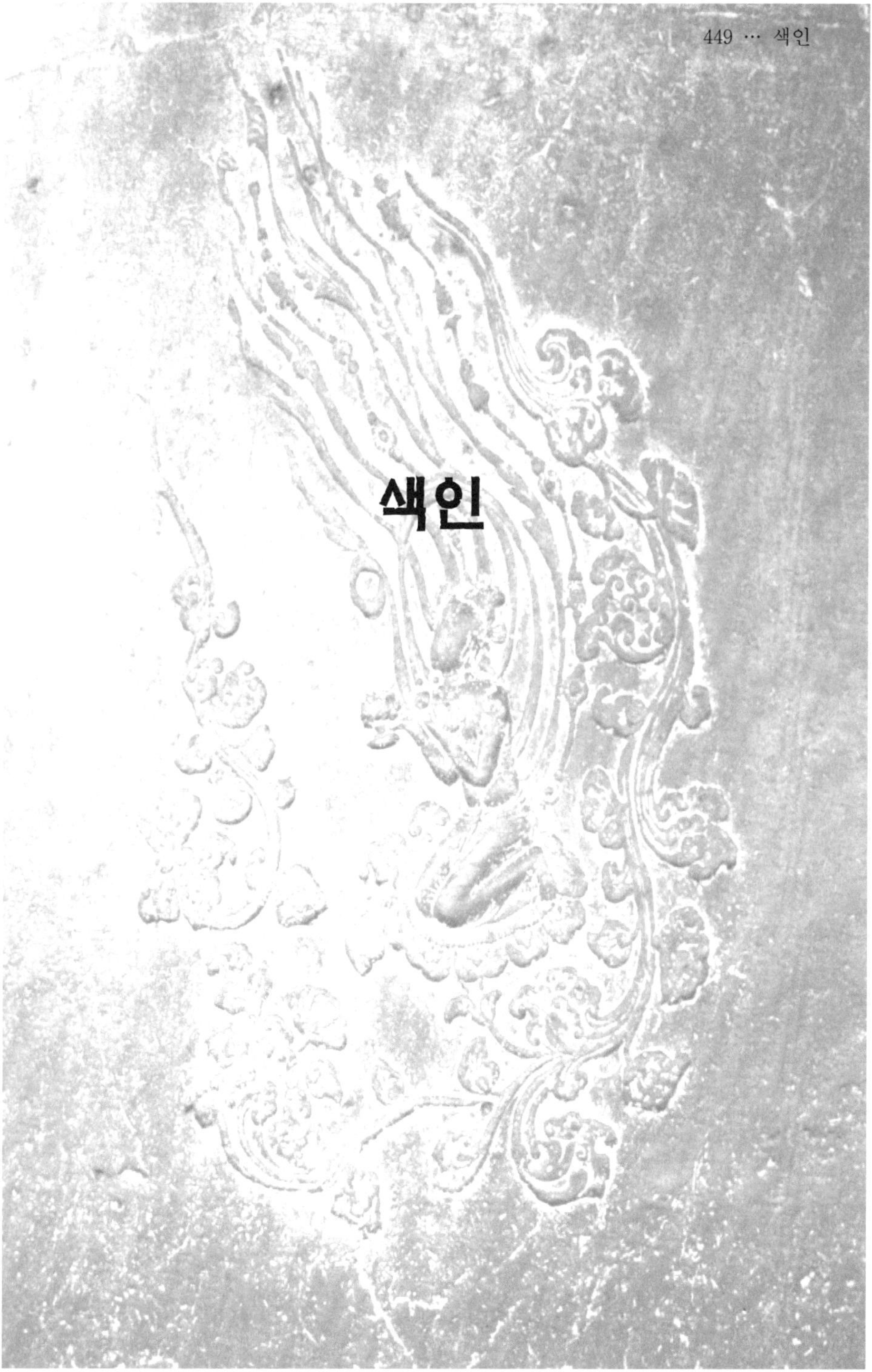

색인

[a, ā]

āsevanapaccaya 연속성의 연기법, 數數修習緣
abhiññā 신통지
ābhā 광채
ābhassrā 광음천光音天
abhidhamma 논장
abhidhammabhājanīya 논장적 분석법
abhijjā 탐욕
abhiññā 신통지
abhiññāvīthi 신통지의 인식과정
abhisaṅkhatasaṅkhārā 형성력의 상카라 혹은 선·불선의 의도
abyākatā 선으로도 불선으로도 설하지 않은 법, 무기법無記法
ācāra 행실, 행도
āciṇṇakamma 습관이 된 업
adhimokkha 결심
adhipati 우두머리, 통치자
ādikammika vīthi 선정을 처음 획득한 사람의 인식과정
adinnādāna 도둑질
adosa 진심없음
adukkhamasukhā 고통도 행복도 아닌 느낌
advārarūpa 문이 아닌 물질
āgantukabhavaṅga 손님 바왕가
āghātavatthu 악의를 만드는 원인
agocaraggāhikarūpa 대상을 취하지 못하는 물질
anaññātaññāsāmītindriya 일찍이 몰랐던 사성제를 깨닫기 위한 기능, 미지당지근未知當知根
anindriyarūpa 기능이 아닌 물질
ajjhatta 내부
ajjhattikarūpa 내부의 물질
akālamaraṇa 시간을 채우지 못한 죽음
akaniṭṭhā 색구경천色究竟天
ākārapaññatti 상태라는 개념
ākāsa 허공
ākāsadhātu 허공계
ākāsānañcāyatana 공무변처空無邊處
ākiācaññāyatana 무소유처無所有處
ākiñcaññāyatana kusalacittaṁ 무소유처無所有處 선정 선업마음
akusala 불선
akusalacittāni, dvādasa 불선 마음 12가지
akusalavipāka 불선 과보
akusala cetasika 불선 마음부수
akusalakamma 불선업
ālambana 대상
alaṅka 시, 운율, 작시법에 관한

문법서
alobha 탐욕없음
amoha 어리석음 없음
anāgāmimagga 아나함 도道
anāgāmiphala 아나함 과果
anārammaṇa 대상을 취할 수 없는 법
anāgata 미래
anāgataṁsañāṇa 미래에 일어날 오온五蘊의 연속과 이름, 혈족 등을 아는 지혜.
ānañca 무한대
anantarapaccaya 바로 뒤에서 빈틈없이 뒤따르는 조건, 無間緣
ānantariyakamma 결과를 줌에 있어 불변하는 업, 무간업
andha 장님
āneñjadhisaṅkhāra 무색계 선善의 의도[상카라]
aṅga 요소
aṅgātikkamajhāna 선정의 요소를 초월하는 선정
anicca 무상
aniccatā 항상 하지 못함, 소멸
anidassanarūpa 볼 수 없는 물질
anipphannarūpa 추상적 물질
animitta 형상 없음
aniṭṭha 원치 않는 대상
aniṭṭhāramaṇānubhavanalakkhṇā 싫은 대상을 체험하는 특징
aniṭṭhārammaṇa 원치 않는 대상
aññasamāna cetasika 선, 불선 모두에 동조하는 마음부수
aññamaññapaccaya 상호간에 돕는 연기법, 相互緣
aññātāvindriya 완전지의 기능, 究知根
aññindriya, 이미 깨달은 사성제를 깨닫는 기능, 已知根
anottappa 불선을 두려워하지 않음
antarabhavavādī 중유中有설
antarakappa 중겁中劫
anupādinnarūpa 다른 원인에 기인한 물질
anupādisesanibbāna 무여열반無餘涅槃
anuloma 선정, 도道, 과果에 순응하여 적합하게 하는 마음, 수순
anumānanāṇa 추론하는 지혜
anusaya 잠재된 번뇌
anusayadhātu 잠재된 번뇌의 성향
apacāyana 나이, 지위, 공적으로 상위 어른을 공경함
apahasita 눈물이 나오도록 웃는 웃음
aparacetanā 보시 올린 뒤의 의도
aparāpariya vedanīya kamma 세 번째 생부터 과보를 주는 업
apāyapaṭisandhi 악처의 재생연결
apāyabhūmi 악처
appaṭigharūpa 부딪치지 않는 물질
āpodhātu 물의 요소, 水
appamāṇābhā 무량광천無量光天

appamāṇasubhā 무량정천無量淨天
appamaññā 무량심無量心
appamaññābrahmavihāra 사무량심四無量心
appanā 본삼매
appanā javana 본삼매 속행
appanājavanavāra 본삼매 속행이 일어나는 차례
appanāvīthi 본삼매 인식과정
appaṇihita 갈구함 없음
appaṇihitanibbāna 갈구하는 탐·진·치가 없는 상태인 열반
appahātabba 제거하지 못하는 법
apuññabisaṅkhāra 불선의 의도[상카라]
abyākata 무기법無記法, 선 · 불선으로 설하지 않은 법
abhijjhā 탐애
amoha 어리석음 없음, 지혜
arahattaphala 아라한 과果
arahattamagga 아라한 도道
arūpa 무색계
arūpāvacarakiriya 무색계의 작용만 하는 마음
arūpāvacarakusala 무색계의 선善마음
arūppavipāka 무색계의 과보마음
arūppapaṭisandhi 무색계의 재생연결식
āramaṇātikkamajhāna 대상을 초월하는 선정
āramanavijānana 대상을 앎
ārammaṇapaṭipādaka 대상을 일으키는 주의
arūpa 무색계
arūpataṇhā 무색계에 대한 갈애
arūpāvacaravipāka 무색계의 과보마음
asaṁyatakukkucca 자제되지 않은 후회
asaṅkheyya 헤아릴 수 없는 시간, 아승지의 세월
asaṅkhārikacitta 자발적 마음
asaṅkhatadhātu 원인에 조건 지워지지 않은 법
asaññasattā 무상유정無想有情
āsevanapaccaya 연속성의 연기법, 數數修習緣
asubha 부정한 것, 부정관
asura kāya 아수라계
ahetuka 뿌리없는 마음
ahirika 악행에서 부끄럽지 않음
ahosi kamma 효력을 잃은 업
āhāra 자양분
āhārapaccaya 자양분의 연기법, 食緣
āhārarūpa 자양분 물질
āhārasamuṭṭhānakalāpā 자양분에 기인한 깔라빠
āhārasamuṭṭhānarūpa 자양분에 기인한 물질
aṭṭhakathā 주석서
atthapaññatti 사물의 개념. 내용, 사물에 근거하여 생겨나는 이

름, 알게 되는 사물.
atappā 무열천無熱天
atihasita 팔, 다리 등 몸을 던지며 웃는 웃음
atiiṭṭha 매우 원하는 대상
atimahantaṁ 나타남부터 헤아려 매우 많은 마음의 순간을 가진 대상. 매우 큰 대상.
atiparittaṁ 나타남부터 헤아려 매우 적은 마음의 순간을 가진 대상. 매우 작은 대상.
atīta 과거
atītabhavaṅga 지나간 바왕가
attha 결과, 의미
atiiṭṭārammaṇa 매우 원하는 대상
āvajjana 전향의식
avatthurūpa 토대가 아닌 물질
avatthā 지정된 영역
avibhūtārammaṇa 희미한 대상
avīci 무간無間지옥
avihā 무번천無煩天
avijja 무명
avinibbhogarūpa 분리할 수 없는 최소 팔원소 물질
āyatana 입처入處
ayonisomanasikāra 이치에 맞지 않게 마음에 둠
āyukappa 수명, 수겁壽劫
āyukkhaya 수명이 다함

[i]

indriya 각 연관된 부분을 다스림, 기능根.
indriyapaccaya 다스림의 연기법, 根緣
indryabhedanaya 기능根의 구분 방법
indriyarūpa 기능根 물질
iṭṭha 원하는 대상
iṭṭhamajjhattāramaṇānubhavanalakkhṇā 적당히 원하는 대상을 체험하는 특징
iṭṭhamajjhattārammana 적당한 정도로 원하는 대상
iṭṭhaphoṭṭhabbārammaṇa 원하는 촉감
iṭṭhāramaṇānubhavanalakkhṇā 좋은 원하는 대상을 체험하는 특징
itthibhāvadasaka 여성십원소
issā 질투

[u]

ubbegāpīti 위로 떠오르게 할 수 있는 희열
ubhatobyñcanaka 양성을 가진 이
ubhayakkhaya 수명과 업이 다함
uddhacca 들뜸
ujukatā 정직성, 올곧음
upacāra 선정, 도道, 과果인 본삼매에 근접한 욕계 집중마음. 근접
upacārabhāvana 번뇌를 제거한 뒤

부터 본삼매가 일어나기 전, 본삼매 가까이에서 일어나는 욕계 선善마음인 근행정近行定
upacārasamādhijavana 근행정-속행
upādinnarūpa 업의 결과물질
upacaya 생성
upacchedakakamma 파괴시키는 업의 개입
upādinnakakhandhā 번뇌로 밀착한 업의 결과로 얻게 되는 물질과 정신의 모임.
upādāyarūpa 4대에서 파생된 물질
upaghātaka kamma 파괴하는 업
upahasita 어깨나 머리를 흔들며 웃는 웃음
upakaraṇa 수단의 대상
upaladdha 직접대상
upalakkhaṇa 집중하는 성품
upapajjavedanīyakamma 내생에서 과보를 줄 업
upapīḷaka kamma 방해하는 업
upaṭṭhānasamaṅgitā 나타난 대상의 완전함
upatthambhaka kamma 지지하는 업
upāya 방편
upekkhā 좋지도 싫지도 않은 느낌, 중립적 느낌
upekkhāsahagatacitta 좋지도 싫지도 않은 느낌을 수반한 마음
upekkhindriya 중립적 느낌의 기능捨根
uppāda 일어남, 생기
utu 기온

[e, o]

ekakicca 하나의 작용
ekaggatā 집중, 사마디
ekahetukacitta 하나의 뿌리를 지닌 마음
ekacittakkhaṇa 한번의 마음순간
ekadvārika 하나의 문을 지닌
ekālambana 동일한 대상
ekanipāta 하나의 요소 장
ekanirodha 함께 소멸함
ekattakāyanānattasaññī 하나의 형상과 다양한 지각을 지닌 중생
ekattasaññī 하나의 지각을 지닌 중생
ekavatthuka 동일한 토대를 가짐
ekuppāda 함께 일어남
ojā 양분
ojārūpa 양분물질
okāsaloka 생명, 무생물이 머무는 장소, 31천
omaka 열등한
ottappa 두려움
oḷārikarūpa 거친 물질

[k]

kāḷasutta 흑승黑繩지옥

kāla 시간, 순간
kālavimutta 시간에서 벗어난 법
kāmacchanda 갈애
kāmajavana 욕계 속행
kāmajavanavāra 욕계의 속행이 일어나는 차례
kāmapaṭisandhi 욕계 재생연결식
kāmarāga 오욕에의 욕망
kāmasobhanacitta 욕계의 아름다운 마음
kāmasugati 욕계 선처
kāmasugati paṭisandhi 욕계 선처의 재생연결식
kāmataṇhā 오욕의 갈애
kāmāvacara 욕계
kāmāvacara javana 욕계 속행
kāmāvacarasobhanacitta 욕계 아름다운 마음
kāmavirāgabhāvana 오욕을 혐오하는 명상
kāmesumicchācāra 음행
kammacatukka 4가지 업의 모임
kammadvāra 업을 짓는 문
kammajarūpa 업으로 생긴 물질
kammakkhaya 업이 다함
kammanimitta 업의 표상
kammaññatā 순응성
kammapaccaya 업의 연기법, 業緣
kammapatha 업의 길. 선처, 악처에 이르게 하는 선, 불선의 길.
kammassakatāñāṇa 업과 업의 결과를 믿는 지혜
kammasamuṭṭhānakalāpā 업에 기인한 깔라빠
kammasamuṭṭhānarūpa 업에 기인한 물질
kappa 겁劫
karajakāya 부모의 정액으로 인하여 생겨난 몸, 사대로 생겨난 몸
karuṇā 연민, 悲無量心
kasiṇa 사마타수행의 대상이 되는 원판전체. 까시나
kaṭattā kamma 행한 업
kaṭattārūpa 업에 기인한 물질
kabaḷikāra āhāra 한웅큼으로 덩어리지게 만든 음식물
kāyadvāra 몸의 문
kāyakamma 신업
kāyakamma 신업身業
kāyakammaññatā 마음부수의 순응성
kāyalahutā 마음부수의 가벼움
kāyamudutā 마음부수의 부드러움
kāyapāguññatā 마음부수의 능숙함
kāyapassaddhi 마음부수의 고요함
kāyapayoga 몸의 실행
kāyaviññāṇa 몸의 의식
kāyaviññatti 몸의 암시
kāyaviññattinavakakalāpa 몸의 암시가 주도하는 구원소 깔라빠
kāyaviññattilahutādi dvādasaka 몸의 암시 가벼움 등의 12원소
kāyikadukkha 육체의 고통
kāyikasukha 몸의 행복

kāyujukatā 마음부수의 올곧음
khaṇapaccuppana 찰나의 시간
khaṇattaya 일어남(웁빠다), 머묾(티띠), 소멸(방가)의 세 순간
khandhā 온蘊, 더미
khīṇāsavā 흐르는 번뇌가 소진한 사람
khipanakasaṅkhāra 대상에 집어던지는 상카라
khippābhiñña 빠른 지혜사람
kicca 작용
kiccacatukka 4가지 작용
kilesakāma 오욕의 대상을 원하는 탐욕
kiriyacitta 작용만 하는 마음
kiriyajavana 작용만하는 마음의 속행
kiriyāsammākammanta 행함의 바른 행위(正業)
kukkucca 후회
kusala 선善
kusalajavana 선 마음의 속행
kusalavipākāhetuka 선의 과보인 뿌리 없는 마음

[g, gh]

gabbhaseyyaka 태생 중생
gandhārammaṇa 후각의 대상, 냄새香
garuka kamma 무거운 업
gocaraggāhikarūpa 대상을 취하는 물질
gatinimitta 태어날 곳의 표상
ghāna 코
ghānadasaka 코의 십원소
ghānadvāravīthi 청각물질의 인식 과정
ghānaviññāṇa 코의 의식
ghānindrilya 코의 기능鼻根
gotrabhu 욕계 종성을 끊어내고 열반 혹은 선정을 대상으로 하는 마음. 종성
ghāyanakicca 냄새 맡는 작용

[c, ch]

cakkhupasāda 시각기관
cakkhuvatthu 눈 의식의 토대인 시각물질
cakkhuviññāṇa 눈의 의식
cakkhundriya 시각기능眼根
catukkajjhāna 선정 4가지 모임
cātumahārājikā 사천왕천
catuvokāra 물질色을 제외한 오직 정신적인 영역인 무색계를 말한다.
cetanā 의도
cetanāsammākammanta 의도의 바른 행위(正業)
cetanāsammāvācā 바른 말의 의도(正語)

cetasika 마음을 의지하여 일어나는 법. 마음부수心所
citta 마음, 識
cittavipallāsa 마음識의 전도
cittaādhipati 마음이라는 통치
cittajarūpa 마음으로 생긴 물질
cittujukatā 마음의 올곧음
cittakammaññatā 마음識의 순응성
cittakkhaṇa 마음의 순간
cittalahutā 마음識의 가벼움
cittamudutā 마음識의 부드러움
cittānuparivattino dhammā 마음을 따르는 법들
cittappassaddhi 마음의 고요함
cittapāguññatā 마음識의 능숙함
cittasamuṭṭhānakalāpa 마음에 기인한 깔라빠
cittasamuṭṭhānarūpa 마음에 기인한 물질
cittavibhatti 마음을 분석한 장
cittotuja 마음과 기온에 기인한
cuti 죽음
cutikicca 죽음 작용
chanda 원함
chandādhipati 원함이라는 통치
chakkāni, cha 6개조 여섯 모임
chadvārika 6문

[j, jh]

jaccabadhira 선천적 귀머거리
jaccagānaka 선천적 후각 장애자
jaccajaḷa 선천적 지능장애자
jaccamuga 선천석 벙어리
jaccandha 선천적 맹인
jaccummattaka 선천적 정신착란자
jālaroruva 규환叫喚지옥
janakakamma 과보를 낳는 업
janakasaṅkhāra 일으키게 하는 선, 불선이라는 상카라[행온]
jaratā 물질의 성숙
jātikā 재생연결식
javana 속행
javananiyama 속행의 법칙
javanapaṭipādaka 속행을 일으키는 주의
javanavāra 속행 차례
jdhūmaroruva 대규환大叫喚지옥
jivhāvatthu 혀의 토대인 미각물질
jivhādasaka 혀의 십원소
jivhāviññāṇa 혀의 의식
jīvitanavakakalapa 생명구원소깔라빠
jīvitarūpa 생명물질
jīvitasamasīsīrahanta 아라한 과果를 성취한 즉시 대열반에 드는 사람
jīvitindriya 생명기능
jhāna 선정, 본삼매
jhāna vīthi 선정마음의 인식과정
jhānaanāgāmi 선정을 획득한 불환자(不還子)

jhānalābhī 선정을 성취한 사람
jhānasamāpattivīthi 본삼매인식과정
jhāyana 불태움

[ñ]

ñāṇa 지혜
ñāṇasampayuttaṁ 지혜와 결합한 마음
ñāṇavippayuttaṁ 지혜와 결합하지 않은 마음
nāmajīvitindriya 정신의 생명기능

[t]

ṭhiti 머묾
tatiyajjhānakiriyacitta 제3선의 작용만 하는 마음
tatiyajjhānakusalacitta 제3선의 선마음
tatiyajjhānasotāpattimagga 제3선의 수도원 도道
tadārammaṇa 자와나가 취한 대상을 대상으로 하는 마음, 등록
tadārammaṇavāra 등록을 끝으로 하는 마음의 차례
tadārammaṇakicca 등록의 작용
tadanuvattikamanodvāravīthi 지나간 대상을 연속하여 따르는 의문意門인식과정
tadārammaṇa niyama 등록의 법칙
taṇhā 갈애
tāpana 초열蕉熱지옥
tatramajjhattatā 평정심
tāvatiṁsā 삼십삼천三十三天
tejokasiṇa 불火까시나
thina 마음의 해태
tihetukacitta 세 가지에 뿌리한 마음
tihetukāmakiriya 세 가지 뿌리의 욕계 끼리야마음
tihetuka 세 가지 선뿌리를 가진
tihetuka ukkaṭṭha 세가지 뿌리를 가진 수승한 선업
tika 세 개조 모임
tikkha 영민한 사람
tikkhapañña 영민한 지혜를 지닌 사람
tikkhindriya 빠른 지혜의 기능根을 지닌사람
tiracchānāyoni 짐승의 혈통, 영역
tusitā 도솔천
thina 해태, 식識의 무기력
thinamiddha 해태와 혼침

[d, dh]

dāna 보시
desanā 허물을 고백함

dassanakicca 보는 작용
diṭṭhadhammavedanīya kamma 금생에서 과보를 주는 업
diṭṭhi 사견
diṭṭhivipallāsa 견해의 전도
diṭṭhigata 사견
diṭṭhigatavippayutta 사견과 결합하지 않은
diṭṭhigatasampayutta 사견과 결합한
diṭṭhijukamma 견해를 곧게함
domanassa 괴로운 느낌
domanassasahagata 괴로운 느낌을 수반한
dosa 진심, 성냄
dosamūlacitta 진심뿌리마음
dutiyajjhānakiriya 제2선 끼리야마음
dutiyajjhānakusala 제2선 선마음
dutiyajjhānavipāka 제2선 과보과음
dutiyajjhānasotāpattimagga 제2선 수다원 도道
dūrerūpa 멀리있는 물질
dukā 2개조 모임
dukanipāta 두 개의 요소 장章
dukkha 고통
dukkhasahagata 고통을 수반한
duccarita 악행
dukkha vedanā 괴로운 느낌
dukkhindriya 고통의 기능苦根
dummano 좋지 않은 마음
durājīva 나쁜 생계수단
dussīla 계율 없는 자
dvāravimutti 문에서 벗어난 마음
dvārarūpa 문門의 물질
dvipañcaviññāṇa 선, 불선과보인 한 쌍의 전오식前五識
dvihetuka 두 가지에 뿌리한 마음
dvihetukacitta 두 가지에 뿌리한 마음
dhamma 법, 원인
dhammadesanā 이윤을 바라지 않고 설법함
dhammārammaṇa 마음의 대상으로, 오경五境의 법을 제외한 모든 법. 법이란 대상
dhammassavana 법문을 경청함
dhātu 성품, 계界

[n]

nimmānarati 화락천化樂天
nakutoci 어떠한 원인도 없는
nāmakāya 정신의 모임
namapaññatti 명칭의 개념
nānākkhaṇikakamma 의도와 결과가 각각 다른 순간에 나타나 영향을 주는 연기법
nānattasaññī 다양한 지각을 지닌 중생
natthibhāva 없음의 상태
natthibhāvapaññatti 없는 상태의

개념
nevasaññānāsaññāyatana 비상비비상처非想非非想處
nibbāna 열반
nicca 영속, 영원
niccasīla 항상 지켜야 할 계율
nimitta 영상, 니밋따
nipphannarūpa 구체적 물질
niraya 지옥
nissayapaccaya 의지하는 연기법, 依止緣
niyatamicchādiṭṭhi 결정사견

[p, ph]

paccanīka 역관
pakiṇṇaka cetasika 혼합되는 마음부수
paccavekkhaṇa 반조返照의 지혜
paccaya 연기법
paccupaṭṭhāna 지혜에 드러나는 모습
pacceka 각각

pacchājātapaccaya 뒤에 일어난 연기법, 後生緣
pañcakicca 5가지 작용
pañcadvāra 오문五門
paccuppanna 현재
pādakajhāna 토대가 되는 선정
padaṭṭhāna 가까운 원인
pāguññatā 능숙함
pākadānapariyāyacatukka 네 가지 과보를 주는 차례
pakatūpanissayapaccaya 근본적으로 힘 있는 의지처가 되는 연기법, 本性親依止
pākadānapariyāya 과보를 주는 차례
pākakāla 과보를 주는 시간
pākaṭṭhāna 과보를 주는 장소
pāṇātipātavirati 살생을 삼감
pāṇātipāta 살생
pāṇātipāta kammapatha 악처에 탄생시키는 살생이라는 불선업의 길
paṇitadāna 훌륭한 보시
paṇita jhāna 훌륭히 닦은 선정
pañcadvārāvajjana 오문五門전향 마음
pañcadvāravīthi 오문五門 인식과정
pañcakajjhāna 선정 5가지 모임
pañcamajjhāna 제5선
pañcānantariyakamma 오역죄
pañcaviññāṇa 오식五識
pañhapucchaka 질문법
paññā 지혜
paññatti 명칭, 개념
paññindriya 지혜의 기능慧根
papañcasaññā 윤회를 확장시키는 지각
paracittavidū 타심통他心通
pārajika 단두죄斷頭罪, 波羅市迦

法
paramattha 궁극적 실재
paramatthasacca 변하지 않는 궁극적 실재로서의 진리
paranimmitavasavatti 타화자재천他化自在天
paratoghosapaccaya 타인의 법문을 경청한 근원
paravāda 다른 견해, 이교도의 견해
parikamma 기초 작업이 되는 욕계 명상 작업, 기초 작업
parikappaiṭṭhārammaṇa 개인적 선호에 따른 원하는 대상
paricchedarūpa 분할하는 물질
paritta 작고 하찮은 욕계 법, 욕계 대상
parittajavanavīthi 욕계속행인식과정
parittābhā 소광천小光天
parittārammaṇa 나타남부터 헤아려 적은 마음의 순간을 가진 대상. 작은 대상.
parittasubhā 소정천少淨天
pasāda 감각물질
pasādarūpa 감각물질
pasāda vatthūni 감각물질의 토대인 오근五根
passaddhi 고요함
paṭigha 성냄
paṭighasampayuttacitta 성냄과 결합된 마음
pāṭihāriya 신통
paṭisambhidā 무애해도無碍解道
paṭisandhe kammajarūpa 재생연결식 순간 업으로 생긴 물질
paṭisandhi 재생연결식
paṭisandhikicca 재생연결 작용
patāpana 대초열大焦熱지옥
paṭhamajjhāna 초선
paṭhamamagga 첫 번째 도, 수다원도
pathavīdhātu 땅의 요소地大
pathavīkasiṇa 흙의 까시나
pattidāna 자신의 공덕을 회향
pavatti 재생연결식과 죽음을 제외한 삶의 전 과정을 통해 생멸하는 물질과 정신, 삶의 과정
payoga 실행
pettivisaya 아귀계
pisāca 아귀
pisuṇavācā 이간질, 중상모략
pīti 기쁨, 희열
pubbekatasaññā 과거에 행하였다는 인식
pubbenivāsañāṇa 숙명통
puggala 사람, 존재
puggalabheda 존재에 따른 분류
puggalajjhāsaya 개개인의 바람
pumbhāvadasaka 남성십원소
puññabisaṅkhāra 선善의 상카라
puññakkhaya 선업이 다함
purejātapaccaya 먼저 일어난 연기법, 前生緣

pettivisaya 아귀계
phala 과보, 과果 마음
pharusavācā 거친 말
phassa 접촉
phassapaccayāvedanā 접촉에 기인한 느낌
phoṭṭhabbha 감촉觸
phusanakicca 접촉작용

[b, bh]

bahiddha 외부
bahiddhāramaṇā 외부의 대상
brahmapārisajjā 범중천梵衆天
brahmapurohitā 범보천梵輔天
buddhasaṁvaṇṇitaaṭṭhākathā 부처님께서 직접 설하신 주석서
byañcanaṁ 성性
byapada 악의
byāpāda kammapatha 악의로 인해 업의 길
bhaṅga 소멸
bhavagga 최상층
bhāvanā 수행
bhāvadasaka 성性의 십원소
bhāvarūpa 성性 물질
bhāvanāmaya 수행의 완성
bhavaṅga 끊이지 않고 일어나는 물질과 정신의 연속성의 근원, 존재의 요소. 생의 연속체
bhavaṅgacalana 진동하는 바왕가
bhavaṅgakicca 바왕가 작용
bhavaṅgupaccheda 끊어내는 바왕가
bhedakaravatthu 승단을 분열시키는 원인
bhūmi 영역
bhummadeva 지신地神
bhūtarūpa 사대四大

[m]

māna 자만
macchariya 인색
maggaṅga 도道의 요소, 팔정도
mahāaṭṭhakathā 마하앗타까타, 대주석서
mahābhuta 地, 水, 火, 風의 4대의 요소
mahābrahmā 대범천大梵天
mahaggatacitta 고귀한 마음, 색계·무색계 선정마음
mahākappa 대겁大劫
mahantaṁ 나타남부터 헤아려 많은 마음의 순간을 가진 대상. 큰 대상.
majjhimadāna 중간 보시
mamma 말더듬이
manasikāra 주의
mandapañña 둔한 지혜
manodhātu 의계意界, 알아차리는 것 정도만 있는 성품.

manodhātuttikā 의계意界 3가지 모임, [오문전향마음 1가지, 받아들이는 마음 2가지]
manodvāra 의문意門
manodvāravīthi 의문意門인식과정
manodvārāvajjana 의문意門전향마음
manoviññāṇa 의식
manoviññāṇadhātu 의식계意識界
manokamma 의업意業
manussā 인간
maraṇāsaññāvīthi 죽음 직전 인식과정
micchādiṭṭhi 사견
māyā 속임수
mettā 사랑, 자무량심
micchāsati 잘못된 사띠
middha 혼침, 마음부수의 무기력
moghavāra 쓸모없는 차례
moha 어리석음
muccākāla 약한 속행으로써 정신을 잃고 있을 때
mudindriya 둔한 기능根 사람
muditā 희심喜心
mudutā 부드러움
mūla 뿌리, 근원
mūlabhavaṅga 근본 바왕가
musāvāda 거짓말

[y]

yāmā 야마천夜摩天
yonisomanasikāra 올바른 마음가짐

[r]

rasa 작용
rasārammaṇa 미각물질의 대상, 맛味
rūpa 물질, 色
rūpa 색계
rūpa kusala kamma 색계 선업
rūpabhava 물질을 가진 생, 색계천
rūpadhammānaṁ 암시 2가지와 특징물질 4가지를 제외한 22가지 물질의 법
rūpakalāpa 물질다발
rūpakāya 물질色의 모임
rūpapaṭisandhi 색계 재생연결식
rūparāga 색계에 대한 탐욕
rūpārammaṇa 시각물질의 대상, 형상色
rūpasamuṭṭhāna 물질을 일으키는 원인
rūpāvacara kusala 색계 선善마음
rūpavirāga 일체의 물질을 혐오하는 명상
rūppati 변화

[l]

lahupariṇāmatā 빠르게 바뀌는 상태
lahutā 가벼움
lakkhaṇarūpa 일반적 특징물질
lakkhaṇā 특징
liṅga 문법의 성性
lobha 탐욕
lobhamūlacitta 탐욕에 뿌리한 마음
lokapāla 세상을 지키는 법
lokiya 세상의 법
lokuttara 출세간

[v]

vacīdvāra 입의 문
vacīkamma 구업口業
vacīpayoga 말의 실행
vacīviññatti 말의 암시
vacīviññattidasaka 말의 암시 십원소
vacīviññattisaddalahutādi terasaka말의 암시 소리 가벼움 등의 13원소
vasībhāva 선정에서의 5가지 힘, 자유자재함
vatthu 토대, 의지처
vatthudasaka 심장토대십원소
vatthurūpa 토대물질
vedanā 느낌, 受
vehapphalā 광과천廣果天
vemānikapisāca 궁전이 있는 아귀
veyyāvacca 봉사
vibhūtārammaṇa 선명한 대상
vicāra 지속적 고찰
vicikicchā 의심
vihasita 즐거운 소리로 웃는 웃음
vihiṁsā 해악
vijjānusaya 무명의 잠재된 번뇌
vīmaṁsādhipati 지혜라는 통치
vinipātikāsurā 파멸된 아수라
vinibbhogarūpa 분리할 수 있는 물질
viññāṇa 의식識, 마음
viññāṇakkhandā 식온識
viññāṇañcāyatana 식무변처識無變處
viññāṇañcāyatana kusalacitta 무색계 두 번째 선정 선善마음
viññatti 몸과 말의 표현, 암시
viññattirūpa 암시 물질
vikārarūpa 특별하게 만드는 물질
vipāka 결과, 과보
vipallāsa 전도
vibhūta 선명한 대상
virati 절제
virati cetasika 절제 마음부수
viratisammākammanta 바른 행위로써의 절제
vīriya 정진, 노력
vīriyaādhipati 노력이라는 통치
vīriyasammāājīva 바른 노력에 의

한 생계
vīriyindriya 노력의 기능, 精進根
visaya 대상
visayappavatti 대상의 나타남
vitakka 일으킨 생각
vīthi 인식과정
vīthipaṭipādaka 인식과정을 일으키는 주의
vivaṭṭa 성겁成劫
vodana 상위 도道에서 종성(고뜨라부) 대신 사용하는 호칭
voharattha 세상의 명칭인 개념의 의미
voṭṭhapana 결정하는 마음
voṭṭhapanakicca 결정 작용
vuṭṭhānagāminī 상카라에서 벗어나 도道로 가는 통찰지혜

[s]

saupādisesanibbāna 유여열반有餘涅槃
sabbacittasādāraṇa cetasika 모든 마음에서 공통되는 마음부수
sabbākusalasādhāraṇā 모든 불선 마음에 공통되는 마음부수
sabbākusalayogino 모든 불선에 결합하는 마음부수
sabhāvarūpa 고유물질.
salakkhaṇarūpa 일반적 특징물질.
saddarammaṇa 청각기관의 대상, 소리聲
saddanavaka 소리 구원소
saddā 믿음
saddhindriya 믿음의 기능, 信根
sahajātapaccaya 함께 일어나는 연기법, 俱生緣
sakadāgāmimagga 사다함 도道
sakadāgāmiphala 사다함 과果
sakkāyadiṭṭhi 유신견
samādānavirati 준수하는 절제
samādhi 집중, 사마디
samādhindriya 사마디의 기능, 정근定根
sammāājīva 정명正命, 바른 생계
sammāchanda 바른 원함
sammākammanta 정업正業, 바른 행위
sammasitajhāna 사유된 선정
sammattaniyata 불변하는 정견
sammādiṭṭhi 정견
sammāvācā 정어正語, 바른 말
sammuti 관습적 표현, 명칭
sammuti attha 관습적인 명칭으로 지정된 사물
sammutikathā 세상 사람들이 정한 관습적 뜻을 빌어 설법하신 것.
sammutisacca 세상의 일반적 합의로 정해진, 대상에 대한 관습적인 암시나 개념적 명칭으로서의 진리.
sampajana 분별하여 아는 지혜

sampaṭicchana 대상을 받아들이는 마음
sampaṭicchanakicca 받아들이는 작용
sampatikatasaññā 현재 행하였다는 인식
sampattavirati 마주한 대상에서의 절제
sampayoga 결합
sampayoganaya 마음부수들의 결합 방법
samphappalāpa 헛소리, 쓸데없는 말
saṁsedajā 습생濕生
samucchedavirati 근절시키는 절제
saṁvaṭṭa 괴겁壞劫
saṁvaṭṭaṭṭhāyī 공겁空劫
saṁyojanīya 윤회계의 족쇄
saṅkhārakkhandha 의지작용의 더미, 行蘊
saṅghāta 중합衆合지옥
sañjīva 등활等活지옥
saṅkhāra 자극
saṅkhāra 조건지어진 법
saṅkhāraloka 조건지어져 형성된 일체의 대상
saṅkhata 조건지어진 법
saññā 지각
saññākkhandha 지각의 더미, 受蘊
saññāvipallāsa 지각의 전도
sanidassanarūpa 볼 수 있는 물질
sanniṭṭhāna 결정
santati 증가
santatipaññatti 연속성의 개념
santi 적정寂靜
santikerūpa 가까운 물질
santīraṇa 조사하는 마음
santīraṇakicca 조사 작용
sāramaṇa 대상을 취하는 법
sappaccaya 원인을 가짐
sappaṭigharūpa 부딪치는 물질
sasaṅkhārikacitta 자극받은 마음
sassatadiṭṭhi 상견常見
sati 기억, 사띠
satindriya 기억의 기능, 염근念根
sattaloka 중생계
sattāvāsa 중생들의 장소
savanakicca 듣는 작용
savakasaṁvaṇṇitaaṭṭhakathā 성문제자들의 주석서
sahajātapaccaya 함께 일어나는 연기법, 俱生緣
sahajātarūpa 함께 일어나는 물질
sahetuka 뿌리 있는 마음
sahetukakāmāvacarakiriyacitta 뿌리를 가진 욕계 작용만 하는 마음
sāyanakicca 맛봄의 작용
sekkha 유학有學
seyyamāna 남들보다 훌륭하다는 자만
sīlabbataparāmāsa 잘못된 고행

수행
sita 가늘게 뜬 눈의 미소
sobhanacitta 아름다운 마음
sobhana sādhāraṇa cetasika 아름다운마음에 공통되는 마음부수
sobhanakusala cetasika 아름다운 선善 마음부수
soka 비탄
somanassa 즐거움
somanassindriya 즐거움의 기능憙根
sotadvāra 귀의 문
sotāpattimagga 수다원 도道
sotavatthu 귀의식의 토대인 청각 물질
sotaviññāṇa 귀의 의식
sotindriya 귀의 기능耳根
subhā 아름다운 광휘
subhakiṇhā 변정천變淨天
sobhanasādhāraṇā cetasikā 모든 아름다운 마음에 공통되는 마음부수
sudassā 선현천善現天
sudassī 선견천善見天
suddhāvāsā 정거천淨居天
sugati 선처
sukha 행복
sukha vedanā 행복한 느낌
sukhasantīraṇa 행복감을 수반한 조사하는 마음
sukhindriya 행복의 기능樂根
sukhumarūpa 섬세한 물질. 오근五根과 오경五境을 제외한 물질
sukkhavipassaka 위빳사나만으로 도를 성취한 사람
suttanatabhājanīya 경장적 분석법

[h]

hadayavatthu 마음의 토대인 심장
hadayarūpa 심장토대 물질
namapaññatti 명칭의 개념. 대다수의 사람들이 불러 지정된 이름. 알게 하는 명칭.
hasita 치아를 조금 드러내 보이는 미소
hasituppāda 부처님, 벽지불, 아라한들의 미소 짓는 마음
hetu 뿌리, 근원
hetupaccaya 여섯 뿌리로 영향을 주는 연기법
hirī 악행에서 부끄러움

찾아보기

2개조 모임 dukā - Ⅰ44
4가지 업의 모임 kammacatukka - Ⅱ171, 253
4가지 작용 kiccacatukka - Ⅱ171
4대에서 파생된 물질 upādāyarūpa - Ⅱ310, 318
4대의 요소[地, 水, 火, 風] mahā bhuta - Ⅱ310
5가지 작용 pañcakicca - Ⅰ372, 375, 376/Ⅱ59
6개조 여섯 모임 chakkāni, cha - Ⅰ426, 427
6문 chadvārika - Ⅰ385, 386, 390, 393, 394/Ⅱ296
가까운 물질 santikerūpa - Ⅱ367, 368
가까운 원인 padaṭṭhāna - Ⅰ217, 219
가늘게 뜬 눈의 미소 sita - Ⅰ161
가벼움 lahutā - Ⅰ268, 282
각 연관된 부분을 다스림, 기능根 indriya - Ⅰ353, 354, 357, 410
각각 pacceka - Ⅰ302
갈구하는 탐·진·치가 없는 상태인 열반 appaṇihitanibbāna - Ⅱ448
갈구함 없음 appaṇihita - Ⅱ448
갈애 kāmacchanda - Ⅰ179,245
갈애 taṇhā - Ⅰ199,245
감각물질 pasāda - Ⅱ318, 364, 366, 367
감각물질 pasādarūpa - Ⅱ318
감각물질의 토대인 오근五根 pasāda vatthūni - Ⅰ414
감촉觸 phoṭṭhabbha - Ⅱ324, 326
개개인의 바람 puggalajjhāsaya - Ⅰ206, 208
개념적 명칭으로서의 진리 sammutisacca - Ⅰ85
개인적 선호에 따른 원하는 대상 parikappaiṭṭhārammaṇa - Ⅰ130
거짓말 musāvāda - Ⅱ203, 210, 225
거친 말 pharusavācā - Ⅱ203, 225
거친 물질 oḷārikarūpa - Ⅱ367
겁劫 kappa - Ⅱ151, 153
견해를 곧게함 diṭṭhijukamma - Ⅱ225, 228, 238
견해의 전도 diṭṭhivipallāsa - Ⅰ87
결과, 과보 vipāka - Ⅰ149, 153
결과, 의미 attha - Ⅰ38
결과를 줌에 있어 불변하는 업, 무간업 ānantariyakamma - Ⅱ180
결심 adhimokkha - Ⅰ220, 241, 305
결정 작용 voṭṭhapanakicca - Ⅰ36

3, 367
결정 sanniṭṭhāna - I 242
결정사견 niyatamicchādiṭṭhi - II 85
결정하는 마음 voṭṭhapana - I 367, 374
결정을 끝으로 하는 차례 voṭṭhapanavāra - 456
결합 sampayoga - I 213, 215
경장적 분석법 suttanatabhājanīya - I 36
계율 없는 자 dussīla - II 231
고귀한 마음, 색계 · 무색계 선정 마음 mahaggatacitta - I 317, 405
고요함 passaddhi - I 268, 280
고유물질 sabhāvarūpa - II 341
고통 dukkha - I 353, 356, 357
고통의 느낌 dukkha vedanā - 353
고통도 행복도 아닌 느낌 adukkhamasukhā - I 353, 357
고통을 수반한 dukkhasahagata - I 146, 151
고통의 기능苦根 dukkhindriya - I 356
공겁空劫 saṁvaṭṭaṭṭhāyī - II 154, 159
공경 apacāyana - II 225, 227, 234
공무변처空無邊處 ākāsānañcāyatana - I 181, 185
과거 atīta - I 390, 391
과거에 행하였다는 인식 pubbekatasaññā - II 278
과보, 과果 마음 phala - I 191
과보를 낳는 업 janakakamma - II 171
과보를 주는 시간 pākakāla - II 171, 187, 201
과보를 주는 장소 pākaṭṭhāna - II 171, 187
과보를 주는 차례 pākadānapariyāya - II 171, 179, 186
관습적 표현, 명칭 sammuti - I 89, 93
관습적인 명칭으로 지정된 사물 sammuti attha - I 89
광과천廣果天 vehapphalā - II 107, 134, 152, 252, 255, 304
광음천光音天 ābhassrā - II 107, 132, 151, 252
광채 ābhā - II 132
괴겁壞劫 saṁvaṭṭa - II 154, 155, 159
괴로운 느낌 domanassa - I 123, 137, 353
괴로운 느낌을 수반한 domanassasahagata - I 123, 354
구업口業 vacīkamma - II 203
구체적 물질 nipphannarūpa - II 333, 341, 344
궁극적 실재 paramattha - I 85, 115, 116
궁전이 있는 아귀 vemānikapisāca

- II 110, 119
귀의 기능耳根 sotindriya - I 410/II 67
귀의 문 sotadvāra - I 378, 428
귀의 의식 sotaviññāṇa - I 146, 428
귀의 토대인 청각물질 sotavatthu - II 439
규환叫喚지옥 jālaroruva - II 109
근본 바왕가 mūlabhavaṅga - II 58
근본적으로 힘 있는 의지처가 되는 연기법, 本性親依止 pakatūpanissayapaccaya - II 223, 283
근절시키는 절제 samucchedavirati - I 290
근접 upacāra - I 239/II 30, 32
근행정-속행 upacārasamādhijavana - II 35, 40, 76
금생에서 과보를 주는 업 diṭṭhadhammavedanīya kamma - II 187, 189
기능根 물질 indriyarūpa - II 366
기능根의 구분 방법 indryabhedanaya - I 356, 357
기능이 아닌 물질 anindriyarūpa - II 366
기쁨, 희열 pīti - I 173, 175, 220, 244
기억, 사띠 sati - I 268, 271
기억의 기능, 염근念根 satindriya - I 192
기온 utu - II 375, 392, 411
기초 작업이 되는 욕계 명상 작업, 기초 작업 parikamma - II 32
까시나 kasiṇa - I 176, 189
끊어내는 바왕가 bhavaṅgupaccheda - I 374, 379, 440
나쁜 생계수단 durājīva - I 315
나타난 대상의 완전함 upaṭṭhānasamaṅgitā - I 155
남들보다 훌륭하다는 자만 seyyamāna - I 254
남성십원소 pumbhāvadasaka - II 408
내부 ajjhatta - I 260/II 362, 392
내부의 물질 ajjhattikarūpa - II 362, 363
내생에서 과보를 줄 업 upapajjavedanīyakamma - II 187, 193
냄새 맡는 작용 ghāyanakicca - I 363
네 가지 과보를 주는 차례 pākadānapariyāyacatukka - II 171
노력의 기능, 精進根 vīriyindriya - I 192
노력이라는 통치 vīriyaādhipati - II 230
논장 abhidhamma - I 36
논장적 분석법 abhidhammabhājanīya - I 36
눈 의식의 토대인 시각물질 cakkhuvatthu - I 224
눈물이 나오도록 웃는 웃음 apahasita - I 161

눈의 의식 cakkhuviññāṇa - Ⅰ22
4, 381, 428
느낌, 受 vedanā - Ⅰ220, 224
능숙함 pāguññatā - Ⅰ268, 286
다른 견해, 이교도의 견해 paravāda - Ⅰ42
다른 원인에 기인한 물질 anupādinnarūpa - Ⅱ369
다스림의 연기법, 根緣 indriyapaccaya - Ⅱ386
다양한 지각을 지닌 중생 nānattasaññī - Ⅱ168, 169
단두죄斷頭罪, 波羅市迦法 pārajika - Ⅱ86
대겁大劫 mahākappa - Ⅱ153, 154
대규환大叫喚지옥 jdhūmaroruva - Ⅱ109
대범천大梵天 mahābrahmā - Ⅱ107, 130, 151, 252, 256
대상 ālambana - Ⅰ190
대상 visaya - Ⅰ235, 426, 427
대상에 집어던지는 상카라 khipanakasaṅkhāra - Ⅱ286
대상을 받아들이는 마음 sampaṭicchana - Ⅰ146, 147, 151, 440
대상을 앎 āramaṇavijānana - Ⅰ199
대상을 일으키는 주의 ārammaṇapatipādaka - Ⅰ236
대상을 초월하는 선정 āramaṇātikamajhāna - Ⅰ184
대상을 취하는 물질 gocaraggāhik arūpa - Ⅱ371
대상을 취하는 법 sāramaṇa - Ⅱ153
대상을 취하지 못하는 물질 agoca raggāhikarūpa - Ⅱ371
대상을 취할 수 없는 법 anārammaṇa - Ⅱ359
대상의 나타남 visayappavatti - Ⅰ426, 427, 429, 430
대상의 일어남 visayappavatti - 456, 458, 459
대초열大焦熱지옥 patāpana - Ⅱ109
도道의 요소, 팔정도 maggaṅga - Ⅰ39, 192
도둑질 adinnādāna - Ⅱ202, 207, 225
도솔천 tusitā - Ⅱ106, 123
동일한 대상 ekālambana - Ⅰ127, 213, 216
동일한 토대를 가짐 ekavatthuka - Ⅰ127, 213, 217
동조하는 마음부수 aññasamāna cetasika - Ⅰ220, 221
두 가지에 뿌리한 마음 dvihetuka - Ⅰ361, Ⅱ246
두 개의 요소 장章 dukanipāta - Ⅰ44
두려움 ottappa - Ⅰ268, 272
둔한 기능根 사람 mudindriya - Ⅱ73
둔한 지혜 mandapañña - Ⅱ31, 40

뒤에 일어난 연기법, 後生緣 pacchājātapaccaya - Ⅱ385, 393
듣는 작용 savanakicca - Ⅰ363
들뜸 uddhacca - Ⅰ123, 178, 247, 250
등록을 끝으로 하는 마음의 차례 tadārammaṇavāra - Ⅰ456, 460
등록의 작용 tadārammaṇakicca - Ⅰ363, 368
등활等活지옥 sañjīva - Ⅱ109, 112, 148
땅의 요소地大 pathavīdhātu - Ⅱ310, 312
마음, 기온에 기인한 cittotuja - Ⅱ398
마음, 識 citta - Ⅰ100, 101, 115, 117, 302
마음부수들의 결합방법 sampayoganaya - Ⅰ221, 308
마음부수의 가벼움 kāyalahutā - Ⅰ268, 282
마음부수의 고요함 kāyapassaddhi - Ⅰ268, 279
마음부수의 능숙함 kāyapāguññatā - Ⅰ268,
마음부수의 부드러움 kāyamudutā - Ⅰ268, 286
마음부수의 순응성 kāyakammaññatā - Ⅰ268, 285
마음부수의 올곧음 kāyujukatā - Ⅰ268, 287
마음識의 가벼움 cittalahutā - Ⅰ268, 282
마음識의 능숙함 cittapāguññatā - Ⅰ268, 286
마음識의 부드러움 cittamudutā - Ⅰ268, 284
마음識의 순응성 cittakammaññatā - Ⅰ268, 285
마음識의 전도 cittavipallāsa - Ⅰ87
마음에 기인한 깔라빠 cittasamuṭṭhānakalāpa - Ⅱ411
마음에 기인한 물질 cittasamuṭṭhānarūpa - Ⅱ427, 436
마음으로 생긴 물질 cittajarūpa - Ⅱ398
마음을 따르는 법들 cittānuparivattino dhammā - Ⅰ216
마음을 분석한 장 cittavibhatti - Ⅰ37
마음을 의지하여 일어나는 법. 마음부수心所 cetasika - Ⅰ115, 213
마음의 고요함 cittappassaddhi - Ⅰ279
마음의 대상으로, 오경五境의 법을 제외한 모든 법. 법이란 대상 dhammārammaṇa - Ⅰ388, 389
마음의 순간 cittakkhaṇa - Ⅰ432
마음의 올곧음 cittujukatā - Ⅰ287
마음의 토대인 심장 hadayavatthu - Ⅰ410

마음의 해태 thina - Ⅰ177, 243, 247, 263
마음이라는 통치 cittādhipati - Ⅱ230
마주한 대상에서의 절제 sampatta virati - Ⅰ290
마하앗타까타, 대주석서 mahāaṭṭha kathā - Ⅰ75
말더듬이 mamma - Ⅱ142
말의 실행 vacīpayoga - Ⅱ204
말의 암시 소리 가벼움 등의 13원소 vacīviññattisaddalahutādi terasaka - Ⅱ411
말의 암시 십원소 vacīviññattidasaka - Ⅱ411, 412
말의 암시 vacīviññatti - Ⅱ347, 349
맛봄의 작용 sāyanakicca - Ⅰ371, 376
매우 원하는 대상 atiiṭṭārammaṇa - Ⅰ131, 382,
매우 원하는 대상 atiiṭṭha - Ⅰ382
매우 작은 대상 atiparittaṁ - Ⅰ429, 430, 453, 455, 457
매우 큰 대상 atimahantaṁ - Ⅰ429, 430, 436, 445, 457,
머묾 ṭhiti - Ⅰ390, 431
먼저 일어난 연기법, 前生緣 purejātapaccaya - Ⅰ434
멀리있는 물질 dūrerūpa - Ⅱ367, 368

명칭, 개념 paññatti - Ⅰ41, 185, 389
명칭의 개념 namapaññatti - Ⅰ391
모든 마음에서 공통되는 마음부수 sabbacittasādāraṇa cetasika - Ⅰ220, 222
모든 불선 마음에 공통되는 마음부수 sabbākusalasādhāraṇā - Ⅰ308
모든 불선에 결합하는 마음부수 sabbākusalayogino - Ⅰ342
모든 아름다운 마음에 공통되는 마음부수 sobhanasādhāraṇā cetasikā - Ⅰ313, 433,
몸과 말의 표현, 암시 viññatti - Ⅰ216/Ⅱ347, 349, 350, 389, 411
몸의 문 kāyadvāra - Ⅰ378, 428
몸의 실행 kāyapayoga - Ⅱ204
몸의 암시 가벼움 등의 12원소 kāyaviññattilahutādi dvādasaka - Ⅱ411
몸의 암시 kāyaviññatti - Ⅱ203, 347, 411
몸의 암시가 주도하는 구원소 깔라빠 kāyaviññattinavakakalāpa - Ⅱ343
몸의 의식 kāyaviññāṇa - Ⅰ428, 428
몸의 행복 kāyikasukha - Ⅰ375
무간無間지옥 avīci - Ⅱ109, 114
무거운 업 garuka kamma - Ⅱ179,

무기법無記法, 선·불선으로 설하지 않은 법 abyākata - Ⅰ124, 356, 362/Ⅱ359
무량광천無量光天 appamāṇābhā - Ⅱ107, 132, 151, 252
무량심無量心 appamaññā - Ⅰ269, 295
무량정천無量淨天 appamāṇasubhā - Ⅱ107, 133, 152, 252
무명 avijja - Ⅰ98
무명의 잠재된 번뇌 vijjānusaya - Ⅱ281, 283
무번천無煩天 avihā - Ⅱ107, 135, 152, 261
무상 anicca - Ⅰ434
무상유정無想有情 asaññasattā - Ⅰ397, 411, 418
무색계 두 번째 선정 선善마음 viññāṇañcāyatana kusalacitta - Ⅰ181, 185
무색계 선善의 상카라 āneñjadhisaṅkhāra - Ⅰ99
무색계 arūpa - Ⅰ181, 184, 413
무색계에 대한 갈애 arūpataṇhā - Ⅰ199
무색계의 과보마음 arūpāvacaravipāka - Ⅰ182
무색계의 선善 마음 arūpāvacarakusala - Ⅰ181
무색계의 작용만 하는 마음 arūpāvacarakiriya - Ⅰ182

무색계의 재생연결식 arūppapaṭisandhi - Ⅰ403
무소유처無所有處 선정 선업마음 ākiñcaññāyatana kusalacittaṁ - Ⅰ181
무소유처無所有處 ākiācaññāyatana - Ⅰ181, 186
무애해도無碍解道 paṭisambhidā - Ⅰ36
무여열반無餘涅槃 anupādisesanibbāna - Ⅱ269, 442, 447
무열천無熱天 atappā - Ⅱ107, 135, 152, 261
무한대 ānañca - Ⅰ185
문門의 물질 dvārarūpa - Ⅱ365
문법의 성性 liṅga - Ⅰ38
문에서 벗어난 마음 dvāravimutti - Ⅰ383
문이 아닌 물질 advārarūpa - Ⅱ365
물의 요소, 水 āpodhātu - Ⅱ310, 313
물질, 色 rūpa - Ⅰ93
물질다발 rūpakalāpa - Ⅱ405
물질色을 제외한 오직 정신적인 영역인 무색계 catuvokāra - Ⅰ217
물질色의 모임 rūpakāya - Ⅰ283,
물질을 가진 생, 색계천 rūpabhava - Ⅰ83, 84
물질을 일으키는 원인 rūpasamuṭṭhāna - Ⅱ375, 402

물질의 성숙 jaratā - Ⅱ343, 441
미각물질의 대상, 맛味 rasārammaṇa - Ⅰ388
미래 anāgata - Ⅰ391, 392
미래에 일어날 오온五蘊의 연속과 이름, 혈족 등을 아는 지혜 anāgataṁsañāṇa - Ⅱ391
미소 짓는 마음 hasituppāda - Ⅰ148, 160
믿음 saddā - Ⅰ268, 269, 270
믿음의 기능, 信根 saddhindriya - Ⅰ192
집중하는 성품 upalakkhaṇa - Ⅰ188/Ⅱ255
바로 뒤에서 빈틈없이 뒤따르는 조건, 無間緣 anantarapaccaya - Ⅰ83, 152, 380, 420, 421
바른 노력에 의한 생계 vīriyasammāājīva - Ⅰ290
바른 말의 의도(正語) cetanāsammāvācā - Ⅰ289
바른 원함 sammāchanda - Ⅰ275
바른 행위로써의 절제 viratisammākammanta - Ⅰ289
바왕가 작용 bhavaṅgakicca - Ⅰ371, 444/Ⅱ59
반조返照의 지혜 paccavekkhaṇa - Ⅱ72, 73, 268
받아들이는 작용 sampaṭicchanakicca - Ⅰ366, 371, 375, 377
방편 upāya - Ⅰ128
방해하는 업 upapīḷaka kamma - Ⅱ171, 174, 176
번뇌로 밀착한 업의 결과로 얻게 되는 물질과 정신의 모임 upādinnakakhandhā - Ⅰ235
범보천梵輔天 brahmapurohitā - Ⅱ107, 129, 151, 252
범중천梵衆天 brahmapārisajjā - Ⅱ107, 129, 151, 252, 259
법, 원인 dhamma - Ⅰ5, 38
법문을 경청함 dhammassavana - Ⅱ228, 238
변정천變淨天 subhakiṇhā - Ⅱ107, 133, 152, 252
변하지 않는 궁극적 실재로서의 진리 paramatthasacca - Ⅰ85
변화 rūppati - Ⅰ95
보는 작용 dassanakicca - Ⅰ363
보시 올린 뒤의 의도 aparacetanā - Ⅱ198
보시 dāna - Ⅱ198, 224, 225, 227, 229, 230
본삼매 속행 appanā javana - Ⅱ29, 30, 34, 42, 43, 74, 388
본삼매 인식과정 appanāvīthi - Ⅱ32, 78, 79, 82
본삼매 appanā - Ⅱ29
본삼매 속행이 일어나는 차례 appanājavanavāra - Ⅰ469
본삼매 인식과정 jhānasamāpattivīthi - Ⅱ78
볼 수 없는 물질 anidassanarūpa - Ⅱ370

볼 수 있는 물질 sanidassanarūpa - Ⅱ370
봉사 veyyāvacca - Ⅱ225, 227, 234
부드러움 mudutā - Ⅰ284
부딪치는 물질 sappaṭigharūpa - Ⅱ367, 368
부딪치지 않는 물질 appaṭigharūpa - Ⅱ367, 368
부모의 정액으로 인하여 생겨난 몸, 사대로 생겨난 몸 karajakāya - Ⅰ98
부정한 것, 부정관 asubha - Ⅰ252
부처님께서 직접 설하신 주석서 buddhasaṁvaṇṇitaaṭṭhākathā - Ⅰ73
분리할 수 없는 최소 팔원소 물질 avinibbhogarūpa - Ⅰ89/Ⅱ373, 400, 401
분리할 수 있는 물질 vinibbhogarūpa - Ⅱ373
분별하여 아는 지혜 sampajana - Ⅰ275
분할하는 물질 paricchedarūpa - Ⅱ345, 354
불변하는 정견 sammattaniyata - Ⅱ219
불선 과보 akusalavipāka - Ⅰ149, 353
불선마음 12가지 akusalacittāni, dvādasa - Ⅰ122
불선 마음부수 akusala cetasika - Ⅰ247
불선업 akusalakamma - Ⅱ84, 203, 205, 222
불선을 두려워하지 않음 anottappa - Ⅰ247
불선의 의도[상카라] apuññabisaṅkhāra - Ⅰ99
불태움 jhāyana - Ⅰ176
불火까시나 tejokasiṇa - Ⅱ73
비상비비상처非想非非想處 nevasaññānāsaññāyatana - Ⅰ181, 187
비탄 soka - Ⅰ297
빠르게 바뀌는 상태 lahupariṇāmatā - Ⅰ283
빠른 지혜사람 khippābhiñña - Ⅱ31
빠른 지혜의 기능根을 지닌 사람 tikkhindriya - Ⅱ73
뿌리를 지닌 마음 sahetuka - Ⅰ124, 316, 360,
뿌리, 근원 hetu - Ⅰ125, 149 359, 360
근원 mūla - Ⅰ38
뿌리를 가진 욕계 작용만 하는 마음 sahetukakāmāvacarakiriyacitta - Ⅰ316
뿌리없는 마음 ahetuka - Ⅰ359
사견 diṭṭhi - Ⅰ126
사견 diṭṭhigata - Ⅰ122
사견 micchādiṭṭhi - Ⅱ204, 215
사견과 결합하지 않은 diṭṭhigatav

ippayutta - Ⅰ122, 309
사견과 결합한 diṭṭhigatasampayutta - Ⅰ122, 127
사다함 과果 sakadāgāmiphala - Ⅰ191
사다함 도道 sakadāgāmimagga - Ⅰ191, 194
사대四大 bhūtarūpa - Ⅱ310
사람, 존재 puggala - Ⅰ41, 425
사랑, 자무량심 mettā - Ⅰ298, 299
사마디의 기능, 정근定根 samādhindriya - Ⅰ58, 192
사무량심四無量心 appamaññābrahmavihāra - Ⅰ276
사유된 선정 sammasitajhāna - Ⅰ206, 208
사천왕천 cātumahārājikā - Ⅱ106, 110, 121, 145
살생 pāṇātipāta - Ⅱ203, 204, 222, 225
살생을 삼감 pāṇātipātavirati - Ⅱ225
삶의 과정 pavatti - Ⅰ110, 425/Ⅱ150, 241, 244, 253, 418, 421, 436, 439
삼십삼천三十三天 tāvatiṁsā - Ⅱ106, 119, 122, 147, 345, 354
상견常見 sassatadiṭṭhi - Ⅰ132
상위 도道에서 종성(고뜨라부) 대신 사용하는 호칭 vodana - Ⅱ61
상카라에서 벗어나 도道로 가는

통찰지혜 vuṭṭhānagāminī - Ⅰ205
상태라는 개념 ākārapaññatti - Ⅰ401
상호간에 돕는 연기법, 相互緣 aññamaññapaccaya - Ⅱ287
색계 선善마음 rūpāvacara kusala - Ⅰ173
색계 선업 rūpa kusala kamma - Ⅱ187, 240
색계 재생연결식 rūpapaṭisandhi - Ⅱ298, 299
색계 rūpa - Ⅱ97, 100, 148, 240
색계에 대한 탐욕 rūparāga - Ⅰ119, 193
색구경천色究竟天 akaniṭṭhā - Ⅱ107, 136, 152, 261
생명, 무생물이 머무는 장소, 31천 okāsaloka - Ⅰ97
생명구원소깔라빠 jīvitanavakakalapa - Ⅱ93, 150, 413, 436, 437, 439
생명기능 jīvitindriya - Ⅰ232, 233
생명물질 jīvitarūpa - Ⅱ299, 335, 338, 354, 366, 367, 409
생명체, 중생 sattā - Ⅰ445
생성 upacaya - Ⅰ433/Ⅱ343, 355, 357
생의 연속체 bhavaṅga - Ⅰ365
선 마음의 속행 kusalajavana - Ⅱ36
선, 불선과보인 한 쌍의 전오식前

五識 dvipañcaviññāṇa - Ⅰ302, 375, 428,
선견천善見天 sudassī - Ⅱ107, 136, 152, 261
선명한 대상 vibhūta - Ⅰ430, 445, 458, 460, 468/Ⅱ65
선명한 대상 vibhūtārammaṇa - Ⅰ430, 460, 468/Ⅱ65
선善 kusala - Ⅰ168
선善의 상카라 puññabisaṅkhāra - Ⅰ99
악처 apāya - Ⅱ106, 108, 138
선업이 다함 puññakkhaya - Ⅱ263
선의 과보인 뿌리 없는 마음 kusalavipākāhetuka - Ⅰ158
선정 4가지 모임 catukkajjhāna - Ⅰ325
선정 5가지 모임 pañcakajjhāna - Ⅰ325
선정, 본삼매 jhāna - Ⅰ176, 177
선정에서의 5가지 힘, 자유자재함 vasībhāva - Ⅱ254
선정을 성취한 사람 jhānalābhī - Ⅰ205
선정을 처음 획득한 사람의 인식과정 ādikammika vīthi - Ⅱ74, 80, 258
선정을 획득한 불환자(不還子) jhānaanāgāmi - Ⅱ304
선정의 요소를 초월하는 선정 aṅgātikkamajhāna - Ⅰ184
선처 sugati - Ⅱ87, 120
선천적 귀머거리 jaccabadhira - Ⅱ139, 140
선천적 맹인 jaccandha - Ⅱ139, 140
선천적 벙어리 jaccamūga - Ⅱ139, 140, 141
선천적 정신착란자 jaccummattaka - Ⅱ140, 141
선천적 지능장애자 jaccajaḷa - Ⅱ140, 141
선천적 후각 장애자 jaccagānaka - Ⅱ140, 141
선현천善現天 sudassā - Ⅱ107, 136, 152, 261
섬세한 물질. sukhumarūpa - Ⅱ367
성겁成劫 vivaṭṭa - Ⅱ154, 162
진심 dosa - Ⅰ247, 359
성냄 paṭigha - Ⅰ310, 338
성냄과 결합된 마음 paṭighasampayuttacitta - Ⅰ123, 137, 354
진심뿌리마음 dosamūlacitta - Ⅰ136, 306
진심없음 adosa - Ⅰ268, 359
성문 제자들의 주석서 savakasaṁvaṇṇitaaṭṭhakathā - Ⅰ73
성性 물질 bhāvarūpa - Ⅱ330
성性 byañcanaṁ - Ⅱ73
성性의 십원소 bhāvadasaka - Ⅱ355, 410, 419, 421
성품, 계界 dhātu - Ⅰ418, 420
세 가지 선뿌리를 가진 tihetuka

- Ⅰ361, Ⅱ37, 245
세 가지에 뿌리한 마음 tihetukacitta - Ⅰ361, Ⅱ37, 245
세 개조 모임 tika - Ⅰ38, 345
세 번째 생부터 과보를 주는 업 aparāpariya vedanīya kamma - Ⅱ187, 188, 196, 197
세가지 뿌리를 가진 수승한 선업 tihetuka ukkaṭṭha - Ⅱ245, 246
세상 사람들이 정한 관습적 뜻을 빌어 설법하신 것 sammutikathā - Ⅰ93
세상을 지키는 법 lokapāla - Ⅰ274
세상의 명칭인 개념의 의미 voharattha - Ⅰ72
세상의 법 lokiya - Ⅱ359, 360
소광천小光天 parittābhā - Ⅱ107, 132, 151, 252
소리 구원소 saddanavaka - Ⅱ411, 415, 439
소멸 aniccatā - Ⅱ354, 356
소멸 bhaṅga - Ⅰ390
파괴시키는 업의 개입 upacchedakakamma - Ⅱ264
소정천少淨天 parittasubhā - Ⅱ107, 133, 152
속임수 māyā - Ⅰ274, 287
속행 차례 javanavāra - Ⅰ456, 469
속행 javana - Ⅰ363, 368, 372
속행을 일으키는 주의 javanapaṭipādaka - Ⅰ236
속행의 법칙 javananiyama - Ⅱ70, 79
손님 바왕가 āgantukabhavaṅga - Ⅱ55, 59, 64
수다원 도道 sotāpattimagga - Ⅰ191, 193
수단의 대상 upakaraṇa - Ⅱ270
수명, 수겁壽劫 āyukappa - Ⅱ140, 144, 154, 263
수명과 업이 다함 ubhayakkhaya - Ⅱ262, 263
수명이 다함 āyukkhaya - Ⅱ262
수순 anuloma - Ⅰ205/Ⅱ33, 79
수행 bhāvanā - Ⅱ224, 227, 233
수행의 완성 bhāvanāmaya - Ⅱ240
숙명통 pubbenivāsañāṇa - Ⅱ391
순응성 kammaññatā - Ⅰ285
습관이 된 업 āciṇṇakamma - Ⅱ179, 183
습생濕生 saṁsedajā - Ⅱ139, 355, 356, 419, 420
승단을 분열시키는 원인 bhedakaravatthu - Ⅰ67
시각물질 cakkhupasāda - Ⅱ365, 409
시각기능眼根 cakkhundriya - Ⅱ324
시각물질의 대상, 형상色 rūpārammaṇa - Ⅰ388, 389, 437
시간, 순간 kāla - Ⅰ369
시간에서 벗어난 법 kālavimutta

- Ⅰ391, 392
시간을 채우지 못한 죽음 akālamaraṇa - Ⅱ264, 265
식무변처識無邊處 viññāṇañcāyatana - Ⅰ181, 185, 403
식온識 viññāṇakkhandā - Ⅰ95, 100, 103
신업身業 kāyakamma - Ⅱ203, 224, 226, 227
신통 pāṭihāriya - Ⅱ73
신통지 abhiññā - Ⅰ400, 466/Ⅱ73, 80
신통지의 인식과정 abhiññāvīthi - Ⅱ73, 80, 258
신통지 속행 abhiññājavana - Ⅱ74, 75, 78, 80, 259
실행 payoga - Ⅰ128/Ⅱ205, 206
싫은 대상을 체험하는 특징 aniṭṭhāramaṇānubhavanalakkhṇā - Ⅰ357
심장토대 물질 hadayarūpa - Ⅱ332, 385
심장토대십원소 vatthudasaka - Ⅱ409, 422
쓸모없는 차례 moghavāra - Ⅰ453, 456
아귀 pisāca - Ⅱ142
아귀계 pettivisaya - Ⅱ106
아나함 과果 anāgāmiphala - Ⅰ191, 195
아나함 도道 anāgāmimagga - Ⅰ191, 195
아라한 과果 arahattaphala - Ⅰ191, 195
아라한 과果를 성취한 즉시 대열반에 드는 사람 jīvitasamasīsīrahanta - Ⅱ268
아라한 도道 arahattamagga - Ⅰ191, 195
아름다운 광휘 subhā - Ⅱ133
아름다운 마음 sobhanacitta - Ⅰ163, 168, 313, 318, 329, 334, 347, 354
아름다운 선善 마음부수 sobhanakusala cetasika - Ⅰ313
아름다운마음에 공통되는 마음부수 sobhana sādhāraṇa cetasika - Ⅰ268
아수라계 asura kāya - Ⅱ106, 118
악의 byapada - Ⅰ178
악의로 인해 업의 길 byāpāda kammapatha - Ⅱ181
악의를 만드는 원인 āghātavatthu - Ⅰ257
악처 apāyabhūmi - Ⅱ106, 138, 241
악처의 재생연결 apāyapaṭisandhi - Ⅱ138
악행 duccarita - Ⅰ290, 315
악행에서 부끄러움 hirī - Ⅰ272, 274
악행에서 부끄럽지 않음 ahirika - Ⅰ247, 249, 308
물질의 법 rūpadhammānaṁ - Ⅰ43

1, 432, 435
암시물질 viññattirūpa - II347, 354, 365, 398
야마천夜摩天 yāmā - II107, 123
약한 속행으로 정신을 잃고 있을 때 muccākāla - I444/II79
양분 ojā - II373, 374, 396
양성을 가진 이 ubhatobyñcanaka - II141
어깨나 머리를 흔들며 웃는 웃음 upahasita - I161
어떠한 원인도 없는 물질 nakutoci - II401
등록의 법칙 tadārammaṇa niyama - II45, 62, 65
어리석음 없음, 지혜 amoha - I299, 359
어리석음 moha - I247, 308, 359
업과 업의 결과를 믿는 지혜 kammassakatāñāṇa - I254/II238
업에 기인한 깔라빠 kammasamuṭṭhānakalāpā - II408, 436
업에 기인한 물질 kammasamuṭṭhāna rūpa - II377
업에 기인한 물질 kaṭattārūpa - I365
업으로 생긴 물질 kammajarūpa - I215, 365, 411/II369, 397, 427, 429, 431, 434, 435
업을 짓는 문 kammadvāra - II203, 204, 224
업의 결과물질 upādinnarūpa - II369
업의 길. 선처, 악처에 이르게 하는 선, 불선의 길. kammapatha - II71, 172, 173, 181, 205, 210, 226
업의 연기법, 業緣 kammapaccaya - II110, 172
업의 표상 kammanimitta - II266, 267, 270, 299
업이 다함 kammakkhaya - II262, 263
없는 상태의 개념 natthibhāvapaññatti - I187
없음의 상태 natthibhāva - I187
여섯 뿌리로 영향을 주는 연기법 hetupaccaya - I359
여성십원소 itthibhāvadasaka - II409, 413
역관 paccanīka - I44, 45
연기법, 원인 paccaya - I109, 110
연민, 悲無量心 karuṇā - I295, 316
연속성의 개념 santatipaññatti - II293
연속성의 연기법, 數數修習緣 āsevanapaccaya - I451/II34, 36, 75, 189, 191, 247
열등한 omaka - II246, 247, 248, 251
열반 nibbāna - I106, 461/II442, 443, 444, 445

영민한 사람 tikkha - Ⅱ30, 40, 76
영민한 지혜를 지닌 사람 tikkhapañña - Ⅱ40
영상, 니밋따 nimitta - Ⅰ180
영역 bhūmi - Ⅰ38, 117, 425/Ⅱ96, 106, 108
오문五門 인식과정 pañcadvāravīthi -
오문五門 pañcadvāra - Ⅰ435
오문五門전향마음 pañcadvārāvajjana - Ⅰ158, 159, 343
오식五識 pañcaviññāṇa - Ⅰ366, 370, 375, 414
오역죄 pañcānantariyakamma - Ⅱ84, 120, 182, 193
오욕에의 욕망 kāmarāga - Ⅰ192
오욕을 혐오하는 명상 kāmavirāga bhāvana - Ⅰ411
오욕의 갈애 kāmataṇhā - Ⅰ192
오욕의 대상을 원하는 탐욕 kilesakāma - Ⅰ118
온蘊, 더미 khandhā - Ⅰ103, 104, 378
바른 이치로 마음에 둠 yonisomanasikāra - Ⅰ441, 443
완전지의 기능, 究知根 aññātāvindriya - Ⅰ57
외부 bahiddha - Ⅰ260/Ⅱ392, 415
외부물질bahiddharūpa - Ⅱ392, 415
외부의 대상 bahiddhāramaṇā - Ⅰ260
요소 aṅga - Ⅰ365, 175
욕계 선善의 집중마음인 근행정近行定 upacārabhāvana - Ⅰ238, 239
욕계 선처 kāmasugati - Ⅱ106, 120, 138
욕계 선처의 재생연결식 kāmasugati paṭisandhi - Ⅱ138, 244
욕계 속행 kāmajavana - Ⅰ381, 385, 441, 458
욕계 속행의 차례 kāmajavanavāra - Ⅰ468
욕계 아름다운 마음 kāmāvacarasobhanacitta - Ⅰ163, 329, 361
욕계 재생연결식 kāmapaṭisandhi - Ⅰ171, 396
욕계 kāmāvacara - Ⅰ117
욕계속행인식과정 parittajavanavīthi - Ⅱ70
욕계의 아름다운 마음 kāmasobhanacitta - Ⅰ168
통치 adhipati - Ⅱ230, 383
원인에 조건 지워지지 않은 법 asaṅkhatadhātu - Ⅰ106
원인을 가짐 sappaccaya - Ⅱ359, 360
원치 않는 대상 aniṭṭhārammaṇa - Ⅰ140, 150, 151, 381
원하는 대상 iṭṭha - Ⅰ130, 150, 156, 246, 382

원하는 촉감 iṭṭhaphoṭṭhabbāramma
ṇa - Ⅰ357
원함 chanda - Ⅰ220, 245
원함이라는 통치 chandādhipati -
Ⅱ230
위로 떠오르게 할 수 있는 희열 u
bbegāpīti - Ⅰ283
위빳사나만으로 도를 성취한 사람
sukkhavipassaka - Ⅰ205
유신견 sakkāyadiṭṭhi - Ⅰ192
유여열반有餘涅槃 saupādisesanib
bāna - Ⅱ442, 445, 446
유학有學 sekkha - Ⅰ196, 263
육체의 고통 kāyikadukkha - Ⅰ15
7
윤회계의 족쇄 saṁyojanīya - Ⅱ3
61
윤회를 확장시키는 지각 papañcas
aññā - Ⅰ65
음행 kāmesumicchācāra - Ⅱ203,
208, 222, 225
의계意界 3가지 모임 manodhātutt
ikā - Ⅰ345, 375, 384, 398, 41
4, 420
의계意界 manodhātu - Ⅰ420
의도 cetanā - Ⅰ228
의도와 결과가 각각 다른 순간에
나타나 영향을 주는 연기법 nānāk
khaṇikakamma - Ⅱ243
의도의 바른 행위(正業) cetanāsa
mmākammanta - Ⅰ289
의문意門 manodvāra - Ⅰ378, 37
9, 380, 383
의문意門인식과정 manodvāravīthi
- Ⅰ448, 374, 379
의문意門전향마음 manodvārāvajja
na - Ⅰ158, 160, 343
의식 manoviññāṇa - Ⅰ421, 428
의식계意識界 manoviññāṇadhātu -
Ⅰ414, 418, 421
의식識, 마음 viññāṇa - Ⅰ86, 9
5, 100, 421
의심 vicikicchā - Ⅰ123, 177, 2
47, 265
의업意業 manokamma - Ⅱ204, 21
4, 219, 224, 240
행온行蘊 saṅkhārakkhandha - Ⅰ9
7, 99, 103
의지하는 연기법, 依止緣 nissaya
paccaya - Ⅰ188/Ⅱ287, 386
이간질, 중상모략 pisuṇavācā -
Ⅱ203, 211, 225
이미 깨달은 사성제를 깨닫는 기
능, 已知根 aññindriya, - Ⅰ57
이윤을 바라지 않고 설법함 dhamm
adesanā - Ⅱ225, 228
이치에 맞지 않게 마음에 둠 ayon
isomanasikāra - Ⅰ248
인간 manussā - Ⅱ106, 120
인색 macchariya - Ⅰ258
인식과정 vīthi - Ⅰ374, 425, 42
6
인식과정을 일으키는 주의 vīthip
aṭipādaka - Ⅰ236

일반적 특징물질 salakkhaṇarūpa - Ⅱ341, 343
일어남(웁빠다), 머묾(티띠), 소멸(방가)의 세 순간 khaṇattaya - Ⅰ431
일어남, 생기 uppāda - Ⅰ431
일으키게 하는 선, 불선이라는 상카라[행온] janakasaṅkhāra - Ⅱ286
일으킨 생각 vitakka - Ⅰ176, 237, 239, 241
일찍이 몰랐던 사성제를 깨닫기 위한 기능, 미지당지근未知當知根 anaññātaññāsāmītindriya - Ⅰ57
일체의 물질을 혐오하는 명상 rūpavirāga - Ⅰ413
입의 문 vacīdvāra - Ⅱ203, 221, 224
입처入處 āyatana - Ⅰ40, 93
자극 saṅkhāra
자극받은 마음 sasaṅkhārikacitta -
자만 māna - Ⅰ127
자발적 마음 asaṅkhārikacitta - Ⅰ128, 130
자양분 물질 āhārarūpa - Ⅱ339
자양분 āhāra - Ⅱ340
양분물질 ojārūpa - Ⅱ438
자양분에 기인한 깔라빠 āhārasamuṭṭhānakalāpā - Ⅱ411
자양분에 기인한 물질 āhārasamuṭṭhānarūpa - Ⅱ427, 428
자양분의 연기법, 食緣 āhārapaccaya - Ⅱ386, 313
자와나가 취한 대상을 대상으로 하는 마음, 등록 tadārammaṇa - Ⅰ363, 372
자제되지 않은 후회 asaṁyatakukkucca - Ⅰ263
작고 하찮은 욕계 법, 욕계 대상 paritta - Ⅰ332
작용 kicca - Ⅰ351, 363, 364, 370, 371
작용 rasa - Ⅰ218
작용만 하는 마음 kiriyacitta - Ⅰ158, 174, 196
작용만하는 마음의 속행 kiriyajavana - Ⅱ36
작은 대상 parittārammaṇa - Ⅰ160
잘못된 고행 수행 sīlabbataparāmāsa - Ⅰ192
잘못된 사띠 micchāsati - Ⅰ272
잠재된 번뇌 anusaya - Ⅰ290
장님 andha - Ⅰ157/Ⅱ175, 248
재생연결 작용 paṭisandhikicca - Ⅰ363, 364
재생연결식 jātikā - Ⅱ139
재생연결식 paṭisandhi - Ⅰ345, 363, 364, 369
적당한 정도로 원하는 대상 iṭṭhamajjhattārammana - Ⅰ131
적당히 원하는 대상을 체험하는 특징 iṭṭhamajjhattāramaṇānubhava

nalakkhṇā - Ⅰ357
적정寂靜 santi - Ⅰ392
전도 vipallāsa - Ⅰ85
전향마음 āvajjana - Ⅰ236, 366
절제 마음부수 virati cetasika - Ⅰ288, 314
절제 virati - Ⅰ288, 320
접촉 phassa - Ⅰ199, 220, 222
접촉의 작용 phusanakicca - Ⅰ223
정거천淨居天 suddhāvāsā - Ⅱ107, 135, 252, 256, 260, 304
정견 sammādiṭṭhi - Ⅱ225
정명正命, 바른 생계 sammāājīva - Ⅰ269, 290
정신의 모임 nāmakāya - Ⅰ235
정신의 생명기능 nāmajīvitindriya - Ⅰ232, 234
정어正語, 바른 말 sammāvācā - Ⅰ269, 288
정업正業, 바른 행위 sammākammanta - Ⅰ269, 289
정직성, 곧바름 ujukatā - Ⅰ287
정진, 노력 vīriya - Ⅰ220, 242
제2선 과보과음 dutiyajjhānavipāka - Ⅰ174, 304
제2선 끼리야마음 dutiyajjhānakiriya - Ⅰ174
제2선 선마음 dutiyajjhānakusala -
제2선 수다원 도道 dutiyajjhānasotāpattimagga - Ⅰ201, 204

제3선의 선마음 tatiyajjhānakusalacitta - Ⅰ201
제3선의 수도원 도道 tatiyajjhānasotāpattimagga - Ⅰ201
제3선의 작용만 하는 마음 tatiyajjhānakiriyacitta - Ⅰ201
제5선 pañcamajjhāna - Ⅰ173
제거하지 못하는 법 appahātabba - Ⅱ359
조건지어져 형성된 일체의 대상 saṅkhāraloka - Ⅰ97, 98
조건지어진 법 saṅkhāra - Ⅰ99, 104
조건지어진 법 saṅkhata - Ⅰ99
조사 작용 santīraṇakicca - Ⅰ367
조사하는 마음 santīraṇa - Ⅰ152, 157, 371, 372, 377, 381, 385, 440
존재에 따른 분류 puggalabheda - Ⅱ83, 93
종성 gotrabhu - Ⅱ30, 61, 258
좋은 원하는 대상을 체험하는 특징 iṭṭhāramaṇānubhavanalakkhṇā - Ⅰ357
좋지 않은 마음 dummano - Ⅰ137
좋지도 싫지도 않은 느낌, 중립적 느낌 upekkhā - Ⅰ142, 357
좋지도 싫지도 않은 느낌을 수반한 마음 upekkhāsahagatacitta - Ⅰ142, 357
주석서 aṭṭhakathā - Ⅰ74

주의 manasikāra - Ⅰ128, 220, 235
죽음 작용 cutikicca - Ⅰ371, 384
죽음 직전 인식과정 maraṇāsaññāvīthi - Ⅰ393
죽음 cuti - Ⅰ363, 369
준수하는 절제 samādānavirati - Ⅰ290, 291
중간 보시 majjhimadāna - Ⅱ230
중겁中劫 antarakappa - Ⅱ154, 156
중립적 느낌의 기능捨根 upekkhindriya - Ⅰ356, 357
중생계 sattaloka - Ⅰ97
중생들의 장소 sattāvāsa - Ⅱ168
중유中有설 antarabhavavādī - Ⅱ281
중합衆合지옥 saṅghāta - Ⅱ109, 112, 148
즐거운 소리로 웃는 웃음 vihasita - Ⅰ161
즐거움 somanassa - Ⅰ122, 125, 130, 353, 357
즐거움의 기능喜根 somanassindriya - Ⅰ356, 357
증가 santati - Ⅰ433
지각 saññā - Ⅰ87, 220, 226
지각의 더미, 受蘊 saññākkhandha - Ⅰ96, 103
지각의 전도 saññāvipallāsa - Ⅰ87
지나간 대상을 연속하여 따르는 의문意門인식과정 tadanuvattikam anodvāravīthi - Ⅰ467
지나간 바왕가 atītabhavaṅga - Ⅰ437, 449, 451, 464
지속적 고찰 vicāra - Ⅰ177, 240, 241
지신地神 bhummadeva - Ⅱ121
지옥 niraya - Ⅱ109
지정된 영역 avatthā - Ⅰ199
지지하는 업 upatthambhaka kamma - Ⅱ171, 173, 192
지혜 ñāṇa - Ⅰ334
지혜 paññā - Ⅰ299, 301
지혜라는 통치 vīmaṁsādhipati -
지혜에 드러나는 모습 paccupaṭṭhāna - Ⅰ218
지혜와 결합하지 않은 마음 ñāṇavippayuttaṁ - Ⅰ361
지혜와 결합한 마음 ñāṇasampayuttaṁ - Ⅰ361
지혜의 기능慧根 paññindriya - Ⅰ299
직접대상 upaladdha - Ⅱ270, 271
진동하는 바왕가 bhavaṅgacalana - Ⅰ440
질문법 pañhapucchaka - Ⅰ36
질투 issā - Ⅰ247, 258
짐승의 혈통, 영역 tiracchānāyoni - Ⅱ117
집중, 사마디 ekaggatā - Ⅰ173, 230-

집중, 사마디 samādhi - I 230
찰나의 시간 khaṇapaccuppana - I 467
첫 번째 도, 수다원 도 paṭhamamagga - I 202, 414
청각기관의 대상, 소리聲 saddarammaṇa - I 388, 389
청각물질의 인식과정 ghānadvāravīthi - I 428
초선 paṭhamajjhāna - I 173
초열蕉熱지옥 tāpana - II 109, 113
최상층 bhavagga - II 170
추론하는 지혜 anumānanāṇa - I 401
추상적 물질 anipphannarūpa - II 333
출세간 lokuttara - I 119, 405
치아를 조금 드러내 보이는 미소 hasita - I 161
코 ghāna - I 378, 410
코의 기능鼻根 ghānindrilya - I 410
코의 십원소 ghānadasaka - II 409, 413
코의 의식 ghānaviññāṇa - I 428, 429
큰 대상 mahantaṁ - I 429, 430
타심통他心通 paracittavidū - I 465
타인의 법문을 경청한 근원 paratoghosapaccaya - I 416

타화자재천他化自在天 paranimmitavasavatti - II 107, 124, 133, 147
탐애 abhijjhā - II 204, 214
탐욕 lobha - I 125, 247,
탐욕없음 alobha - I 268, 359
탐욕에 뿌리한 마음 lobhamūlacitta - I 122, 125
태생 중생 gabbhaseyyaka - II 421, 422, 426
태어날 곳의 표상 gatinimitta - I 154, 393, 394, 395
토대, 의지처 vatthu - I 410
토대가 되는 선정 pādakajhāna - I 206
토대가 아닌 물질 avatthurūpa - II 364
토대물질 vatthurūpa - II 364
특별하게 만드는 물질 vikārarūpa - II 349, 351, 354, 417
특징 lakkhaṇā - I 215, 218
일반적 특징물질 lakkhaṇarūpa - I 433
파괴하는 업 upaghātaka kamma - II 171, 176
파멸된 아수라 vinipātikāsurā - II 139, 142, 143
팔, 다리 등 몸을 던지며 웃는 웃음 atihasita - I 161
평정심 tatramajjhattatā - I 173, 268, 277
하나의 문을 지닌 ekadvārika -

Ⅰ384
하나의 뿌리를 지닌 마음 ekahetukacitta - Ⅰ360, 361
하나의 요소 장 ekanipāta - Ⅰ44
하나의 작용 ekakicca - Ⅰ375, 377
하나의 지각을 지닌 중생 ekattasaññī - Ⅱ169
하나의 형상과 다양한 지각을 지닌 중생 ekattakāyanānattasaññī - Ⅱ169
한번의 마음순간 ekacittakkhaṇa - Ⅱ75
한웅큼으로 덩어리지게 만든 음식물 kabaḷikāra āhāra - Ⅱ339
함께 소멸함 ekanirodha - Ⅰ215
함께 일어나는 연기법, 俱生緣 sahajātapaccaya - Ⅱ220, 222, 284, 287, 386, 387
함께 일어남 ekuppāda - Ⅰ215
항상 지켜야 할 계율 niccasīla - Ⅱ231, 232
해악 vihiṁsā - Ⅰ296
해태, 식識의 무기력 thina - Ⅰ177, 243, 247, 263
해태와 혼침 thinamiddha - Ⅰ177, 264, 282, 311
행복 sukha - Ⅰ344, 353, 357, 385
행복감을 수반한 조사하는 마음 sukhasantīraṇa - Ⅰ344
행복의 기능樂根 sukhindriya - Ⅰ356
행복한 느낌 sukha vedanā - Ⅰ129, 356
행한 업 kaṭattā kamma - Ⅱ179, 183, 184, 185
행함의 바른 행위(正業) kiriyāsammākammanta - Ⅰ289
허공 ākāsa - Ⅰ185
허공계 ākāsadhātu - Ⅱ345, 400
헛소리, 쓸데없는 말 samphappalāpa - Ⅱ203, 212, 225
헤아릴 수 없는 시간, 아승지의 세월 asaṅkheyya - Ⅱ148, 262
혀의 십원소 jivhādasaka - Ⅱ355, 413, 421
혀의 의식 jivhāviññāṇa - Ⅰ303, 344, 375
현재 행하였다는 인식 sampatikatasaññā - Ⅱ278
현재 paccuppanna - Ⅰ390
형상 없음 animitta - Ⅱ442, 447
형성력의 상카라 혹은 선·불선의 의도 abhisaṅkhatasaṅkhārā - Ⅰ98
혼침, 마음부수의 무기력 middha - Ⅰ243, 247, 263
혼합되는 마음부수 pakiṇṇaka cetasika - Ⅰ220, 302,
화락천化樂天 nimmānarati - Ⅰ107, 123
회향 pattidāna - Ⅱ225, 227, 235, 237

효력을 잃은 업 ahosi kamma - Ⅱ 187, 200
후각의 대상, 냄새香 gandhārammaṇa - Ⅰ363, 388
후회 kukkucca - Ⅰ178
최상의 보시 paṇitadāna - Ⅱ230
훌륭히 닦은 선정 paṇita jhāna - Ⅱ253, 254
흐르는 번뇌가 소진한 사람, 아라한 khīṇāsava - Ⅱ89
흑승黑繩지옥 kāḷasutta - Ⅱ109, 112
흙의 까시나 pathavīkasiṇa - Ⅱ299
희미한 대상 avibhūtārammaṇa - Ⅰ430, 458, 468
희심喜心 muditā - Ⅰ297, 316